Richard Lemp · *Ludwig Thoma*

Porträt Ludwig Thoma, vermutlich von Karl Klimsch, 1909.

Richard Lemp

# Ludwig Thoma

Bilder, Dokumente, Materialien
zu Leben und Werk

Süddeutscher Verlag

Umschlag von Design Team, München, unter Verwendung eines Öl-Porträts Thomas, vermutlich von dem Bildnis- und Figurenmaler Karl Klimsch (geb. 1867) aus Berlin, der am 28. Juli 1909 an Thoma schrieb: »... Bild geht morgen an Dich ab ... ich hoffe, daß sich dafür ein Plätzchen in Deinem Hause finden wird ...«

ISBN 3-7991-6190-2


Printed in Germany. Druck: Kösel, Kempten. Bindearbeit: Conzella, München

# Inhalt

Auf dem Weg zu Ludwig Thoma

Lebensabriß von Ludwig Thoma

Ludwig Thomas Vorfahren

Stammbaum der Familie Thoma

## Auf dem Weg zu Ludwig Thoma

Als ich im Jahre 1957 zum ersten Mal ein Manuskript Ludwig Thomas in die Hand bekam, wußte ich über ihn, offen gestanden, nichts. Ich »kannte« ihn natürlich, wie man von einem Dichter sagt, wenn man einiges von ihm gelesen hat. An den »Lausbubengeschichten« hatte ich mein Vergnügen, als ich selbst beinahe noch ein Lausbub war, und die »Filser-Briefe« regten mich bald später zur Nachahmung an. In der Kriegsgefangenschaft wurde mir die »Heilige Nacht«, die uns ein Kamerad einmal hinterm Stacheldraht vortrug, zu einer bleibenden Erinnerung. Dann bin ich Ludwig Thoma erst wieder 1957 begegnet, und seitdem hat er mich nicht mehr losgelassen. Damals waren die Weichen in meinem Leben wieder einmal neu gestellt worden: ich wurde Leiter der Handschriftensammlung in der Stadtbibliothek München, und der erste Nachlaß, der nach meiner Ernennung in die Sammlung kam, war der von Ludwig Thoma.

Es war der 90. Geburtstag des Dichters, zu dem die Presse die üblichen Gedenkartikel brachte, als seine Erbin, Frau Maria Liebermann von Wahlendorf, einem bayerischen Senator gegenüber klagte, daß der handschriftliche Nachlaß 35 Jahre nach seinem Tode immer noch unerschlossen in ihrem Haus, in Thomas Tuften am Tegernsee, liege.

Der damalige Oberbürgermeister der Landeshauptstadt, Dr. Hans Jochen Vogel, hörte von der Sorge der Erbin und ehe diese Kostbarkeit wie so manches Kulturgut aus Bayern vielleicht abwandern könnte, erwarb er für die städtische Sammlung den Hauptteil des Nachlasses. Wenn die Stadt München heute mit dem Nachlaß Ludwig Thomas ein in seiner Geschlossenheit seltenes Archiv besitzt, dann ist dies nur der treuen Obhut seiner Erbin zu danken. Über drei Jahrzehnte hatte sie nach dem Tode ihres »guten Ludwig«, wie sie Ludwig Thoma stets nannte, alles, was er an Schriftstücken an seinem Sterbetag, am 26. August 1921, in seinem Haus hinterlassen hat, auf ihre Weise wie einen Gral behütet.

Es war wohl nicht nur die grenzenlose Liebe zu Maidi von Liebermann, sondern eine wohlbedachte Überlegung, wenn Ludwig Thoma in seinem Testament vom 5. August 1921 bestimmte: »... Als Haupterbin meines Vermögens setze ich ein Frau Maria genannt Maidi von Liebermann ...« Vielleicht erinnerte er sich dabei auch an das Jahr nach dem Tod seiner Mutter. Damals verkauften die Geschwister den Gasthof »Zur Post« in Seebruck samt der Posthalterei, die der Familie einen sicheren Unterhalt geboten hätte, für 85 000 Mark und lösten gleichzeitig die Pacht des Gasthofs in Traunstein.

Ludwig Thoma wollte eben sein Erbe in sachkundiger und fester Hand wissen. Dabei machte er es Maidi von Liebermann nicht leicht: jedes seiner drei Geschwister sollte 200 000 Mark erhalten; sollte seine Erbin das Anwesen verkaufen müssen, so sollte auch seine geschiedene Frau Marion »vertragsgemäß zur Abfindung ihrer sämtlichen Alimentationsansprüche« 200 000 Mark erhalten. Frau von Liebermann hatte demnach mindestens 600 000 Mark aufzubringen, ehe sie das Erbe ihres »guten Ludwig« antreten konnte. Trotz aller Widrigkeiten, die in der Folge auf sie zukamen, hat die tüchtige Frau es geschafft. Auch während der Jahre im Dritten Reich, die für sie wegen der Rassengesetze besonders schwer waren und als der »Glaube an Deutschland«-Dichter Hans Zoeberlein in die Tuften zwangseinquartiert wurde, blieb Ludwig Thomas Nachlaß in ihrer Obhut.

Am Schlusse seiner letztwilligen Verfügung gedachte Ludwig Thoma auch seiner Handschriften: »Meine Manuskripte gehören meiner Erbin Frau Marie von Liebermann und ich empfehle ihr, sich an Herrn Professor Hofmiller Josef in München zwecks Sichtung zu wenden.« Thoma hatte den Pädagogen und Essayisten Hofmiller als Mitherausgeber der »Süddeutschen Monatshefte« bereits 1904 kennengelernt, als sein »Heiliger Hies« dort abgedruckt wurde. Nach dem Weltkrieg bahnte sich zwischen den beiden Literaten eine engere Verbindung an, die wohl Thoma dazu bewegt hat, Hofmiller, der noch im November 1920 drei Tage Gast auf der Tuften war, mit dieser Aufgabe zu betrauen. Die »Münchener Neuesten Nachrichten« nannten sogar am 1. September 1921 Josef Hofmiller als Nachlaßverwalter für Ludwig Thoma, doch dazu ist es nicht gekommen. Damals, so erzählte mir Hofmillers Witwe später einmal, war seine Sehkraft bereits zu sehr gemindert, als daß er neben dem Lehramt am Gymnasium in Rosenheim und seinem eigenen literarischen Schaffen auch noch die Sichtung des umfangreichen Nachlasses vornehmen hätte können. Hofmiller schickte aber einen jungen Assessor seines

Gymnasiums, Anton Keller, in die Tuften, der an seiner Statt diese Sichtung erledigen sollte. Als der längst im Ruhestand lebende Oberstudienrat Anton Keller um 1960 einen Band mit Briefen Ludwig Thomas vorbereitete, kam er auch zu mir in die Handschriftensammlung. Er erzählte mir, wie er damals auf Empfehlung Josef Hofmillers mit dem Fahrrad in die Tuften gefahren sei. Er hatte aber seinen Auftrag nicht erfüllen können, weil ihn Frau von Liebermann nicht in's Haus ließ. So blieben die Manuskripte ungesichtet, bis sie in meine Hände kamen.

Im Jahr 1957 also verließen dann die Manuskripte die Tuften, in der Thoma den größten Teil von ihnen geschrieben hat, oben in seinem Arbeitszimmer unter der Dachschräge mit dem weiten Blick ins Enterrottacher Tal oder in seiner Jagerstube am birnbaumenen Tisch im Herrgottswinkel, umgeben von seinen Rehgwichteln und den alten Bildern aus der Jugendzeit.

Für mich war es ein einmaliges Erlebnis, als die Kisten damals in die Sammlung gebracht wurden und sich der Schrank mit all den Kostbarkeiten füllte. Da waren etwa die drei dicken, hellgelben Schweinslederbände mit seinem ersten Roman »Andreas Vöst«, gewidmet seinem Verleger Albert Langen. Ursprünglich hatte Thoma den Roman in mehrere rotgeschnittene Schreibhefte geschrieben. Ich erinnere mich an den stattlichen Halblederband in dunkelgrünem Leinen mit der Handschrift des »Wittiber« oder an die zehn blauen Schulhefte, in die Ludwig Thoma in vier Monaten seinen letzten Roman, den »Ruepp«, aufgezeichnet hat. Mehrere biegsame Ledernotizbücher enthielten eine Fülle von Vorarbeiten und Ideen. Auf vielen Lagen von Folioblättern stand der »Papa Beermann«, geschrieben während der Gefängnishaft in Stadelheim, aus dem dann in der Tuften die Komödie »Moral« erstanden ist, mit der sich Thoma dieses Haus verdient hat. Und dazu kam noch der dicke Packen mit den Filser-Briefen, deren kurioses Schriftbild genau seinem Inhalt entspricht, sowie die 97 polemischen Aufsätze für den »Miesbacher Anzeiger« aus den beiden letzten Lebensjahren Ludwig Thomas.

Papier, so scheint mir, hatte für Ludwig Thoma eine besondere Bedeutung. Es war für ihn eine Art von Stimulans. Wenn der 27-jährige Referendar für den Redakteur der »Augsburger Abendzeitung«, Joseph Ritter, einen Bericht vom Bauernbund in Traunstein entwarf, hat er bereits das beste Papier der Firma »Bath« benützt, das mir später nur noch in den Briefen der sogenannten »gehobenen Kreise« untergekommen ist. Viele solcher Entwürfe hat Ludwig Thoma auf handgeschöpftes Büttenpapier geschrieben, dessen unbeschnittene Bogen, in starke blaugraue Aktendeckel geheftet, geradezu bibliophil anmuten. Und Thoma war nicht sparsam damit. Das zeigten etwa die Vorstufen des späten Roman-Fragments »Münchnerinnen«. Als er nach drei Seiten »den Ast nicht durchsägen« konnte, also die Arbeit abbrach, strich er nichts wieder aus, sondern ließ die folgenden Blätter leer und begann ein frisches, neues Heft. Jahre später räumte ich einmal die Mansardenkammer neben Thomas Arbeitszimmer auf und stieß dabei auf einen bedeutenden Vorrat von Bütten- und blauem Leinenpapier. Frau von Liebermann schenkte mir davon einige Lagen und erzählte mir, daß Ludwig Thoma sie immer wieder gebeten habe, für ihn gutes Papier zu hamstern.

Diesem edlen Schreibpapier entsprach auch Ludwig Thomas Handschrift. Er war ein bedächtiger Schreiber, dem erst vor dem leeren weißen Bogen die Gedanken in die Feder flossen. »Ich bin nicht im Stande, anders als mit der Feder in der Hand zu denken und Pläne zu schmieden ...« schrieb er am 6. August 1906 seinem Freund und Kollegen Ludwig Ganghofer.

In breitausladender, im Rhythmus der Gedanken dahingleitender Schrift füllte Ludwig Thoma Seite um Seite, ließ meist breite Ränder und verteilte den Text harmonisch auf dem Bogen. Theodor Heuss, der eine Zeit lang Redakteur der Zeitschrift »März« war, erinnerte sich: »Seine Beiträge in der sauberen klaren Handschrift einer älteren Dame waren reines Vergnügen, für den Redakteur wie für den Setzer«.

Bisweilen aber wurde Ludwig Thomas Schrift enger und spitzer, nämlich dann, wenn der Dichter von seinen Ideen ganz gepackt wurde. »Ich habe ein Fieber an der Arbeit. Die alte Erscheinung. Wenn ein Stück anständig ist, drängen sich im dritten Akt die Bilder, alles erklärt sich von selbst, und alles führt von selbst zur Lösung. So stark, daß man kaum mit der Feder nachkommt. Ich könnte nun in einem Zuge hinschreiben, ich bin voll Aufregung und muß mich zurückhalten ...« (an Conrad Haußmann am 22.9.1913.)

Alles, was zum Werk gehörte, ebenso fast alle seine Briefe, schrieb Ludwig Thoma mit Tinte.

Anfänglich benutzte er eine spitze Feder, fast ohne Druck, wie es das Manuskript der Schlußgeschichte »Das Sterben« in »Agricola« zeigt. Später schrieb er mit der zu seiner Zeit verbreiteten »Ly-Feder« der Firma Heintze & Blankenertz, die in der Spitze abgeschrägt war.
Ludwig Thoma war ein fleißiger Arbeiter, der als Frühaufsteher den Tag voll nutzte. Die Fülle seiner Ideen bedrängte ihn geradezu, sein Einfallsreichtum schien unbegrenzt. Wenn die geliebte Pfeife qualmte, dann »ging alles wie geschmiert«. Er »warf seine Sachen mit glücklicher Hand flott hin; sie gerieten fast immer auf Anhieb; er brauchte fast nichts zu ändern«, berichtete Josef Hofmiller über Ludwig Thomas Arbeitsweise. Den »Heiligen Hies«, eine seiner besten Geschichten, schrieb er in vier Tagen nieder. Zu welcher Arbeitsleistung er fähig war, lesen wir in einem Brief an den Verleger Albert Langen vom 13. Juni 1902: »... Gestern kehrte ich von München zurück, wo ich mit Geheeb die beiden Simplicissimus-Nummern fix und fertig gemacht habe. Es ist eine ganz gute literarische Leistung. Für die reguläre Nr. 1 Gedicht und 1 Geschichte, für die Extra-Nr. 2 Gedichte, 3 Prosabeiträge, 1 Vers und eine Reihe von Witzen. Das alles in drei Tagen...«
Kaum hatte er eine Arbeit abgeschlossen, »schruppte« er »schon wieder an was anderem«. Bisweilen aber stockte auch bei ihm der Fluß der Einfälle: »Die Faullenzerei (!), wie in diesem Sommer, darf ich nicht kultivieren. Das reißt einen stark heraus. Jetzt hocke ich noch wie vor einem Loche und glotze ins Leere. Und muß vielleicht zwei Wochen darauf los schreiben, bis ich einmal an eine halbswegs brauchbare Idee komme...« (an Ignatius Taschner am 28. 10. 1912). Dann liest man wieder in einem anderen Brief: »Was habe ich alles entworfen, begonnen, angelegt, zerrissen und zurückgelegt«, oder: »ich schrieb, schrieb und schmiß weg« und »ich schmiß alles in den Papierkorb und dichtete mein Pensum auf ein neues«.
Ludwig Thoma scheint aber bewußt das Erhaltenswerte seiner Schriften für die Nachwelt ausgewählt und aufbewahrt zu haben. Nur ein bescheidenes Konvolut von nicht weiterverfolgten Entwürfen, die zum Teil in Gabelsberger Stenographie geschrieben sind, fand sich in einer Kommodenschublade seines Arbeitszimmers.
Mir blieb die Arbeit an den erhaltenen Manuskripten, und die war für mich ein reines Vergnügen. Ich ging damals ganz in Ludwig Thomas Werk auf. In meiner Freizeit las ich alles Erreichbare von und über ihn, in der Sammlung ordnete und verglich ich die Handschriften. Leider war es nur wenig, was in an Neuem entdecken konnte: unbekannte Teile aus den »Erinnerungen« und »Die Kommission«, eine Geschichte von Bauern, die ins Montafon reisen, um einen Zuchtstier zu kaufen und einen Ochsen heimbringen.

Ludwig Thomas 100. Geburtstag im Jahre 1967 war eine gute Gelegenheit, in einer großangelegten Ausstellung über sein Leben und Werk erstmals der Öffentlichkeit den Nachlaß zu zeigen. Wenn ich heute von den Organisatoren höre, die mit viel Geld eine Ausstellung ausrichten, dann erinnere ich mich an den Winter 1966/67. Damals bauten wir drei – mein Kollege Ludwig Hollweck, meine Mitarbeiterin Gabriele Seidl und ich – in den ungeheizten Räumen des Münchner Theatermuseums (Clara Ziegler-Stiftung) mit einem Etat von 300.- DM eine Ausstellung auf, die das ganze Haus füllte und später 3 000 Besucher erfreute.
Da die Handschriftensammlung zu jener Zeit nur die Manuskripte und aus früheren Erwerbungen Briefe von Thoma besaß, durfte ich vor Allerheiligen 1966 zur Vorbereitung der Ausstellung einige Tage auf der Tuften verbringen. Dort lagen nämlich auch noch die biographischen Dokumente, der Briefwechsel, die Bilder und die Erstausgaben des Dichters. Es war mein erster Besuch im Thoma-Haus; er ist mir noch heute sehr lebendig in der Erinnerung geblieben. Wenn es auch nicht mehr nach frisch gebranntem Kaffee oder nach Latakia-Tabak duftete (von dem Thomas Gäste immer berichteten) – die Tuften vermittelte damals eine Atmosphäre, die von der des heutigen Ludwig-Thoma-Hauses recht verschieden war. Das ganze Haus war bewohnt, und es herrschte eine gewiße künstlerische Unordnung, die den Eindruck machte, als sei der Hausherr gerade weggegangen. Alles war so geblieben, wie es Ludwig Thoma in seiner Sterbestunde hinterlassen hat. Frau von Liebermann, damals bereits 83 Jahre alt, führte in überraschender Frische das Regiment, unterstützt von der alten Minna Gottschlicht, einer völlig gekrümmten Greisin, die noch beim »Herrn Doktor«, wie sie Ludwig Thoma stets nannte,

Hausmädchen gewesen war. Maidi von Liebermann lebte nur für ihren »guten Ludwig«, den sie völlig idealisierte. Und sie war darauf bedacht, alles so zu erhalten, wie sie es Jahrzehnte früher an seiner Seite gesehen hatte.
Seit jenem Augusttag 1918, an dem Ludwig Thomas grenzenlose Liebe zu Maidi entflammte, hatte sein Besitz wieder mehr Bedeutung in seinem Leben gefunden. Während der Jahre der Einsamkeit, nach der Trennung von Marion, war ihm sein Haus zeitweilig fremd geworden. In dieser Periode, in der zwar »die Natur so gütig war, mir gerade jetzt, vielleicht durch Aufrütteln und einiges Erdbeben, alle Quellen reicher fließen zu lassen« (an Ludwig Ganghofer am 28. 1. 1911), meinte er, »daß dieses Um und Auf meiner ganzen Natur nicht entspricht«, und er dachte daran, das Haus zu verkaufen. Seit der Begegnung mit Maidi hing sein Herz wieder ganz an der Tuften, in die er die Geliebte heimführen wollte, damit »mein Leben noch Inhalt haben kann und einen Zweck, wenn ich sie erringen darf« (an Conrad Haußmann am 1. 11. 1919). »Die Behaglichkeit mit ein wenig Humor wird erst kommen, wenn die liebste Frau neben mir am Tisch sitzt« (an Maidi von Liebermann am 2. 1. 1919).
Von dem »ins Bayerische übersetzten Hieronymus im Gehäus« hat uns Josef Hofmiller berichtet, der an Allerheiligen 1920 bei ihm Gast in der Tuften war: »Thoma, der als Frühaufsteher schon um sechs seinen ersten Kaffee genossen hatte, leistete mir gern Gesellschaft bei meinem. Er sprach, wiederum beglückt von seinem herrlichen Anwesen, von Ignatius Taschner, holte Photographien in Biedermeierrähmchen von der Wand, zeigte wieder seine liebste Jagdtrophäe, das Geweih des ›Kitchenerbocks‹, den er am 6. Juni 1916 geschossen hatte, in derselben Stunde, in der Lord Kitchener in den schottischen Gewässern versank... Thomas Herz hing mit rührender Anhänglichkeit an jedem, auch dem unbedeutendsten Gegenstand in seiner Stube, gleichviel, ob es ein altmodischer Zeitungshalter war oder ein primitives Pfeifenbrett . . «
Bei meinem Besuch in der Tuften betrat ich auch zum ersten Mal Ludwig Thomas Arbeitszimmer. Auch hier schien alles unberührt seit dem Tod des Hausherrn. An der Seite des massigen Bücherschranks, hinter dessen Glasscheiben die lange Reihe der Lederbände der Zeitschrift »März« stand, türmte sich ein Stapel von Heften und Zeitungen. In einem Waschkorb häuften sich solche Erstausgaben seiner Werke, die in den übervollen Regalen der Bücherwand keinen Platz gefunden hatten. Daneben stand am Boden die vollzählige Vorzugsausgabe des »Simplicissimus« und in den kleinen Kästchen über dem Buchregal waren die Fotos aus Ludwig Thomas Leben aufbewahrt. Das für die Forschung bedeutendste Material aber lag in der Kommode an der Balkontüre. Deren Schubladen waren randvoll mit den kleinen Päckchen der Briefe, die Ludwig Thoma von seinen Freunden und Zeitgenossen erhalten hat und mit dem großen Konvolut der Korrespondenz über die Versorgung der Familie nach dem Tod des Vaters und den privaten Lebensdokumenten Ludwig Thomas. Über den Grunderwerb und den Bau der Tuften fanden sich die Notariatsurkunden und die Rechnungen des Baugeschäftes Hofmann in Tegernsee.
Daneben hatte Ludwig Thoma auch den kleinen Nachlaß seiner »alten Viktor« aufgehoben, jener Viktoria Pröbstl, die ihn seit der Zeit seiner frühesten Jugend in der Vorderriß bis in die Dachauer Jahre als Rechtsanwalt betreut hatte: neben zerlesenen alten Kochbüchern lagen die empfindsamen Briefe an ihre Familie in Schongau und die kleinen, mit Bleistift geschriebenen Tagebücher. Darin fand ich später die einzigen Aufzeichnungen über jene traurigen Tage, in denen die Mutter Thoma nach ihrer achten Niederkunft todkrank bei ihren Verwandten in Oberammergau lag und der »Herr Parkmeister« jählings in Forstenried am Herztod starb. Ebenso gewissenhaft, wie sie die Auflösung des Haushalts und der Ökonomie in Forstenried im Tagebuch notiert, hat Viktoria Pröbstl das Mobiliar von Thomas Wohnung in Dachau Jahre später verzeichnet.
Eine andere Schublade dieser Kommode war angefüllt mit alten Zeitungen, mit Rezensionen seiner Bühnenstücke und Romane, mit Erstabdrucken seiner Geschichten. Besonders wertvoll waren dabei einzelne Nummern der Beilage »Der Sammler« zur »Augsburger Abendzeitung«. Darin waren Ludwig Thomas Bauerngeschichten aus dem Dachauer Land erschienen, und diese Abdrucke hatte Thoma mit roter Tinte korrigiert. Sie dienten offensichtlich als Druckvorlage für sein erstes Buch »Agricola«.

Es war eine Freude für mich, in diesen alten Papieren zu forschen, und Frau von Liebermann war überrascht, wenn sie mich am Abend bei einer Flasche Rotwein über meine Funde abfragte, was ich ihr über ihren »guten Ludwig« zu berichten wußte. Auch für mich änderte sich das Bild, das ich damals von Ludwig Thoma hatte. Ich glaubte, ihn aus den autobiographischen Geschichten und vor allem aus seinen »Erinnerungen« zu kennen. Doch das Leben Thomas, wie es sich mir aus seinem Nachlaß eröffnete, war in vielen Stationen doch anders gewesen. Ich hatte die »Erinnerungen« als einen offenen Lebensbericht gelesen und bemerkte erst aus den Briefen, die Anton Keller 1963 veröffentlicht hat, unter welchen Belastungen dieses Buch entstanden ist. Thoma schrieb es in den Jahren tiefster seelischer Not, nach dem verlorenen Krieg, der ihm eine »unheilbare, trostlose Verwundung zufügte«, und im aussichtslosen Kampf um eine Ehe mit Maidi von Liebermann. Er suchte aus den Zeiten der Jugend und der ersten Berufsjahre neue Kraft zu schöpfen. Dabei verherrlichte er das Bild seiner Eltern, die er in sachlicher Innigkeit schildert, und er verdrängte alles Dunkle aus seinem Leben. Von seinem Ausgestoßensein aus der Geborgenheit des Elternhauses nach dem Tod des Vaters, von den Mißerfolgen an den Gymnasien, die er bis zum Abitur fünfmal wechseln mußte, von seinem unrühmlichen Abgang beim Studentencorps Hubertia in Aschaffenburg und dem unverdienten Verlust des Bandes der Suevia in München – über dies alles hat Ludwig Thoma in seinen »Erinnerungen« geschwiegen. In den beiden Briefen an Maidi von Liebermann vom 2. und 24. Januar 1919 erklärte er kurz über seine »Erinnerungen«: »Die Schuljahre sind abgeschlossen, 51 Maschinenschreibseiten... Das ist das rechte Maß, denn man muß sich bei Erinnerungen vor allem hüten, selbstgefällig zu sein und redselig... Von mir ist wenig die Rede darin« und »Die Universitätsjahre werde ich übergehen. Dieses ›Sassa – getrunken‹ hat keinen Wert und ist mir zu konventionell fröhlich.«

Durch meine Besuchstage in der Tuften, denen in den folgenden Jahren noch viele folgen sollten, ist mir Ludwig Thoma so vertraut geworden, wie ich es später bei keinem Literaten mehr erlebte, dessen Nachlaß in meine Hände gekommen ist. Ich vertiefte mich immer weiter in sein Leben und Werk und suchte nach Quellen, aus denen ich den Nachlaß anreichern und mein Wissen erweitern konnte. Manchmal ist mir dies auch gelungen. Ende der sechziger Jahre wurde ich mit den beiden Töchtern von Ignatius Taschner bekannt. Bei ihnen sah ich die Holzplastiken Taschners, die Bozetti für das Tafelsilber, das für den preußischen Kronprinzen bestimmt war, seine Zeichnungen und Entwürfe für Thomas »Heiligen Hies« oder das Bühnenmodell zur »Magdalena«. Dieses Modell, in der Größe einer Puppenstube, war eine besondere Augenweide: Taschner hatte die Einrichtung bis in die kleinsten Feinheiten originalgetreu gearbeitet, den Lehnstuhl der Mariann mit Leder überzogen und über dem grünen Kachelofen hingen Socken zum Trocknen, die Helene Taschner gestrickt hatte.

Was mich natürlich am meisten interessierte, waren die Briefe und Karten, die Ludwig Thoma seinem lieben »Natzi« und der »Helen« geschrieben hat. Sie waren das Gegenstück zu den Taschner-Briefen im Thoma-Nachlaß. Daraus ergab sich ein lebendiges Bild der zehn Jahre, in denen eine sehr herzliche Freundschaft zwischen den beiden Männern bestand. Und Ludwig Thoma hat darin seinem Freund sein Herz ganz geöffnet: er berichtet von lustigen Faschingsfesten, vom Fortgang seiner Arbeit, von gemeinsamen Plänen und nimmt Anteil am Schaffen Taschners. Von besonderem Interesse waren mir die Berichte über das Entstehen der Tuften, das in allen Einzelheiten in Briefen besprochen wird, und vor allem über Thomas Frau Marion. Hier las ich erstmals von der Trennung von Marion im Jahre 1911 und der Zeit nachher.

Thomas Verhältnis zu Marion war sehr eigenartig. Zuerst entflammte er für ihre exotische Schönheit und sah sein Glück in dieser Verbindung, das dann aber schnell zerbricht, als er von ihrem Ehebruch mit Ulrich Engelhard erfährt. Thoma will den Verletzer seiner Ehre zum Duell fordern, doch nach dem Protokoll Ganghofers, in dem dieser die Satisfaktionsunfähigkeit des Ehebrechers feststellt, bleibt alles beim Alten. Ludwig Thoma läßt sich zwar scheiden, Marion zieht aus der Tuften aus, aber die Verbindung bleibt so herzlich wie früher: Thoma schreibt seinem »lieben Kätzlich«, wie er sie nennt, und grüßt als »Dein Jager Lucki«. Eigenartigerweise ist aus den Briefen Thomas an Marion erst 1918 eine Trennung erkennbar – zu dem Zeitpunkt, an dem Maidi von Liebermann in Thomas Leben tritt. Ich glaube, daß nicht nur Marion allein

am Scheitern der Ehe Schuld war, sondern daß auch Ludwig Thoma selbst einen erheblichen Teil dazu beigetragen hat. Durch seine starke Mutterbindung hatte er ein gestörtes Verhältnis zu Frauen und außerdem waren in jenen Jahren das Schreiben und die Jagd für ihn bestimmend. Es fällt auf, daß im Werk von Thoma keine einzige echte Liebesgeschichte zu finden ist.
Ein anderes Erlebnis, das mich bewegte, waren die Briefe Ludwig Thomas an den kgl. Bauamtsassessor Jakob Frankl in Traunstein. Herr Dr. Anton Roth in Vierkirchen, ein leidenschaftlicher Thoma-Sammler, hatte sie ersteigert und gestattete mir, sie zu veröffentlichen. Durch diese Arbeit kam zu meinem Thoma-Bild ein neuer Akzent hinzu.
Jener »Assessor F.«, wie Frankl in den »Erinnerungen« kurz erwähnt wird, unterstützte den Referendar in München und Thoma hat dies gerne ausgenützt. Um seine Bittbriefe schmackhafter zu machen, erzählte er darin von seinem Leben in der Stadt, von Antisemiten-Versammlungen, die er besuchte, von den Rechtsanwälten, in deren Kanzlei er arbeitete, und von seiner juristischen Prüfung. Aus diesen Briefen erfahren wir aber auch von den Überlegungen Thomas, sich als Rechtsanwalt selbständig zu machen. Nach den »Erinnerungen« war es eine plötzliche Entscheidung, die nach einer Radtour nach Dachau in der »starken Sehnsucht, in dieser Stille zu leben«, gefallen ist: »Ich besann mich nicht lange und kam um die Zulassung in Dachau ein.« Den Berichten an Frankl folgend hatte Thoma aber erst Deggendorf und Erding für seine »Fakkelstecherei«, wie er die Anwaltstätigkeit nannte, ins Auge gefaßt; nur wirtschaftliche Überlegungen waren dann für Dachau bestimmend. Auch in Dachau hielt die Geldmisere an und so schrieb Ludwig Thoma weiterhin lange Briefe an Frankl, die uns über jene zweieinhalb Jahre Auskunft geben, die für sein ganzes dichterisches Schaffen entscheidend wurden; vom Leben in dem kleinen Marktflecken, den ersten literarischen Arbeiten und den Erwägungen, die Juristerei an den Nagel zu hängen.
Ludwig Thomas 50. Todestag und Ignatius Taschners 100. Geburtstag im Jahre 1971 gaben der Handschriftensammlung den willkommenen Anlaß, eine Gedächtnisausstellung in der Stuck-Villa auszurichten. Um die gewünschten Leihgaben aus der Tuften zu bekommen, verbrachte ich wieder einige Tage im Ludwig-Thoma-Haus. Frau von Liebermann, deren Vertrauen ich inzwischen gewonnen hatte, beschäftigte mich mit verschiedenen Nachforschungen, und dabei kamen wir auch auf den Speicher. In einer Ecke lehnten alte Bilder, die ich mir nebenbei ansah. Dabei entdeckte ich unter einer dicken Staubschicht auch ein Ölbild von Ludwig Thoma. Ich war natürlich sofort begeistert davon, ein mir unbekanntes Thoma-Porträt gefunden zu haben. Es überraschte mich, daß Frau von Liebermann ein so ausdrucksstarkes Bild im Speicher liegen ließ, während unten im Vorhaus ein recht nichtssagendes, posthumes Porträt Thomas hing. Auf meine Bemerkung hin sagte sie nur kurz: »Das nehmen sie mit und werfen es weg! Das ist nicht der gute Ludwig!« Ich widersprach natürlich nicht, brachte das Bild nach München und legte es auf den Thoma-Schrank, wo es allmählich in Vergessenheit geriet. Erst beim Umzug der Handschriften-Sammlung in das Hildebrand-Haus in München im Jahr 1977 stieß ich wieder darauf, säuberte es und hing es mir über meinen Schreibtisch. Als ich dann meinen Arbeitsraum 1982 für immer räumte, übergab mir der Kulturreferent der Stadt München, Dr. Jürgen Kolbe, dieses Porträt als lebenslange Leihgabe. Nun schmückt es – den Umschlag dieses Buches.
Die Ausstellung in der Stuck-Villa und ihr Erfolg in der Öffentlichkeit bewegte Frau von Liebermann so sehr, daß sie beim letzten Besuch, den ich ihr zusammen mit meiner Frau im Spätherbst 1971 machen durfte, sagte: »Wenn ich einmal nicht mehr bin, dann soll alles vom guten Ludwig zu Euch kommen.« Kurze Zeit darauf ist sie am 22. November 1971 gestorben. Ihr Erbe, Herr Edgar W. von Wahlendorf, hat das Wort seiner Mutter gehalten und schenkte der Handschriftensammlung den Restnachlaß Ludwig Thomas.
Am Ende von 25 Jahren, in denen ich der Literaturwissenschaft gedient habe, übergebe ich dem Leser dieses Buch über Ludwig Thoma, von dem sein Landsmann und Schriftsteller-Kollege Oskar Maria Graf in seinem amerikanischen Exil sagte, daß er »in seinem erzählerischen Werk das wirkliche Bayern der Welt erschlossen hat« und »ein Kopf für sich, ein echtes Herz und ein eigener Mensch« war.

München, im Sommer 1984 — Richard Lemp

# Lebensabriß von Ludwig Thoma

| | |
|---|---|
| **1867** 21.1. | Mittags 11 Uhr kommt Ludwig Thoma im Haus des Schnitzwaren-Verlegers Lang in Oberammergau zur Welt und wird um 3 Uhr nachmittags vom Pfarrer Joseph Aloys Daisenberger in der Pfarrkirche katholisch getauft. Er ist das fünfte von acht Kindern des kgl. Oberförsters in der Vorderriß (seit 1865) Max Thoma und seiner Ehefrau Katharina, geb. Pfeiffer. Die Patinnen sind seine Tanten, die Verlegerswitwe Maria Lang und deren Schwester Theresia Lang.<br>Ludwig Thoma verbringt seine Kindheit im Forsthaus in der Vorderriß, wo seine Eltern vom 1. November 1870 bis 15. August 1873 nebenbei mit Lizenz des kgl. Bezirksamts Tölz einen Gastwirtsbetrieb führen. Thomas Kindermädchen (seit 1869) ist Viktoria Pröbstl (1834–1902), die ihm auch später seinen Haushalt führt; er erhält Vorschulunterricht von Mathilde Kempter. |
| **1873** 26.8. | Der Vater wird auf eigenen Wunsch als kgl. Parkmeister nach Forstenried, einem Dorf südlich von München, versetzt. |
| **1873/74** Okt.-Aug. | Ludwig Thoma besucht die Volksschule in Forstenried. |
| **1874** 26.9. | Mittags 12.30 Uhr stirbt der Vater an einem Herzschlag, während die Mutter, nach der letzten Entbindung am 10.12.1873 lebensgefährlich erkrankt, bei ihren Verwandten in Oberammergau liegt.<br>Viktoria Pröbstl löst, unterstützt von Ludwigs ältestem Bruder Max, den Thoma-Haushalt in Forstenried auf, versteigert die Ökonomie für 400 Gulden und bringt die Kinder und den Hausrat nach Oberammergau.<br>Die Witwe erhält für sich und die sieben unmündigen Kinder eine jährliche Pension und Beihilfen aus Stiftungsmitteln in Höhe von etwa 1100 Gulden. Ludwig Thoma bekommt als Vormund den Oberapellationsrat Karl Decrignis und nach dessen Tod ab 1884 Ludwig Freiherrn von Raesfeldt, Kreisforstmeister in München, später Oberforstrat in Landshut. |
| **1874/75** Dez.-14. Aug. | Onkel Albert Paulus, Leiter der Vermessungsstelle in Landstuhl/Pfalz, nimmt Ludwig Thoma und seine Schwester Luise auf. Dort besucht er die Volksschule. Die Mutter pachtet (bis 1883) in Prien am Chiemsee den neuerbauten Gasthof »Zur Kampenwand« (jährliche Pacht: 400 Gulden). |
| **1875/76** | In Landstuhl besucht Ludwig Thoma die kgl. Lateinschule. Erlebnisse mit der Nichte des Holzhändlers Wenzel (= »Cora« in »Tante Frieda«, s. Nr. 362). |
| **1876** 1.7. | Die Mutter beginnt, unterstützt von Viktoria Pröbstl, den Gastbetrieb im Gasthof »Zur Kampenwand« in Prien. |
| **1877** | Thoma erhält in Neuburg a.d. Donau einen halben Freiplatz als Zögling im Internat und besucht die 2. Klasse des kgl. Studienseminars. |
| **1877/78** | Thoma wiederholt die 2. Klasse an der Studienanstalt Burghausen; sein Mitschüler ist Georg Pauliebl aus Gries bei Prien (= »Der heilige Hies«, s. Nr. 355), sein Religionslehrer Prof. Faltermeier (= Prof. Falkenberg, der »Kindlein« in den »Lausbubengeschichten«, s. Nr. 357). |
| **1879-1885** | Ludwig Thoma kommt an das kgl. Wilhelmsgymnasium in München, wo er eine Klasse wiederholen muß. Er ist bei dem kgl. Professor a. D. Hubert Merk, Rumfordstr. 24/IV re. (= »Hauptmann Semmelmaier« in den »Lausbubengeschichten«, s. Nr. 357) und bei dem Postassistenten Wilhelm Ruppert sowie dem Hauptmann a. D. Peter Geißler, Frauenstr. 2/III, (= »Onkel Joseph« und »Onkel Wilhelm« in den »Erinnerungen«, s. Nr. 391) in Pension. |

| | |
|---|---|
| **1880** 1.11. | Der Bruder Max Thoma wandert als Vertreter der Firma Georg Lang sel. Erben (Oberammergau) nach Australien aus. |
| **1882** 28.3. | Sein Bruder Peter Thoma gibt die bayer. Staatsangehörigkeit auf und folgt seinem Bruder Max nach Australien (= »Michel Ertlmüller« im Roman »Altaich« Kap. 11, s. Nr. 389). |
| **1883** | Die Mutter pachtet den Gasthof »Zur Post« in Traunstein (bis 1895). |
| **1885/86** | Thoma besucht die 4. Gymnasialklasse der kgl. Studienanstalt in Landshut und wohnt bei den Glockengießereheleuten Spannagl in der Unteren Freyung 594. |
| **1886** 4.8. | Thoma schafft das Maturitätszeugnis, aber er kommt »wegen nächtlichen Bübereien« mit der Polizei in Konflikt. |
| **1886/87** | Ludwig Thoma studiert Forstwissenschaft an der kgl. Bayer. Forstlehranstalt in Aschaffenburg, die er nach zwei Semestern ohne Examen verläßt. Aus diesem Grund scheidet er auch ohne Band als aktiver Bursche aus dem Studentencorps Hubertia aus. |
| **1887/88** | Thoma studiert an der Ludwig-Maximilians-Universität München Rechtswissenschaft. |
| **1887** 6.10. | Student Ludwig Thoma wird in das Corps Suevia aufgenommen, dem bereits sein Vater als schlagender Student seit 1842 angehörte. |
| **1888** 13.1. | Nach 3 Fechtpartien wird Thoma »in feierlicher Weise ins engere Corps recipiert«. |
| 18.1. | Thoma ficht eine Partie gegen das Corps Makaria und empfängt 7 »Blutige«; sein Sekundant Richard Graf Dumoulin stellt den Antrag auf »Dimission auf unbestimmte Zeit«. |
| 21.2. | Bereits nach 5 Wochen, während denen Ludwig Thoma »butterte« und »im Korb lag«, muß er eine Reinigungspartie gegen das Corps Isaria fechten. Dabei empfängt er wieder 2 »Blutige« und »einen bombenflachen Zieher ins Lokal«; es wird über ihn »perpetuelle Dimission« verhängt und dadurch verliert er das Band des Corps Suevia (vergl. 1919, 13.12.!). |
| **1888-1890** 23.10.-25.6. | Studium der Rechtswissenschaft an der Friedrich-Alexander-Universität Erlangen. |
| **1890** 1.8. | Thoma erhält das Befähigungszeugnis zum Eintritt in den juristischen Vorbereitungsdienst. |
| **1890-1891** 1.9.-31.5. | Thoma als Rechtspraktikant am kgl. Amtsgericht Traunstein. |
| **1890** 6.12. | Ludwig Thoma besteht die mündliche Doktorprüfung an der Juristischen Fakultät in Erlangen; »Vorläufiges Prädikat: rite« (= ausreichend). |
| **1891-1892** 1.6.-1.3. | Weiterhin Rechtspraktikant am kgl. Landgericht Traunstein. |
| **1891** 3.8. | Approbation Thomas zum Dr. jur. in Erlangen. Die zu einer Gesamtnote erforderliche Fertigstellung und Annahme der schriftlichen Dissertation Thomas »Zur Lehre von der Notwehr« ist nicht nachweisbar, ebensowenig die Aushändi- |

gung des Dr.-Diploms. In den amtlichen Verzeichnissen aller deutschen juristischen Dissertationen ist die von Thoma nicht enthalten. Das Original der Dissertation liegt beim Nachlaß (s. Nr. 10). Nach dem heutigen Forschungsstand führte Thoma den Titel »Dr. jur.« zu Unrecht.

**1892** Die Mutter kauft den »Gasthof zur Post« in Seebruck am Chiemsee für 65 000 Mark und betreibt mit Ludwigs Bruder Peter, der 1892 aus Australien zurückkehrt, und Schwester Luise auch die Posthalterei.

**1892-1893**
1.3.-31.1. Thoma wieder Rechtspraktikant am kgl. Bezirksamt Traunstein.

**1893**
15.1. Der erste Nachweis einer Veröffentlichung von Ludwig Thoma (s. Nr. 1631).

1.2.-1.3. Thoma Rechtspraktikant am Stadtmagistrat München. Er wohnt ab 4. Februar: Theresienstr. 58/II; ab 2. Mai: Schraudolphstr. 16/II; ab 1. Oktober: Türkenstr. 36/II; am 22. Dezember abgemeldet nach Traunstein.

4.3.-31.8. Vorbereitungspraxis bei Rechtsanwalt Dr. Theodor Loewenfeld in München. Thoma erhält ständige finanzielle Unterstützung durch den kgl. Bauamtsassessor Jakob Frankl in Traunstein.

Dez. Thoma legt die 2. Prüfung für den höheren Justiz- und Verwaltungsdienst ab und erhält am 13. April 1894 das Zeugnis mit der Gesamtnote II, unter 303 Prüfungskandidaten erreicht er den 176. Platz.
Am Stammtisch in der Münchner Bierwirtschaft »Regensburger Wurstküche zum Herz« (Münzstr. 2) lernt er den Redakteur der »Augsburger Abendzeitung«, Joseph Ritter, kennen, der später Thomas literarische Arbeiten für die belletristische Beilage dieser Tageszeitung (»Der Sammler«) vermittelt.

**1894**
15.3. Thoma arbeitet von nun an als Concipient in der Kanzlei des Rechtsanwalts Xaver Hardt in Traunstein.

2.6. Die Mutter, seit Sommer 1893 an Herzwassersucht erkrankt, stirbt im Alter von 63 Jahren in Seebruck.

11.8. Durch Bescheid des kgl. Staatsministerium der Justiz wird Thoma zur Rechtsanwaltschaft beim Landgericht München I zugelassen.

20.8. Thoma wird in die Liste der Rechtsanwälte beim Landgericht München I eingetragen.

30.8. Nachdem Thoma den Plan, sich als Rechtsanwalt in Erding niederzulassen, fallen ließ, stellt er beim Präsidenten des kgl. Landgerichts München II den Antrag auf Zulassung beim kgl. Amtsgericht Dachau.

17.10. Die Zulassung Thomas beim Amtsgericht Dachau wird ab 2. November 1894 erteilt. Thoma hat Wohnung und Kanzlei beim Schneidermeister Max Rauffer, Augsburgerstr. 13. (Schilderung der Verhältnisse in den Erzählungen »Die ersten Mandanten« und »Anfänge«; s. Nr. 400 und 376).

**1895** In der »Augsburger Abendzeitung« veröffentlicht Thoma zwei politische Artikel und im »Sammler« Geschichten aus dem Dachauer Land und andere. Das Honorar für fünf Geschichten: 85 Mark.

| | |
|---|---|
| | Bis 1919 schreibt Thoma 27 Beiträge im »Sammler«. Er ist Mitglied des Radfahrer-Vereins »Stellwagen«, dem die Honoratioren des Marktes und Künstler angehören. Er macht die Bekanntschaft mit dem Förster des Grafen Hundt zu Lauterbach, Rupert Schmid (1856–1947) in Unterweikertshofen. |
| 3.9. | Viktoria Pröbstl zieht von Traunstein nach Dachau und übernimmt die Führung des Haushalts, dem auch die Schwestern Marie und Bertha Thoma angehören.<br>Die Geschwister verkaufen den Gasthof »Zur Post« in Seebruck für 85 000 Mark, geben die Posthalterei auf und lösen den Pachtvertrag des Gasthofs »Zur Post« in Traunstein. |
| **1896** | In Dachau arrangiert Ludwig Thoma die Gedenkfeier für den Frankfurter Frieden von 1871. Er hegt Heiratspläne mit Hanna Sachs, Tochter des Nürnberger Getreidehändlers, Kommerzienrat Carl Sachs, die sich aber zerschlagen (= Stoff für die Erzählung »Als Referendar«; s. Nr. 636).<br>Erste Überlegungen, den Rechtsanwaltsberuf aufzugeben und ausschließlich von der Schriftstellerei zu leben.<br>Teilnahme an der Landessäkularfeier in Innsbruck (s. Nr. 409).<br>In der von Georg Hirth gegründeten Zeitschrift »Jugend« erscheinen von 1896 bis 1917 acht Beiträge von Ludwig Thoma. |
| **1897**<br>1.4. | Thoma gibt die Rechtsanwaltskanzlei in Dachau auf und übersiedelt nach München (Wohnung: Augustenstr. 19/I.G.H.). |
| 7.4. | Thomas Zulassung in Dachau wird gelöscht; er wird in die Liste der beim kgl. Landgericht München II zugelassenen Rechtsanwälte eingetragen. Die dortige Kanzlei ab 5. April 1897 ist am Marienplatz 26/II.<br>Thoma beginnt sein erstes dramatisches Werk, das Lustspiel »Witwen« (s. Nr. 349). |
| Nov. | Durch Vermittlung eines Stammtischfreundes von 1893, Josef Rohrmüller, erscheint in dessen »Waldbauer'sche Buchhandlung« in Passau Ludwig Thomas erstes Buch »Agricola. Bauerngeschichten« mit Illustrationen von Bruno Paul und Adolf Hölzel (s. Nr. 345). |
| Dez. | Durch den Zeichner Bruno Paul findet Ludwig Thoma im Café Heck am Odeonsplatz Anschluß an den Künstlerkreis um die 1896 von Albert Langen gegründete satirische Zeitschrift »Simplicissimus«. |
| **ab 1898** | Ludwig Thoma schreibt für den »Simplicissimus« einschließlich der Spezialausgaben bis 1921 genau 832 Beiträge. |
| **1899** | Wohnung und Kanzlei hat Thoma nun in München am Promenadeplatz 17/I. |
| August | Der Verleger Albert Langen, der von 1898 bis 1903 in Paris im Exil lebt, bietet Thoma die ständige Mitarbeit als Redakteur am »Simplicissimus« an. Thoma benutzt erstmals das Pseudonym »Peter Schlemihl«. |
| 15.9. | Thoma verkauft seine Rechtsanwaltspraxis, Kaufingerstr. 36/II, an seinen Socius, Rechtsanwalt Emil Göring, für 8000 Mark und wohnt jetzt in der Lerchenfeldstr. 5/II. |
| Dez. | Thoma beendet das Lustspiel »Witwen«. Differenzen mit Albert Langen, der das Werk nicht in den Verlag nehmen will. Der Schauspieler Aloys Wohlmuth ver- |

| | |
|---|---|
| | sucht das Stück an Münchner Bühnen zu vermitteln, diese lehnen eine Aufführung ab. Die Erstaufführung in der Bearbeitung von Georg Lohmeier findet erst am 5. August 1958 am Münchner Residenztheater statt. |
| **1900** März | Zusammen mit Dr. Reinhold Geheeb wird Thoma Redakteur des »Simplicissimus«; er tritt an die Stelle von Korfiz Holm. Die Redaktion befindet sich in der Kaulbachstr. 91. |
| April | Erstes Zusammentreffen mit Albert Langen bei einer Redaktionskonferenz in Rorschach/Schweiz. |
| **1901** Febr. | Thoma beendet die Komödie »Die Medaille« (s. Nr. 348). Er nimmt an der Hochzeit des Bauern Matthäus Badhorn in Allershausen teil und erhält durch den Hochzeitslader, den Seilermeister »Strick-Hans« die Anregung zu der Geschichte »Hochzeit« (Strick-Hans = Stacklhans, s. Nr. 350). |
| 6.4. | Auf den Rat von Rudolf Wilke ändert Thoma den Schluß der »Medaille« und läßt das Stück mit einer Rauferei enden. |
| 12.4. | Die Geschichte »Hochzeit« schließt Thoma ab. |
| 25.4. | Thoma fährt mit Dr. Reinhold Geheeb nach Stuttgart (Besuch der Druckerei Strecker & Schröder, in der der »Simplicissimus« hergestellt wird), radelt mit Eduard Thöny und Rudolf Wilke nach Bonn (= »Eine Radfahrt durch das Neckarthal«, s. Nr. 1641) und reist weiter nach Berlin. |
| 27.6. | Thoma unterzeichnet in München einen Vertrag für die literarische Mitarbeit an Ernst von Wolzogens Kabarett »Überbrettl« in Berlin. |
| 18.7. | Max Thoma trifft aus Australien in München ein; Ludwig Thoma bringt ihn mit seiner Frau und 4 Kindern bei Viktor Pröbstl und seiner Schwester Katharina in Allershausen unter. |
| 24.8. | Uraufführung der Komödie »Die Medaille« im kgl. Residenztheater in München. Regie: Jocza Savits.<br>Thoma beginnt die Arbeit an der Komödie »Die Lokalbahn« unter dem Arbeitstitel »Friedrich Rebholz«. |
| 27.9. | Thoma reist wegen einer ihm »unerträglichen Verbindung«, die mit G.(?) seit 16. Januar 1898 bestand, nach Wien und trifft mit Ernst Freiherrn von Wolzogen zusammen, der dort am Karlstheater gastiert. Bekanntschaft mit Karl Kraus und Peter Altenberg. |
| 1.10. | Reise nach Berlin, wo Thoma polizeilich in der Lessingstr. 39 gemeldet ist. Er wird Mitarbeiter an dem von Ernst von Wolzogen am 18. Januar 1901 eröffneten »Überbrettl«. Neben der Fortführung der »Lokalbahn« schreibt er den Sketch »Die Protestversammlung« (s. Nr 1642) und beginnt ein Lustspiel »Die Unbeugsamen« (Nicht überliefert!). Er findet Anschluß an die Berliner Gesellschaft, lernt die Literaten Maximilian Harden und Hermann Sudermann, den Bildhauer Fritz Klimsch, der von ihm eine Porträtbüste fertigt, und den Regisseur Otto Brahm kennen. |
| 28.11. | Première der Komödie »Die Medaille« in Berlin im »Überbrettl« von Ernst von Wolzogen. Regie: Ludwig Thoma. |

3.12. Première von »Die Protestversammlung« im »Überbrettl«.

**1902** Olaf Gulbransson kommt aus Berlin nach München und wird Mitarbeiter am »Simplicissimus«.
Ludwig Thoma macht die Bekanntschaft mit Ludwig Ganghofer.

2.4. Thoma reist über Zürich und Basel nach Paris zu Albert Langen; er macht die Bekanntschaft von Auguste Rodin.

27.4. Ludwig Thoma wohnt in der Pension Finckh, Barerstr. 38. Es bahnt sich ein Verhältnis mit der Tochter der Pensionswirtin, Hedwig von Xylander, an.

6.5. Radtour nach Italien zusammen mit Rudolf Wilke, Bruno Paul, Eduard Thöny, Freiherr von Reznicek und Dr. Reinhold Geheeb.

20.6. Thoma lebt mit Schwester Bertha, den Brüdern Max und Peter sowie Viktor Pröbstl in Finsterwald bei Gmund am Tegernsee beim Six-Bauern (Josef Gerold). Der 3. Akt der »Lokalbahn« ist »gut im Zug«.

9.7. Besuch bei Dr. Georg Hirth, der in St. Quirin am Tegernsee beim Unterbuchberger wohnt (s. Nr. 1686).

27.7. Thoma macht mit seiner Familie Ausflüge nach Bad Kreuth und in die Valepp, nimmt am Schießen in Tegernsee teil.

3.8. Max Thoma wandert mit seiner Familie nach Austin bei Winnipeg in Kanada aus.

6.8. Mit der Schwester Bertha und Hedwig von Xylander besucht Thoma die Aufführung der »Medaille« im Schlierseer Bauerntheater. Regie: Xaver Terofal.

11.8. »Die Lokalbahn« ist fertig (s. Nr. 351); Thoma ändert die 9. Szene des 3. Aktes nach einem Vorschlag von Rudolf Wilke. Es entstehen das Festspiel »Die Tochter des Feldwebels« (s. Nr. 631) und »Aus meiner Jugendzeit« (s. Nr. 357).

20.8. Ludwig Thoma sendet »Die Lokalbahn« an Albert Langen und an das kgl. Residenztheater in München.

19.10. Uraufführung der »Lokalbahn« im kgl. Residenztheater in München. Regie: Jocza Savits.

29.10. Première der »Lokalbahn« am kgl. Hoftheater in Stuttgart. Thoma macht die persönliche Bekanntschaft von Rechtsanwalt Dr. Conrad Haußmann und dessen Zwillingsbruder Rechtsanwalt Dr. Friedrich Haußmann sowie Joachim Gans zu Puttlitz, dem Generalintendanten des kgl. Hoftheaters.

21.11. Viktor Pröbstl, die sich nach der Münchner Première der »Lokalbahn« erkältete, stirbt in Allershausen.

**1903**
9.1. Ludwig Thoma lernt bei der Vorbereitung eines Faschingsfestes auf der Kegelbahn des Münchner Künstlerhauses den Bildhauer und Grafiker Ignatius Taschner kennen und schließt mit ihm Freundschaft.

28.1. Thoma reist nach Wien zur Première der »Lokalbahn« am K.K. Hofburgtheater. Regie: Krastel. Friedrich Rehbein wird gespielt von Hugo Thimig.

März/April Aufenthalt Thomas in Rom.

Ende März Albert Langen kehrt aus dem Exil zurück, nachdem durch Vermittlung seines Schwiegervaters Björnstjerne Björnson und des Sächsischen Geheimen Hofrats Dr. Mehnert die Niederschlagung der Anklage wegen Majestätsbeleidigung von König Georg von Sachsen gegen die Zahlung von 20 000 Mark verfügt wurde.

4.11. Ludwig Thoma beginnt seinen ersten Roman »Andreas Vöst« unter dem Arbeitstitel »Der Pfarrer von Erlbach«. Den Stoff findet er in seinen Rechtsanwaltsakten: die Beschwerde des Ökonomen Peter Loder aus Puchschlagen, die Thoma 1899 gegen das Erzbischöfliche Ordinariat in München führte.

23.11. Reise nach Karlsruhe zu einem Vortrag im Kaufmännischen Verein.

1.12. Thoma auf der Jagd in Garmisch und bei Ludwig Ganghofer in Ehrwald. Er pachtet zusammen mit Albert Langen die Jagd des Grafen Hundt zu Lauterbach; Verwalter ist Förster Rupert Schmid aus Unterweikertshofen.

21.-23.12. Thoma schreibt in München die Geschichte »Der heilige Hies«; (vergl. 1878/79; s. Nr. 355).

**1904**
4.2. Das »Pippinger Veteranenfest« im Arzberger Keller.

15.2. Thoma begleitet Ignatius Taschner nach Nürnberg und lernt im Hause Faber-Castell die Sektfabrikantentochter Maria (Maidi) Feist-Belmont (die spätere Maidi von Liebermann) aus Frankfurt am Main kennen.

30.3.-
Ende Mai Radtour mit Eduard Thöny und Rudolf Wilke von Genf nach Marseille, Tunis (Oase Biskra) und nach Italien.

Juli-Okt. In Finsterwald schreibt Thoma die »Lausbubengeschichten« (s. Nr. 357); Ignatius Taschner wohnt neben Thoma und illustriert den »Heiligen Hies«.

2.-5.10. In Köln finden die »XVI. Allgemeine Konferenz der dt. Sittlichkeitsvereine« und der »Internationale Kongreß zur Bekämpfung der unsittlichen Literatur« statt, an deren Leitung Pastor Lic. Friedrich Bohn beteiligt ist.
Thoma, durch Presseberichte informiert, schreibt das Gedicht »An die Sittlichkeitsprediger in Köln am Rheine«, das im »Simplicissimus« erscheint (s. Nr. 740).

15.12. Strafanzeige des Evangelischen Oberkirchenrats in Berlin wegen dieses Gedichtes.

**1905** Thoma wohnt wieder in München (Franz-Joseph-Str. 9/II); den Haushalt führt seine Schwester Bertha.

8.2. Weiteres »Pippinger Veteranenfest« im Arzberger Keller, arrangiert von Ludwig Thoma und Ignatius Taschner.

6.3. Anklage des Staatsanwalts bei der Strafkammer I des kgl. Landgerichts Stuttgart wegen »Vergehens der Beleidigung und der öffentlichen Beschimpfung einer Einrichtung der christlichen Kirche mittels Presse« durch das Gedicht »An die Sittlichkeitsprediger...«.

23.4. Thoma beendet den Roman »Andreas Vöst« mit einem Schluß nach einer Idee von Dr. Conrad Haußmann (s. Nr. 361). Durch das Telefon erhält er von dem

| | |
|---|---|
| | Hofschauspieler und Komiker Konrad Dreher die Idee zu dem Schwank »Der Schusternazi«. |
| 6.5. | In seiner Wohnung gibt Thoma aus Anlaß der Vollendung des »Andreas Vöst« eine Einladung, zu der Albert Langen die Tänzerin Marietta di Rigardo mitbringt. Das Fest endet mit einer Geldstrafe von 10 Mark für Thoma, da er nachts 2¼ Uhr in seiner Wohnung lautes Singen seiner Gäste duldet.<br>Marietta (später Thomas Frau Marion) = Maria Schulz, geb. Maria Trinidad de la Rosa, illegitime Tochter der Margaretha de la Rosa, Privatière, geboren 12. oder 25. Mai 1880 in Quiapo in Manila/Philippinen, verheiratet mit dem Komponisten und Schriftsteller Georg David Schulz (1865–1910). |
| 8.-21.5. | Radtour an den Gardasee und nach Florenz. |
| 23.5.-Juli | Thoma schreibt den Schwank »Der Schusternazi« für Konrad Dreher, der zu dem Stück die Couplets verfaßte (s. Nr. 360). |
| 19.6. | Prozeß wegen des Gedichts »An die Sittlichkeitsprediger...« vor der Strafkammer des kgl. Landgerichts Stuttgart. Verteidiger: Dr. Conrad und Dr. Friedrich Haußmann; Sachverständige: Justizrat Dr. Max Bernstein und Dr. Ludwig Ganghofer. |
| 26.6. | Ludwig Thoma wird zu einer Gefängnisstrafe von sechs Wochen, der verantwortliche Redakteur Julius Linnekogel zu 200 Mark Geldstrafe verurteilt. Thoma legt Revision gegen das Urteil beim Reichsgericht ein. |
| 2./3.7. | Anläßlich von Ludwig Ganghofers 50. Geburtstag arrangiert Thoma beim Six-Bauern in Finsterwald ein Scheibenschießen »mit 70 scharfen Bergschützen, Fackelzug, Tag-Reveille und Waldfest«, zu dem neben den »Simpl.«-Künstlern auch Georg David Schulz und seine Frau Marietta kommen. |
| 30.8. | Thoma stellt während einer Sonnenfinsternis das Ehepaar Schulz seinem Rechtsanwalt Dr. Conrad Haußmann in Murnau vor. |
| 8.9. | Thoma holt heimlich Marietta Schulz aus Berlin weg; ihr lungenkranker Ehemann, der dadurch sein Kabarett »Das Poetenbänkel. Im siebenten Himmel« in Berlin schließt, zieht später nach Wien, wozu ihm Thoma 1000 Mark zahlt. Dieser will Schulz weitere 15 000 Mark geben, wenn dieser den Beweis eines eigenen Ehebruchs erbringt, damit dann Thoma dessen Ehefrau nach dem Gesetz heiraten kann. Das Paar wohnt in Ringsee bei Bad Wiessee Nr. 57; dort entstehen »Tante Frieda. Neue Lausbubengeschichten«; (s. Nr. 362). |
| Ende Sept. | Thoma und Marion gehen auf »Hochzeitsreise« auf den Semmering bei Wien und nach Salzburg. Danach wohnen sie in München; Leopoldstr. 71/0. |
| 23.9. | Thoma zahlt an Onkel Josef Thoma 650 Mark, vermutlich für verschiedene Unterstützungen während der Rechtspraktikantenzeit in München. |
| 25.11. | Uraufführung des Schwanks »Der Schusternazi« im Theater am Gärtnerplatz in München unter der Regie von Hans Neuert. Die Titelrolle spielt Konrad Dreher. |
| **1906**<br>13.1. | Prozeß vor dem Schwurgericht beim kgl. Landgericht München I wegen des »Simpl.«-Flugblattes »Fort mit der Liebe!« (s. Nr. 1191). Verteidiger: Dr. Conrad Haußmann und Justizrat Dr. Max Bernstein. Sachverständige: Dr. Georg Hirth, |

Dr. Michael Georg Conrad, Dr. Ludwig Ganghofer, Dr. Robert Hallgarten, Eduard Graf Keyserling. Ludwig Thoma wird freigesprochen.

17.2. Der »Simplicissimus« geht auf Drängen der Mitarbeiter ab Jahrgang X aus dem Alleinbesitz von Albert Langen in eine GmbH über; Thoma wird Gesellschafter mit einer Stammeinlage von 2100 Mark.
»Andreas Vöst« brachte bisher 14 000 Mark und die »Lausbubengeschichten« seit Dezember 1909 rund 9 000 Mark. Das jährliche Einkommen von Thoma beträgt um diese Zeit: Honorar & Gehalt & Gewinnanteil am »Simpl.« = 22–25 000 Mark, Einkommen aus Büchern, Theater ect. = 20 000 Mark.

22.2. Der 1. Strafsenat des Reichsgerichts verwirft die Revision gegen das Urteil des Landgerichts Stuttgart vom 26. Juni 1905; die Strafe wird vollstreckbar.

15.4. Thoma fährt mit Marion und Albert Langen in dessen Auto an den Bodensee, nach Tübingen und Ulm. Besuch bei Hermann Hesse, Emil Strauß und Ludwig Finckh. Zweck: Besprechungen wegen der Gründung der Zeitschrift »Süddeutschland. Halbmonatsschrift für deutsche Kultur«, die später unter dem Titel »März« dann erscheint.

20.8. Marions Ehe mit Georg David Schulz wird rechtskräftig geschieden.

Aug.-Okt. »Tante Frieda. Neue Lausbubengeschichten« (s. Nr. 362) wird abgeschlossen (darin »Cora«: vergl. 1875/76!).

6.10. Erster Kaufvertrag vor dem Notar in Tegernsee über 3,18 Tagwerk Grund auf dem Riedfeld in Rottach von dem Holzhändler und Besitzer der Tuften-Sägmühle Carl Miller für 16 000 Mark. Thoma, obgleich noch unverheiratet, erklärt in der notariellen Urkunde »mit seiner Gattin im gesetzlichen Güterstande nach dem BGB zu leben«.

16.10.-27.11. Ludwig Thoma verbüßt die Haftstrafe von sechs Wochen in der Strafanstalt Stadelheim in München; er schreibt das »Stadelheimer Tagebuch« (s. Nr. 396), korrespondiert mit Ignatius Taschner wegen der Pläne für sein Haus.

19.10. Erste Entwürfe für die Komödie »Moral« (s. Nr. 366) unter dem Arbeitstitel »Papa Beermann«; es entstehen Beiträge für den »März«.

3.12. Zweiter notarieller Kaufvertrag über 1,61 Tagwerk, dem bis 1909 noch fünf weitere Verträge folgen, bis Thoma auf der »Schifflend« (= Flurname der heutigen Tuften) 15,189 Tagwerk (= 5,175 ha) besitzt, für die er insgesamt 57 680 Mark in Raten bezahlt.
Im März 1907 erwirbt Auguste Feist-Belmont, Mutter der Maidi Feist-Belmont (vergl. 1904, 15.2. u. 1918, 10.8.), ein Nachbargrundstück; Thoma steht in Verbindung mit der Familie.

**1907**
8.1. Das erste Heft der Zeitschrift »März« erscheint. Thoma schreibt für den »März« 215 Beiträge bis 1917.
Hausbau auf der Tuften nach Entwürfen von Ignatius Taschner unter Leitung von Baumeister Joseph Hofmann aus Tegernsee.

31.1. Vorlesung von Ludwig Thoma im Hotel »Bayerischer Hof«, München, zu Gunsten der Kranken-Unterstützungskasse des Vereins Münchner Berufsjournalisten zusammen mit dem Hofkapellmeister Franz Fischer und der Hofschauspielerin Klara Heese.

23.3. Räumung der Wohnung Leopoldstr. 71/0 in München. Die Möbel werden bei der Transportfirma Wetsch bis zum Einzug in die Tuften eingelagert. Thoma und Marion wohnen in der Jägerstr. 17/II.

26.3. Vor dem Standesamt München I heiratet Thoma Marion (Eintragung I/232); Trauzeugen (»Beiständer«) sind Dr. Reinhold Geheeb und Dr. Conrad Haußmann.

27.3.-20.4. Hochzeitsreise nach Florenz und Bologna. Das Ehepaar Thoma wohnt in Bologna im Hotel Porta Rossa und trifft dort am 5.4. mit Albert Langen und dessen Lebensgefährtin Josefine Rentsch zusammen.
Anschließend lebt das Paar in Rissersee und am Ringsee.

25.8. Josef Benedikt Engl, der einzige Altbayer unter den »Simpl.«-Künstlern, stirbt im Alter von 40 Jahren in München an einer Verletzung, die er sich als Rekrut beim Militär zugezogen hatte.

**1908**
3.1. Ludwig Thoma liest im Hotel »Bayerischer Hof« in München aus seinen »Kleinstadtgeschichten« (s. Nr.363) zusammen mit Thomas Mann, Fritz von Ostini und Karl Ettlinger.

8.4. Einzug in das neue Haus, die Tuften bei Rottach am Tegernsee.

17.4. Thoma ist Beiständer bei der Eheschließung seiner Schwester Bertha mit dem Hotelier Max Zurwesten.

Sommer Thoma arbeitet an der Komödie »Moral« und schreibt den ersten »Brief eines bayrischen Landtagsabgeordneten«, dem bis 1914 insgesamt 41 »Filser-Briefe« mit Illustrationen von Eduard Thöny folgen (s. Nr. 365, 371).

12.9. Das Lustspiel »Moral« ist beendet.

4.11. Rudolf Wilke stirbt nach längerem Leiden in Braunschweig im Alter von 34 Jahren.

20.11. Thoma ist in Berlin zur Uraufführung von »Moral« im Kleinen Theater. Regie: Viktor Barnowsky.

21.11. »Uraufführung« von »Moral« im Münchner Schauspielhaus. Regie: I. Georg Stollberg.

14.12. Endabrechnung über den Bau der Tuften: 32 086,11 Mark für das Wohnhaus; 9071,10 Mark für das Ökonomiegebäude; 886,13 Mark für den Heustadel; Gesamtkosten mit Regiearbeiten und Materiallieferungen: 45 920,84 Mark.

**1909**
Januar Thoma weilt in Wien zur Première von »Moral« im dortigen Deutschen Theater.

1.3. Thoma reist mit Marion nach Berlin zur 100. Aufführung von »Moral«.

30.4. Albert Langen nimmt an der Verfolgungsjagd des Luftschiffes von Graf Zeppelin mit seinem Cabriolet »Züst« (50 Ps.) teil. Er erkrankt durch die Fahrt im offenen

|  |  |
|---|---|
|  | Auto an einer Mittelohrentzündung und stirbt im Alter von knapp 40 Jahren in München. |
| 11.5. | Ferdinand Freiherr von Reznicek stirbt an einer Magenblutung im Alter von 40 Jahren in München. |
| Ende Aug. | Ludwig Thoma nimmt an der »Andreas-Hofer-Feier« in Innsbruck teil. |
| 2.12. | Ludwig Thoma pachtet die Jagd in Tegernsee. Er beschäftigt – einschließlich der Jagd im Dachauer Hinterland – insgesamt vier Jäger unter Leitung seines Bruders Peter, die ein Revier von 22 000 Tagwerk betreuen. |
| **1910**<br>Januar | Thoma schreibt den Einakter »Erster Klasse« (s. Nr. 367). |
| März/April | Aufenthalt in Bozen im Hotel »Greif«. |
| August | Thoma schreibt den Einakter »Das Säuglingsheim« (s. Nr. 377) und beginnt die Dorfgeschichte »Der Wittiber« unter dem Arbeitstitel »Dionys Schormayr« (s. Nr. 369). |
| 12.8. | Uraufführung von »Erster Klasse« in »Michel Denggs Großem Oberbayerischen Bauerntheater« in Egern am Tegernsee unter der Regie von Ludwig Thoma. |
| 19.8. | Thoma erfährt vom Ehebruch seiner Frau und will sich mit dem Verletzer seiner Ehre duellieren. |
| 22.8. | Ludwig Ganghofer erstellt ein Protokoll über den beabsichtigten Zweikampf und stellt fest, daß »ein Waffengang ausscheidet«, da Thomas Gegner nicht satisfaktionsfähig ist. |
| 11.12. | Aufführung von »Erster Klasse« in der Künstlergesellschaft »Hölle«. |
| **1911**<br>14.2. | Ludwig Thoma trennt sich von Marion. |
| 2.3. | Thoma beendet den »Wittiber«; er beginnt den Einakter »Lottchens Geburtstag« (s. Nr. 368). |
| 4.3. | Erstaufführung von »Erster Klasse« durch Michl Dengg's Bauerntheater im Deutschen Theater in München. |
| April | Aufenthalt Thomas in Paris; Marion übersiedelt nach München. |
| Juni | Thoma beginnt das Schauspiel »Die Sippe«. (s. Nr. 378). Ignatius Taschner illustriert in Berlin den »Wittiber«. |
| 30.6. | Thomas Ehe wird aus Verschulden der Ehefrau gerichtlich geschieden, jedoch er bleibt mit Marion bis 1918 in engem Kontakt.<br>(Marion Thoma heiratete am 4.11.1931 vor dem Standesamt München I den Sigmund Rottenkolber, geb. 13.9.1887 in München. Diese Ehe wurde durch rechtskräftiges Urteil des Landgerichts München I vom 13.4.1933 geschieden (Az: II E 228/1933). Nach dieser Scheidung hat Marion den Namen Thoma wieder angenommen; sie starb am 14.8.1966 in München.) |

Juli — Die Zeitschrift »März« wird GmbH., Thoma ist Gesellschafter mit einer Stammeinlage von 10 000 Mark.
Der Dichter leidet unter Depressionen, er trägt sich mit dem Gedanken, sein Haus zu verkaufen, »170 000 Mark wären nötig«.

5.11. — Uraufführung von »Lottchens Geburtstag« am kgl. Hoftheater in Stuttgart. Regie: Joachim Baron zu Puttlitz.

20.11. — Nach verschiedenen verworfenen Ideen beginnt Thoma mit dem Volksstück »Magdalena«, urspr. Titel »Martin Heiß« (s. Nr. 374).

**1912** — Überarbeitung der »Magdalena«.

Januar
20.1. — Erstaufführung von »Lottchens Geburtstag« im kgl. Residenztheater in München. Regie: Fritz Basil.

September — Ignatius Taschner fertigt das Bühnenmodell zur »Magdalena«.

12.10. — Uraufführung der »Magdalena« im Kleinen Theater in Berlin. Regie: Viktor Barnowsky.

19.10. — Erstaufführung der »Magdalena« im Kgl. Residenztheater in München. Regie: Fritz Basil.

**1913**
Januar — Thoma entwirft das Lustspiel »Die kleinen Verwandten« (s. Nr. 382), überarbeitet die Burleske »Das Säuglingsheim« und beginnt gleichzeitig die Burleske »Dichters Ehrentag«. Für das 50. Stiftungsfest der Künstlergesellschaft »Hölle« schreibt er den Sketch »Natur« und den derb-politischen Einakter »Bayerntreue« (Texte verschollen!). Von der Simplicissimus GmbH erhält er für 1912 einen Gewinnanteil von 8 685,63 Mark.

13.3. — Uraufführung der Burleske »Das Säuglingsheim« in den Kammerspielen in München. Regie: Eugen Robert.

März — Aufenthalt in Berlin und anschließend in Rom.

April — Wiederaufnahme der Arbeit an dem Schauspiel »Die Sippe«.

Juli — Dr. Theodor Heuss wird verantwortlicher Redakteur der Zeitschrift »März« (vergl. 1906, 15.4. und 1907, 8.1.).

2.11. — Thoma hält die Festrede bei der Einweihung des Perfall-Denkmals am Spitzingsee.

25.11. — Ignatius Taschner stirbt im Alter von 43 Jahren in Mitterndorf.

29.11. — Uraufführung des Schauspiels »Die Sippe« im Kleinen Theater in Berlin. Regie: Viktor Barnowsky. Thoma gibt zusammen mit Georg Queri das »Bayernbuch. 100 bayrische Autoren eines Jahrtausends« heraus (s. Nr. 1731).

17.12. — Erstaufführung des Schauspiels »Die Sippe« in den Münchner Kammerspielen. Regie: Erich Ziegel.

| | |
|---|---|
| **1914** 14.1. | Der Volksschauspieler und Theaterdirektor Michl Dengg stirbt im Alter von 50 Jahren in Egern. |
| 29.1. | Thoma vollendet das Lustspiel »Die kleinen Verwandten«. |
| April | Aufenthalt Thomas in Rom und Sorrent. |
| 7.5. | Thoma spricht bei einem öffentlichen Lichtbildervortrag, den der »Deutsche Hilfsverein für die politischen Gefangenen und Verbannten Rußlands« im Münchner-Kindl-Keller veranstaltet.<br>Komitee: Ludwig Thoma, Karl von Amira, Ludwig Ganghofer, Georg Hirth, Thomas Mann, Ludwig Quidde, Georg von Vollmar. |
| 25.6. | Thoma vollendet den Bauernschwank »Brautschau« (s. Nr. 382). |
| 14.7. | Der Einakter »Dichters Ehrentag« wird abgeschlossen (s. Nr. 382). |
| 1.8. | Thoma meldet sich bei Ausbruch des Ersten Weltkrieges »zu jeglichem Sanitätsdienst«, findet jedoch vorerst keine Verwendung. |
| Herbst | Den bayrischen Truppen an der Vogesenfront überbringt Thoma Liebesgaben. Niederschrift des Einakters »Der erste August« (s. Nr. 380). |
| Dezember | Thoma schreibt den Einakter »Christnacht 1914« (s. Nr. 380). |
| **1915** Januar | In Belgien und Nordfrankreich überbringt Thoma den bayerischen Truppen Liebesgaben. |
| 1.-22.4. | Thoma ist freiwillig als Sanitätsmann im II. Bayer. Kraftwagen-Transport-Zug des Roten Kreuzes beim 41. Reserve-Armee-Korps an der Westfront. |
| 26.4. | An der Ostfront in Galizien und Rußland. |
| 6.6. | Thoma wird mit dem Eisernen Kreuz II. Kl. ausgezeichnet. |
| August | In Brest-Litowsk erkrankt er an der Ruhr. |
| 1.9. | Thoma kehrt in die Heimat zurück. |
| 20.11. | Verleihung des Bürger- und Heimatrechts durch die Gemeinde Tegernsee. |
| Dezember | Thoma beginnt die Weihnachtslegende (im Lenggrieser Dialekt) »Heilige Nacht« zu schreiben (s. Nr. 386). |
| **1916** März | »Heilige Nacht« vollendet. Thoma schreibt zusammen mit Ferdinand Kahn das Filmexposé »Das Geheimnis der Kantstraße« (s. Nr. 64). |
| 18.3. | Thoma beendet den Münchner Schwank »Der alte Feinschmecker«, den er für Konrad Dreher unter dem Pseudonym »Hans Georg Vogelsang« schrieb; ursprüngl. Titel »Alter schützt vor Torheit nicht« (s. Nr. 383). |
| März/April | Niederschrift der Erzählung »Onkel Peppi« (s. Nr. 384). |

| | |
|---|---|
| Mai | Thoma beendet den Novellenband »Das Kälbchen« und beginnt »Die Kriegschronik von Armetshofen«, zu der er von Dr. Georg Heim Materialien erhält (s. Nr. 75). |
| 27.6. | Erster Besuch Thomas bei dem Bauernführer Dr. Georg Heim in Regensburg. |
| Juli | Thoma schreibt die Lebensgeschichte seines Freundes Ignatius Taschner, zu der ihm dessen Witwe Helene biografische Unterlagen gibt (s. Nr. 395). |
| 21./22.9. | Niederschrift des Lustspiels »Waldfrieden« (s. Nr. 385). |
| 21.10. | Gemeinsame Uraufführung von »Dichters Ehrentag«, »Brautschau« und »Die kleinen Verwandten« im kgl. Residenztheater in München. Regie: Fritz Basil. |
| 1.11. | Uraufführung von »Der alte Feinschmecker« im Intimen Theater in Nürnberg. Regie und Titelrolle: Konrad Dreher. |
| Dez. | Historische Studien zu einem »Roman aus dem Jahre 1705« (s. Nr. 305). |
| 2.12. | Erstaufführung von »Der alte Feinschmecker« im Münchner Volkstheater. Regie: Konrad Dreher. |
| **1917**<br>16.2. | Thoma beginnt die Sommergeschichte »Altaich« unter dem Titel »Die Sommerfrische« (s. Nr. 389). Niederschrift des ersten Teiles der »Erinnerungen« (mit Unterbrechungen bis 1919) (s. Nr. 391). |
| Mai | Differenzen mit der Redaktion des »Simplicissimus« wegen deren politischen Haltung. |
| Juli/August | Ludwig Thoma schließt sich der Deutschen Vaterlandspartei an. |
| 23.-25.9. | Reise nach Berlin. Thoma spricht nach Admiral Tirpitz auf der Versammlung der Deutschen Vaterlandspartei in der Berliner Philharmonie. |
| 17.11. | Thoma spricht auf einer Versammlung der Deutschen Vaterlandspartei in München im Löwenbräukeller. |
| 22.-29.11. | Von Wien aus fährt Thoma zusammen mit Max Halbe, Franz Karl Ginzkey und Ferdinand Salten an die Italienfront. |
| 30.12. | »Altaich. Eine heitere Sommergeschichte« vollendet.<br>Die Zeitschrift »März« stellt mit dem 11. Jg. ihr Erscheinen ein. |
| **1918**<br>Januar | Fortsetzung der »Erinnerungen«. |
| 4.2. | Thoma beginnt den Entwurf zu einem Lustspiel »Fremde Welt« und zu einer Komödie »Unentwegt« (Nicht überliefert!). |
| 24.4. | Thoma beginnt die altmünchner Novelle »Lola Montez«. |
| Ende Mai | Thoma schreibt eine Skizze »Die Bucherbauern«, erste Idee für den Roman »Der Ruepp«. |

| | |
|---|---|
| Juni/Juli | Thoma dramatisiert seine Erzählung »Der umgewendete Dichter« zu dem Einakter »Gelähmte Schwingen« (s. Nr. 390). |
| Juli | »Lola Montez« wird abgeschlossen (s. Nr. 396). |
| 10.8. | Wiedersehen mit Maria (Maidi) Liebermann von Wahlendorf, geb. Feist-Belmont (geb. 11.9.1884 in Frankfurt am Main, gest. 22.11.1971 in Bad Wiessee) bei einem Konzert von Leo Slezak in der Überfahrt in Egern. Damit beginnt der Kampf Thomas um die Ehe mit Maidi. |
| 7.9. | Thoma verbrennt Briefe u. a. aus den Jahren 1906–1917. |
| 25.9. | Endgültige Trennung von Marion, mit der er trotz Scheidung (vergl. 1911, 14.2. und 30.6.) wieder zusammengelebt hat. |
| 24.10. | Uraufführung der Lustspiele »Gelähmte Schwingen« und »Waldfrieden« im kgl. Residenztheater in München. Regie: Max Nadler. |
| November | Die Regierung Eisner verbietet die Aufführung von Einaktern Thomas im Münchner Nationaltheater. |
| 25.11. | Thoma schreibt für den Bauernführer Dr. Georg Heim einen Aufruf zum Eintritt in die Bayerische Volkspartei ohne selbst Parteimitglied zu werden. |
| Dezember | Ludwig Thoma schreibt den zweiten Teil seiner »Erinnerungen« (s. Nr. 391). |
| 7.12. | Zusammen mit Maidi von Liebermann ist Thoma in Berlin und erlebt dort die Revolution. Niederschrift der »Berliner Eindrücke« (s. Nr. 49). |
| 29.12. | Wiederaufnahme der Beziehungen zu Dr. Conrad Haußmann, die durch Thomas Haltung im Kriege erloschen waren. |
| **1919**<br>Januar | Die »Erinnerungen« werden abgeschlossen. Thoma arbeitet die Erzählung »Das Duell« (s. Nr. 358) in ein Puppenspiel um. |
| 28.3.-12.4. | Erster Entwurf zu dem autobiographischen Roman »Kaspar Lorinser« unter dem Titel »Hans Georg« (s. Nr. 396). |
| 26.-29.4. | Reise nach Stuttgart zu Maidi von Liebermann. |
| Mai/Juni | Thoma schreibt »Cato«, eine römische Komödie nach antiken Quellen, die über Entwürfe nicht hinauskommt (s. Nr. 308). |
| Juli | Wegen Aufgabe der Zulassung wird Ludwig Thomas Eintragung in der Liste der Rechtsanwälte beim Landgericht München II gelöscht. |
| Aug.-Nov. | Niederschrift des Romans »Münchnerinnen« in verschiedenen Fassungen und unter verschiedenen Titeln (s. Nr. 79). |
| 5.10. | Helene Taschner stirbt in Mitterndorf; Ludwig Thoma kommt zur Beerdigung. |
| 21.11. | Georg Queri stirbt im Alter von 41 Jahren in München. |
| 28.11. | Ludwig Thoma schließt den 1. Teil des Romans »Münchnerinnen« ab. |

| | |
|---|---|
| 13.12. | Ludwig Thoma erhält feierlich das Band der Studentenverbindung »Suevia« zurück (vergl. 1888, 21.2.!); er wird Mitglied des Tegernseer Corpsphilistervereins Visigothiae-Rostock. Vorsitzender: Apotheker Fritz Salzberger in Miesbach. Durch diese Verbindung wird Thoma Mitarbeiter der Zeitung »Miesbacher Anzeiger«, deren Redakteur Klaus Eck ist. Er liefert über den Apotheker Salzberger bis zum 18.8.1921 insgesamt 171 anonyme Beiträge, in denen er hauptsächlich gegen die Regierung in Berlin und gegen die Juden schreibt. |
| **1920** 1./2.1. | Ludwig Thoma bricht die Fortsetzung des Romans »Münchnerinnen« ab; sie bleibt Fragment. |
| Febr.-März | Thoma arbeitet am »Kaspar Lorinser«, stellt ihn aber in der Folgezeit ebenfalls zurück; auch er bleibt Fragment. |
| 13.4. | Thoma beginnt unter dem Titel »Sommerliebe« den Roman »Der Jagerloisl«. |
| 20.5. | Die erste Fassung des »Jagerloisl« wird beendet. |
| 15.7. | Der erste Artikel von Ludwig Thoma erscheint im »Miesbacher Anzeiger«. |
| 24.7. | Ludwig Ganghofer stirbt im Alter von 65 Jahren in Tegernsee. Thoma erwirbt kurz nach der Beerdigung den Grabplatz neben Ganghofer. |
| 30.7. | »Der Jagerloisl« ist abgeschlossen (s. Nr. 392). |
| 17.8. | Ludwig Thoma schreibt den Prolog zur »Ganghofer-Gedächtnisfeier« in Egern (s. Nr. 1463). |
| 27.8. | Ludwig Thoma arbeitet an der Humoreske »Papas Fehltritt« (s. Nr. 393). |
| Aug./Sept. | Der Erinnerungs-Band »Leute, die ich kannte« entsteht (s. Nr. 395). |
| 1.11. | Besuch von Dr. Josef Hofmiller in der Tuften (vergl. Hofmiller: »Herbsttage bei Ludwig Thoma«). |
| 26.11.-19.12. | Thoma schreibt die Bauerngeschichte »Margeth« (s. Nr. 393). |
| 30.12. | Die Bauerngeschichte »Die Dachserin« wird angefangen (s. Nr. 393). |
| **1921** 4.1. | Ludwig Thoma beginnt den Roman »Der Ruepp« unter dem Arbeitstitel »Der kalte Eid«.<br>Erste Anzeichen der Krankheit: Thoma verträgt keinen Kaffee und Tabak mehr. |
| 4.4. | Für seinen Freund Ganghofer schreibt Thoma das Vorwort zu dessen Nachlaßband »Das wilde Jahr. Fragmente aus dem Nachlaß« (s. Nr. 1733). |
| 10.4. | Aus Amerika erhält Thoma 1015 Mark Honorar für die Übersetzung des Stückes »Moral« ins Englische (s. Nr. 1750). |
| 22.4. | Der Roman »Der Ruepp« wird abgeschlossen (s. Nr. 394). Thoma schreibt Erinnerungen an bekannte Leute (u.a. Björnstjerne Björnson; (s. Nr. 51). |
| Mai/Juni | Schwere Depressionen wegen der Aussichtslosigkeit auf eine Ehe mit Maidi von Liebermann und wegen der politischen Lage. |

25.7. Thoma fährt nach München zur Untersuchung durch Professor Dr. Gottfried Boehm, Facharzt für innere Krankheiten, der die Notwendigkeit einer Operation am Magen feststellt.

27.7. Besuch von General Erich Ludendorff in der Tuften (s. Nr. 44).

5.8. Thoma übersiedelt nach München in das Krankenhaus (Krankenpflege- und Heilanstalt des bayer. Frauenvereins vom Roten Kreuz, München, Nymphenburgerstr. 163); er schreibt sein Testament und übergibt es Professor Boehm. Darin bestimmt er Maidi Liebermann von Wahlendorf als Haupterbin und vermacht seinen Geschwistern Peter, Katharina und Bertha sowie seiner geschiedenen Ehefrau Marion je 200 000 Mark.

6.8. Operation durch Professor Dr. Ludwig von Stubenrauch. Diagnose: Magenkrebs.

24.8. Ludwig Thoma wird mit dem Auto in seine Tuften heimgebracht und dort von seinen Schwestern Katharina und Bertha betreut.

26.8. Abends 9.30 Uhr stirbt Ludwig Thoma.

## Ludwig Thomas Vorfahren

Im Jahre 1909 beschäftigte sich Thoma mit dem Gedanken, eine Familienchronik anzulegen. Seine Absicht dabei war wohl bereits damals, die Herkunft seiner väterlichen Ahnen aus einem lückenlosen Geschlecht von Jägern herzuleiten. Er beauftragte seine Sekretärinnen, Friederike und Henriette Bayrhammer, die für ihn – übrigens auch für den Dichter Frank Wedekind – Manuskripte abschrieben, Nachforschungen bei den verschiedenen Trägern seines Namens anzustellen. Bei dem planlosen Vorgehen und ohne Heranziehung der Pfarrmatrikeln war das Ergebnis recht unbefriedigend. Dies zeigt sich aus der Korrespondenz, die sich in einem Faszikel des Nachlasses (s. Nr. 20) erhalten hat.

Ludwig Thoma aber folgte seinem Wunschdenken und schrieb in seinen »Erinnerungen«, deren Vorabdruck in der belletristischen Beilage der Augsburger Abendzeitung »Der Sammler« 1917 (s. Nr. 420) erschien:

»Die Vorfahren meines Urgroßvaters waren Klosterjäger – venatores – der Herren Zisterzienser in Waldsassen. Sie werden schon im Jahre 1630 als solche in den Urkunden aufgeführt. Zu dem ungeheuren Besitze des Klosters, der 1000 Quadratkilometer umfaßte, gehörten zahlreiche Forste, in denen es viel zu jagen gab, und so darf ich mir meine Vorväter als tüchtige Waldläufer vorstellen, die ihre Reverendissimos zum Schuß auf kapitale Hirschen brachten und gute Freundschaft mit dem Frater Kellermeister hielten ...«

Bereits wenige Tage nach dem Erscheinen teilte aus Deggendorf der Buchhalter und Liebhabergenealoge Josef Zierer dem Verfasser mit, daß diese Feststellung nicht richtig sein könne. Um 1630 gab es in Waldsassen keine Zisterzienser, da das Kloster durch das Vordringen der Reformation in die Oberpfalz von 1562 bis 1669 aufgelöst war, und außerdem konnte Zierer in seinen Unterlagen in dieser Zeit keinen Jäger namens Thoma nachweisen. Ludwig Thoma schrieb sofort zurück und erhielt am 31. März 1917 einen 14 Seiten langen Brief, in dem ihm Zierer darlegte, wie er seine genealogischen Forschungen anzugehen hätte, wenn sie zu einem verwertbaren Ergebnis führen sollten.

Thoma machte sich aber nicht diese Mühe, sondern nahm Zierers Darlegungen in seinem ersten Brief als zutreffend an und in der endgültigen Fassung der Buchausgabe von 1919 (s. Nr. 391) ist zu lesen:

»Die Vorfahren meines Urgroßvaters waren Klosterjäger bei den Zisterziensern in Waldsassen; einer von ihnen wird um 1618 im Pfarrbuche als Venator regius aufgeführt und war demnach ein Jagdknecht des böhmischen Winterkönigs Friedrich, der als Kurfürst von der Pfalz das schon im Jahre 1560 säkularisierte Kloster Waldsassen mit seinem riesigen Waldbesitze von seinen Vorgängern übernommen hatte. Erst nach einem vollen Jahrhundert, um 1669, wurden die Zisterzienser wieder in ihre Rechte eingesetzt, und die Klosterjäger Thoma fanden wohl genug Ursache zu Verdruß und Streit mit den rauhhaarigen Hintersassen, die sich nur langsam an Gesetz und Recht gewöhnten.«

Die gründlichen genealogischen Forschungen von Adolf Roth (»Ludwig Thomas Vorfahren«. In: *Familie und Volk*, Jg. 2, 1953, H. 5., S. 369–374.) erbrachten jedoch andere Ergebnisse: die väterlichen Vorfahren Thomas stammten zwar aus Waldsassen, »sie waren aber von Anfang an Beamte und haben mit den Klosterjägern nichts zu tun«.

In der 6. und 5. Generation finden wir Träger des Namens als Klosterschreiber in Waldsassen, in der 4. Generation war Christoph Adam Thoma Kurfürstlicher Rentkammersekretär in Amberg und dessen Sohn Joseph ist Ludwig Thomas Urgroßvater.

Joseph Thoma, die bedeutendste Persönlichkeit in der direkten Ahnenfolge, war als Jurist Beamter im Finanzministerium und gelangte wohl durch die Förderung eines geadelten Onkels in den Stab des Ministers Montgelas. Im Zuge der Säkularisation erhielt er den Auftrag, die ungeheuren Waldbestände der aufgelösten Klöster in Staatsbesitz zu überführen und die staatliche Forstverwaltung, deren Chef er wurde, zu organisieren. Das Leben und Werk des Geheimen Oberforstrats und Ritters des Civil-Verdienst-Ordens der Bayerischen Krone, Joseph von Thoma, hat Richard Heß in seinem Werk »Lebensbilder hervorragender Forstmänner ...« (1885) dargestellt.

Durch seine Heirat mit Sabine Freiin von Heppenstein trat Joseph von Thoma in den Kreis der teils aus Franken stammenden Beamtenfamilien, die sich um den Aufklärer Josef Adam

Freiherrn von Ickstatt formiert hatten, »von dem weiterhin das ausgegangen ist, was man den bayerischen Beamtenliberalismus genannt hat«.
Ludwig Thomas Großvater, der Forstmeister Franz Seraphim Thoma, heiratete ebenfalls in eine Beamtenfamilie; durch die Ehe mit Henriette Reiner, der Tochter des Reichenhaller Salinenrats Kaspar von Reiner, wird Ludwig Thoma blutsverwandt mit dem Komponisten Max Reger.
Die mütterlichen Vorfahren Ludwig Thomas stammen alle aus dem Pfaffenwinkel, dem Gebiet zwischen Isar und Lech. Waren die väterlichen Ahnen mit ihrem ausschlaggebenden fränkischen und schwäbischen Einschlag überwiegend verstandesmäßige und fortschrittgläubige Beamte, die mütterlichen Vorfahren waren traditionsgebundene und konservative Bauern und Gastwirte. Diese Familien der Pfeiffer, Neuner, Miller, Schilcher und Zwerger waren die Keimzellen großer Söhne des altbayerischen Stammes: des Komponisten Richard Strauß, des Admirals Franz von Hipper, der Dichter Ludwig Ganghofer und Josef Ruederer. Und auch mit diesen ist Ludwig Thoma blutsverwandt.
Ludwig Thoma war, wie Adolf Roth schreibt, »der Sohn einer Kontrastehe ... Diesen Kontrast hat Ludwig Thoma im Blut gehabt, und er hat ihn im Milieu seines Elternhauses erfahren, in dem sich diese Kontraste durchdrungen haben ... Es ist auch verräterisch, daß er das, was er so gerne ungebrochen gewesen wäre und was er nach dem Gesetz, nach dem er angetreten ist, nicht ganz sein konnte, in seinem Werk und im persönlichen Umgang gerne überbetont hat, daß er sich noch gescherter und kracherter aufgespielt hat, als er in Wirklichkeit gewesen ist und als auch sonst Altbayern gemeinhin zu sein pflegen.«

# Stammbaum der Familie Thoma

Joseph Ritter von Thoma
* 29. 1. 1767 Amberg
+ 22. 8. 1849 München
Chef der bayerischen Forstverwaltung, Geh. Oberforstrat im Finanzministerium. Ritter des Zivildienstordens der Krone Bayerns

Sabine Freiin von Heppenstein auf Kornburg
* 29. 11. 1773 München
+ 18. 5. 1816 München

⚭ 6. 6. 1791 München

Caspar Ritter von Reiner
* 21. 1. 1769 Murnau
+ 6. 4. 1841 München
Salinenrat und Hauptsalzoberinspektor. Ritter des Zivildienstordens der Krone Bayerns

Amanda König
* 23. 2. 1774 Fichtelber

⚭ 26. 9. 1800 Fichtelberg

Franz Seraphim Thoma
* 14. 1. 1798 Waldsassen
+ 10. 2. 1862 Kaufbeuren
Forstmeister in Rottenbuch und Kaufbeuren

⚭ 13. 1. 1822 Reichenhall

Henriette Reiner
* 8. 10. 1797 Fichtelberg
+ 31. 1. 1871 Lenggries

Friederike Josepha Thoma
* 15. 12. 1837 Schongau
+ 15. 3. 1916 München
»Tante Frieda«

Max Joseph Thoma
* 7. 11. 1822 Rottenbuch
+ 26. 9. 1874 Forstenried
Oberförster in der Vorderriß und Parkmeister in Forstenried

Max Thoma
* 1. 10. 1858 Grassau
+ 1911 San Diego (Kalifornien)
Kaufmann in Australien, Farmer in Kanada und Kalifornien

Maria Thoma
* 21. 11. 1860 Grassau
+ 15. 6. 1897 München

Peter Thoma
* 7. 10. 1864 Partenkirchen
+ 22. 5. 1924 Rottach
Kaufmann u.a. in Australien, Jagdverwalter von Ludwig Thoma

Franz Thoma
* 5. 12. 1865 Lenggri
+ 27. 12. 1865 Lenggri

Gilbert Pfeiffer

* 5. 9. 1756 Oberammergau
\+ 18. 10. 1832 Oberammergau

Wirt in Oberammergau

Eva Maria Plaichner

Andreas Neuner

* 27. 11. 1739 Hinterriß
\+ 24. 8. 1811 Oberau

Ettaler Oberjäger und Wirt unterm Berg in Oberau

Maria Crescentia Zwerger

* 26. 1. 1772 Spatzenhausen
\+ 5. 8. 1848 Oberau

⚭ 10. 11. 1783
Oberammergau

⚭ 17. 6. 1794
Ettal

Martin Pfeiffer

* 26. 4. 1797 Oberammergau
\+ 29. 9. 1846 Oberammergau

Posthalter und Schwabenwirt in Oberammergau

⚭ 7. 7. 1823
Oberammergau

Maria Katharina Neuner

* 30. 1. 1798 Oberau
\+ 17. 8. 1852 Oberammergau

⚭ 14. 12. 1857
Oberammergau

Katharina Pfeiffer

* 22. 11. 1831 Oberammergau
\+ 2. 6. 1894 Seebruck am Chiemsee

Ludwig Thoma

* 21. 1. 1867 Oberammergau
\+ 26. 8. 1921 Rottach

26. 3. 1907–30. 6. 1911 verheiratet mit Maria (Marion) Schulz, geb. Trinidad de la Rosa (* 12. oder 25. 5. 1880 Quiapo in Manila, + 14. 9. 1966 München)

Katharina Thoma verh. Hübner

* 21. 10. 1868 Lenggries
\+ 11. 9. 1958 Egenhofen Lkr. Fürstenfeldbruck

Gendarmeriewachtmeistersgattin

Aloisia (Luise) Thoma

* 7. 5. 1872 Lenggries
\+ 21. 7. 1892 Traunstein

Bertha Thoma verh. Zurwesten

* 10. 12. 1873 Forstenried
\+ 6. 3. 1938 München

Hoteliersgattin

# Bilder und Dokumente
# zu Leben und Werk

1
Ludwig Thomas Urgroßvater, Joseph von Thoma, Königlicher Ministerialrat und Geheimer Oberforstrat und Ritter des Civil-Verdienst-Ordens der Bayerischen Krone, war »nach der in unserer Familie erhaltenen Überlieferung... ein stattlicher Mann von würdevollem Wesen, gütig, wortkarg, doch geselligen Freuden nicht abgeneigt, ein eifriger Jäger bis ins hohe Alter und ein geschätzter Musiker« (aus Thomas »Erinnerungen«). Im Entwurf eines Begleitschreibens zu seinem Pensionierungsgesuch schreibt Joseph von Thoma am 7. 8. 1849 im Alter von 82 Jahren an den Königlichen Staatsminister, Herrn Dr. von Aschenbrenner: »Mit Beruhigung legt der gehorsamst Unterzeichnete sein Gesuch um Ruhestandsversetzung in die Hände Euer Excellenz nieder, – vollkommen überzeugt, daß Hochdieselben in dem Begleitungs Antrage an Seine Majestät den König sich wohlwollend über das dienstliche Wirken eines Beamten äußern werden, der mehr denn 58 Jahre lang dem Könige und dem Vaterlande treu gedient...« Zwei Wochen später, am 22.8.1849, ist Joseph von Thoma gestorben.

2
Ludwig Thomas Großvater, Franz Thoma, Forstmeister in Schongau und Kaufbeuren, »war ein temperamentvoller Herr, und meine Neigung zum Jähzorn soll ich von ihm geerbt haben, aber für gewöhnlich zeigte er eine gewinnende Fröhlichkeit, und ein Schreiben der Bürger Schongaus, die ihrem Forstmeister zum 25jährigen Jubiläum gratulierten, rühmt ihm besondere Herzensgüte gegen Arme nach. Meine Mutter hieß ihn einen Kavalier von der alten Schule, ohne mir den Unterschied von der neueren zu erklären, und meine Tante Friederike... rühmte ihrem Vater peinliche Akkuratesse in der äußeren Erscheinung nach« (aus Thomas »Erinnerungen«).

3
In der Verleihungsurkunde für den Königlichen Forstmeister Franz Thoma zu Kaufbeuren heißt es: »Seine Majestät der König haben Sich vermöge allerhöchsten Entschließung ...allergnädigst bewogen gefunden, dem Königlichen Forstmeister Franz Thoma zu Kaufbeuren das Ritter Kreuz des Königlichen Verdienst Ordens vom heiligen Michael zu verleihen...«

# Seine Majestaet der Koenig

haben Sich vermöge allerhöchster Entschließung vom 28ten dieses Monats allergnädigst bewogen gefunden, dem Königlichen Forstmeister Franz Thoma zu Kaufbeuern das Ritter Kreuz des Koeniglichen Verdienst-Ordens vom heiligen Michael, zu verleihen.

Zur Legitimation hierüber wird gegenwärtiges Brevet von dem Staats-Ministerium des Koeniglichen Hauses und des Aeussern, als Grosskanzler-Amte des erwähnten Ordens hiedurch mit der Bemerkung ausgestellt, daß bey dem Eintritte des in Art: IX, der Ordens-Statuten vom 16ten Februar 1837. (: Regg:blatt Num: 8. Seite 134:) vorgesehenen Falles, das Ordenszeichen anher einzusenden komme.

München den 28ten November 1851.

v. d. Pfordten

# Brevet

für den Königlichen Forstmeister Franz Thoma zu Kaufbeuern.

Die allergnädigste Verleihung des Ritter-Kreuzes des Königlichen Verdienst-Ordens vom heiligen Michael betreffend.

Mayer

Ludwigs-Maximilians-Universitaet München.
Num: Curr: 864. | 18 44/45. | Num: Matr: 184.
von Thoma, Max Cand: forest:
Universitäts Rector. Directorium der Universitäts-Polizey.
Der K. Ministerial Commissair
MÜNCHEN

5
Legitimationskarte des Forststudenten Max »von« Thoma für das Wintersemester 1844/45 an der Ludwigs-Maximilians-Universität München mit der Unterschrift des Theologen und Historikers Ignatz von Döllinger.

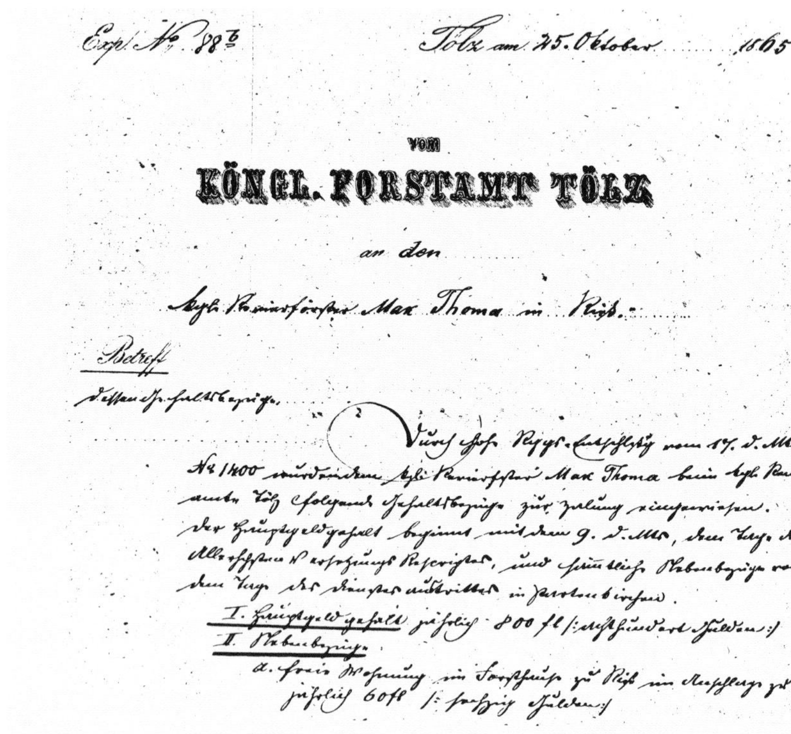

Tölz am 25. Oktober 1865

vom

KÖNGL. FORSTAMT TÖLZ

an den

Kgl. Revierförster Max Thoma in Riß.

Betreff

I. Hauptgeldgehalt jährlich 800 fl (:achthundert Gulden:)
II. Nebenbezüge
a. freie Wohnung im Forsthause zu Riß im Anschlage zu jährlich 60 fl (: sechzig Gulden:)

4
Ludwig Thomas Vater, Max Thoma, absolvierte in Augsburg die Königliche Bayerische Katholische Studienanstalt und studierte von 1842 bis 1845 an der Münchner Universität Forstwissenschaft. »Der lange Max«, wie er wegen seiner Größe von 1,85 Meter genannt wurde, machte sich im Studenten-Corps Suevia, dem später auch Ludwig Thoma angehörte, »einen guten Namen als Schläger«. Als Forstgehilfe kam er weit im bayerischen Oberland herum. 1857 wurde er Revierförster in Piesenhausen und heiratete im Alter von 35 Jahren die 26jährige Katharina Pfeiffer. 1865 übersiedelte die Familie mit drei Kindern in die Vorderriß, wo Max Thoma bis 1873 als Oberförster das gebirgige Revier im Isarwinkel verwaltete. Über seinen Vater notiert Thoma in seinen »Erinnerungen«: »In seinem schlichten Wesen zeigt mir jeder Zug die staubfreie, aller Engherzigkeit abholde Art des Forstmannes vom alten Schlage. Ich war noch ein Kind, als er starb, und ich lernte ihn lieben aus der Schilderung, die mir meine Mutter von ihm gab...«

6
Schreiben des Königlichen Forstamtes Tölz an Max Thoma vom 25.10.1865 betreffend »dessen Gehaltsbezüge«, wo als »Hauptgeldgehalt« jährlich 800 Gulden und als »Nebenbezüge« die »freie Wohnung im Forsthause zu Riß im Anschlage zu jährlich 60 Gulden« sowie weiterhin »sechs Tagwerk Dienstgründe«, »ein Holzdebutat von 15 Klafter harten oder 20 Klafter weichen Scheitholzes«, »ein Funktionsaversum von jährlich 200 Gulden« und »ein Bureauexigenz Aversum von jährlich 18 Gulden« ausgewiesen wurden.

7
In diesem Haus der Witwe des Königlichen Posthalters und Schnitzwaren-Verlegers Eduard Lang, der älteren Schwester seiner Mutter, Maria Lang, kam Ludwig Thoma am 21.1. 1867 in Oberammergau zur Welt.

8
Ludwig Thomas Mutter, Katharina Thoma, geb. Pfeiffer, war die Tochter des königlichen Posthalters und »Schwaben«-Wirts Martin Pfeiffer in Oberammergau. Bis zu ihrer Verheiratung arbeitete die gelernte Köchin in der väterlichen Gastwirtschaft und fand nebenbei »immer noch Zeit, ihren Geist zu bilden« (aus Thomas »Erinnerungen«).

9
Joseph Aloys Daisenberger, geistlicher Rat und Pfarrer von Oberammergau, Verfasser des Passionsspieltextes und einer Ortsgeschichte, der Ludwig Thoma in der Pfarrkirche taufte.

**10** und **10a**
Der Geburtseintrag in das Kirchenbuch von Oberammergau gibt Auskunft über den Täufling Ludwig Thoma, den Arzt, die Hebamme und die Eltern (obere Zeile) sowie über Datum und Uhrzeit der Geburt, den Geistlichen und die Taufpaten.

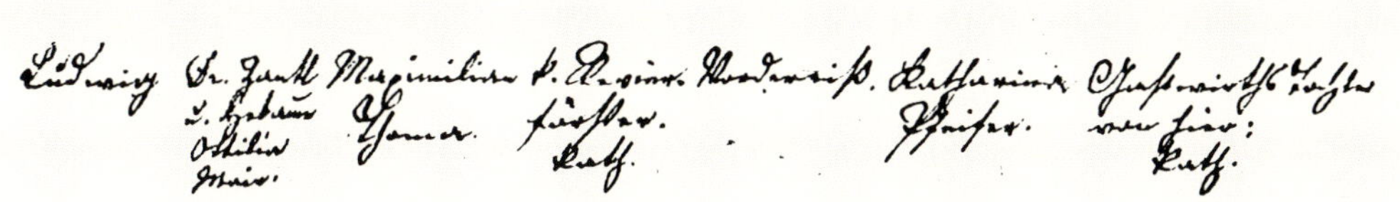
Ludwig | Dr. Zuell d. Hebamm Ottilie Mair | Maximilian Thoma | k. Revierförster kath. | Oberammergau | Katharina Pfeifer | Gastwirthstochter von hier: kath.

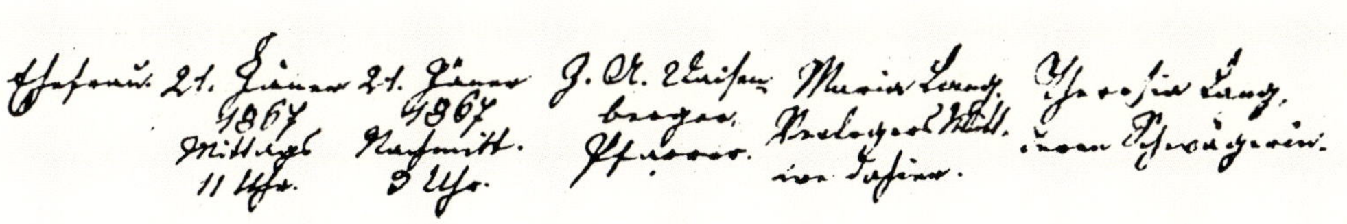
21. Jänner 1867 Mittags 11 Uhr. | 21. Jänner 1867 Nachmitt. 3 Uhr. | J. A. Daisenberger Pfarrer. | Maria Lang, Verlegerswittw. von hier. | Theresia Lang, von Schongau.

**11**
Das Forsthaus in der Vorderriß. – Auf dem damals bewaldeten Damm, den der Rißbach bei seiner Einmündung in die Isar nahe der Tiroler Grenze aufgeschüttet hatte, standen drei Gebäude: das von König Max II. erbaute »Königshaus«, das Forsthaus und neben diesem eine Kapelle. Hier war Ludwig Thomas Vater von 1856 bis 1873 Oberförster – und hier verbringt Thoma die ersten sechs Jahre seiner Jugendzeit. »Meine ersten Erinnerungen knüpfen sich an das einsame Forsthaus, an den geheimnisvollen Wald, der dicht daneben lag, an die kleine Kapelle, deren Decke ein blauer, mit vergoldeten Sternen übersäter Himmel war... Drunten am Fluß kreischte eine Holzsäge, biß sich gellend in dicke Stämme und fraß sich durch, oder ging im gleichen Takt auf und ab...« (aus Thomas »Erinnerungen«).

**12**
Ludwig Thomas »Alte Viktor«, Viktoria Pröbstl. – In seinen »Erinnerungen« zeichnet Thoma mehrmals in liebender Verehrung ein Bild dieser Frau, die seinen Lebensweg von frühester Kindheit bis zu ihrem Tod im Jahre 1902 begleitet hat. In der Anzeige von ihrem Hinscheiden nennt er sie »unsere liebe, herzensgute Pflegemutter«. Viktoria Pröbstl war die Tochter des Stadtgärtners und Bürgermeisters von Schongau. Sie kommt 35jährig 1869 in die Vorderriß als Hilfe der Frau Oberförster, betreut die vier Thoma-Kinder und wird auch als Hebamme der Frau Thoma genannt.

**13**
Forsthaus und Kohlenmeiler in der Vorderriß. Zeichnung von Julius Noerr.

**14**
Ludwig Thomas ältester Bruder Max Thoma, der 1872 mit 14 Jahren als Lehrling zu einem Münchner Galanteriewarenhändler kommt, 1880 als Vertreter der Oberammergauer Firma Lang sel. Erben nach Australien auswandert und 1901 mit seiner Familie zurückkommt. Ludwig Thoma bringt Max mit Frau und vier Kinder bei seiner Schwester Katharina in Allershausen unter bevor er 1902 erneut auswandert, zuerst nach Austin bei Winnipeg in Kanada, dann weiter nach Kalifornien, wo er 1911 stirbt.

**15**
Brief von Thoma-Vater Max an seinen ältesten Sohn Max in München vom 28. Juli 1873: »Lieber Maxl! Hier schicke ich Dir ein paar Gulden Taschengeld, sei sparsam u. kaufe Dir bei gegenwärtiger Zeit nicht viel Obst, besser gar keins. Macht leicht Cholera! Daß ich nach Forstenried komme, wirst Du wissen, ich werde daher nächste Tage nach Forstenried mit Mama kommen u. Dich sehen. Es grüßt Dich Dein aufr. Vater Thoma. An Guido, Eduard, Herrn & Frau Jäger viele Grüße.«

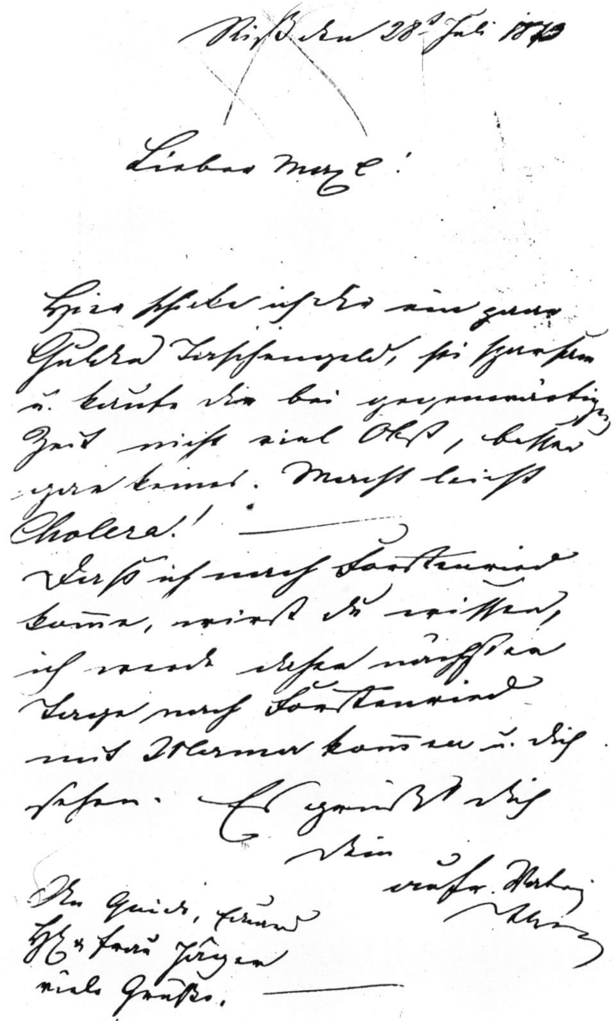

Lieber Maxl!

Hier schicke ich Dir ein paar Gulden Taschengeld, sei sparsam u. kaufe Dir bei gegenwärtiger Zeit nicht viel Obst, besser gar keins. Macht leicht Cholera! —
Daß ich nach Forstenried komme, wirst Du wissen, ich werde daher nächsten Tage nach Forstenried mit Mama kommen u. Dich sehen. Es grüßt Dich Dein aufr. Vater Thoma

An Guido, Eduard, H. u. Frau Jäger viele Grüße. —

**16** und **17**
Das Forsthaus (rechts) und die Ökonomiegebäude (unten) in Forstenried bei München. – Am 26.8.1873 wird Vater Max Thoma »seinem Ansuchen entsprechend« auf die vakante Stelle des königlichen Parkmeisters nach Forstenried, damals ein Dorf südlich von München, versetzt. Mit seiner Gesundheit steht es nicht zum Besten, der harte Gebirgsdienst hat sein Herz angegriffen. Zudem sieht seine Frau im 42. Lebensjahr ihrer achten Entbindung entgegen. Auch muß der kleine Ludwig nach dem Unterricht durch die Hauslehrerin Mathilde Kempter nun auch mit einem geregelten Schulunterricht beginnen. Tatsächlich bricht mit der schweren Entbindung das Unheil über die Familie Thoma herein. Während die schwerkranke Wöchnerin bei ihren Verwandten in Oberammergau ist, wird das Herzleiden des Vaters schlimmer. Am 26.9.1874 stirbt Max Thoma im Forsthaus Forstenried, wo Viktoria Pröbstl, aus Schongau zu Hilfe gerufen, fortan bei den Kindern Mutterstelle vertritt.

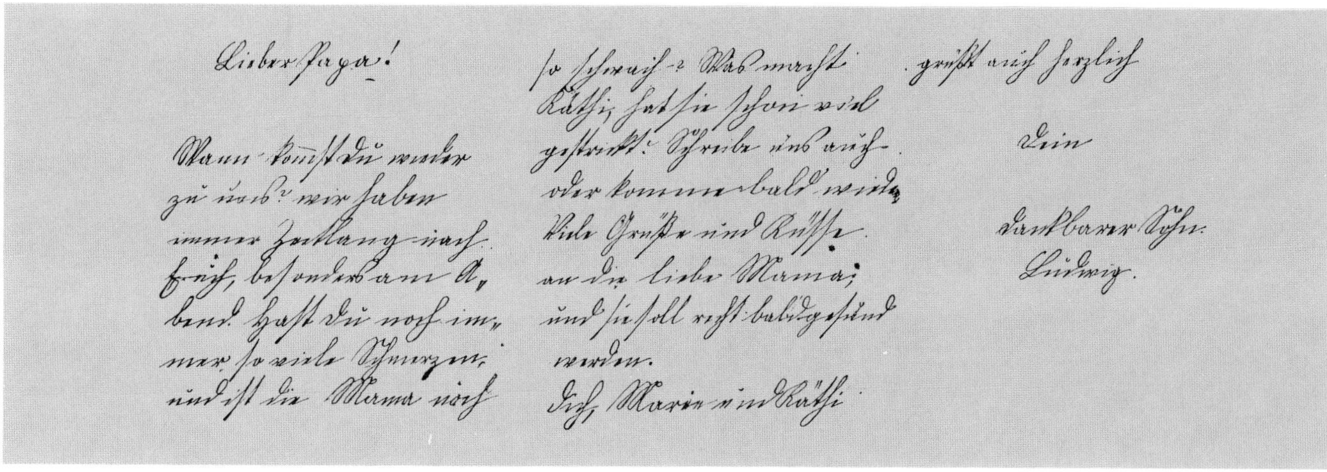
Lieber Papa!

Wann kommst du wieder
zu uns? wir haben
immer Zeitlang nach
Euch, besonders am A-
bend. Hast du noch im-
mer so viele Schmerzen,
und ist die Mama noch
so schwach? Was macht
Käthi, hat sie schon viel
gestrickt? Schreibe uns auch
oder komme bald wieder
Viele Grüße und Küsse
an die liebe Mama;
und sie soll recht bald gesund
werden.
Dich, Marie und Käthi
grüßt auch herzlich
Dein
dankbarer Sohn
Ludwig.

**18** bis **18b**
Brief des siebenjährigen Ludwig Thoma aus Forstenried vom Anfang 1874 an den kranken Vater, der sich zu dieser Zeit bei seiner Frau in Oberammergau aufhält: »Lieber Papa! Wann kommst Du wieder zu uns? Wir haben immer Zeitlang nach Euch, besonders am Abend. Hast Du noch immer so viele Schmerzen, und ist die Mama noch so schwach? Was macht Käthi, hat sie schon viel gestrickt? Schreibe uns auch oder komme bald wieder. Viele Grüße und Küsse an die liebe Mama; und sie soll recht bald gesund werden. Dich, Marie und Käthi grüßt auch herzlich Dein dankbarer Sohn Ludwig.«

**19**
Grab von Max Thoma im Friedhof neben dem Forsthaus Forstenried. – Viktoria Pröbstl schildert in ihrem Tagebuch am 28.9.1874 den Todeskampf von Max Thoma: »Vier Tage habe ich mein Tagebuch nicht berührt. Was habe ich in diesem kurzen Zeitraum erlebt, es ist schrecklich… Es war 1/2 1 Uhr, als ich ins Zimmer trat (26.9.), glaubte ich er athme so stark, weil er am Rücken lag, und wollte ihn am Sopha zur Seite wenden. Als ich seinen Kopf berührte, fühlte ich, daß er kalt u. der Schweiß auf der Stirne stand. Sein rechtes Auge war offen, als ob es mich ansehe aber starr, ich rief ihn, allein er gab keine Antwort mehr. Erst als Hr. Pfarrer kam, mußten wir glauben, daß er zu leben aufgehört. Ich hielt ihn noch immer in meinen Armen… Ludwig ging mir nicht mehr von der Seite… Abends schrieb ich heim, ich werde die Kinder nicht verlassen…«

**20**
Der achtjährige Ludwig Thoma mit seiner Schwester Luise Anfang 1875 in Landstuhl i. d. Pfalz. – Nach dem Tod des Vaters und der Auflösung des Thoma-Haushaltes in Forstenried durch Viktoria Pröbstl kommen die Kinder zuerst nach Oberammergau. Im Dezember 1874 wird der kleine Ludwig und seine Schwester Luise vom Onkel Albert Paulus, dem Leiter der Vermessungsstelle in Landstuhl, aufgenommen und besucht dort zuerst die Volksschule.

**21** und **21a**
Brief Ludwig Thomas vom Dezember 1874 an die Mutter: »Liebe Mama. Mir gefällt es sehr gut in Landstuhl. Ich habe gar kein Heimweh. Es ist sehr schön. Auf der Reise habe ich sehr viel gesehen, besonders in Ludwigshafen, wo der Rhein war, und da habe ich Schiffe gesehen, welche beleuchtet waren. Der Herr Lehrer ist mit mir sehr freundlich und streng. Es hat mich sehr gefreud liebe Mama als ich gehört habe daß es dir besser ging. Viele Grüße und Küße an Mutter Großmutter und Tante meinen Geschwistern und allen, auch an dich viele Grüße und Küße von Deinem dankbaren Sohn Ludwig.«

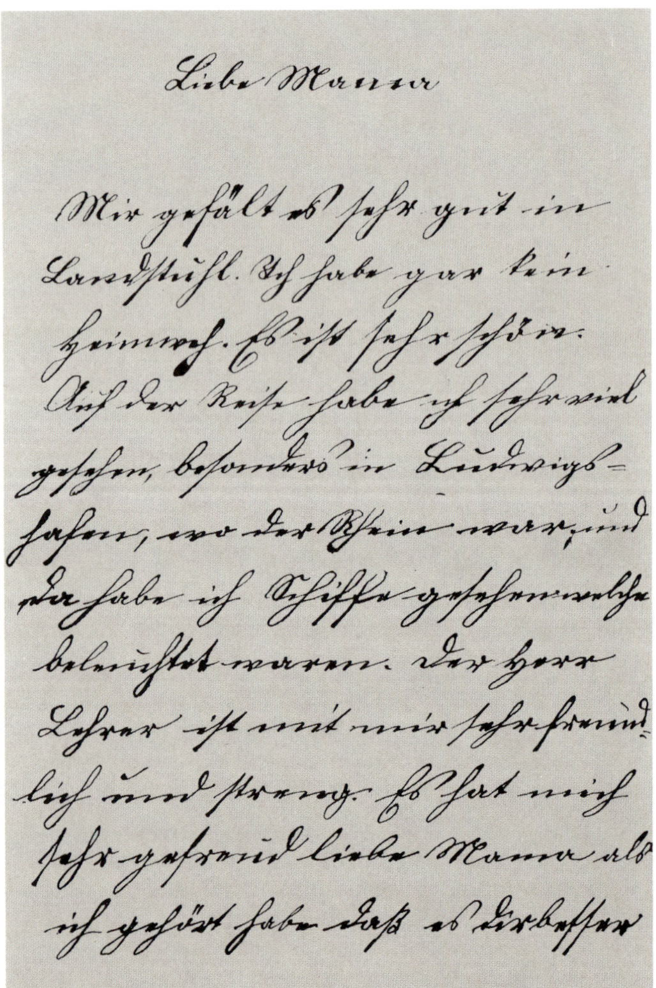
Liebe Mama

Mir gefällt es sehr gut in
Landstuhl. Ich habe gar kein
Heimweh. Es ist sehr schön.
Auf der Reise habe ich sehr viel
gesehen, besonders in Ludwigs-
hafen, wo der Rhein war, und
da habe ich Schiffe gesehen welche
beleuchtet waren. Der Herr
Lehrer ist mit mir sehr freund-
lich und streng. Es hat mich
sehr gefreud liebe Mama als
ich gehört habe daß es dir besser

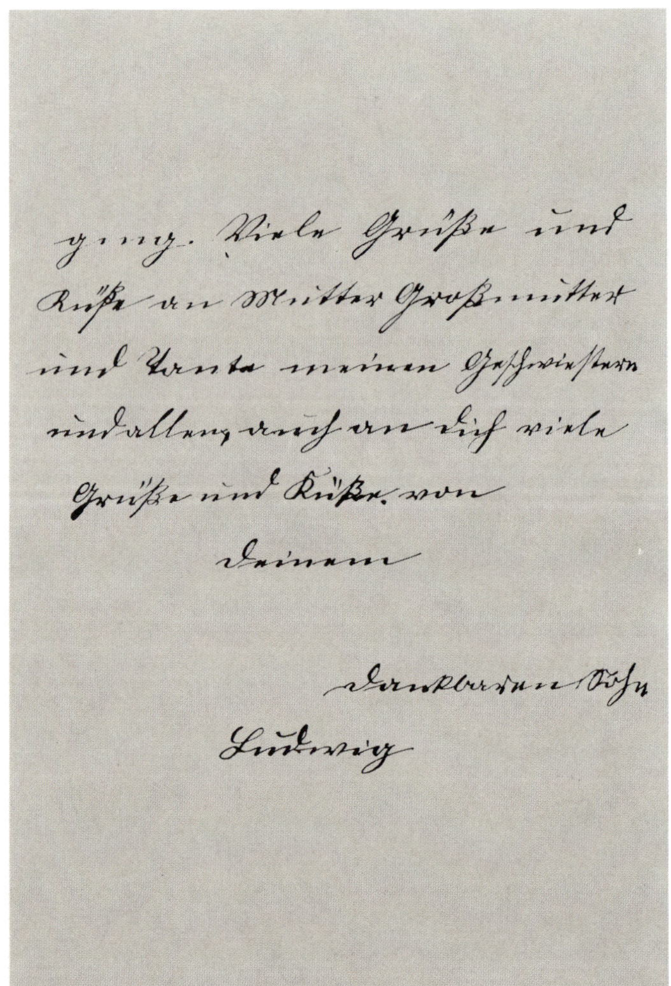
ging. Viele Grüße und
Küße an Mutter Großmutter
und Tante meinen Geschwistern
und allen, auch an dich viele
Grüße und Küße von
Deinem
dankbaren Sohn
Ludwig

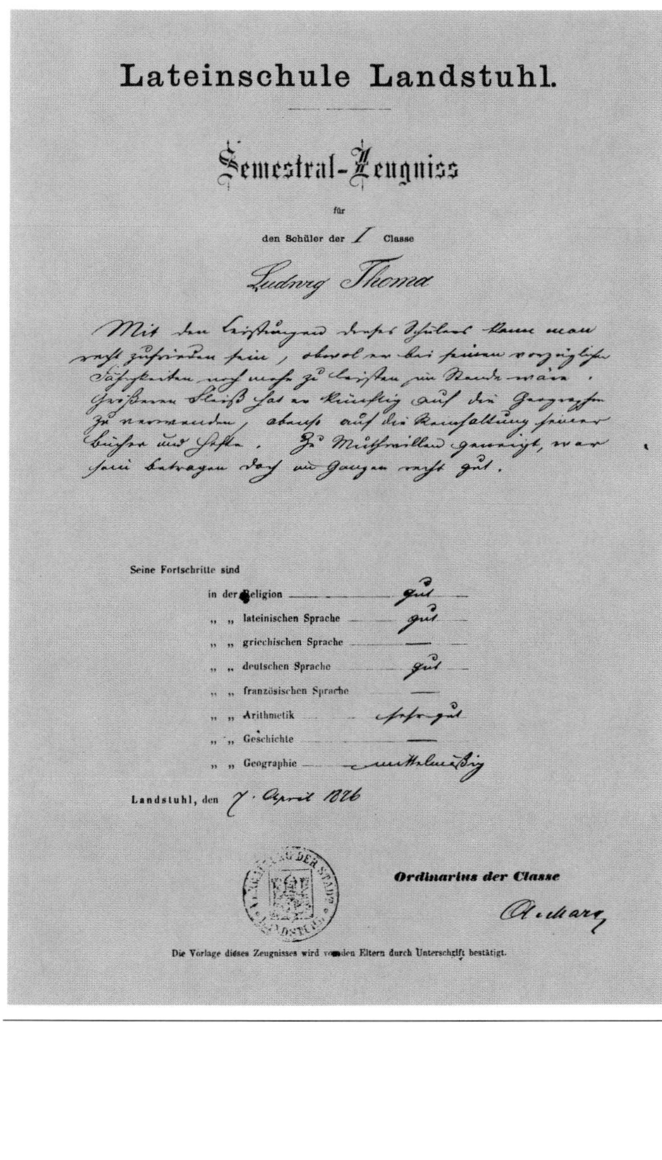

**Lateinschule Landstuhl.**

Semestral-Zeugniss

für

den Schüler der I Classe

Ludwig Thoma

Seine Fortschritte sind

in der Religion gut
„ „ lateinischen Sprache gut
„ „ griechischen Sprache —
„ „ deutschen Sprache gut
„ „ französischen Sprache —
„ „ Arithmetik sehr gut
„ „ Geschichte —
„ „ Geographie mittelmäßig

Landstuhl, den 7. April 1876

Ordinarius der Classe

Die Vorlage dieses Zeugnisses wird von den Eltern durch Unterschrift bestätigt.

22
Die Lateinschule in Landstuhl in der Pfalz, die Ludwig Thoma von 1875 bis 1876 besucht und die im ehemaligen Rathaus (Bildmitte) untergebracht ist. Die mit der Nichte des Holzhändlers Wenzel in Landstuhl erlebten Jugendstreiche verarbeitet Thoma später mit der Figur der Cora in »Tante Frieda. Neue Lausbubengeschichten« (1905).

23
»Semestral-Zeugniss für den Schüler der I. Classe vom 7. April 1876«. – Der Ordinarius der Klasse an der Lateinschule in Landstuhl beurteilt die Leistungen Ludwig Thomas so: »Mit den Leistungen dieses Schülers kann man recht zufrieden sein, obwohl er bei seinen vorzüglichen Fähigkeiten noch mehr zu leisten im Stande wäre. Größeren Fleiß hat er künftig auf die Geographie zu verwenden, ebenso auf die Reinhaltung seiner Bücher und Hefte. Zu Muthwillen geneigt, war sein Betragen doch im Ganzen recht gut.«

Gasthof zur
Kampenwand

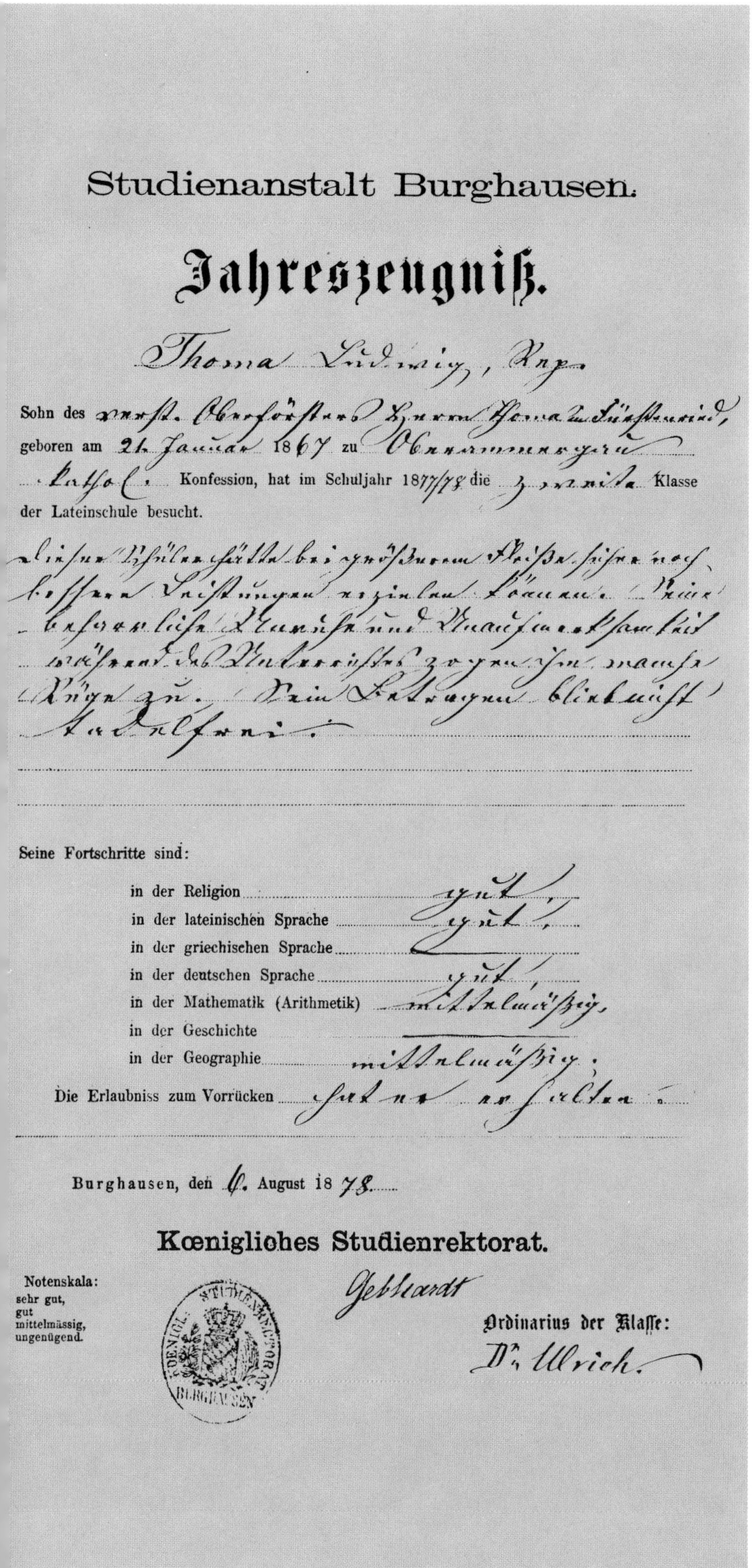

Studienanstalt Burghausen.

Jahreszeugniß.

Thoma Ludwig, Kgl.

Sohn des ... Oberförsters Herrn ...

geboren am 21. Januar 1867 zu Oberammergau

kathol. Konfession, hat im Schuljahr 1877/78 die zweite Klasse der Lateinschule besucht.

Dieser Schüler hätte bei größerem Fleiße sicher noch bessere Leistungen erzielen können. Seine beharrliche Unruhe und Unaufmerksamkeit während des Unterrichts zogen ihm manche Rüge zu. Sein Betragen blieb nicht tadelfrei.

Seine Fortschritte sind:

in der Religion gut,
in der lateinischen Sprache gut,
in der griechischen Sprache —
in der deutschen Sprache gut,
in der Mathematik (Arithmetik) mittelmäßig,
in der Geschichte —
in der Geographie mittelmäßig.

Die Erlaubniss zum Vorrücken hat er erhalten.

Burghausen, den 6. August 1878.

Kœnigliches Studienrektorat.

Gebhardt

Ordinarius der Klasse:

Dr. Ulrich

Notenskala:
sehr gut,
gut
mittelmässig,
ungenügend.

24
Der »Gasthof zur Kampenwand« in Prien am Chiemsee, den die wiedergenesene Mutter 1875 pachtet (bis 1883): »Als junges Mädchen hatte sie die Führung einer Wirtschaft kennen gelernt, in der Riß hat sie diese Kenntnisse verwertet, und so durfte sie hoffen, daß ihr Unternehmen gelingen werde. Sie hatte sich nicht verrechnet, und der Ruf der »Kampenwand« zog bald viele Leute an...« (Thoma in seinen »Erinnerungen«).

25
Ludwig Thomas Mutter als Gastwirtin um 1876.

26
Ludwig Thoma (Mitte) mit seinen Geschwistern um 1876 in Prien (v.l.n.r.): Luise, 4 Jahre alt; Peter, 12 Jahre; Bertha, 3 Jahre.

27
Jahreszeugnis Ludwig Thomas in der Studienanstalt in Burghausen von 1878. – 1877 war Thoma Internatszögling in Neuburg a.d. Donau und besuchte dort die 2. Klasse des königlichen Studienseminars, schaffte aber nicht das Klassenziel und wiederholt dann die 2. Latein-Klasse in Burghausen. Im Jahreszeugnis ist vermerkt: »Dieser Schüler hätte bei größerem Fleiße sicher noch bessere Leistungen erzielen können. Seine beharrliche Unruhe und Unaufmerksamkeit während des Unterrichts zogen ihm manche Rüge zu. Sein Betragen blieb nicht tadelfrei.«

28
Das Gymnasium in Burghausen, wo Thoma bis 1878 zur Schule geht.

**30** und **31**
Ludwig Thomas Hausleute in Landshut: Glockengießer Spannagl und seine Frau. – 1885/86 besucht Thoma die 4. Gymnasialklasse der königlichen Studienanstalt in Landshut. Über seine neuen Hausleute schreibt er später in seinen »Erinnerungen«: »Ich war bei einer angesehenen Bürgerfamilie untergebracht und genoß zum ersten Male volle Freiheit in meinem Tun und Lassen. Daß ich sie nicht mißbrauchte, rechnete mir der wohlwollende Rektor des Gymnasiums hoch an...«

**32**
Das Haus des Glockengießers Spannagl in Landshut, in dem Ludwig Thoma 1885/86 wohnte. – »Die wohlhäbige Stadt, Mittelpunkt der reichsten Bauerngegend, in der eine starke Garnison lag und die ihre Tradition als ehemaliger Sitz der Landesuniversität noch bewahrte, gefiel mir sehr gut...« (aus Thomas »Erinnerungen«).

**29**
Ludwig Thomas zweite Hausleute in der Schulzeit in München: Postassistent a. D. Wilhelm Rupert und seine Frau sowie der Hauptmann a.D. Peter Geißler. – 1879 wechselt Ludwig Thoma zum dritten Male die Schule. Die folgenden sechs Jahre am Wilhelms-Gymnasium in München sind zuerst erfolg- und glücklos, da es mit den ersten Hausleuten, einem Ehepaar Merk, ständig Schwierigkeiten gibt. Erst bei den entfernten Verwandten Rupert und Geißler findet Ludwig in eine Welt »altbayrischer Behaglichkeit und Lebensfreuder«, wo sich auch Literatur, Kunst und Theater erschließen. Ein harmloser Liebesbrief, den der Klassleiter in einem Schulbuch Ludwigs entdeckt, bringt für Thoma das Ende der Münchner Jahre. Er muß das Wilhelms-Gymnasium verlassen und kommt nach Landshut.

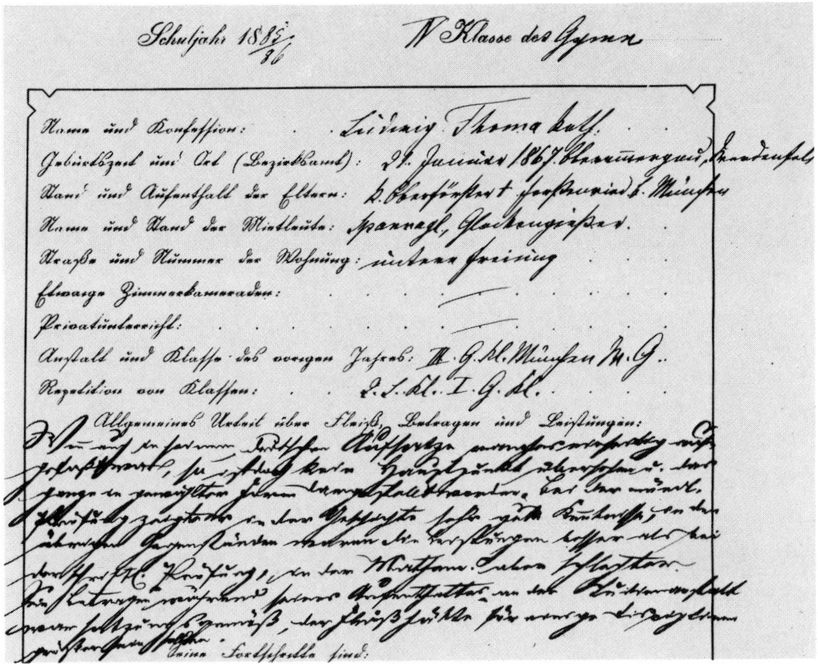

Schuljahr 1885/86 IV Klasse des Gymn.

Ludwig Thoma kath.

34
Ludwig Thoma als Senior der Absolvia des Jahres 1886 in Landshut. – Im Bild seine Mitschüler (stehend, von links): Poiger (später Pfarrer), Schmid (Landgerichtsrat), Buckel (Zollamtmann), Perzlmeier (Universitätsstudent + ), Reichlmayer (Pfarrer); (sitzend, von links): Wölfel (Geheimer Justizrat), Ludwig Thoma, Graf Spreti (Regierungspräsident), Pfadtisch (Finanz-Regierungsrat).

33
Ludwig Thomas Maturitätszeugnis vom August 1886, in dem es u.a. heißt: »Wenn auch in seinem deutschen Aufsatze manches einseitig aufgefaßt war, so ist doch kein Hauptpunkt übersehen und das Ganze in gewählter Form dargestellt worden. Bei der mündl. Prüfung zeigte er in der Geschichte sehr gute Kenntnisse, in den übrigen Gegenständen waren die Leistungen besser als bei der schriftl. Prüfung, in der Mathem. aber schlechter. Sein Betragen während seines Aufenthaltes an der Studienanstalt war satzungsgemäß, der Fleiß hätte für einige Disciplinen größer sein sollen... Er ist nicht schlecht veranlagt, begreift rasch und memoriert leicht u. gut, hat aber im ganzen nicht viel geleistet, weil er früher zu wenig gelernt hatte u. das Versäumte in der Oberklasse nicht mehr hereinbringen konnte.«

Bevor Thoma in Landshut das Maturitätszeugnis erreicht, hat er wegen »nächtlicher Bübereien« mit der Polizei einen Konflikt. Diese »Bübereien« schlagen sich später in Thomas bekannten »Lausbubengeschichten« (1905) nieder. Seine Mutter klagt schon im März 1885 in einem Brief an die älteren Brüder Max und Peter in Australien: »Ludwig machte im Lernen gerade keinen schlechten Fortgang, doch durch sein Betragen viel Kummer u. darf sich sehr zusammennehmen, daß er sich in der Classe erhält...« Thoma selbst schreibt in seinen »Erinnerungen«: »Im August bestand ich die Schlußprüfung, die von Kennern für leichter als gewöhnlich erklärt wurde. Ich möchte nicht entscheiden, ob das stimmt... Meinen Ansprüchen genügte die Prüfung, und zu meiner Freude genügte ich den Ansprüchen. Ein seliger Vormittag, als wir unter dem Tore des Gymnasiums die Hüllen von den farbigen Mützen entfernten und nun mit leuchtenden Rotkappen durch die Stadt gingen... Etliche Tage sangen und tranken wir noch in Landshut herum und kamen uns bedeutender und freier vor, wie jemals wieder im Leben...«

**35**
Die Familie Thoma um 1885 in Traunstein, wo die Mutter seit 1883 den »Gasthof zur Post« gepachtet hat (bis 1895). Von links zeigt das Bild: Katharina (18 Jahre), Luise (15), die Mutter (46), Bertha (13), Ludwig (19) und Marie (28).

**36** und **37**
Postkarten vom Marktplatz von Traunstein (das zweite Haus von links ist der »Gasthof zur Post«) und von der Front des Gasthofes. – Die Kreisstadt Traunstein zählt um 1890 rund 8000 Einwohner. »Klein und eng war es...«, schreibt Thoma in seinen »Erinnerungen«, »und von einer Gemütlichkeit, die einen jungen Mann verleiten konnte, hier sein Genüge zu finden und auf Kämpfe zu verzichten...«

**38**
Einverständnis-Erklärung von Thomas Vormund, königlicher Oberforstrath Ludwig Freiherr von Raesfeldt, zum Forststudium in Aschaffenburg, wo Thoma 1886/87 zwei Semester ohne Examen an der königlichen Forstlehranstalt studiert.

**39**
Zeugnis für Ludwig Thoma beim Abgang von der Forstlehranstalt in Aschaffenburg über die Vorlesungen, die er während des ersten Kursus besuchte und wo es am Schluß heißt: »Bezüglich seines Verhaltens wird bemerkt, daß dasselbe ein den Satzungen entsprechendes gewesen ist.«

**40**
Paukbild des Studenten-Corps »Hubertia« in Aschaffenburg aus dem Jahre 1887. Bei der Schlägerpartie gegen das Corps »Hercynia« ist Ludwig Thoma (links außen in der Mittelgruppe) Testier-Fuchs seines Corps.

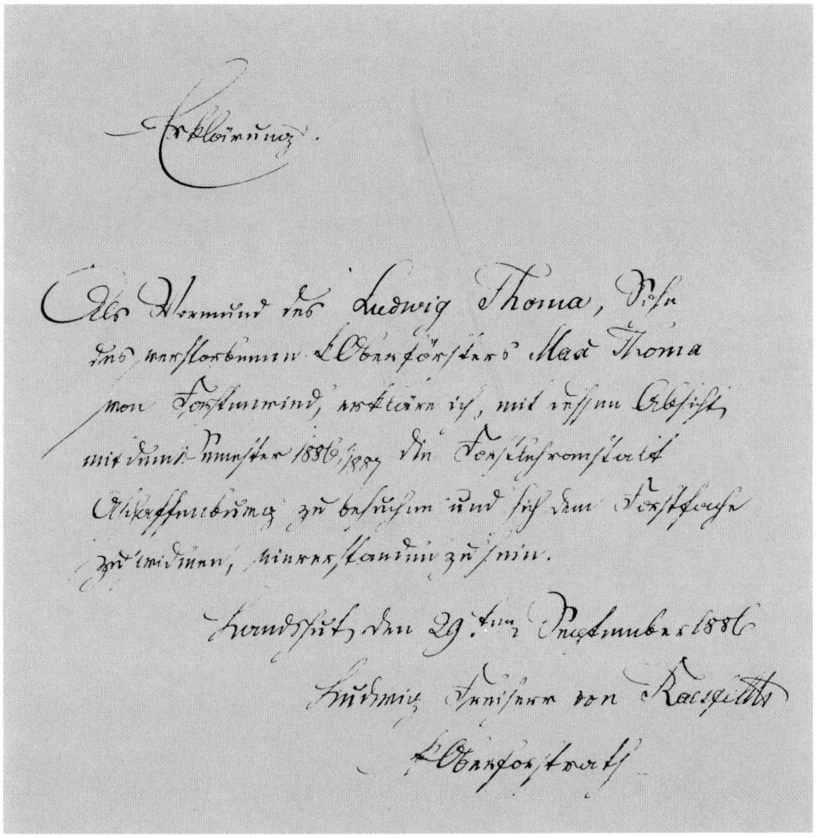

Erklärung.

Als Vormund des Ludwig Thoma, Sohn des verstorbenen k. Oberförsters Max Thoma von Forstenried, erkläre ich, mit dessen Absicht mit dem Semester 1886/87 die Forstlehranstalt Aschaffenburg zu besuchen und sich dem Forstfache zu widmen, einverstanden zu sein.

Landshut, den 29. ten September 1886

Ludwig Freiherr von Raesfeldt

k. Oberforstrath

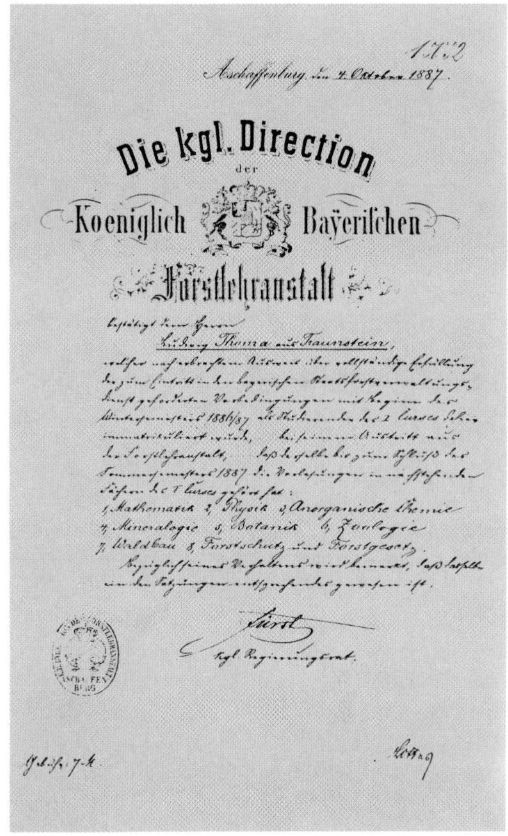

1752

Aschaffenburg, den 4 Oktober 1887.

Die kgl. Direction der Koeniglich Bayerischen Forstlehranstalt

bestätigt dem Herrn

Ludwig Thoma aus Traunstein,

welcher nach erbrachtem Ausweis über vollständige Erfüllung der zum Eintritt in den bayerischen Staatsforstverwaltungsdienst geforderten Vorbedingungen mit Beginn des Wintersemesters 1886/87 als Studierender des I. Kurses dahier immatrikuliert wurde, bei seinem Austritt aus der Forstlehranstalt, daß derselbe bis zum Schluß des Sommersemesters 1887 die Vorlesungen in nachstehenden Fächern des I. Kurses gehört hat:

1, Mathematik 2, Physik 3, Anorganische Chemie 4, Mineralogie 5, Botanik 6, Zoologie 7, Waldbau 8, Forstschutz und Forstgesetz.

Bezüglich seines Verhaltens wird bemerkt, daß dasselbe den Satzungen entsprechend gewesen ist.

Fürst

kgl. Regierungsrat.

Gebühr 7 M

Lotto 9

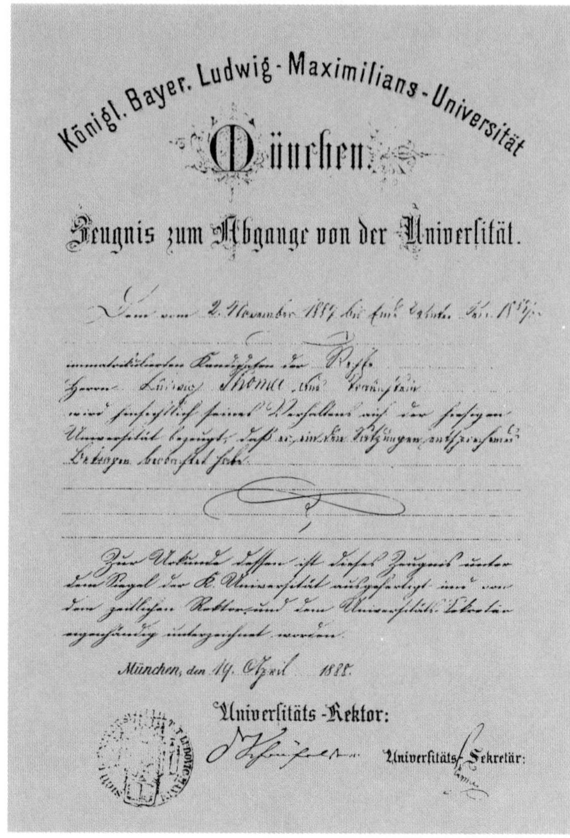
Königl. Bayer. Ludwig-Maximilians-Universität
München.
Zeugnis zum Abgange von der Universität.

München, den 19. April 1888.
Universitäts-Rektor:
Universitäts-Sekretär:

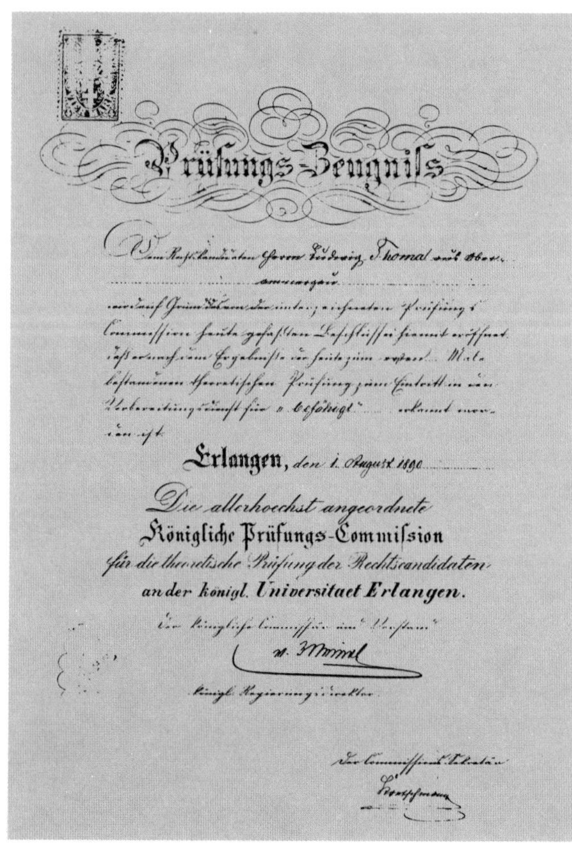
Prüfungs-Zeugniss

Erlangen, den 1. August 1890

Die allerhöchst angeordnete
Königliche Prüfungs-Commission
für die theoretische Prüfung der Rechtscandidaten
an der königl. Universitaet Erlangen.

**41**
Ludwig Thoma als Corpsstudent der Verbindung »Suevia« in München im Jahre 1888. – Weil Thoma dem forstlichen Studium kein Gefallen abgewinnen kann, wechselt er Ende 1887 an die Münchner Universität, um dort Jura zu studieren. Der Corpsbruder Wolfgang Gottwald erinnert sich später: »Im Café Neumayr, dem damaligen Schwaben-Domizil am Viktualienmarkt, meldete er sich aktiv. Thoma kam zu aller Entsetzen mit struppigen Haaren daher und auch durchaus salopp in seiner äußeren Erscheinung... Sein starkknochiges Gesicht mit der robusten Stupsnase, das er an Festtagen durch einen Poposcheitel noch ulkiger zu gestalten wußte, fiel um so mehr auf, als er die schönsten Anzüge in wenigen Stunden rettungslos windschief zu tragen verstand. Unvergeßlich ist es dem Gleichzeitigen, wie er vor dem Kaffeehaus oder dem Fechtboden auf die Nachkommenden wartete: breitspurig, beide Hände tief in den Manteltaschen vergraben, in der einen den kerzengrad in die Luft ragenden Stock, ein komisch sitzender Zwicker, gegen den von unten ein Virginia-Stumpen Anlehnung suchte...«

42
Thomas Abgangs-Zeugnis von der Münchner Universität vom 19.4.1888 mit dem Vermerk, »daß er ein in den Satzungen entsprechendes Betragen« zeigte.

43
Prüfungs-Zeugnis für Ludwig Thoma von der Universität Erlangen für die theoretische Prüfung: »zum Eintritt in den Vorbereitungsdienst befähigt«.

44
Erinnerungsfoto der Traunsteiner Bürgerschützen-Gesellschaft von 1892 (im Bild oben zweiter von rechts: Ludwig Thoma).

46
Abschluß-Zeugnis von Thomas Referendar-Ausbildung (März 1892–Januar 1893) beim kgl. Bezirksamt: »Das dienstliche und außerdienstliche Verhalten des p. Thoma war durchaus tadelfrei«.

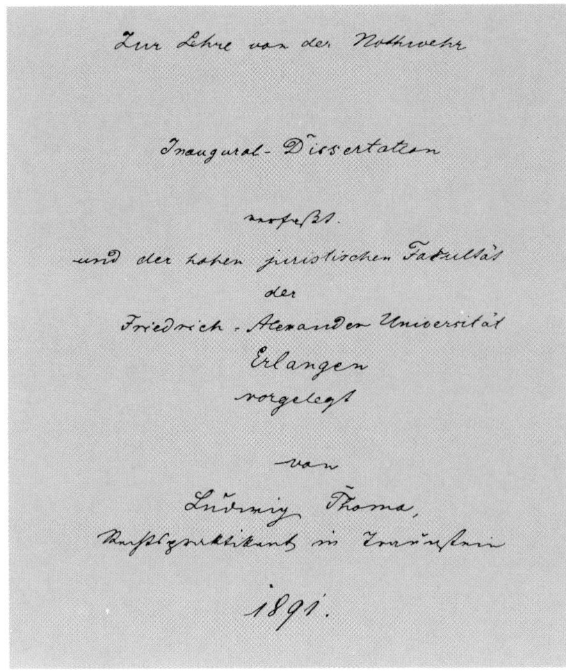

Zur Lehre von der Nothwehr

Inaugural-Dissertation

verfaßt

und der hohen juristischen Fakultät
der
Friedrich-Alexander Universität
Erlangen
vorgelegt

von

Ludwig Thoma,
Rechtspraktikant in Traunstein

1891.

45
Thomas Dissertation »Zur Lehre von der Notwehr« (Titelseite), 1890/91 geschrieben.

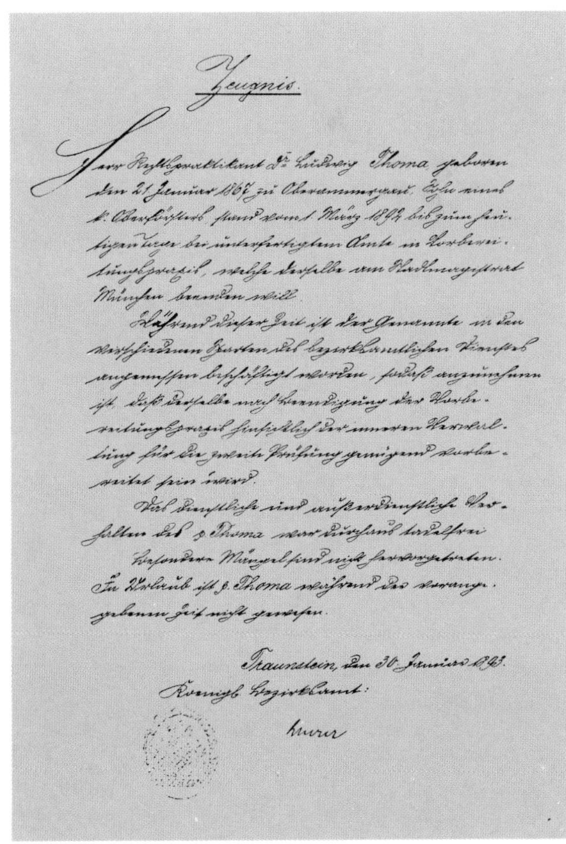

Zeugnis.

Traunstein, den 30. Januar 1893.
Königl. Bezirksamt:

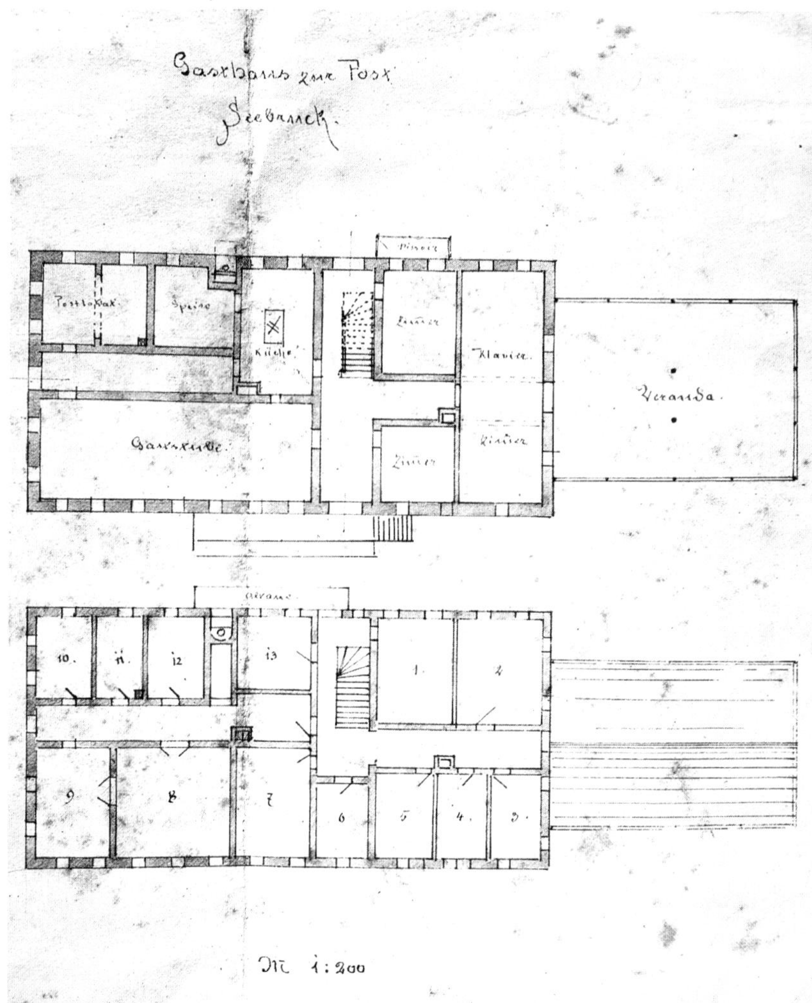


**47**
Familie Thoma (im Bild hinter der sitzenden Mutter und der knieenden Luise stehend v.l.: Ludwig, Katharina, Marie und Bertha) im Jahre 1892 in Seebruck am Chiemsee, wo die Mutter den »Gasthof zur Post« kauft, der von dem aus Australien heimgekehrten Bruder Peter und von Schwester Luise betrieben wird. »Peter wird ein großes Feld der Thätigkeit finden, er hat Freude an der Ökonomie und eignet sich auch gewiß dazu. Die »Post« in Traunstein wird von meinen Schwestern Marie & Bertha fort bewirthschaftet«, schreibt Thoma am 17.5.1892 an Oberforstrat Ludwig von Raesfeldt. Über den Kauf selbst notiert Thoma im gleichen Brief: »Das Anwesen ist gut; die Wirthschaft war früher vorzüglich, der letzte Wirth hat sie stark vernachlässigt. Allein schon jetzt ist ein bedeutender Aufschwung bemerkbar; wegen großer Bauern- & Fuhrwerkseinkehr ist ein ziemlicher Fremdenzuzug vorhanden, der hoffentlich die frühere Höhe erreichen wird. Bei dem Anwesen sind 60 Tgw. gute Gründe & 530 Tgw. Wald.«

**48**
Ansicht des »Gasthof zur Post« in Seebruck am Chiemsee.

**49**
Plan des Gasthofes in Seebruck, gezeichnet von Assessor Frankl, vermutlich 1892.

**50**
Ludwig Thoma mit der befreundeten Familie Sachs bei einer Kahnpartie auf der Alz, an deren Austritt aus dem Chiemsee. Auf der am 17.8.1892 vom »Gasthof zur Post« aus gemachten Aufnahme sitzen im Boot v.l.n.r.: Hanna Sachs (spätere Frau Kröck), deren Mutter, Frau Kommerzienrat Mathilde Sachs, Ludwig Thoma, Hannas Bruder Bertram und Schwester Lina (spätere Frau Macco). Thoma verehrt Hanna Sachs und beschreibt später diese etwa vier Jahre andauernde Liebesromanze in der Geschichte »Als Referendar«. Der Briefwechsel Thomas mit Hanna Sachs ist größtenteils während des Zweiten Weltkriegs verbrannt. Als Thoma Hanna nach Nürnberg einige eigene Verse sendet, schreibt diese am 30.9.1892 an Thoma u.a.: »Und nun ihre zarten, schönempfundenen Verse! Ich fühle mich höchst geehrt und danke auch ganz besonders, daß Sie so viele an mich verschenkt haben.«

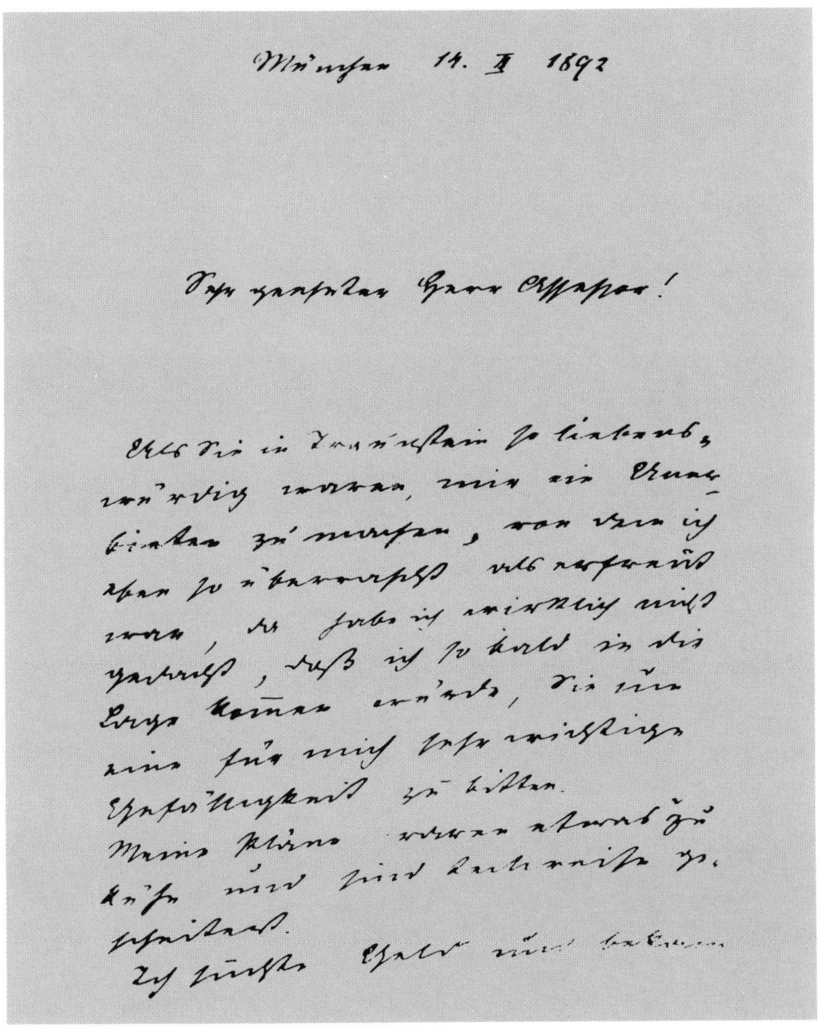

München 14. II 1892

Sehr geehrter Herr Assessor!

Als Sie in Traunstein so liebenswürdig waren, mir ein Anerbieten zu machen, von dem ich ebenso überrascht als erfreut war, da habe ich wirklich nicht gedacht, daß ich so bald in die Lage kommen würde, Sie um eine für mich sehr wichtige Gefälligkeit zu bitten.

**51**
Ludwig Thoma mit dem königlichen Bauamtsassessor Jakob Frankl um 1890 in Traunstein. – Frankl ist ein Freund der Familie Thoma. Er hat Ludwig Thoma dazu überredet, das letzte Jahr seiner Referendarzeit in München zu verbringen und unterstützt Thoma etwa sechs Jahre lang mit Geldsendungen.

**52**
Erste Seite eines Bittbriefes Thomas an Frankl vom 14.2.1892: »Als Sie in Traunstein so liebenswürdig waren, mir ein Anerbieten zu machen, von dem ich ebenso überrascht als erfreut war, da habe ich wirklich nicht gedacht, daß ich so bald in die Lage kommen würde, Sie um eine für mich sehr wichtige Gefälligkeit zu bitten...«

53
Das letzte Bild von Ludwig Thomas Mutter an Weihnachten 1893. – Ein halbes Jahr später, am 2. Juni 1894 stirbt Katharina Thoma im Alter von 63 Jahren in Seebruck: »Kein Erlebnis hat einen so nachwirkenden Eindruck auf mich gemacht wie Krankheit und Tod meiner Mutter, und in der Erinnerung an jene Tage, die ich an ihrem Krankenbette zugebracht habe, ist mir erst ganz das Verständnis für die schlichte Größe aufgegangen, die in ihrem mutigen Ertragen des Unabänderlichen lag... Ihre altbürgerliche Art zeigte sich in der ruhigen Anordnung der Dinge, die nach Brauch und Sitte bei ihrem Begräbnisse beobachtet werden sollten und die, wie sie annehmen konnte, uns nicht mehr so bekannt waren wie ihr. Sie gab uns an, wer im Hause beschenkt werden müsse, was die Leichenfrau und die Träger und die Totengräber zu erhalten hätten, und als wir sie davon abbringen wollten, sagte sie, das müsse auch richtig gemacht werden, und man dürfe nicht ängstlich verstecken spielen. Das abgeklärte, von Sentimentalität freie Gefühl, das sie dabei leitete, zeigte uns noch einmal ihren zugleich gütigen und tüchtigen Sinn, den sie oft im Leben bewiesen hatte...« (aus Thomas »Erinnerungen«).

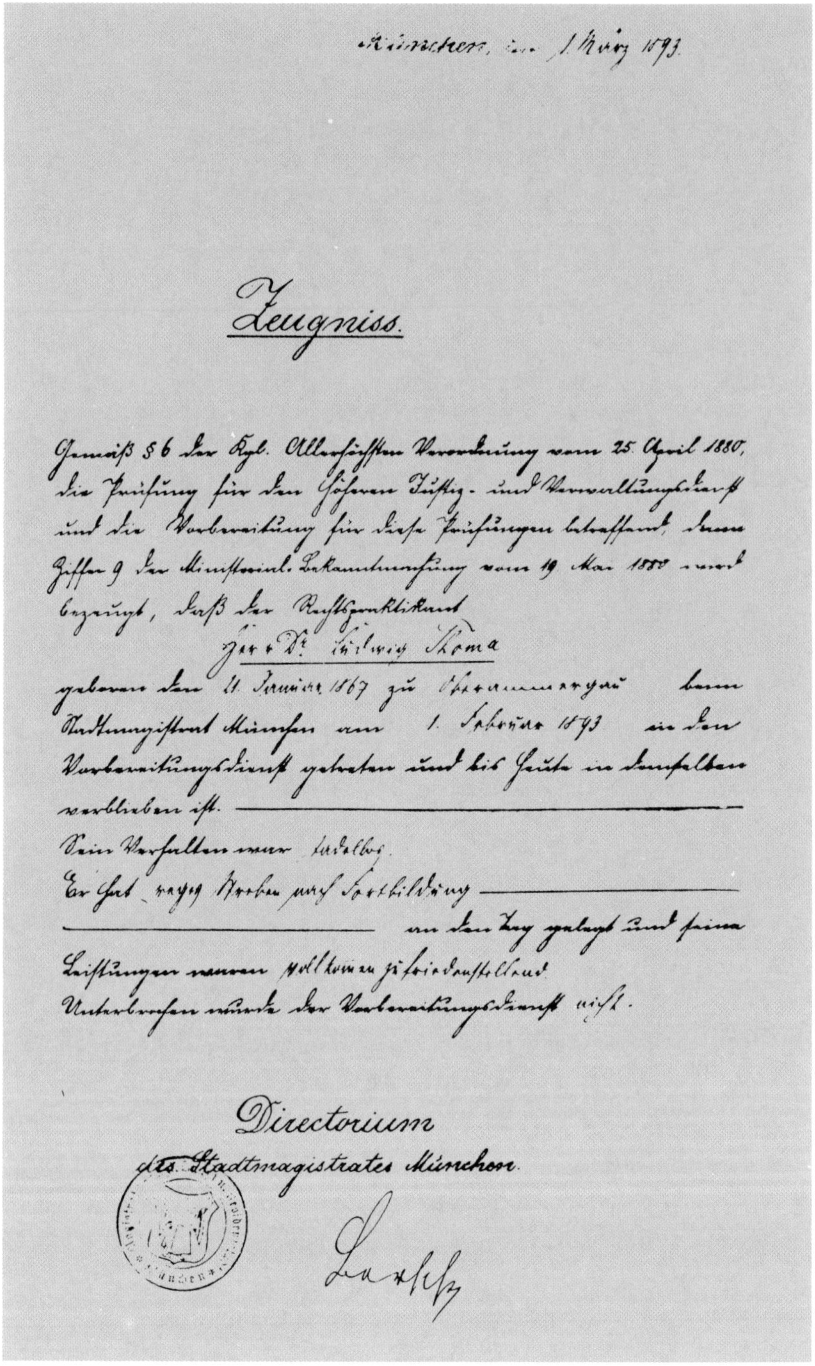

München, den 1 März 1893.

Zeugniss.

Gemäß § 6 der Kgl. Allerhöchsten Verordnung vom 25. April 1880, die Prüfung für den höheren Justiz- und Verwaltungsdienst und die Vorbereitung für diese Prüfungen betreffend, dann Ziffer 9 der Ministerial-Bekanntmachung vom 19. Mai 1880 wird bezeugt, daß der Rechtspraktikant

Herr Dr. Ludwig Thoma

geboren den 21. Januar 1867 zu Oberammergau beim Stadtmagistrat München am 1. Februar 1893 in den Vorbereitungsdienst getreten und bis heute in demselben verblieben ist.

Sein Verhalten war tadellos.

Er hat reges Streben nach Fortbildung an den Tag gelegt und seine Leistungen waren vollkommen zufriedenstellend.

Unterbrochen wurde der Vorbereitungsdienst nicht.

Directorium des Stadtmagistrates München.

54
Im Zeugnis über Ludwig Thomas »Vorbereitungsdienst« beim Stadtmagistrat München vom 1.2. bis 1.3.1893 heißt es: »Sein Verhalten war tadellos. Er hat reges Streben nach Fortbildung an den Tag gelegt und seine Leistungen waren vollkommen zufriedenstellend. Unterbrochen wurde der Vorbereitungsdienst nicht.« Im Dezember des gleichen Jahres hat Thoma auch die 2. Prüfung für den höheren Justiz- und Verwaltungsdienst abgelegt.

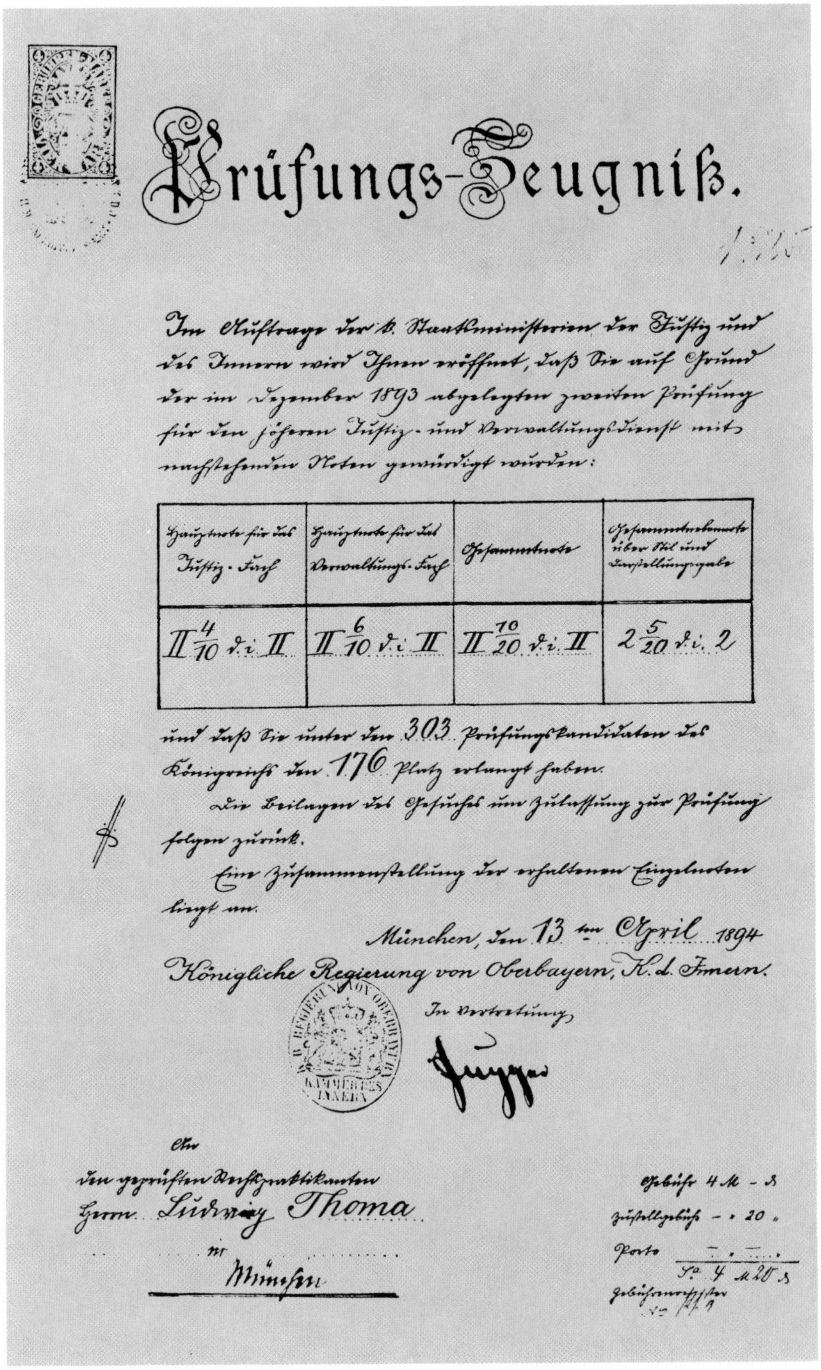

# Prüfungs-Zeugniß.

Im Auftrage des k. Staatsministeriums der Justiz und des Innern wird Ihnen eröffnet, daß Sie auf Grund der im Dezember 1893 abgelegten zweiten Prüfung für den höheren Justiz- und Verwaltungsdienst mit nachstehenden Noten gewürdigt wurden:

| Hauptnote für das Justiz-Fach | Hauptnote für das Verwaltungs-Fach | Gesammtnote | Gesammtnebennote über Stil und Darstellungsgabe |
|---|---|---|---|
| II 4/10 d. i. II | II 6/10 d. i. II | II 10/20 d. i. II | 2 5/20 d. i. 2 |

und daß Sie unter den 303 Prüfungskandidaten des Königreichs den 176. Platz erlangt haben.

Die Beilagen des Gesuches um Zulassung zur Prüfung folgen zurück.

Eine Zusammenstellung der erhaltenen Einzelnoten liegt an.

München, den 13ten April 1894

Königliche Regierung von Oberbayern, K. d. Innern.

In Vertretung,

[illegible]

An den geprüften Rechtspraktikanten Herrn Ludwig Thoma in München

Gebühr 4 M – 3
Zustellgebühr – . 20
Porto – . –
Sa 4 M 20 3
Gebührenregister Nr [illegible]

**55** und **55a**
Prüfungs-Zeugnis mit Zusammenstellung der Einzelnoten (Klassifikationstabelle) über die im Dezember 1893 abgelegte 2. Prüfung für den höheren Justiz- und Verwaltungsdienst. – Thoma schreibt dazu in seinen »Erinnerungen«: »Im Dezember begann die letzte Prüfung, die ich abzulegen hatte, der gefürchtete Staatskonkurs. Ich eilte jeden Morgen, noch vor es hell wurde, in die Schrannenhalle, half andern und ließ mir helfen, schrieb Kommentarstellen ab und fand, daß auch diesmal das Wetter nicht so schlecht war, wie es von weitem ausgesehen hatte. Ich habe mich damals zum ersten, aber auch zum letzten Male über Rechtsfragen mit einer gewissen Leidenschaftlichkeit verbreitet, wenn ich in der Mittagspause das Prüfungslokal verließ. Die Aufsicht wurde milde gehandhabt; man konnte sich fast ungestört unterhalten, sich Mitteilungen zukommen lassen, ja, wenn es die Zeit erlaubte, auch einmal die Arbeiten zum Vergleichen zuschieben…« Nach der Prüfung berichtet Thoma auch seinem ehemaligen Vormund, dem Freiherrn von Raesfeldt, in einem Brief am 30.12.1893 darüber und fügt hinzu: »Ich beabsichtige Rechtsanwalt zu werden, wo und wann ist aber noch nicht entschieden…«

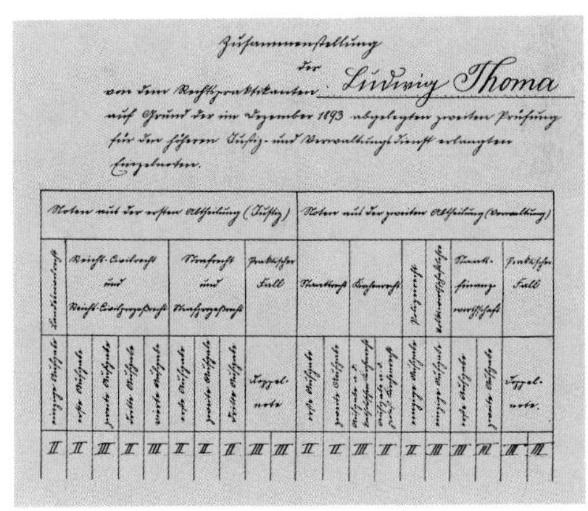

Zusammenstellung der von dem Rechtspraktikanten Ludwig Thoma auf Grund der im Dezember 1893 abgelegten zweiten Prüfung für den höheren Justiz- und Verwaltungsdienst erlangten Einzelnoten.

| Noten aus der ersten Abtheilung (Justiz) | Noten aus der zweiten Abtheilung (Verwaltung) |
|---|---|
| II II III II III II II II III III | II II III II II III III III III III |

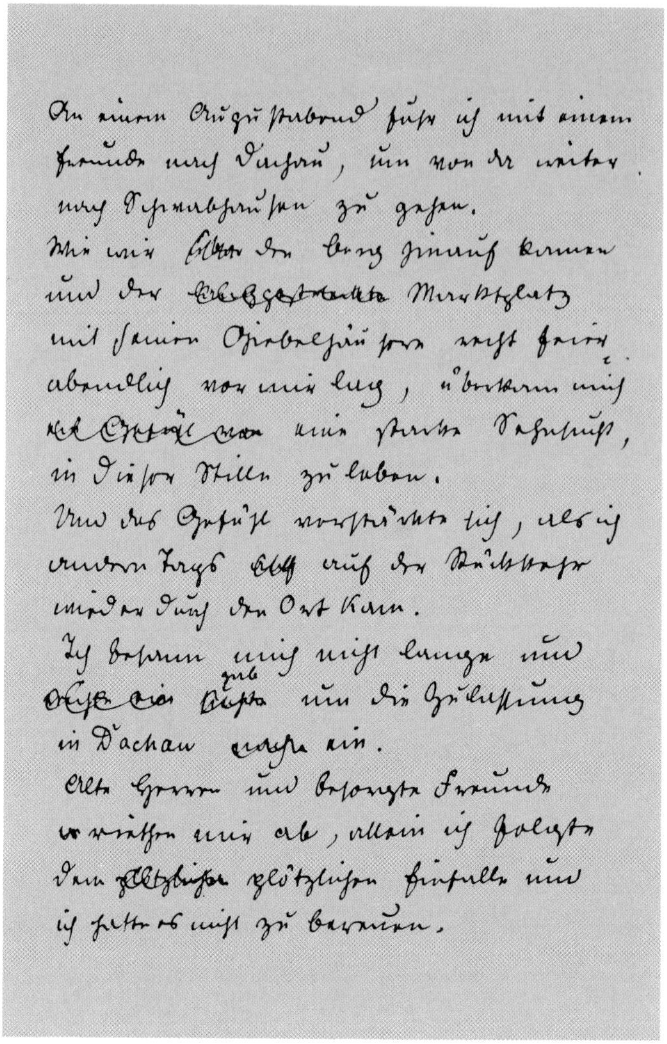
An einem Augustabend fuhr ich mit einem
Freunde nach Dachau, um von da weiter
nach Schwabhausen zu gehen.
Wie wir den Berg hinauf kamen
und der Marktplatz
mit seinen Giebelhäusern recht feier-
abendlich vor mir lag, überkam mich
eine starke Sehnsucht,
in dieser Stille zu leben.
Und das Gefühl verstärkte sich, als ich
andern Tags auf der Rückkehr
wieder durch den Ort kam.
Ich besann mich nicht lange und
kam um die Zulassung
in Dachau ein.
Alte Herren und besorgte Freunde
widerriethen mir ab, allein ich folgte
dem plötzlichen Einfalle und
ich hatte es nicht zu bereuen.

**56**
Geschäftsanzeige des Schneidermeisters Max Rauffer in Dachau, in dessen Haus in der Augsburgerstraße 13 sich Thoma ab November 1894 als Rechtsanwalt niederläßt.

**57**
Porträtaufnahme von Ludwig Thoma aus dem Jahr 1894.

**58**
Manuskriptseite von Thomas »Erinnerungen«: »An einem Augustabend fuhr ich mit einem Freunde nach Dachau, um von da weiter nach Schwabhausen zu gehen. Wie wir den Berg hinaufkamen und der Marktplatz mit seinen Giebelhäusern recht feierabendlich vor mir lag, überkam mich eine starke Sehnsucht, in dieser Stille zu leben. Und das Gefühl verstärkte sich, als ich andern Tags auf der Rückkehr wieder durch den Ort kam. Ich besann mich nicht lange und kam um die Zulassung in Dachau ein. Alte Herren und besorgte Freunde rieten mir ab, allein ich folgte dem plötzlichen Einfalle, und ich hatte es nicht zu bereuen.«

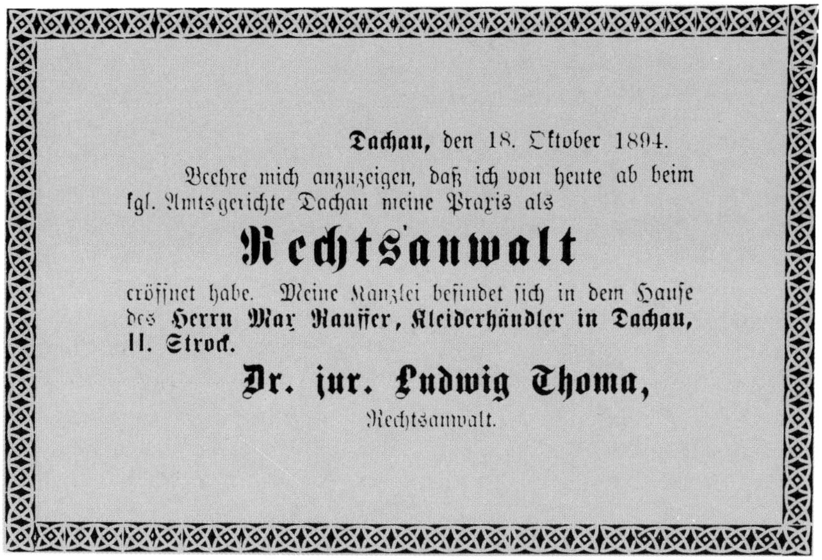

**Dachau, den 18. Oktober 1894.**

Beehre mich anzuzeigen, daß ich von heute ab beim kgl. Amtsgerichte Dachau meine Praxis als

# Rechtsanwalt

eröffnet habe. Meine Kanzlei befindet sich in dem Hause des **Herrn Max Nauffer, Kleiderhändler in Dachau, II. Stock.**

**Dr. jur. Ludwig Thoma,**

Rechtsanwalt.

**59**
Anzeige im »Amper-Bote«, Dachau, vom 18. 10. 1894, mit der Ludwig Thoma die Eröffnung seiner Rechtsanwaltspraxis bekannt gibt.

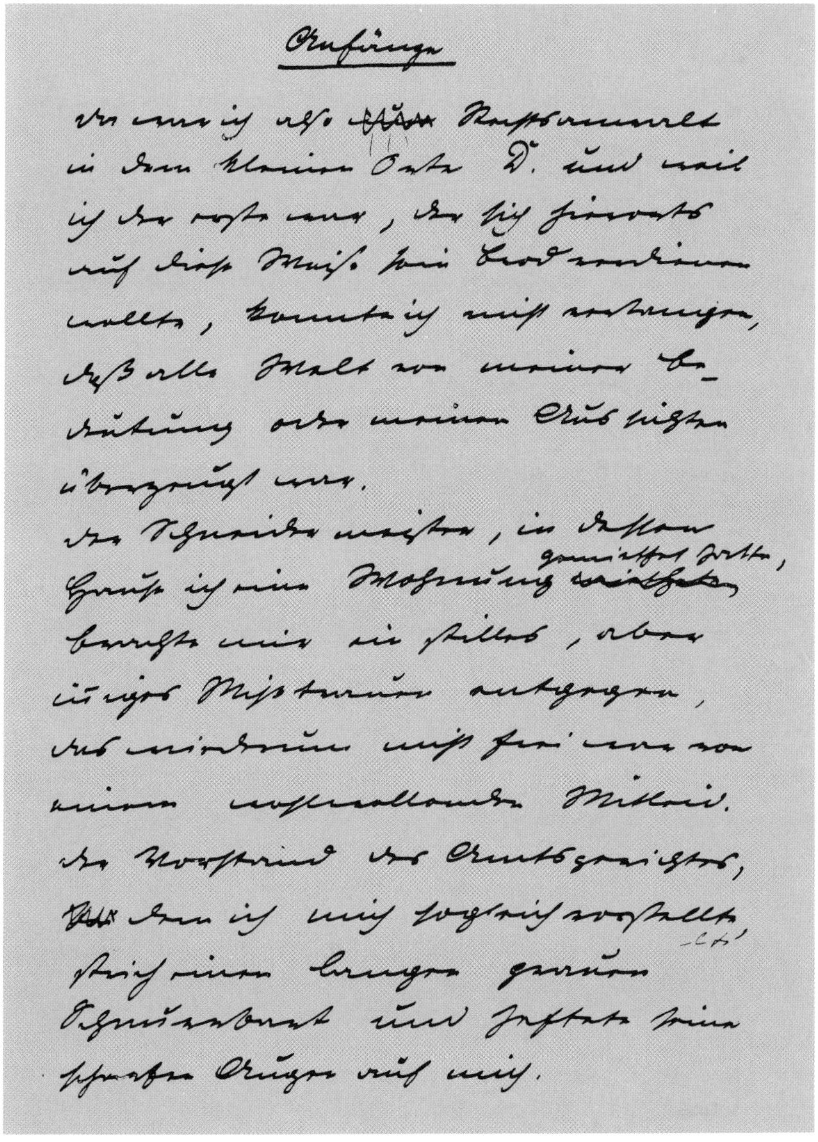

**60**
Die erste Seites des handschriftlichen Manuskriptes von Thomas Erzählung »Anfänge« (erschienen 1913 in dem Band »Nachbarsleute«). Der Text lautet:
»Anfänge.
Da war ich also Rechtsanwalt in dem kleinen Orte D., und weil ich der erste war, der sich hierorts auf diese Weise sein Brot verdienen wollte, konnte ich nicht verlangen, daß alle Welt von meiner Bedeutung oder meinen Aussichten überzeugt war.
Der Schneidermeister, in dessen Haus ich eine Wohnung gemietet hatte, brachte mit ein stilles, aber inniges Mißtrauen entgegen, das wiederum nicht frei war von einem wohlwollenden Mitleid. Der Vorstand des Amtsgerichtes, dem ich mich sogleich vorstellte, strich einen langen, grauen Schnurrbart und heftete seine scharfen Augen auf mich.
Dann sagte er nur: »So, Sie san der?«
Es war manches aus den Worten herauszulesen, nur keine freudige Zustimmung zu meinem Unternehmen.
Wenn ich über die Straße ging, merkte ich wohl, daß sich Leute nach mir umdrehten, und wenn ich auch nicht feinnervig war, merkte ich doch, daß sie sich frei von allem Respekt über meine mutmaßliche Zukunft unterhielten…«

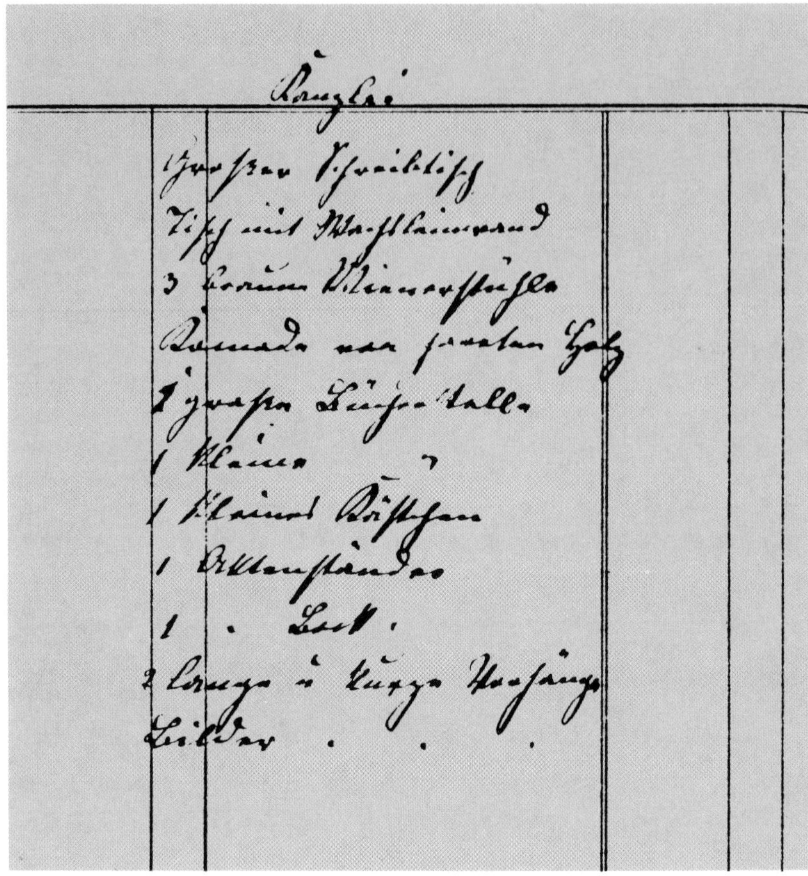

Kanzlei

Großer Schreibtisch
Tisch mit Wachsleinwand
3 braune Wienerstühle
Komode von hartem Holz
1 große Bücherstelle
1 kleine "
1 kleines Kästchen
1 Aktenständer
1 " Bock.
2 lange u. kurze Vorhänge
Bilder . . .

61
Die »Simplicissimus«-Zeichnung von Bruno Paul (Jg. 3, 1898, Nr. 31) karikiert Ludwig Thoma als Rechtsanwalt mit einem Dachauer Bauern als Klient. Der Text zu der Zeichnung lautet: »Ja, mein Lieber, wenn Ihr den Thatbestand nicht beschwören könnt, wird das die Gegenpartei thun, und dann verlieren wir.« – »Da brauchas koa Angst, Herr Afikat, dö san von unsern Dorf; da schwört niamand, weil's ganz Dorf Ehrverlust hat.« – In einem Qualifikationsbogen für Ludwig Thoma, erteilt im Januar 1896 vom königlichen Oberamtsrichter Schub, heißt es: »Rechtsanwalt Thoma ist ein nicht ungewandter Parteienvertreter und wird bei längerer Praxis, die jetzt noch fehlt, zweifelsohne ein sehr tüchtiger Anwalt werden …«

62
Eine Notizbuch-Seite mit Inventar-Aufstellungen der Wohnung Thomas in Dachau, geschrieben von Viktoria Pröbstl, die 1895 von Traunstein nach Dachau kam und Thoma von nun an den Haushalt führte. Dort ist unter Kanzlei aufgeführt: »Großer Schreibtisch, Tisch mit Wachsleinwand, 3 braune Wienerstühle, Komode von hartem Holz, große Bücherstelle, 1 kleine Bücherstelle, 1 kleines Kästchen, 1 Aktenständer, 1 Aktenbock, 2 lange und kurze Vorhänge, Bilder«.

63
Viktoria Pröbstl zur Zeit des Aufenthaltes von Thoma in Dachau.

**64**
Foto vom Aufbruch Ludwig Thomas (im Bild rechts) zur Jagd in Kleinberghofen mit dem Förster Rupert Schmid (im Bild links) aus Unterweikershofen, den Thoma 1895 kennenlernt.

**65**
Aufnahme vom Scheibenschießen in Unterweikertshofen. Ganz links im Bild Förster Rupert Schmid, daneben Ludwig Thoma und sein Bruder Peter.

**66**
Anzeige im »Amper-Bote«, Dachau, vom 1.4. 1897, mit der Ludwig Thoma seine Übersiedlung als Anwalt nach München bekannt gibt. – Schon Mitte 1896 trug sich Thoma mit dem Gedanken, eventuell mit seiner Anwaltspraxis Schluß zu machen. Schließlich geht er aber zuerst noch mit seiner Praxis nach München. Zu dieser Zeit schreibt er bereits regelmäßig für den »Sammler«, eine belletristische Beilage der »Augsburger Abendzeitung«. Am 10. Juli 1896 schreibt Thoma an seinen Gönner, Assessor Frankl: »Ich wäre im Stande meine sogenannte 'gute Zukunft' mit dem leichtesten Herzen aufzugeben & zu probieren, ob ein richtiger Kerl wirklich Stellung braucht. Ich würde z.B. die schönen Frühlinge & Sommer faullenzen, aber mit der Kunstfertigkeit, welche ich mir zutraue. Das bischen Brot würde ich mir durch Schriftstellerei zu verdienen suchen & ginge es nicht, durch ehrliche Arbeit. Lieber ein Schifferknecht, Holzknecht als diese öde, öde Tätigkeit...«

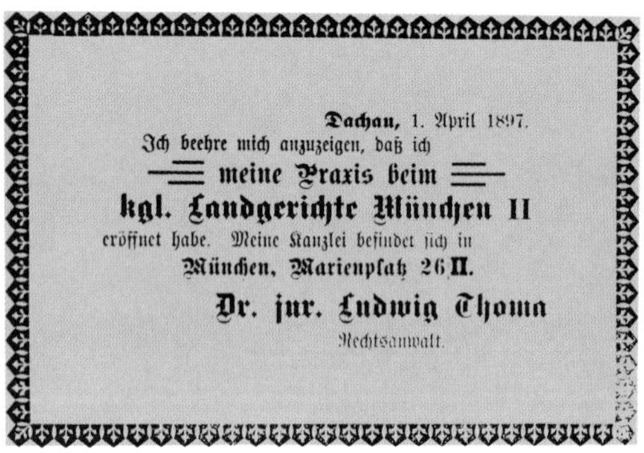
Dachau, 1. April 1897.
Ich beehre mich anzuzeigen, daß ich
meine Praxis beim
kgl. Landgerichte München II
eröffnet habe. Meine Kanzlei befindet sich in
München, Marienplatz 26 II.
Dr. jur. Ludwig Thoma
Rechtsanwalt.

**67** und **67a**
Gesuch Ludwig Thomas an das k.b. Staatsministerium der Justiz in München vom 26.1. 1897 »um Zulassung zur Rechtsanwaltschaft bei dem kgl. Landgericht München II unter Aufgabe der Zulassung bei dem kgl. Amtsgericht Dachau.« – Nachdem Ludwig Thoma im Qualifikationsbogen vom Januar 1897 durch den K.OAR Dr. Fürst »ein hohes Maß geistiger Fähigkeiten« und »erhebliche Geschäftsgewandtheit« attestiert und er für die Stelle eines III. Staatsanwalts als »gut geeignet« empfohlen wird, betreibt er seinen Umzug nach München, wo er ab 5.4.1897 seine Anwaltpraxis am Marienplatz 26/II eröffnet.

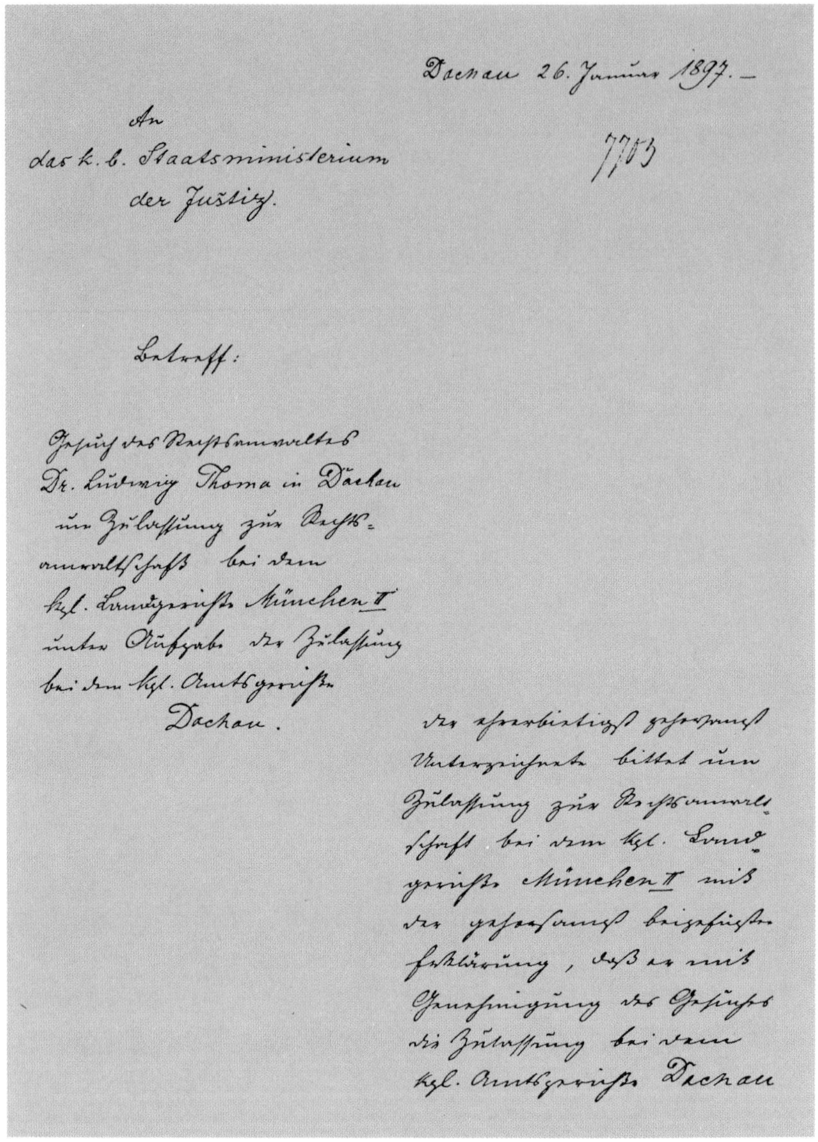
Dachau 26. Januar 1897. –
An
das k. b. Staatsministerium
der Justiz.
7703
Betreff:
Gesuch des Rechtsanwaltes
Dr. Ludwig Thoma in Dachau
um Zulassung zur Rechts-
anwaltschaft bei dem
kgl. Landgerichte München II
unter Aufgabe der Zulassung
bei dem kgl. Amtsgerichte
Dachau.
Der ehrerbietigst gehorsamst
Unterzeichnete bittet um
Zulassung zur Rechtsanwalt-
schaft bei dem kgl. Land-
gerichte München II mit
der gehorsamst beigefügten
Erklärung, daß er mit
Genehmigung des Gesuches
die Zulassung bei dem
kgl. Amtsgerichte Dachau

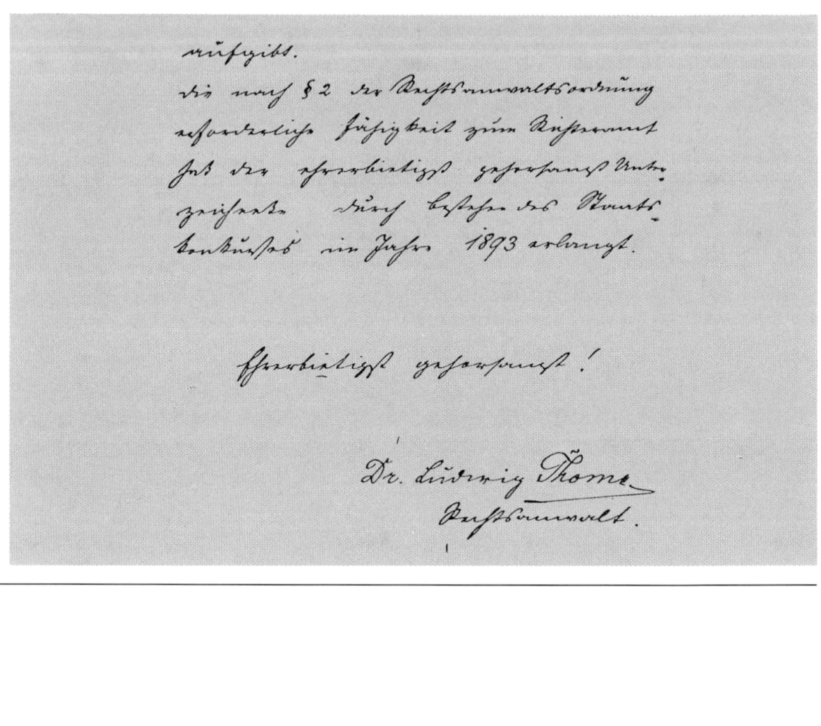
aufgibt.
Die nach § 2 der Rechtsanwaltsordnung
erforderliche Fähigkeit zum Richteramt
hat der ehrerbietigst gehorsamst Unter-
zeichnete durch bestehen des Staats-
konkurses im Jahre 1893 erlangt.
Ehrerbietigst gehorsamst!
Dr. Ludwig Thoma
Rechtsanwalt.

**68**
Blick über den Kirchplatz von Dachau auf das Rauffer-Haus, wo Ludwig Thoma vom Oktober 1894 bis März 1897 wohnte.

**69**
Ludwig Thoma (links) mit den Illustratoren seines ersten Buches »Agricola. Bauerngeschichten« (1897): Adolf Hölzel (Mitte) und der »Simplicissimus«-Zeichner Bruno Paul (rechts). – Wie Thoma in der Dachauer Zeit zu seinen Bauerngeschichten kommt und wie daraus sein erstes Buch wird, erzählt er selbst in seinen »Erinnerungen«: »Im Verstehenlernen faßte ich Lust, dieses Leben zu schildern. Auf einer Fahrt nach München kam mir ganz plötzlich der Gedanke, es ließe sich am Ende versuchen, etwas über die Bauern zu schreiben... Ein Freund vom Stammtische im 'Herzl', Rohrmüller, hatte mit zwei anderen Herren die Waldbauersche Buchhandlung in Passau gekauft und erklärte sich im Sommer 1897 bereit, meine Bauerngeschichten gesammelt herauszugeben und sie illustrieren zu lassen. Ich wandte mich brieflich an Bruno Paul, dessen Zeichnungen im 'Simplicissimus' mir aufgefallen waren, und nach einer kurzen Unterredung sicherte er mir seine Mitarbeit zu. Fürs Landschaftliche war Adolf Hölzel sogleich gewonnen, und nun begann für mich die sehr anregende Tätigkeit, die beiden Künstler zur Ausführung des Versprochenen anzuhalten...«

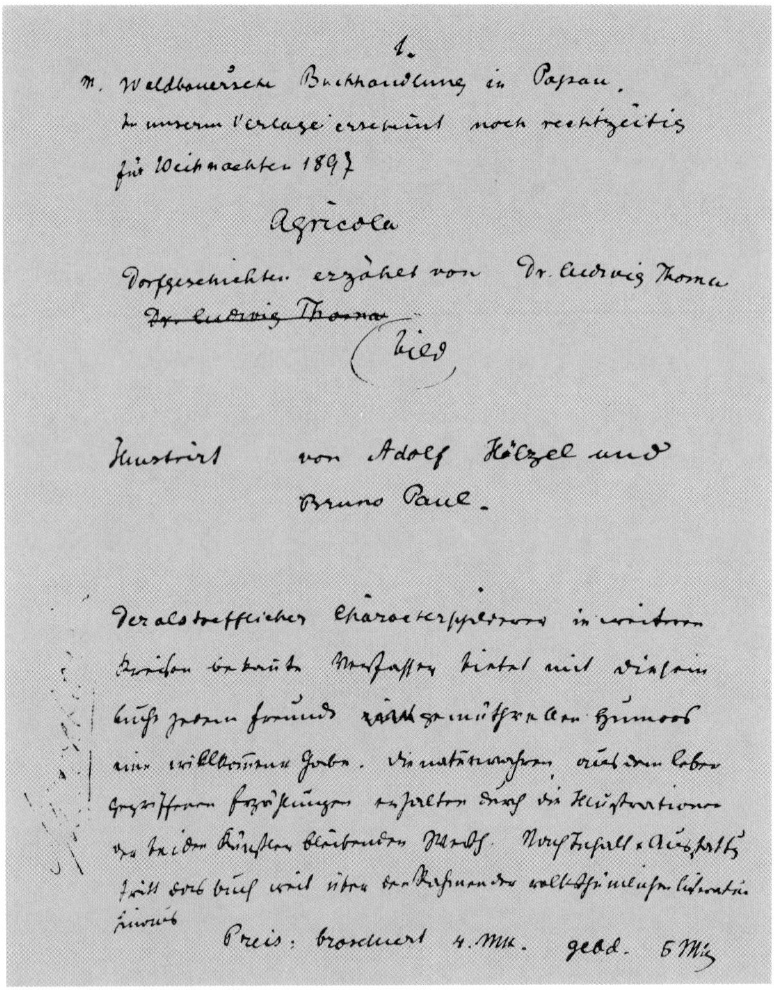

1.
M. Waldbauer'sche Buchhandlung in Passau.
In unserem Verlage erscheint noch rechtzeitig
für Weihnachten 1897
Agricola
Dorfgeschichten erzählt von Dr. Ludwig Thoma
~~Dr. Ludwig Thoma~~
(Bild)

Illustriert von Adolf Hölzel und
Bruno Paul.

Der als trefflicher Charakterschilderer in weiteren Kreisen bekannte Verfasser bietet mit diesem Buch jedem Freunde gemütvollen Humors eine willkommene Gabe. Die naturwahren, aus dem Leben gegriffenen Erzählungen erhalten durch die Illustrationen der beiden Künstler bleibenden Werth. Nach Inhalt u. Ausstattung tritt das Buch weit über den Rahmen der volksthümlichen Literatur hinaus

Preis: broschiert 4. Mk. gebd. 5 Mk

**70**
Ludwig Thomas handschriftlicher Entwurf zum Titelblatt eines dreiseitigen Prospektes der Waldbauerschen Buchhandlung in Passau (siehe unten) für sein Buch »Agricola. Bauerngeschichten« (1897).

**71 bis 71b**
Dreiseitiger Werbeprospekt der Waldbauerschen Buchhandlung in Passau für Thomas erstes Buch, mit Illustrationsproben daraus von Adolf Hölzel und Bruno Paul. – Über die Schlußarbeiten mit den Illustratoren an dem Buch notiert Thoma in seinen »Erinnerungen«: »Im Spätsommer setzte sich Paul nach Lauterbach bei Dachau, wo er im Oktober mit seinen Zeichnungen fertig wurde, so daß wir endlich daran gehen konnten, das Buch zusammenzustellen. Dabei leistete uns Rudolf Wilke, den ich nicht lange vorher kennengelernt hatte, sachverständige Hilfe, und der Sonntag, an dem wir von früh bis Abend Text und Bilder zusammenklebten, bleibt mir in fröhlicher Erinnerung…«

M. WALDBAUER'SCHE BUCHHANDLUNG IN PASSAU.
IN UNSEREM VERLAGE ERSCHEINT NOCH RECHTZEITIG FÜR WEIHNACHTEN 1897:

AGRICOLA

DORFGESCHICHTEN ERZÄHLT VON ✦ ✦ ✦ ✦
✦ ✦ ✦ ✦ ✦ ✦ ✦ ✦ DR. LUDWIG THOMA.

ILLUSTRIERT VON ADOLF HÖLZEL
UND BRUNO PAUL.

Der als trefflicher Charakterschilderer in weiteren Kreisen bekannte Verfasser bietet mit diesem Buche jedem Freunde gemüthvollen Humors eine willkommene Gabe. Die naturwahren, aus dem Leben gegriffenen Erzählungen erhalten durch die Illustrationen der beiden Künstler bleibenden Werth. Nach Inhalt und Ausstattung tritt das Buch weit über den Rahmen der volksthümlichen Literatur hinaus.

**Preis: broschiert 4 Mark, gebunden 5 Mark.**

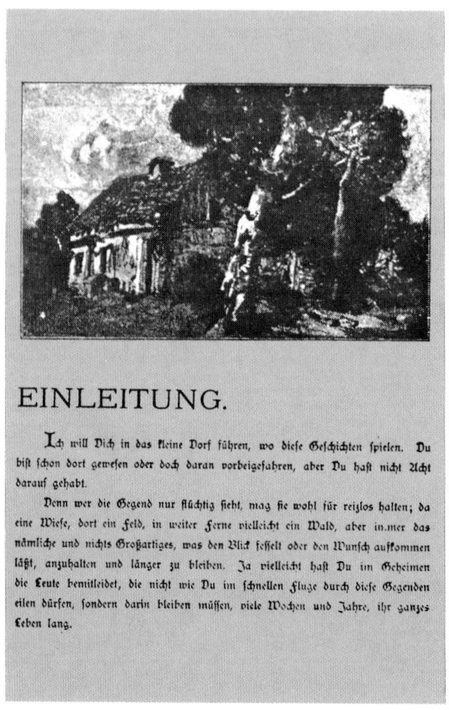

EINLEITUNG.

Ich will Dich in das kleine Dorf führen, wo diese Geschichten spielen. Du bist schon dort gewesen oder doch daran vorbeigefahren, aber Du hast nicht Acht darauf gehabt.

Denn wer die Gegend nur flüchtig sieht, mag sie wohl für reizlos halten; da eine Wiese, dort ein Feld, in weiter Ferne vielleicht ein Wald, aber immer das nämliche und nichts Großartiges, was den Blick fesselt oder den Wunsch aufkommen läßt, anzuhalten und länger zu bleiben. Ja vielleicht hast Du im Geheimen die Leute bemitleidet, die nicht wie Du im schnellen Fluge durch diese Gegenden eilen dürfen, sondern darin bleiben müssen, viele Wochen und Jahre, ihr ganzes Leben lang.

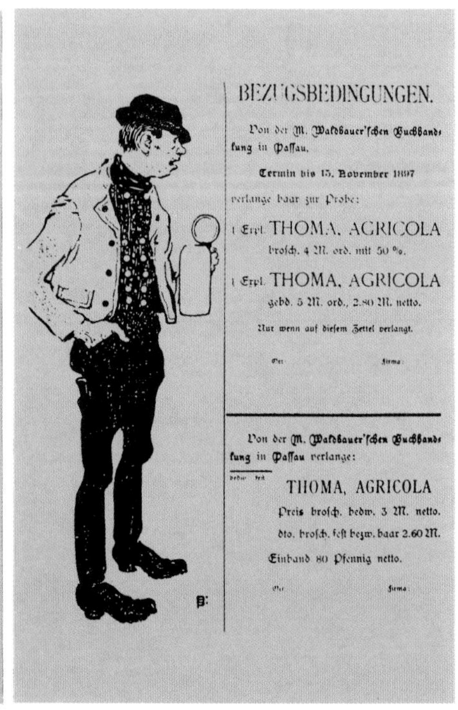

BEZUGSBEDINGUNGEN.

Von der M. Waldbauer'schen Buchhandlung in Passau.

**Termin bis 15. November 1897**

verlange baar zur Probe:

1 Expl. THOMA, AGRICOLA
brosch. 4 M. ord. mit 50 %.

1 Expl. THOMA, AGRICOLA
gebd. 5 M. ord., 2.80 M. netto.

Nur wenn auf diesem Zettel verlangt.

Ort: Firma:

---

Von der M. Waldbauer'schen Buchhandlung in Passau verlange:

bedw. fest

THOMA, AGRICOLA
Preis brosch. bedw. 3 M. netto.
dto. brosch. fest bezw. baar 2.60 M.
Einband 80 Pfennig netto.

Ort: Firma:

72
Titelseite der Erzählung »Die Fahnenweihe« in »Agricola. Bauerngeschichten, erzählt von Dr. Ludwig Thoma«. – Der Autor erinnert sich später: »Im Dezember war der »Agricola« gedruckt, und ich konnte das erste Exemplar dem Fräulein Viktor Pröbstl widmen und überreichen, die es zeitlebens für das beste und vollkommenste Buch hielt trotz ihrer Hinneigung zu den Klassikern. Ich gestehe, daß es für mich ein recht erhebendes und die Brust schwellendes Gefühl war, als ich bei Littauer am Odeonsplatze zum ersten Male mein Werk in der Auslage liegen sah. Ich bin damals nicht ganz zufällig an allen größeren Buchhandlungen Münchens vorbei gebummelt, und meine Wertschätzung der Sortimenter richtete sich danach, ob sie den »Agricola« ausgestellt hatten…« Thomas Buch findet Ablehnung und Zustimmung in den Kritiken. Im »Amper-Bote« von Dachau ist am 9.2.1898 zu lesen: »… Wenn man den von dem früher als Rechtsanwalt hier thätig gewesenen Dr. Thoma herausgegebenen »Agricola« durchblättert und die Karikaturen sieht, welche Bewohner des Bezirkes Dachau darstellen sollen, und den Text liest, der den Nachweis von den in der Kultur zurückgebliebenen Einwohnern des Bezirkes Dachau zur allgemeinen Belustigung liefern soll, dann erkennt man, daß Dachau – allerdings nur in *solchen* Köpfen – auf sehr niedriger Stufe steht…« Im »Simplicissimus« dagegen lesen wir am 14.12.1897: »Dr. Thoma kennt die Bauern der Dachauer Gegend genau und schildert sie mit wohlthuender Schlichtheit. Wo er sie, wie in den meisten Geschichten, von der lustigen Seite nimmt, geschieht es ohne Hohn, und wo er ernst wird, wie in der an Stimmungsgehalt Maupassant nahekommenden Schlußgeschichte »Das Sterben«, bleibt er frei von jeder Sentimentalität…« In der »Gesellschaft« schreibt der Herausgeber, Dr. Michael Georg Conrad, u.a.: »Hier ist gesunde Menschenkunst und zugleich souveräne Beherrschung aller Handwerksmittel in so hohem Grade, daß die Wirkung in jeder Zeile mit elementarer Wucht sich einstellt…«

Die Fahnenweihe

Vorbereitung

Versprechen macht Halten. Deswegen will ich jetzt erzählen, wie der Kraglfinger Rauchklub seine Fahnenweihe abgehalten hat. Und zwar schön der Reihe nach

Also eines Tages sagt der Postbote zum Badermeister Lippel: „Du, beim Postamt enten liegt schon seit drei Täg a Kisten für di umanand. Du sollst's holen lassen, hat der Expeditor g'sagt."

„A Kisten?" fragt der Lippel und legt den Finger an die Nase, „i hob do koane mödizünischen Instrumenter net b'schtellt? Jessas na," sagt er, „dös is

56

73
Illustration von Bruno Paul zu der Erzählung »Die Eigenthumsfanatiker« in »Agricola«.

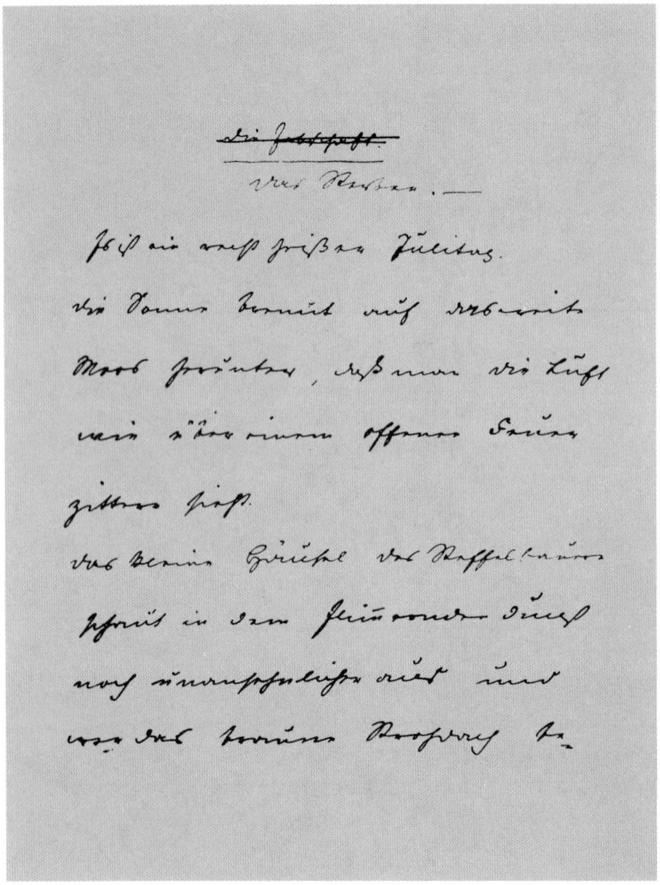

~~Die Erbschaft~~

Das Sterben. —

Es ist ein recht heißer Julitag.
Die Sonne brennt auf das weite
Moos herunter, daß man die Luft
wie über einem offenen Feuer
zittern sieht.
Das kleine Häusel des Steffelbauern
schaut in dem flimmernden Dunst
noch unansehnlicher aus und
wer das braune Strohdach be-

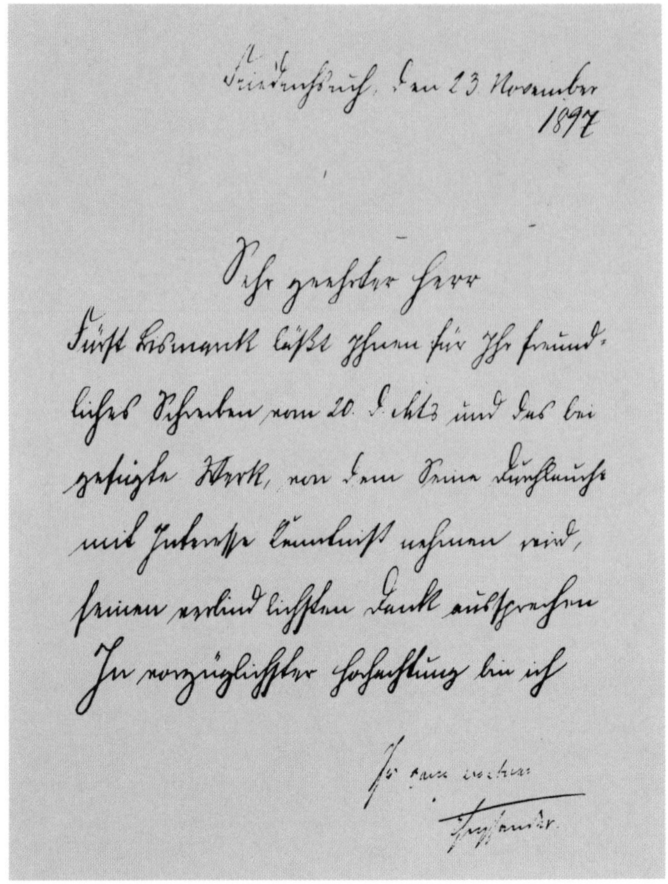

Friedrichsruh, den 23. November 1897

Sehr geehrter Herr
Fürst Bismarck läßt Ihnen für Ihr freundliches Schreiben vom 20. d. Mts und das beigefügte Werk, von dem Seine Durchlaucht mit Interesse Kenntniß nehmen wird, seinen verbindlichsten Dank aussprechen
In vorzüglicher Hochachtung bin ich
Ihr ganz ergebener
Chrysander.

**74**
Manuskript Ludwig Thomas vom Anfang der letzten Erzählung in »Agricola«, das der Autor zuerst »Die Erbschaft«, dann schließlich »Das Sterben« betitelt. Der Text der Erzählung beginnt so: »Es ist ein recht heißter Julitag. Die Sonne brennt auf das weite Moos herunter, daß man die Luft wie über einem offenen Feuer zittern sieht. Das kleine Häusel des Steffelbauern schaut in dem flimmernden Dunst noch unansehnlicher aus, und wer das braune Strohdach betrachtet, der könnte meinen, es sei gerade von der Sonne geröstet worden und werde beim Zusehen dunkler. Die zwei Birnbäume vor dem Haus stehen so müde da, als möchten sie am liebsten einnicken bei der schwülen Hitze und dem eintönigen Summen der Fliegen. Sonst ist nichts lebendiges um das Haus, was ihnen die Zeit vertreiben könnte, denn es ist alles auf das Feld hinaus zum Einbringen. Oder doch nicht alles. Im Austragstübel ist der alte Steffel und wartet auf das Sterben…«

**75**
Dankesbrief im Auftrag von Fürst Bismarck für die von Ludwig Thoma erfolgte Übersendung seines »Agricola«: »Fürst Bismarck läßt Ihnen für Ihr freundliches Schreiben vom 20. d. Mts. und das beigefügte Werk, von dem seine Durchlaucht mit Interesse Kenntniß nehmen wird, seinen verbindlichsten Dank aussprechen. In vorzüglicher Hochachtung bin ich Ihr ganz ergebener Chrysander.« – Seinem Gönner Frankl schickt Ludwig Thoma das Buch mit diesem Gedicht:

»Voll Verwunderung steht die Henne
Vor dem ersten Ei
Und den Kopf bedächtig schüttelnd
Denkt sie mancherlei.
'S ist nicht bloß die weiße Farbe,
Die sie Wunder nahm,
Wenn Sie denkt, wie es gekommen
Und woraus es kam – – –«

**76**
Originaleinband der Erstausgabe von Thomas »Agricola«. Die Zeichnung und Schrift stammt von Bruno Paul.

AGRICOLA
von Dr. LUDWIG THOMA
ILLUSTRIERT
V. A. HÖLZEL &
BRUNO PAUL
VERLAG D. M. WALDBAUERSCHEN BUCH-HANDLUNG PASSAU

Vertrag

Die Unterzeichneten, Rechtsanwälte Dr. Thoma und Emil Göring, schließen folgendes Abkommen:

I.

Herr Rechtsanwalt Emil Göring übernimmt die Praxis des Herrn RA Dr. Thoma und löst die gesamten Außenstände um eine Entschädigungssumme von 8000 M./: Achttausend Mark:/ ab.

II.

Sämtliche Einnahmen ab 16. September 1899 gehen in das Eigenthum des Herrn Rechtsanwaltes Göring über.

III.

Herr Rechtsanwalt Dr. Thoma verpflichtet sich vor 15. September 1900 in München keine selbstständige Praxis auszuüben; bei Wiedereröffnung derselben nach diesem Zeitpunkte bezahlt Herr Rechtsanwalt Dr. Thoma an Herrn Rechtsanwalt Göring eine Entschädigungssumme von 5000 M., falls die Wiedereröffnung vor dem 15. Sept. 1901, und 3000 M. falls dieselbe vor dem 15. September 1902 bethätigt wird.
Nach dem 15. Sept. 1902 erfolgt keine Entschädigung für Wiederaufnahme der anwaltschaftlichen Thätigkeit seitens des Rechtsanwaltes Dr. Thoma.

IV.

Herr Rechtsanwalt Göring hat das Recht die Firma des Rechtsanwaltes Dr. Thoma mitzuführen bis 15. Sept. 1900 und weiter bis 15. Sept. 1902 solange die jeweils vereinbarungsgemäß zu zahlende Entschädigungssumme nicht erlegt ist.

München am 15. September 1899

Emil Göring
R.A.

Dr. Thoma R.A.

**77** und **78**
Ludwig Thoma im Jahr 1899, als er sich seine »geheimen Wünsche« erfüllt und im September per Vertrag (oben rechts) seine Rechtsanwaltpraxis verkauft, was ihm »überraschend schnell die Freiheit verschaffte« (aus »Erinnerungen«).

**79** bis **82**
Karikaturen von »Simplicissimus«-Mitarbeitern: O. Gulbransson (gez. v. Heine), K. Holm (gez. v. Gulbransson), E. Thöny (gez. v. Heine), Th. Th. Heine (gez. v. Gulbransson).

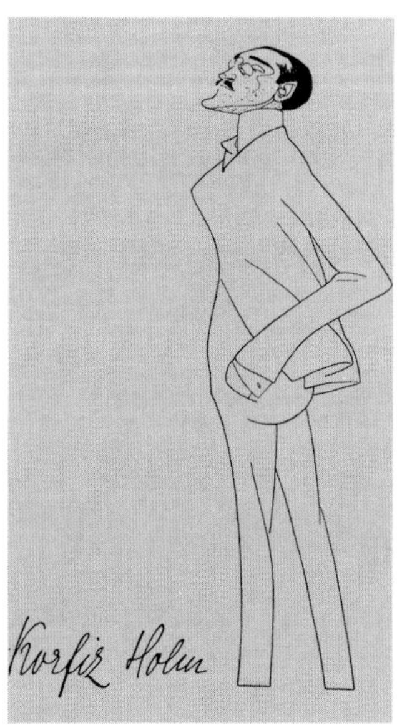


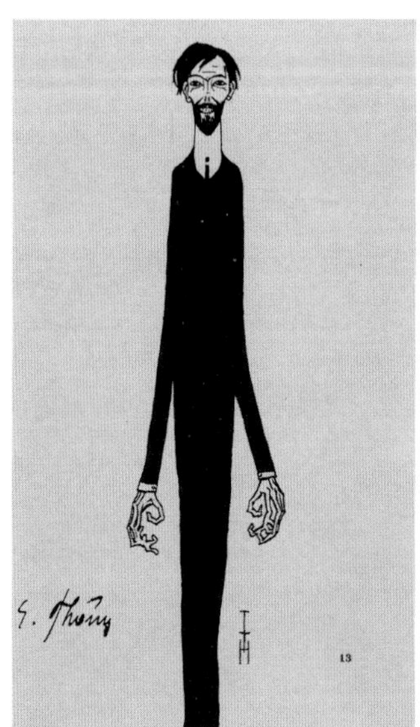

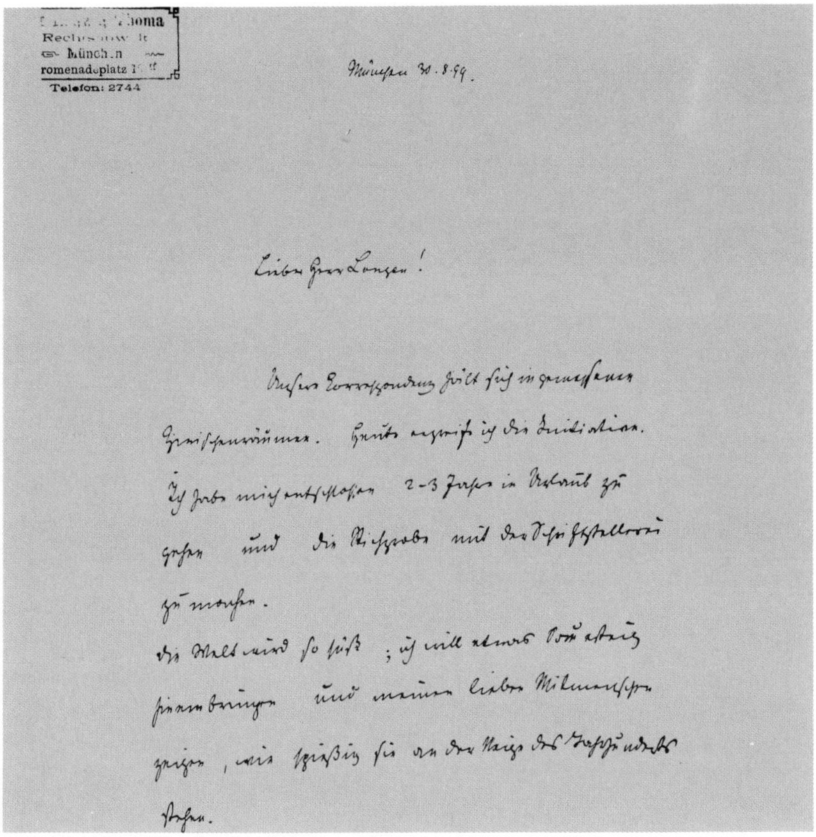
Telefon: 2744

München 30.8.99.

83
Brief Ludwig Thomas vom 30.8.1899 an den Verleger Albert Langen, der ihm zu dieser Zeit die ständige Mitarbeit als Redakteur am »Simplicissimus« angeboten hat. Thoma akzeptiert das Angebot und schreibt Langen u.a.: »Ich habe mich entschlossen ... die Stichprobe mit der Schriftstellerei zu machen. Die Welt ist so süß; ich will etwas Sauerteig hineinbringen und meinen lieben Mitmenschen zeigen, wie spießig sie an der Neige des Jahrhunderts stehen.«

84
Albert Langen, Verleger und Gründer der satirischen Wochenzeitschrift »Simplicissimus«.

**85** bis **88**
Karikaturen von »Simplicissimus«-Mitarbeitern: W. Schulz, F. v. Reznicek, B. Paul und L. Thoma (gez. v. Th. Th. Heine). Eine Wiener Zeitung zur Karikatur Thomas: »Bayerischer Hias mit akademischer Bildung. Man kann nicht intelligenter unintelligent aussehen«. Kommentar Thomas: »Wiener Feuilletonstyl ... Es muß immer scheißreich geplaudert werden ...«

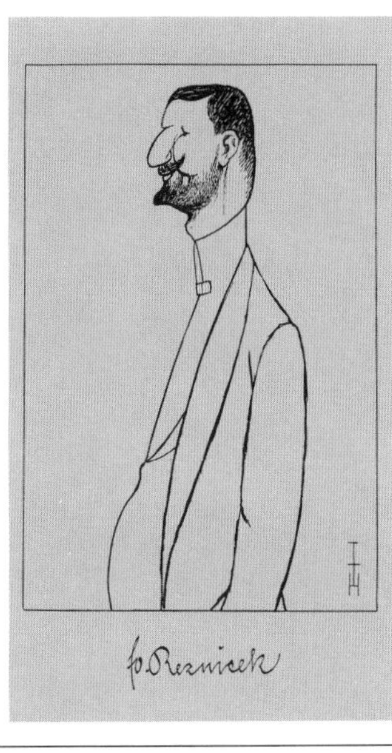

**89**
Erdgeschoß des Hauses Kaulbachstraße 91 in München-Schwabing, wo die Redaktion des »Simplicissimus« tagte. – 1909 besucht der französische Journalist Jules Huret die Redaktion und nennt sie eine »kleine Equipe der Frondeurs, die so denken wie ein guter Teil des geistigen und freien Deutschlands«. Albert Langen beschreibt Huret so: »Mit seinem glatten Gesicht, seiner Lebhaftigkeit, seiner geistigen Klarheit, seinem Unternehmensgeist, seinem Vertrauen und seiner raschen Entschlußkraft erinnert er an die Leute aus der Neuen Welt, denen alles gelingt.« Der Redaktionsraum sieht nach Hurets Worten so aus: »Ein kleiner Saal, dessen Wände mit grauern Stoff bezogen sind... ein Bücherschrank aus hellem Holz... Oben auf dem Schrank steht eine Bulldogge mit einem Beißkorb um...« (aus »Le Collectionneur francais«, Nr. 188, März 1982).

**90**
Albert Langen mit Gattin Dagny Björnsson (auf dem Sofa) und deren Zofe Josefine Rentsch, die spätere Lebensgefährtin Albert Langens.

**91**
Ludwig Thoma mit Albert Langen und Josefine Rentsch.

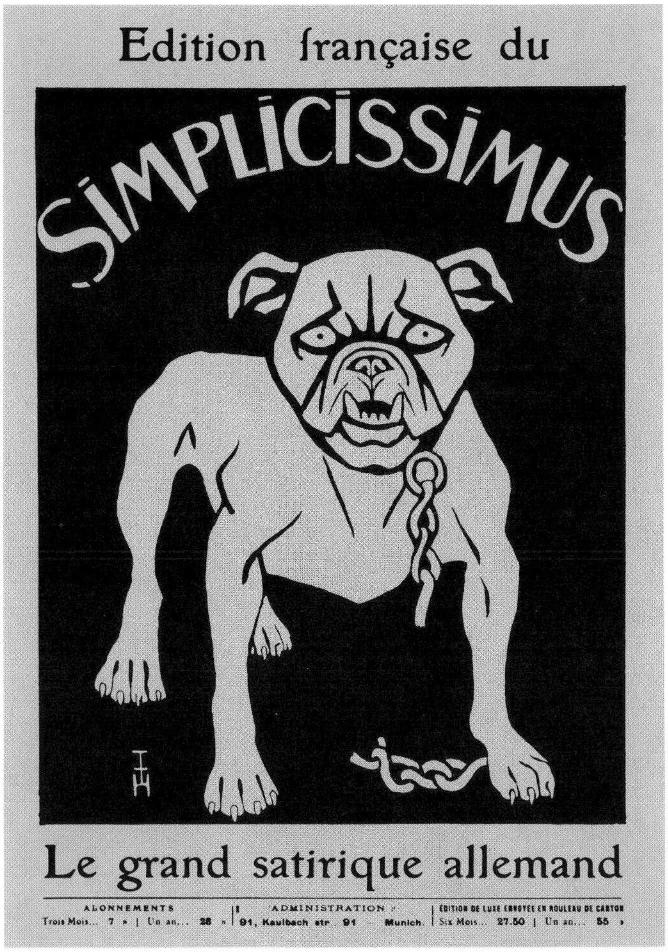


**92**
Werbeanzeige für die französische Ausgabe des »Simplicissimus« in der französischen satirischen Zeitschrift »Le Témoin«, Nr. 4 vom 25.1.1908, herausgegeben von Paul Iribe und gefördert von Dagny Langen-Björnsson, mit der Wiedergabe des von Th. Th. Heine gezeichneten »Simpl«-Hundes. – Über die »Entstehung« des »Simpl«-Hundes schreibt Lovis Corinth in seinem Buch »Legenden aus dem Künstlerleben« (1909): »Das Urbild für dieses Ungeheuer war ein kleiner fetthalsiger und asthmatischer Mops, den Heine einige Zeit besaß. Das ist ein weiterer Beweis dafür, daß am mächtigsten wirkende Gegenstände oft den unansehnlichsten Modellen ihre Entscheidung verdanken. Von dieser ersten Arbeit an bis auf den heutigen Tag sind die unzähligen Zeichnungen Heines für den »Simplicissimus« das Salz und das Hirn dieses Blattes gewesen...«

**93**
Faksimile der Quittung über 20.000 Mark, die Langen bezahlen mußte, um fünf Jahre nach seiner »Majestätsbeleidigung« nach Deutschland zurückkehren zu können. – Diese »Majestätsbeleidigung« geschah in der berühmten Palästina-Nummer des »Simplicissimus« im Jahre 1898 mit dem Gedicht von Wedekind und einer Zeichnung von Heine. Ludwig Thoma schreibt in seinen »Erinnerungen« dazu: »Ein einflußreicher Herr aus Sachsen, der mit der Familie Björnsson befreundet war, vermittelte die Einstellung des Verfahrens. Langen mußte dreißigtausend [!] Mark erlegen und durfte nach Deutschland zurückkehren. Das war im Frühjahr 1903...«

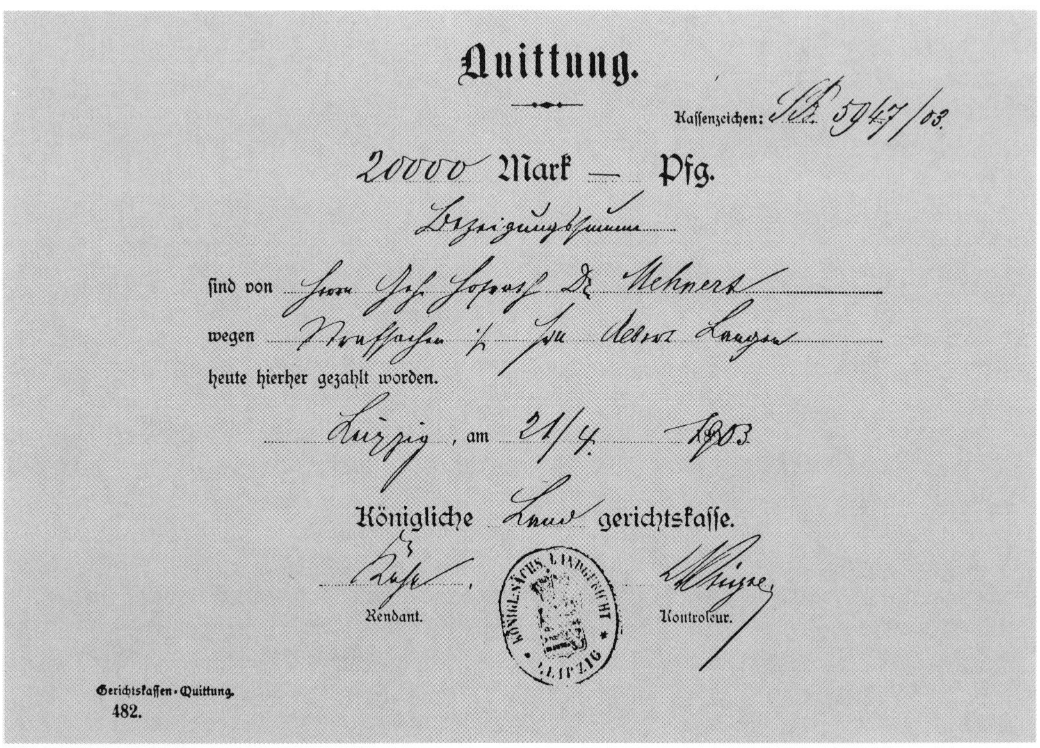
Quittung.

Kassenzeichen: 5947/03.

20000 Mark — Pfg.

sind von Herrn ... Dr. Mehnert

wegen ... Langen

heute hierher gezahlt worden.

Leipzig, am 21/4. 1903

Königliche Land gerichtskasse.

Rendant. Kontroleur.

Gerichtskassen-Quittung.
482.

94
Schnappschuß von einem Treffen in der Wiener Innenstadt mit (v.l.n.r.): Albert Langens Lebensgefährtin Josefine Rentsch, Ludwig Thoma, Albert Langen und Bruno Paul. – In seinem Buch »Leute, die ich kannte« (1920) charakterisiert Ludwig Thoma seinen aus Paris zurückgekehrten Verleger Langen so: »Etwas Sprunghaftes behielt er in seinen Ideen und Vorschlägen bei, aber niemand konnte darüber herzlicher lachen als er selbst, wenn man ihn mit Humor widerlegte. Auch das Konferenzabhalten hatte er sich nicht abgewöhnt. Es war ihm nie wohler, als wenn er am Vormittag rasch in sein Büro eintretend alle Mann an Bord rief, Projekte machte, dies, das oder jenes zur beschleunigten Ausführung anordnete, oder mit übereinandergeschlagenen Beinen im Klubsessel sitzend die Meinungen der andern anhörte ... Auch als das Geschäft sehr einträglich geworden war, hat er sich nie eine Sparbüchse angelegt. Sein Geld rollte. Wenn man etwas vorhatte und ihm einen Plan unterbreitete, griff er lebhaft zu, spann die Idee aus, und nie hörte ich ihn kleinliche oder ängstliche Bedenken entgegenhalten. Auch äußerlich hatte er sich verändert. Der schöne Pariser Bart war weg, und das glatt rasierte Gesicht zeigte Energie, Klugheit und einen stark ausgesprochenen Zug von Humor. Das Beste an ihm war, daß er keine Hinterhältigkeit kannte, daß er nichts nachtrug, immer gerecht, ja großzügig blieb und vieles, was er hätte übelnehmen können, mit wirklicher Heiterkeit hinnahm ...«

95
Gruppenbild mit folgenden Mitarbeitern Albert Langens (v.l.n.r.): Ludwig Thoma, Olaf Gulbransson, der dänische Dramatiker Holger Drachmann, den Langen verlegte, und Dr. Reinhold Geheeb, Redakteur des »Simplicissimus«.

**96**
Albert Langen. Ölbild von Thomas Theodor Heine aus dem Jahr 1905 (Städtische Galerie, München, Lenbachhaus).

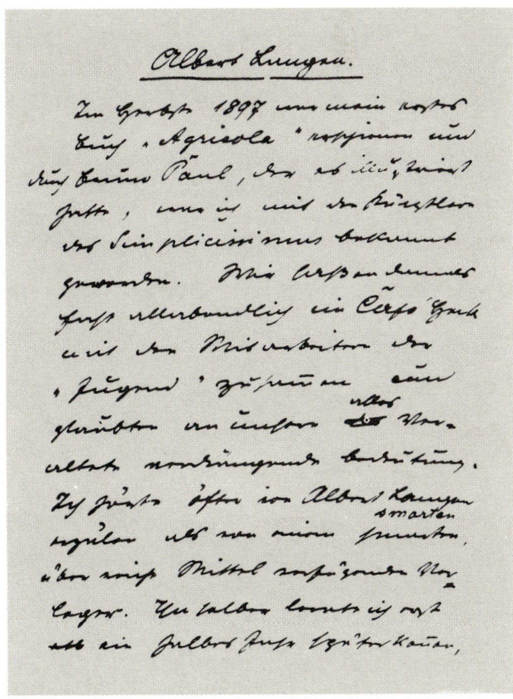

Albert Langen.

Im Herbst 1897 war mein erstes
Buch „Agricola" erschienen und
durch Bruno Paul, der es illustriert
hatte, war ich mit den Künstlern
des Simplicissimus bekannt
geworden. Wir saßen damals
fast allabendlich im Café Heck
mit den Mitarbeitern der
„Jugend" zusammen und
glaubten an unsere alles Ver-
altete verdrängende Bedeutung.
Ich hörte öfter von Albert Langen
erzählen als von einem smarten,
über reiche Mittel verfügenden Ver-
leger. Ihn selber lernte ich erst
als ein halbes Jahr später kennen,

**97**
Manuskript Ludwig Thomas vom Anfang seines Porträts über Albert Langen aus dem Buch »Leute, die ich kannte« (1920), wo es heißt: »Im Herbst 1897 war mein Buch ›Agricola‹ erschienen, und durch Bruno Paul, der es illustriert hatte, war ich mit den Künstlern des ›Simplicissimus‹ bekannt geworden. Wir saßen damals fast allabendlich im Café Heck mit den Mitarbeitern der ›Jugend‹ zusammen und glaubten an unsere alles Veraltete verdrängende Bedeutung. Ich hörte öfter von Albert Langen erzählen als von einem smarten, über reiche Mittel verfügenden Verleger. Ihn selber lernte ich erst ein halbes Jahr später kennen, ...«

**98**
»Kaisermanöver«, eine Zeichnung von Olaf Gulbransson im »Simplicissimus«, 14. Jahrgang, Nr. 25, 20. September 1909, mit der Unterschrift: »Seine Majestät erklären dem Prinzen Ludwig von Bayern die feindlichen Stellungen.« – Auch für Ludwig Thoma sind Militarismus, der Kaiser und seine Offiziere sowie Studentenleben und Sozialkritisches die Hauptthemen, mit denen er sich in seinen Beiträgen für den »Simplicissimus« kritisch auseinandersetzt.

**99**
»Die Enterbten«, eine Zeichnung von Eduard Thöny im »Simplicissimus«, 16. Jahrgang, Nr. 5, 1. Mai 1911, mit der Unterschrift: »Schrecklich, so 'n armer Kerl, der von seiner Hände Arbeit leben muß!« – »Immer noch besser wie Infanterist, der muß von seiner Füße Arbeit leben.«

**100**
»Am Ziel«, eine Zeichnung von Bruno Paul im »Simplicissimus«, 5. Jahrgang, Nr. 42, 1900, mit der Unterschrift: »Ich glaube, ich habe bald ausstudiert. Ich werde von nichts mehr besoffen.«

**101**
»Ins Wasser«, eine Zeichnung von Heinrich Zille im »Simplicissimus«, 11. Jahrgang, Nr. 37, 10. Dezember 1906, mit der Unterschrift: »Mutter, is 's och nich kalt?« – »Sei ruhig – die Fische leben immer drin.«

**Urteile über den »Simplicissimus«**

Die schärfste und rücksichtsloseste satirische Kraft Deutschlands ist der »Simplicissimus«. Alle Vorzüge und Mängel genialer Satire treten an diesem Kunstblatt hervor.
Seine Existenz ist durchaus kein Zeichen der Krankheit unseres öffentlichen Lebens. Eher würde dies die Empfindlichkeit derer sein, die von seinen allerdings zuweilen infernalischen Streichen in effigie getroffen werden.

Gerhart Hauptmann im »Simplicissimus«,
6. Jahrgang, 1901/02, Nr. 5, Seite 33

Zu den vielen Verdiensten des »Simplicissimus« zähle ich das große, daß er nicht lügt. Daher wird für den Historiker des 22. oder 23. Jahrhunderts, der das 19. Jahrhundert beschreibt, der »Simplicissimus« die wichtigste und kostbarste Quelle sein, die ihm ermöglicht, nicht nur den Zustand der heutigen Gesellschaft kennen zu lernen, sondern auch die Glaubwürdigkeit aller übrigen Quellen zu prüfen. Ich kann nicht umhin, der Meisterschaft der Zeichnungen meine aufrichtigste Bewunderung zu zollen, obzwar ich in einigen Illustrationen und Karikaturen nicht so viel moderne Nachlässigkeit und Übertreibung wünschen möchte. Im ganzen glaube ich, daß die Malerei in Ihrer Zeitschrift viel mehr ihre Eigentümlichkeit zu Geltung bringt, als dies in den vielen Ausstellungen geschieht.

Leo Tolstoi in Albert Langens Verlags Katalog
1894–1904, Seite 184

**102**
Ernst Ludwig Freiherr von Wolzogen (1855–1934), Schriftsteller, eröffnet am 18. Januar 1901 in der Berliner Sezessionsbühne am Alexanderplatz sein »Buntes Theater«, genannt »Überbrettl«. – Ludwig Thoma steuert zur Première im »Bunten Theater« das Couplet »Zur Dichtkunst abkommandiert« bei, in dem er den poetischen Tatendrang des Artilleriemajors und Hohenzollernpoeten Joseph Lauff apostrophiert. Ernst von Wolzogen schreibt später in seinen Erinnerungen »Wie ich mich ums Leben brachte« (Braunschweig, 1922) darüber: »Und als Schlager ersten Ranges erwies sich die einzige einigermaßen politische Nummer, die uns die Zensur durchgelassen hatte, nämlich das Couplet ›Zur Dichtkunst abkommandiert‹ ...« Ludwig Thoma übersiedelt im Oktober 1901 nach Berlin und notiert am 30.10. in sein Tagebuch: »Bei der Überbrettlbande sind die dümmsten und unerquicklichsten Zustände.«

**103**
Szenenfoto von der Aufführung der Komödie »Die Medaille« von Ludwig Thoma im »Überbrettl« von Ernst von Wolzogen in Berlin am 28. November 1901. – In einem Brief an Albert Langen schreibt Thoma am 25.12.1901: »Die Medaille ist, was sie sein sollte, eine gut beobachtete Milieuschilderung und eine Satire ... Als solche ist sie gut. Und wenn mir jemand in deutscher Sprache eine bessere zeigt, bin ich ihm dankbar, weil es mich freuen würde ...« Der gefürchtete Alfred Kerr schreibt am 1.11.1901 in seiner Kritik in »Der Tag«; Berlin: »Ich las und habe gelacht, bis ich nicht mehr konnte: ein Bezirksamtsdiener feiert sein Jubiläum. Die Handlung besteht in einem Gastmahl. Alles mündet symphonisch in eine Keilerei ... Es gibt mehr Spaß als Satire. Aber die Gestalten sind ›gesehen‹. Sie sind prachtvoll gesehen. Ich halte Ludwig Thoma für Einen, mit dem zu rechnen ist: weil er so sieht ...«

**104**
Blick in das neue »Bunte Theater«, das Ernst von Wolzogen von August Endell mit 800 Plätzen an der Köpenickerstraße 68 im Berliner Norden erbauen ließ und das im November 1901 eröffnet wird. Über diese Eröffnung und das Schicksal des »Überbrettl« schreibt Thoma in »Leute, die ich kannte«: »Equipagen fuhren vor, die wohl nie mehr durch die Straßen des Armenviertels kamen; geschmückte Damen stiegen aus und schritten als Vertreterinnen des gehaßten Kapitalismus an finster blickenden Gaffern vorbei; Herren, die ihre Zylinderhüte pariserisch in die Genicke zurückgeschoben hatten, folgten ihnen. Es hätte schon etwas sehr Starkes, vielleicht Nackttänzerisches sein müssen, was dieses Publikum wiederholt in diese Gegend gelockt hätte ... Noch vor sich die Bäume mit neuem Laube schmückten, starb das arme Überbrettl. Denn auch am Alexanderplatz gähnte die Leere noch auffallender als das bißchen Publikum.«

**105**
Ludwig Thoma während seines Sommeraufenthaltes 1902 beim Sixbauer in Finsterwald (v.l.n.r.): Frau Six, Bertha Thoma, Sixbauer, Viktoria Pröbstl, Frau von Xylander, Ludwig Thoma, Peter Thoma, zwei Six-Kinder, Rudolf Wilke. – Thomas Jugendfreund Richard Rothmaier schreibt am 18.10.1929 in den »Münchner Neueste Nachrichten« dazu: »Der Sixbauer stammte nicht aus Finsterwald. Er war ein Isarwinkler aus der Gegend von Lenggries. Aus früheren Jahren kannte er deshalb noch manchen der Jäger, die einst unter Thomas Vater in der Riß gedient hatten ...«

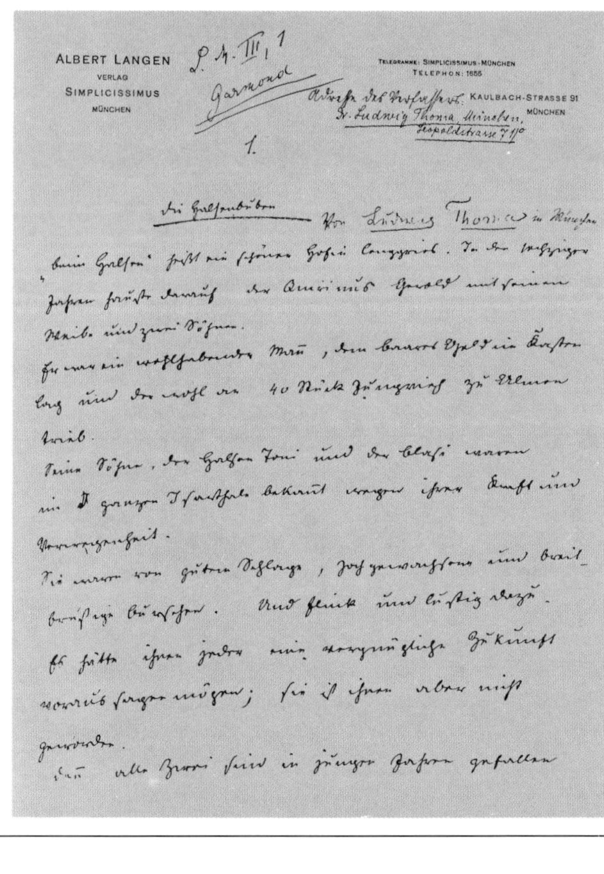

ALBERT LANGEN
VERLAG
SIMPLICISSIMUS
MÜNCHEN

TELEGRAMME: SIMPLICISSIMUS-MÜNCHEN
TELEPHON: 1655
KAULBACH-STRASSE 91
MÜNCHEN

**106**
Erste Manuskriptseite mit dem Anfang der Wilderer-Geschichte »Die Halsenbuben«, die Thoma beim Sixbauer gehört hat. Der Anfang lautet: »›Beim Halsen‹ heißt ein schöner Hof in Lenggries. In den sechziger Jahren hauste darauf der Quirinus Gerold mit seinem Weibe und zwei Söhnen. Er war ein wohlhabender Mann, dem bares Geld im Kasten lag und der wohl an vierzig Stück Jungvieh zu den Almen trieb. Seine Söhne, der Halsen-Toni und der Blasi, waren im ganzen Isartale bekannt wegen ihrer Kraft und Verwegenheit. Sie waren von gutem Schlage, hochgewachsene und breitbrustige Burschen. Und flink und lustig dazu. Es hätte ihnen jeder eine vergnügliche Zukunft voraussagen mögen; sie ist ihnen aber nicht geworden. Denn alle zwei sind in jungen Jahren gefallen von Jägershand und sie starben im grünen Walde ...«

**107**
Im Sommer 1902 schreibt Thoma beim Sixbauer die Komödie »Die Lokalbahn«, im Sommerurlaub 1904 entstehen ebenfalls dort seine »Lausbubengeschichten« (Umschlagzeichnung: Th. Th. Heine), in denen er seine Jugendstreiche während der Lateinschul- und Gymnasiastenzeit in Landstuhl, Neuburg, Burghausen, München und Landshut verarbeitete.

**108** und **109**
Friederike Thoma (links unten), die »Tante Frieda« in den 1905 in Ringsee bei Bad Wiessee geschriebenen »Neuen Lausbubengeschichten« (rechts unten der Originalumschlag, gezeichnet von Olaf Gulbransson), ist die Schwester von Thomas Vater. Sie ist 1868 nach München gekommen und fand nach vierundzwanzig Wohnungswechseln im Alter von fünfzig Jahren als »Königliche Forstmeisterstochter älterer Ordnung« am 3. August 1886 in der »Versorgungsanstalt für Beamtentöchter Neuberghausen«, der im Volksmund genannten »Bogenhausener Drachenburg«, Aufnahme. Als ihr bescheidenes Leben am 15. März 1916 zu Ende geht und sie im Südfriedhof die letzte Ruhe findet, hat sie ihr Neffe Ludwig als »Tante Frieda« längst schon unsterblich gemacht. Die Illustrationen von Olaf Gulbransson zu »Tante Frieda« findet der Maler Lovis Corinth »ganz wunderbar. Wem geht da nicht das Herz auf, wenn er das Erdenwallen dieses Philistertums so geschildert findet« (aus »Legenden aus dem Künstlerleben«, 1909).

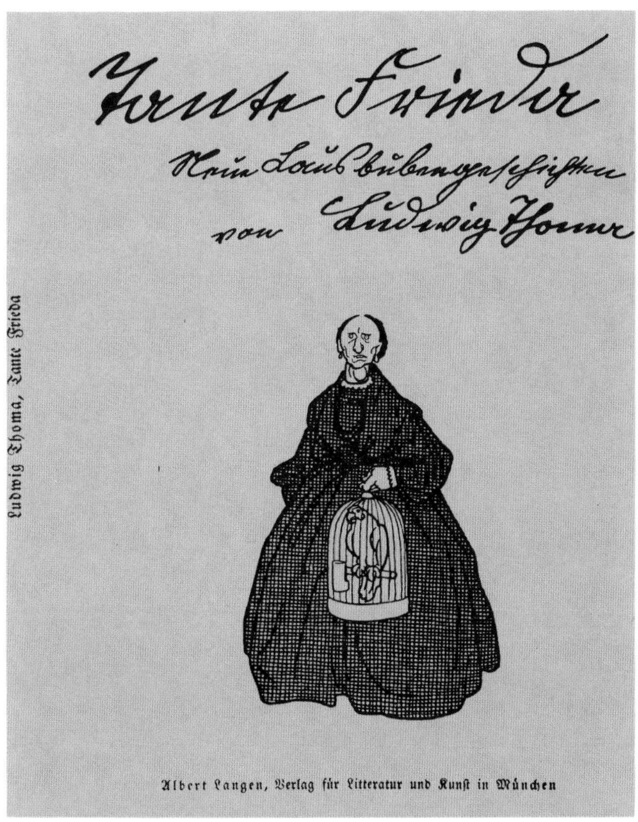

**110**
Ludwig Thoma mit den »Simpl«-Mitarbeitern zu Besuch 1902 beim Verleger Georg Hirth in St. Quirin am Tegernsee (v. l. n. r.): Peter Thoma, Frau Finckh (Thomas Hausfrau in München), Rudolf Wilke, Bruno Paul, Ludwig Thoma, Otto und Luise Hirth mit Frl. Marie, Frau Hedwig von Xylander (Tochter von Frau Finckh), der Bauer Fischbacher, Frau Wally Hirth, Maler Holz (?).

**111** und **112**
Olaf Gulbransson (links) und Bruno Paul (rechts) beim Skilaufen in Finsterwald. – Der norwegische Zeichner kommt 1902 zum »Simplicissimus« und benutzt einen Weihnachtsurlaub mit seinen Kollegen in Finsterwald, um ihnen das noch kaum bekannte Skilaufen zu zeigen.

113
Szenenfoto aus dem 3. Akt der Komödie »Die Lokalbahn« von Ludwig Thoma in der Aufführung am Neuen Theater in Berlin im Oktober 1902; Stelzer läßt den Bürgermeister Reebein hochleben: »Unser Bürgermeister, der dem Wohle der Stadt alles opfert und der sich selber bezwungen hat, er lebe hoch! hoch! hoch!«

K. Residenz-Theater.
München, Sonntag, den 19. Oktober 1902.
Zum ersten Male:
Die Lokalbahn.
Komödie in drei Akten von Ludwig Thoma.
Leiter der Aufführung: Herr Ober-Regisseur Savits.
Personen:

| | |
|---|---|
| Friedrich Rehbein, rechtskundiger Bürgermeister von Dornstein . . . . | Herr Suske. |
| Anna Rehbein, seine Frau . . . . | Frau Schwartz. |
| Susanne beider Tochter . . . . . . | Fräulein Giesecke. |
| Karl Rehbein, Major a. D., Bruder des Bürgermeisters . . . . . . . | Herr Häusser. |
| Frieda Pilgermaier, Schwester des Bürgermeisters . . . . . . . . . | Fr. Conrad-Ramlo. |
| Dr. Adolf Behringer, Amtsrichter, Bräutigam der Susanne Rehbein . . . | Herr Monnard. |
| Josef Schweigel, Brauereibesitzer . . . | Herr Geis. |
| Franz Stelzer, Kaufmann . . . . . | Herr Basil. |
| Anton Hartl, appr. Bader . . . . . | Herr Trautsch. |
| Mathias Kiermayer, Schreinermeister . | Herr Nadler. |
| Xaver Gruber, Schlossermeister . . . | Herr Waldau. |
| Peter Heitzinger, Redakteur des Dornsteiner Wochenblattes . . . . . | Herr Wohlmuth. |
| Alois Gschwendtner, Buchbindermeister . | Herr Pfadisch. |
| Jakob Lindlacher, Drechslermeister . . | Herr v. Pindo. |
| Marie, Dienstmädchen bei Rehbein . . | Fräulein Menge. |

Bürger von Dornstein, Frauen, Kinder und Musikanten.
Zeit: Gegenwart. — Ort: Dornstein, eine deutsche Kleinstadt.

Nach dem zweiten Aufzuge findet eine Pause von 10 Minuten statt.

Preise der Plätze:
Ein Parketsitz 4 Mk. — Pf. — Ein num. Vorderplatz in einer Parterreloge 4 Mk. — Pf. Ein num. Rückplatz in einer Parterreloge 3 Mk. — Pf. — Ein num. Vorderplatz im I. Rang 5 Mk. — Pf. — Ein num. Rückplatz im I. Rang 3 Mk. 50 Pf. — Ein num. Vorderplatz im II. Rang 2 Mk. 50 Pf. — Ein num. Rückplatz im II. Rang 2 Mk. — Pf. — Ein num. Vorderplatz im III. Rang 1 Mk. 50 Pf. — Ein num. Rückplatz im III. Rang 1 Mk. — Pf. — Ein Parterre-Stehplatz 1 Mk. 40 Pf.

Die Abendkasse wird um sieben Uhr geöffnet.
Anfang um 7½ Uhr. Ende gegen 9½ Uhr.

114
Theaterzettel des K. Residenz-Theaters in München für die Uraufführung der »Lokalbahn« am 19. Oktober 1902. – Am 6. November 1902 schreibt Ludwig Thoma an Albert Langen u.a.: »Die Kritiken über »Lokalbahn« sind mir, wie immer wurscht. Jeder Kritiker hat entweder ein durchgefallenes Stück geschrieben, oder will noch eines schreiben. Was geht mich die Meinung eines Schnorralisten an. Zehn haben neun verschiedene, und ich habe lange genug zugesehen, um genau zu wissen, wie es gemacht wird. Außerdem weiß ich, daß ich bei den Literaten ziemlich unbeliebt bin. Das läßt sich nicht vermeiden, wenn man Redakteur des »Simplicissimus« ist... Wer in der »Lokalbahn« eine Posse sehen will, soll es ruhig tun, die Hauptsache ist, daß sie sehr weit davon weg ist. Ich kritisiere mich selber nicht schonend, und lerne gottlob noch immer dazu...«

115
Der Bildhauer und Grafiker Ignatius Taschner (1871–1913) mit seiner Frau Helene, aufgenommen um 1912 in Berlin. – Ludwig Thoma lernt Taschner bei der Probe zum Münchner Pressefest am 9. Januar 1903 im Münchner Künstlerhaus kennen. Damit beginnt eine Freundschaft, die bis zum Tode Taschners am 25.11.1913 dauert. In einem 1914 niedergeschriebenen Porträt seines Freundes schreibt Thoma: »Saßen wir beisammen, dann machte er mir wohl die Freude und erzählte was aus Lehrlings- und Gesellenjahren. Harmlose Geschichten, aber wie waren sie durchsonnt von seinem Humor, und wie konnte er die Welt behäbiger Spießbürger, hoffärtiger Weiber oder ruppiger Handwerksgesellen sprechend einführen, und wie lachte ihm der Spaß daran aus den Augen!...«

116
Entwurf von Ignatius Taschner zu einem Titelblatt der Zeitschrift »Jugend«, Bleistiftzeichnung, um 1905.

117
Porträtbüste seiner Tochter Maja von Ignatius Taschner. Bronze, um 1905.

**118**
Mädchenfigur von Ignatius Taschner aus dem Tafelsilber, dem Hochzeitsgeschenk der preußischen Städte für den deutschen Kronprinzen. Silberguß, um 1910. – Als Taschner im Alter von erst 43 Jahren 1913 in Mitterndorf bei Dachau stirbt, schreibt Ludwig Thoma an Karl Rothmaier: »...Ja, ich habe am lieben Ignatius Taschner einen Herzensfreund verloren, der mir mehr gewesen ist, als ich lange beschreiben kann. Wenn ich Dir jetzt sagen würde, was er für mich bedeutet hat mit seiner Kunst, die mich immer geheilt hat von Verdruß und Zorn über die Snobs und Halbkönner von heute, dann müßte ich viele Bogen verschreiben. Für mich steht der fränkische Altmeister Taschner, der in glücklichster Mischung auch Altbayer war, neben den ganz großen gotischen Meistern...« Und in dem literarischen Porträt Thomas von Taschner aus dem Jahr 1914 lesen wir noch an anderer Stelle: »Eine Sicherheit ruhte in ihm, die ihn vor Eitelkeit, vor jedem durch sie ermöglichten Mißgriff schützte, die ihn gegen alles, was Manier werden konnte, unempfänglich, und die ihn völlig unabhängig von Tagesmeinung, Mode und Kritik machte. Daß Phantasie und Willen in der Kunst nichts bedeuten, wenn sie nicht, aus dem Können herausgewachsen, wiederum im Können weise Grenzen und Ordnung finden, daß es außerhalb des Könnens keine Werte gibt, das ist mir durch ihn erlebte Gewißheit. Anerkennung oder Mißbilligung, Lob oder Tadel konnten ihm nichts gelten; sie erregten ihm weder quälende Zweifel, noch ersetzten sie ihm die eigene Zufriedenheit. Die war ihm Richterin. Eine strenge, aber auch unbeirrbare.«

**119**
Tagebuchnotiz von Ludwig Thoma vom 21.–23.12.1903, als er in München die Geschichte »Der heilige Hies« schreibt: »Sonntag Sehr kalt. Trokken. Skatgesellschaft bei mir. 40.80 ver(loren). Montag Kalt. Beginne für die Süddeutschen Monatshefte eine Geschichte »Der heilige Hies«. Abends Bar mit Habich, Paul, Thöny. Große Stilfrage. Dienstag kalt. Mittwoch kalt. »Der heilige Hies« fertig...«

**120**
Die ersten beiden Seiten des Manuskriptes »Der heilige Hies« von Ludwig Thoma, die so beginnen: »Wer sechs Roß im Stall stehen hat, ist ein Bauer, und sitzt im Wirthshaus beim Bürgermeister und beim Ausschuß. Wenn er das Maul aufthut und über die schlechten Zeiten und über die Steuern schimpft, gibt man Acht auf ihn und die kleinen Leute erzälen noch am andern Tag, daß gestern der Harlanger oder wie er sonst heißt, einmal richtig seine Meinung gesagt hat...« Josef Hofmiller, Mitherausgeber der »Süddeutschen Monatshefte«, schreibt nach Erscheinen der Geschichte: »Am gelindesten tadelte noch ein alter Herr, der uns auf einer Postkarte versicherte, er habe zwar beim Lesen des Heiligen Hies sich halb krank gelacht, aber er finde es doch äußerst unpassend, daß wir so etwas veröffentlicht hätten...«

**121**
Illustration von Ignatius Taschner zu Ludwig Thomas Geschichte »Der heilige Hies«, Juli 1904. Tuschzeichnung mit Deckfarben.

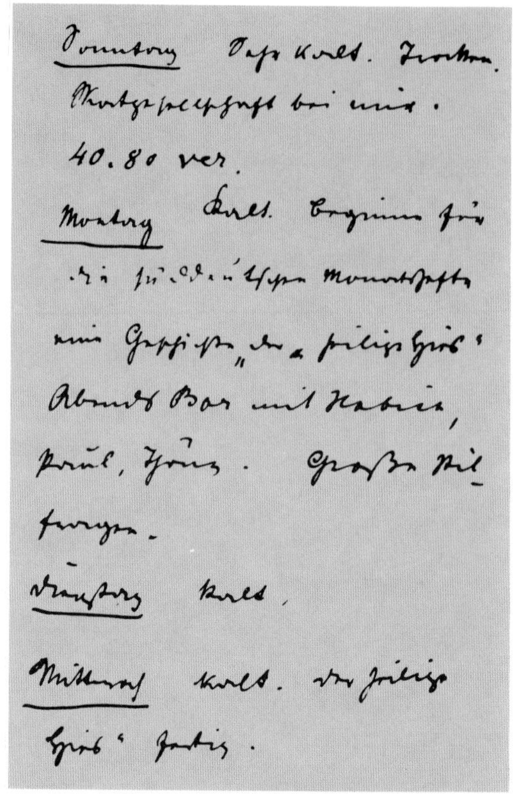

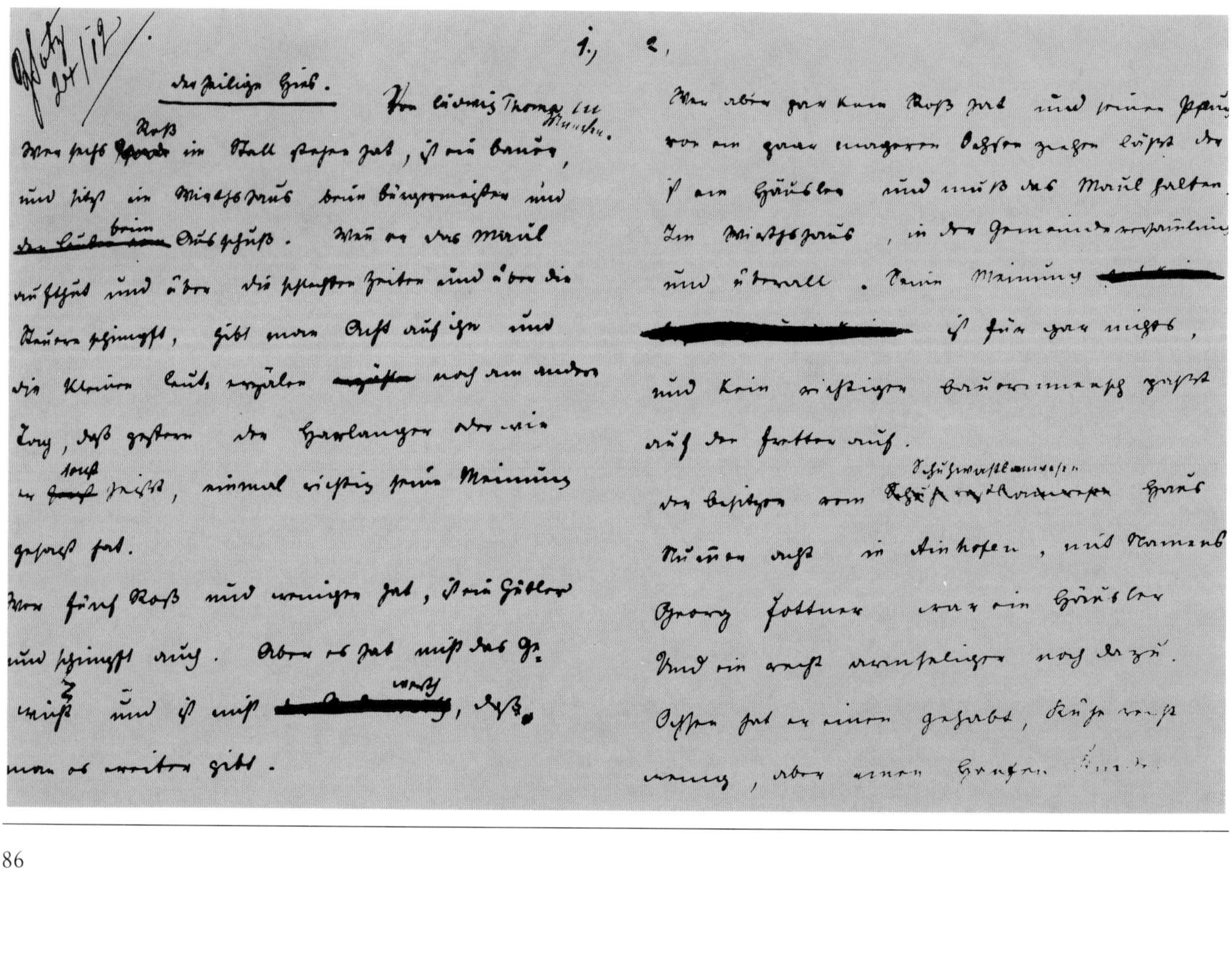

Hochwürden
JT.

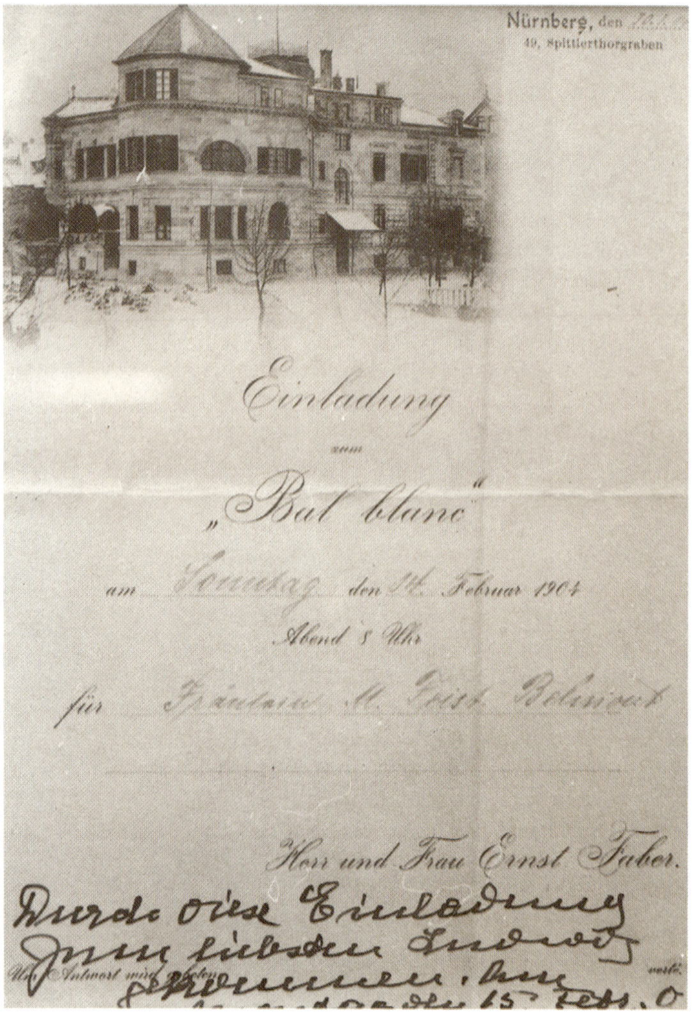

**122** und **123**
Einladung zum »Bal blanc« bei Faber-Castell (links) für Fräulein Maria Feist-Belmont aus Frankfurt am Main (rechts). Ludwig Thoma sieht am 15.2.1904 in Begleitung von Taschner bei Faber erstmals die Sektfabrikantentochter, die dann 1910 Willy Edgar Salomon Liebermann von Wahlendorf heiratet. Thoma am 1.1.1919: ».... fast ohne mit ihr ein paar Worte gewechselt zu haben, blieb mir der tiefste Eindruck zurück...«

**125** bis **126a**
Im Arzberger Keller (oben), einem 1881/82 nach Plänen von Gabriel von Seidl erbauten Bierkeller an der Nymphenburger Straße in München, der um die Jahrhundertwende die Hochburg des Münchner Faschings war, findet auf Anregung von Ignatius Taschner am 20.2.1903 als Satire auf die »Schwabinger Bauernkirchweih« das »Pippinger Veteranenfest« (rechts zwei Seiten aus der Einladung dazu) statt. Das Fest, »bei dem es wie in einem altbayrischen Dorf hergehen mußte«, gefiel so, daß es in den folgenden drei Jahren wiederholt werden mußte (die Einladung rechts stammt aus dem Jahr 1905). Thoma fordert Taschner am 5.1.1905 mit einem Brief auf, eine Einladung zu entwerfen, in dem es heißt: »Lieber Schuasta! Also indem ich Deinen Brief erhalten habe ist das Vederanenfest am Midwoch den 8. Februar im Arzberger Keller. Keinen Samstag haben wir schon wieder nicht kriegt, weil die Leut nix wie tanzen, fressen und saufen. Jetzt paß auf. Keine Medaillen brauchen wir nicht, weil wir noch g'nug hamm. Stuckera 50. Keine neuen Fahnen brauchen mir auch net. Also waar aber no was für Di zum Macha. Nämling: die Einladung. De sollt'n ma heuer do a bissel natürlicher und ächter z'sammbringa, als voriges Jahr. Und balst di jetzt glei hinsetzen thatst und thatst auf der ersten Seiten einen Emblem macha mit den Titel: Einladung Stiftungsfest mit Ball (oder Tanzmusik) des Militär- und Kriegervereines Pipping. Auf der zwoaten Seiten kunntst vielleicht an g'scheerten Veteranen mal'n… Geh hock di hi u. mach's auf da Stell! Schuasta!«

**124**
Postkarte Thomas an Taschner von einer Radtour mit Thöny und Wilke nach Südfrankreich, Nordafrika und Italien, wo er in der Oase Biskra schreibt: »Biskra, 17.4.(1904) Heiß! Herrgott a Maß!! Lb. Nazi, Am südlichsten Punkte sind wir angelangt, jetzt geht es zurück nach Constantine – Tunis. Grüße Helen. Bester Gr. Immer Dein Ludwig. Wenn Du diese Karte erhältst, bin ich schon in Neapel!«

**127**

Foto vom »Pippinger Veteranenfest« im Arzberger Keller im Jahre 1905, wo mit Ludwig Thoma als Bismarck (in weißer Uniform) die Apotheose »Napoleon übergibt seinen Degen an Kaiser Wilhelm« gestellt wird. Thoma hat dafür ein lustiges Kriegervereinsstück aus dem Jahre 1870 geschrieben, an dessen Schluß das obige lebende Bild entstand. Was sonst noch bei dem Faschingsfest geboten ist, hat Thoma in dem erwähnten Brief an Taschner bereits am 5.1.1905 »angedroht«: »Einige Füchereien hab ich in petto, und das Ober-Füch, der Bradl... Lebende Bülder wern so, wie voringes Jahr, aber ein neuches Theater mach i, wo meischtens blos der Bradl red't. »Das 25. Jubiläum vom Metzgermoasta Hingerl, Zendrumabgeordneter«. Er kriegt einen Saukopf g'schenkt mit Lorbärn von einer Deputation vom Magistrat, und den Saukopf tragt ein Pasche, wia beim Oktoberfest... Sonst mach ma noch einige Füchereien. Vielleicht bring ma'r an Dachauer Tisch z'samm, wo lauter G'scheerte sitzen u. recht blärren?...« Wie die Darbietungen angekommen sind, beschreibt Theodor Heuss später in seinen Erinnerungen so: »Thomas große Fertigkeit, auf dem schmalen Weg zwischen mitempfundener Rührseligkeit und karikierendem Spott zu wandern, bewährte sich aufs vollkommenste, man lachte Tränen...« – Auf dem Foto die folgenden Darsteller: vordere Reihe von links, stehend: Ignatius Taschner (als »Vorsteller«), Ferdinand von Reznicek, Rudolf Wilke, Matthias Gasteiger, Jakob Bradl, Ludwig Thoma, Otto Bauriedl, Bruno Paul; vorn sitzend links: Erich Wilke; hintere Reihe stehend von links: Joseph Wackerle, unbekannt, Eduard Beyrer, Gustav Waldau, Ferdinand Spiegel.

**128**
Der Dichter Ludwig Ganghofer in Ehrwald (Tirol), mit dem Ludwig Thoma von 1902 bis zu seinem Tod eng befreundet ist.

**129**
Postkarte von Ludwig Thoma vom 23.9.1903 an seine Schwester Katharina Hübner, Allershausen, aus Ehrwald: »Lb. Käthe, heute einen Hirsch geschossen. Hrzl. Grüße Dir u. Adam u. Hr. Pfarrer Euer Ludwig«. – Am 27.8.1903 schreibt Thoma in einem Brief an Ludwig Ganghofer: »Gestern abend schoß ich im Koppen einen Mordshirsch, 204 Pfund schwer; zurückgesetzter Sechser. Scheunach meint, er hätte wohl schon Zehn aufgehabt. Ich habe eine solche Freude, daß ich mir fast vorkomme wie ein glücklicher Bräutigam. Oder noch feiner. Mir ist die schöne Kinderzeit in der lieben Vorderriß lebendig geworden, als ich den Prachtkerl im Bergwald vor mir liegen sah. Das war eine Première; mir schon tausendmal lieber als die bestgelungene hinter den stickigen Kulissen unter geschminkten Gesichterschneidern, recte Hofschauspielern. Und das danke ich Ihnen, und vergesse es nie.«

**130**
Ludwig Ganghofers Jagdhaus »Hubertus« (im Hintergrund). – In einem Brief an Reinhold Geheeb aus Ehrwald beschreibt Thoma das nach Ganghofers Erfolgsroman benannte »Schloß Hubertus«: »Dicht unter den Wettersteinwänden, gegenüber den riesigen Miemingerbergen und mitten im herrlichsten Tannenwald ein komfortables Jagdschlößchen. Einfach, reizend im Stil...«

**131**
Ludwig Thoma mit Ganghofers Jäger Scheunach vor der Jagdbeute in Ehrwald im Jahre 1904. – »Das ist wie ein Märchen«, schreibt Thoma in dem Brief aus Ehrwald am 21.8.1903 an den »Simpl«-Redakteur Geheeb, »mit der Bix in den Bergen herumsteigen: Tag für Tag Jagd und nichts wie Jagd. Anstrengung und Strapazen genug, aber alles so schön. Wir hatten miserables Wetter seit acht Tagen. Regen und höher hinauf Schnee. Ich bin täglich von drei Uhr früh bis nachts draußen. Geschwitzt wie eine Sau, gefroren wie ein Hund, denn zweimal saß ich oben an den Wettersteinschrofen, nachdem es Schnee geworfen hatte. Oft übernachte ich in den Jagdhütten, ab und zu auf Almen und einmal im Heustadl. Ich muß wohl zehn Pfund und darüber abgenommen haben und setze an den Kniekehlen neue Muskulatur an...«

**132**
Ludwig Thoma mit Ludwig Ganghofer auf dessen Jagdgrund in Ehrwald um das Jahr 1905. – Ganghofer verbringt seit dem Jahr 1897 jeden Sommer im Gaistal auf der Tillfußalpe, wo er in herrlicher Lage am Südabhang der Wettersteingruppe und des Zugspitzstockes von der Innsbrucker Forstbehörde und dem k.k. Ackerbauministerium in Wien eine riesige Jagd mit einem Jagdhaus gepachtet hat. Nach einem Umbau ist dort neben den Wohnräumen und der Bibliothek Platz für 34 Gästebetten. Außerdem sind dort ein Tennisplatz, eine Kegelbahn und ein Eiskeller angelegt. Ludwig Thoma ist hier ab 1903 ein häufiger Jagdgast.

9. Jahrgang — Nummer 31

Beiblatt des Simplicissimus

München, den 25. Oktober 1904 — Verlag von Albert Langen in München

An die Sittlichkeitsprediger in Köln am Rheine

(Zeichnung von O. Gulbransson)



Wa[illegible]m schimpfen Sie, Herr Lizentiate,
U[illegible] die Unmoral in der Kemenate?
W[illegible] erheben Sie ein solches Geheule,
S[illegible]adentriefende Schöpfenkeule?

E[illegible] und Jeremiae Jünger,
W[illegible]schmeußen Sie uns mit dem Bibeldünger?
W[illegible]reucht Ihnen zu solchem Schmerze,
S[illegible]ngelische Unschlittkerze?

Was wissen Sie eigentlich von der Liebe
Mit Ihrem Pastoren-Kanincheutriebe,
Sie multiplizierter Kindererzeuger,
Sie gottesseliger Bettbesteuger?

Als wie die Menschen noch glücklich waren,
Herr Lizentiate, vor vielen Jahren,
Da wohnte Frau Venus im Griechenlande
In schönen Tempeln am Meeresstrande.

Man hielt sie als Göttin in hohen Ehren
Und lauschte willig den holden Lehren.
Sie reden von einem schmutzigen Laster,
Sie jammerseliges Sündenpflaster!

Sie haben den Schmutz wohl häufig gefunden
In Ihren sündlichen Fleischesstunden
Bei Ihrem christlichen Eheweibchen?
In Frau Pastorens Flanellenleibchen?

Peter Schlemihl

133
Das Gedicht »An die Sittlichkeitsprediger in Köln am Rheine«, verfaßt von Ludwig Thoma unter dem Pseudonym Peter Schlemihl, erschienen mit einer Zeichnung von Olaf Gulbransson im »Simplicissimus« am 25. Oktober 1904.

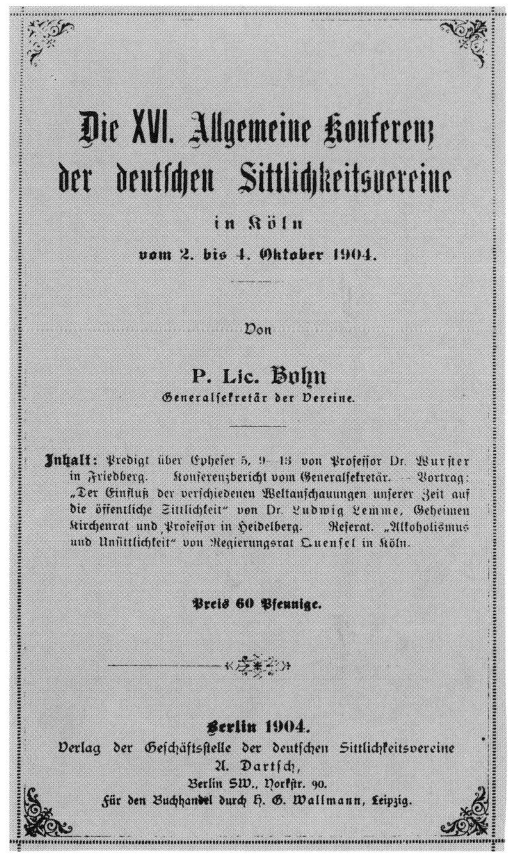
Die XVI. Allgemeine Konferenz der deutschen Sittlichkeitsvereine

in Köln

vom 2. bis 4. Oktober 1904.

Von

P. Lic. Bohn

Generalsekretär der Vereine.

Inhalt: Predigt über Epheser 5, 9–13 von Professor Dr. Wurster in Friedberg. — Konferenzbericht vom Generalsekretär. — Vortrag: „Der Einfluß der verschiedenen Weltanschauungen unserer Zeit auf die öffentliche Sittlichkeit“ von Dr. Ludwig Lemme, Geheimen Kirchenrat und Professor in Heidelberg. — Referat. „Alkoholismus und Unsittlichkeit“ von Regierungsrat Quensel in Köln.

Preis 60 Pfennige.

Berlin 1904.
Verlag der Geschäftsstelle der deutschen Sittlichkeitsvereine
A. Dartsch,
Berlin SW., Yorkstr. 90.
Für den Buchhandel durch H. G. Wallmann, Leipzig.

134
Anlaß für das Gedicht Thomas ist »Die XVI. Allgemeine Konferenz der deutschen Sittlichkeitsvereine in Köln vom 2. bis 4. Oktober 1904«, der sich am 5./6. Oktober ein »Internationaler Kongreß gegen die unsittliche Literatur« anschließt. Thoma hat an den Veranstaltungen persönlich nicht teilgenommen, aber die Presseberichte und die sich anschließende Fehde zwischen den verschiedenen Richtungen boten Stoff genug für sein Gedicht. Thoma liegt außerdem als Quelle das Protokoll der Konferenz (Titelblatt davon im Bild) vor. Nach der Veröffentlichung erhebt am 15.12.1904 der Evangelische Ober-Kirchenrat in Berlin Strafanzeige gegen den Autor des Gedichtes; zuständig dafür ist der K. Staatsanwalt am Landgericht Stuttgart. In der Anzeige heißt es: »Dieses Gedicht enthält u.E. sowohl grobe Beleidigungen des genannten Vorsitzenden und der evangelischen Geistlichen der Preußischen Landeskirche überhaupt als auch eine öffentliche Beschimpfung der Bibel...« Thoma schreibt am 12.2.1905 an den Staatsanwalt: »Das Gedicht... habe ich verfaßt. Wie ich höre, will der Strafantrag in dem Worte »Bibeldünger« eine Beschimpfung der christlichen Kirche erblicken... Hat jener Herr Klage erhoben, der vor aller Welt sagte, ganz Deutschland sei verhurt? Oder der Andere, welcher die Unsittlichkeit Göthe's brandmarkte? Diesen Festrednern gegenüber sage ich mit dem altbayrischen Gesetzgeber Wigulaeus von Kreittmayr: »Auf eine Lüge gehört eine Maulschelle«...«

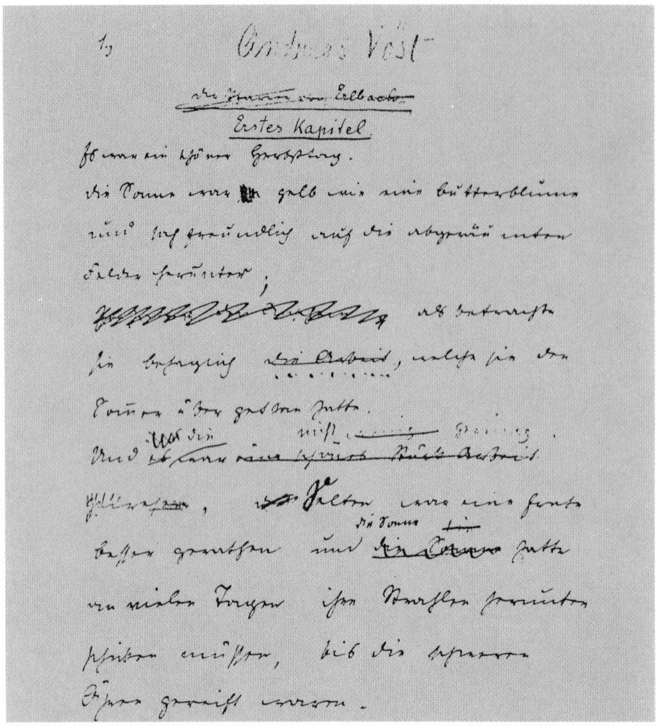

**135**
Erste Seite des Manuskriptes von »Andreas Vöst«. Thoma beendet den Roman am 23.4.1905. Der Text dieser Manuskript-Seite lautet: »Andreas Vöst (gestrichen: der Pfarrer von Erlbach). *Erstes Kapitel.* Es war ein schöner Herbsttag. Die Sonne war gelb wie eine Butterblume und sah freundlich auf die abgeräumten Felder herunter, als betrachte sie behaglich die Arbeit, welche sie den Sommer über gethan hatte. Und die war nicht gering. Selten war eine Ernte besser gerathen und die Sonne hatte an vielen Tagen ihre Strahlen herunterschicken müssen, bis die schweren Ähren gereift waren.« – Am 1.8.1905, kurz nach dem Erscheinen des Romans, schreibt Thoma aus Finsterwald an Dr. Georg Habich: »Weil Ihnen der »Vöst« gefällt, schicke ich Ihnen brühwarm aus der Maschine ein Exemplar. Ich kann mich nicht in falscher Bescheidenheit dazu verstehen, Ihr Lob als zu »liebenswürdig« zu bezeichnen. Ich weiß, daß das Buch gut ist. Daß die Sonne darin scheint und der Regen regnet. Und wie die alte Vöstin gestorben ist, habe ich selber geheult... Ich hoffe auch, daß von dem Erdgeruche etwas in dem Buche ist, den ich von Kind auf einatmete... Mich freut es, daß Ihnen gerade der Schluß gefällt. Ich weiß, daß ich darin Maß hielt und mit einem festen Griffe noch einmal alles zusammenfaßte. Das liebe Publikum aber schreibt mir dumme Karten...«

**136**
Entwurf des Buchumschlages für Ludwig Thomas ersten Roman »Andreas Vöst«, gestaltet von Ignatius Taschner 1905. Bleistift, Tusche mit Deckweiß. – Nach einem ersten Entwurf von Taschner, der nur einen Bauern mit der Sense zeigt, schreibt Thoma am 17.6.1905 u.a.: »Der Kerl ist famos, die Schrift ausgezeichnet, aber Du wirst mich nicht für einen dummen Kritiker halten, wenn ich Dir einen Gegenvorschlag mache... Es wäre vielleicht doch besser wenn sich links herein das Bildliche etwas verlaufen würde. Dazu wäre am Ende das beste ein Dorf, Hügel und Ackerland. Vielleicht in der Ferne einen Kerl, der ackert oder sät. Du nimmst mir das nicht übel. Aber ich meine gerade das gibt eine schwere und ernste und dabei sehr ächte Stimmung. Das Buch endet nemlich mit sehr ernsten Ausklängen. Der Vöst geht zu Grund, & sein Ende wird ziemlich dramatisch... Wählst Du die Landschaft, dann braucht sie wohl nicht so hoch zu sein, hat die stärksten Töne rechts & verläuft nach links...«

**137**
Peter Loder, der Scharlbauer von Puchschlagen (1835–1911) und seine Frau; Loder hat Ludwig Thoma als Vorbild für seinen Roman »Andreas Vöst« genommen (Aufnahme um 1890). – Am 10.12.1911 berichten die »Münchner Neueste Nachrichten« (Jg. 64, Nr. 577, S. 2) zum Tode von Peter Loder u.a.: »Wie man uns aus Dachau berichtet, wurde dieser Tage in Puchschlagen unter zahlreicher Beteiligung der Bauer Peter Loder zu Grabe getragen. Mit ihm ist ein edler, kerniger Bauer heimgegangen, der insofern über die Heimatgrenze hinaus berühmt geworden war, als er für Ludwig Thomas bekannten Bauernroman »Andreas Vöst«, der zuerst 1905 in den »Münchner Neuesten Nachrichten« veröffentlicht worden ist, die Hauptperson, nämlich den Bauern Vöst stellte. Loder erzählte gerne von der Entstehung des Romanes ... und gab ab und zu auch als »Andreas Vöst« sein Autogramm her; nur auf den Schluß des Romanes war er nicht gut zu sprechen, da er niemals mit dem Strafrecht in Konflikt geraten war. Kraftvoll hat er gehandelt, wenn er sich als Vöst letztwillig jede Trauerrede verbat.«

**138**
Entwurf des Buchumschlages für die Volksausgabe des »Andreas Vöst«, ebenfalls von Ignatius Taschner gestaltet. Tuschzeichnung, 1908. – Seine Vorstellungen schreibt Thoma am 1.2.1908 an Taschner: »Ich machte den Vorschlag, ihn so wie einen landwirtschaftlichen Kalender herzurichten ... Der Umschlag gelblich-weißes Büttenpapier. Ganz schlicht die Schrift ... Darunter ein altes Kalenderemblem z.B. Pflug & Ährenbündel ...«

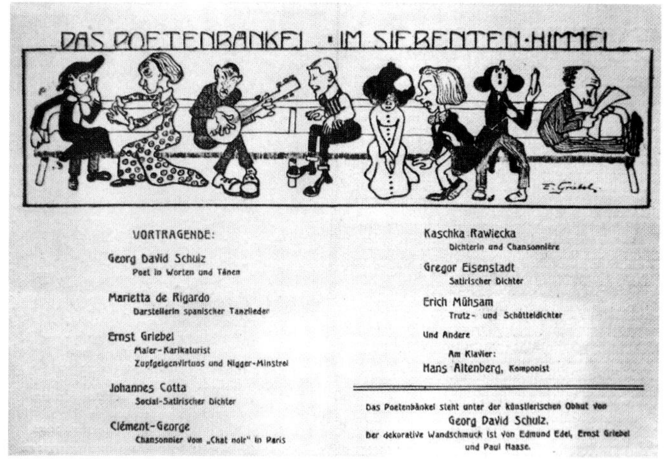

DAS POETENBÄNKEL · IM SIEBENTEN·HIMMEL

E. Griebel

VORTRAGENDE:

Georg David Schulz
Poet in Worten und Tönen

Marietta de Rigardo
Darstellerin spanischer Tanzlieder

Ernst Griebel
Maler-Karikaturist
Zupfgeigenvirtuos und Nigger-Minstrel

Johannes Cotta
Social-Satirischer Dichter

Clément-George
Chansonnier vom „Chat noir" in Paris

Kaschka Rawiecka
Dichterin und Chansonnière

Gregor Eisenstadt
Satirischer Dichter

Erich Mühsam
Trutz- und Schütteldichter

Und Andere

Am Klavier:
Hans Altenberg, Komponist

Das Poetenbänkel steht unter der künstlerischen Obhut von
Georg David Schulz.
Der dekorative Wandschmuck ist von Edmund Edel, Ernst Griebel
und Paul Haase.

**141**
Programmzettel des Berliner Kabaretts »Das Poetenbänkel. Im siebenten Himmel«, unter dessen Leitung von Georg David Schulz u.a. auch Erich Mühsam auftritt (um 1904).

**139** und **140**
Unter dem Namen Marietta de Rigardo tritt beim »Poetenbänkel« auch die Frau des Kabarettschefs G.D.Schulz auf (links Foto von Marietta, linke Seite »Marietta«, Gemälde von Max Slevogt, 1904). – Marie Schulz, geborene Maria Trinidad de la Rosa, stammt von den Philippinen. Sie kommt an der Seite von Albert Langen am 6.5.1905 zu einem Fest bei Ludwig Thoma, das dieser anläßlich der Fertigstellung seines Romans »Andreas Vöst« in seiner Wohnung gibt. Marietta alias Marie Schulz wird zwei Jahre später Thomas Frau Marion. – Der »Berliner Lokal-Anzeiger« schreibt am 8.Januar 1905 über das Gemälde von Slevogt und über das »Poetenbänkel« und Marietta di Rigardo: »Hier in diesem, vom Weinduft und Qualm erfüllten Baum weht die rechte Kabarettluft... Marietta di Rigardo ist der Star dieses Kabaretts, sie hat einen unserer bedeutendsten modernen Maler begeistert. Wer kennt nicht Slevogts Bild »Marietta«, das die zigeunerartige Spanierin mit den leuchtenden Blicken, mit der wilden Grazie und den leichten rythmischen Bewegungen so wundervoll charakterisiert...« In der »Neuen Rundschau« finden sich im Mai 1905 folgende Sätze von Professor Oskar Bie: »O Marietta, wer deinen schlanken Leib sah, wie er sich, vom grünen Kleide überhaucht, in süsser Lust warf, wer es sah, wie deine braune Haut sich spannte, deine Augen tanzlüstern brannten, der Kopf und die Arme mänadisch sich senkten und hoben in einer unwillkürlichen Harmonie ihrer Rythmik – der weiß, daß alle Gesetze über die Opposition der Glieder und alle Choreographie der Drehungen vor diesem Zauber des lebendigen Lebens zu Papier werden.«

**142–144**
Bilder vom »Ganghofer-Schießen« am 2./3.7.1905 in Finsterwald beim Six-Bauern, arrangiert von Ludwig Thoma zu Ganghofers 50. Geburtstag unter Teilnahme vieler »Simplicissimus«-Mitarbeiter sowie von Georg David Schulz und seiner Frau Marie (Marion). – Bild oben (im Ausschnitt v.l.n.r.): Lollo Ganghofer, unbekannt, Ludwig Ganghofer, Eduard Thöny (vorn), Ludwig Thoma, unbekannt, Marie Schulz (vorn), Olaf Gulbransson. – Bild links oben (im Auto v.l.n.r.): unbekannt, Eduard Thöny, Olaf Gulbransson (am Steuer), Marie Schulz (dahinter), Georg David Schulz, – Bild links (vor dem Six-Bauernhof v.l.n.r.): Lollo, Ludwig, Thinka und August Ganghofer, sitzend Georg David Schulz, Ludwig Thoma, Marie Schulz (vor Thoma), Eduard Thöny (hinten stehend), Dr. Tausch mit Frau (vor dem Tisch sitzend), Bertha Thoma (rechts sitzend). – Wie dieses Fest verläuft, berichtet Ludwig Thoma aus Finsterwald am 5. 7. 1905 an seinen Rechtsanwalt, Dr. Conrad Haußmann, nach Stuttgart: »Nach vier Festtagen komme ich zum Schreiben. Das Ganghoferschießen war wunderbar. Voll Stimmung. Eine reizende Mischung von liebenswürdigster Künstlerlaune und Bauernfröhlichkeit. Dazu ein Wetter wie Seide. Ganghofer, sein Töchterchen und ich schossen uns auch Preise heraus. Was unter siebzig scharfen Bergschützen nicht leicht war. Ich hatte Fakkelzug, Tagreveille, Waldfest arrangiert, und wir waren alle zusammen in einer Stimmung, die man nur mit Lachen und Fingerschnackeln ausdrücken kann ...«

**145**
Die Stuttgarter Rechtsanwälte Dr. Conrad Haußmann (sitzend) und sein Zwillingsbruder Dr. Friedrich Haußmann. – Thoma lernt beide Anwälte kennen nachdem Conrad Haußmann Ende 1900 in der »Frankfurter Zeitung« Thomas Gedichtbändchen »Grobheiten« besprochen hat. Thoma bedankt sich bei ihm in der Hoffnung, »daß meine gereimten Grobheiten auch künftig Ihren Beifall finden«. Ab 1905 vertiefte sich die Freundschaft mit Conrad Haußmann, den Hermann Hesse »einen Verehrer der Dichtung und einen guten, gründlichen helläugigen Leser« nannte. Trotz verschiedener politischer Ansichten während des Weltkrieges blieben beide bis zu Thomas Tod herzlich miteinander verbunden. 1904 erteilt Thoma den beiden Anwälten eine Generalverteidigungs-Vollmacht und sie vertreten Thoma neben mehreren Strafsachen, in die er als Redakteur des »Simplicissimus« verwickelt wird, vor allem im Prozeß gegen die »Sittlichkeitsprediger«, nachdem der Staatsanwalt gegen ihn und den verantwortlichen Redakteur, Julius Linnekogel, am 6.3.1905 Anklage bei der Strafkammer I des K. Landgerichts Stuttgart erhoben hat. In der Verhandlung am 19.6.1905 treten der Münchner Justizrat Dr. Max Bernstein und Ludwig Ganghofer als Sachverständige auf. Obwohl Conrad Haußmann für Freispruch plädiert, wird Thoma am 26.6.1905 zu einer Haftstrafe von sechs Wochen verurteilt.

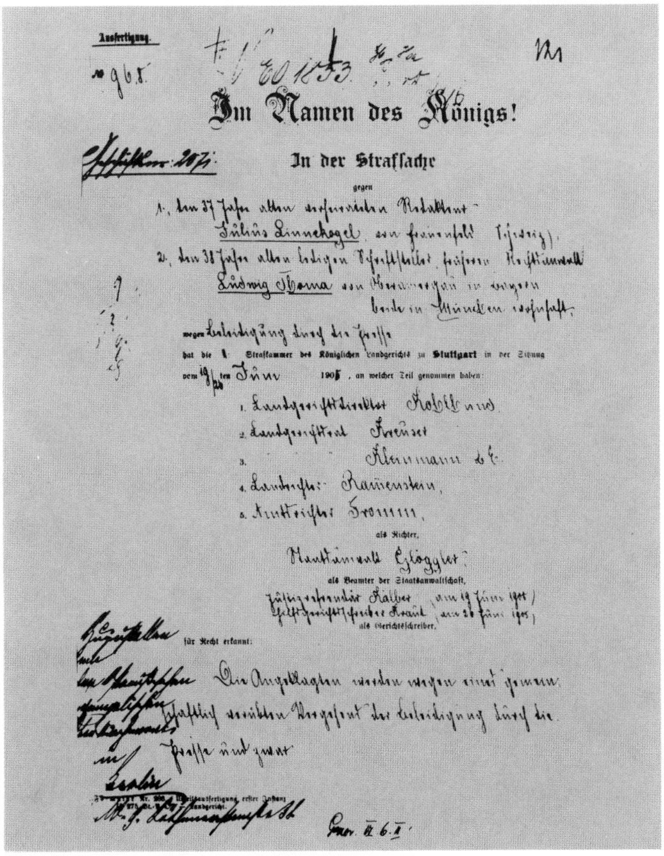

Ausfertigung.

Im Namen des Königs!

In der Strafsache

gegen

1. den 37 Jahre alten verheirateten Redakteur Julius Linnekogel ...
2. den 38 Jahre alten ledigen Schriftsteller, früheren Rechtsanwalt Ludwig Thoma ... beide in München wohnhaft,

wegen Beleidigung durch die Presse

hat die I. Strafkammer des Königlichen Landgerichts zu Stuttgart in der Sitzung vom 19/26ten Juni 1905, an welcher Teil genommen haben:

als Richter,

Staatsanwalt Glöggler

als Beamter der Staatsanwaltschaft,

als Gerichtsschreiber,

für Recht erkannt:

Die Angeklagten werden wegen eines gemeinschaftlich verübten Vergehens der Beleidigung durch die Presse und zwar

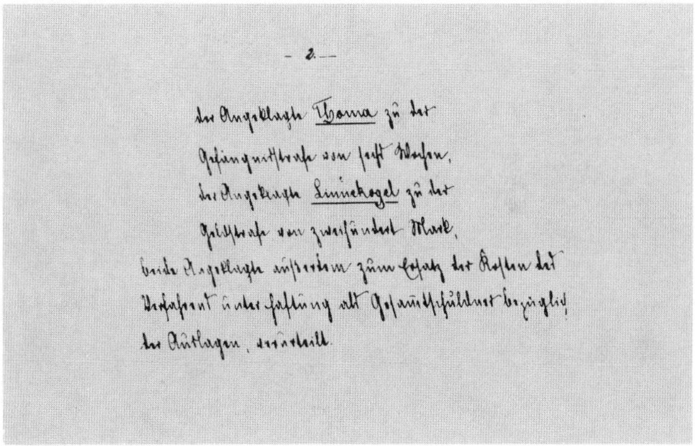

– 2 –

der Angeklagte Thoma zu der Gefängnisstrafe von sechs Wochen, der Angeklagte Linnekogel zu der Geldstrafe von zweihundert Mark, beide Angeklagte außerdem zum Ersatz der Kosten des Verfahrens unter Haftung als Gesamtschuldner bezüglich der Auslagen, verurteilt.

**146** und **146a**
Erste und zweite Seite der Einleitung und des Entscheidungssatzes des Strafurteils gegen Thoma vom 26.6.1905.

**147**
Manuskript des Gedichtes »An die Sittlichkeitskonferenz in Magdeburg«, das Ludwig Thoma unter dem Pseudonym Peter Schlemihl nach seiner Verurteilung anläßlich einer neuen Konferenz der Sittlichkeitsvereine im »Simplicissimus«, Nr. 27 des X. Jahrgangs, veröffentlicht:

»An die Sittlichkeitskonferenz in Magdeburg

Seh' ich euch wieder, hochehrwürd'ge Herren,
Nachdem für euch mich etwas einzusperren
In herber Strenge suchten fromme Schwaben?
– Bis jetzt nur »suchten«, weil sie mich nicht haben.
So hat nun Gott der Herr mich heimgesuchet,
Ganz offenbarlich, weil ihr mich verfluchet.
Er mußte wol, und war's nur, um euch Biedern
Die vielen Dienste freundlich zu erwidern.

Halläh! und Lujah! singet jetzt, frohe Sieger!
Und Bäh! und Muh! geliebte Kinderkrieger!
Auch eure Frauen singen um die Wette,
Das heißt: die paar, die nicht im Wochenbette.
Ich ehre sie, seitdem Herr Bohn beschrieben,
Wie zärtlich sie in stiller Kammer lieben,
Und wie ihn selbst so oft die Mannheit zierte.
Das heißt: wenn Bohn nicht etwa renommierte.
Und nun verleih' der Herr euch allen Stärke!
Den Nutzen seh' ich nicht von eurem Werke.
Ihr könnt euch jedes Jahr aufs neu' versammeln,
Die Menschen lieben, und die Hasen rammeln.
Und auch ihr Frommen –– ja, was wollt' ich sagen? –
Ihr solltet euch nicht allzusehr beklagen,
Halläh! und Lujah! Bäh! und Muh! Die Kälber,
Sie kommen auf die Welt nicht ganz von selber.«

Schon am 17.4.1905 droht Thoma in einem Brief an Dr. Haußmann: »Wehrlos werden mich die Herrschaften nicht finden, kommt Freiheitsstrafe heraus, so will ich gegen die Mucker einen Feldzug eröffnen. Ich will sie ganz greulich machen, ... wie der Prophet Nahum sagt...« So zieht denn Ludwig Thoma alias Peter Schlemihl einige Monate nach seiner Verurteilung erneut im »Simplicissimus« vom Leder, als die Sittlichkeitsvereine in Magdeburg wieder zusammenkommen.

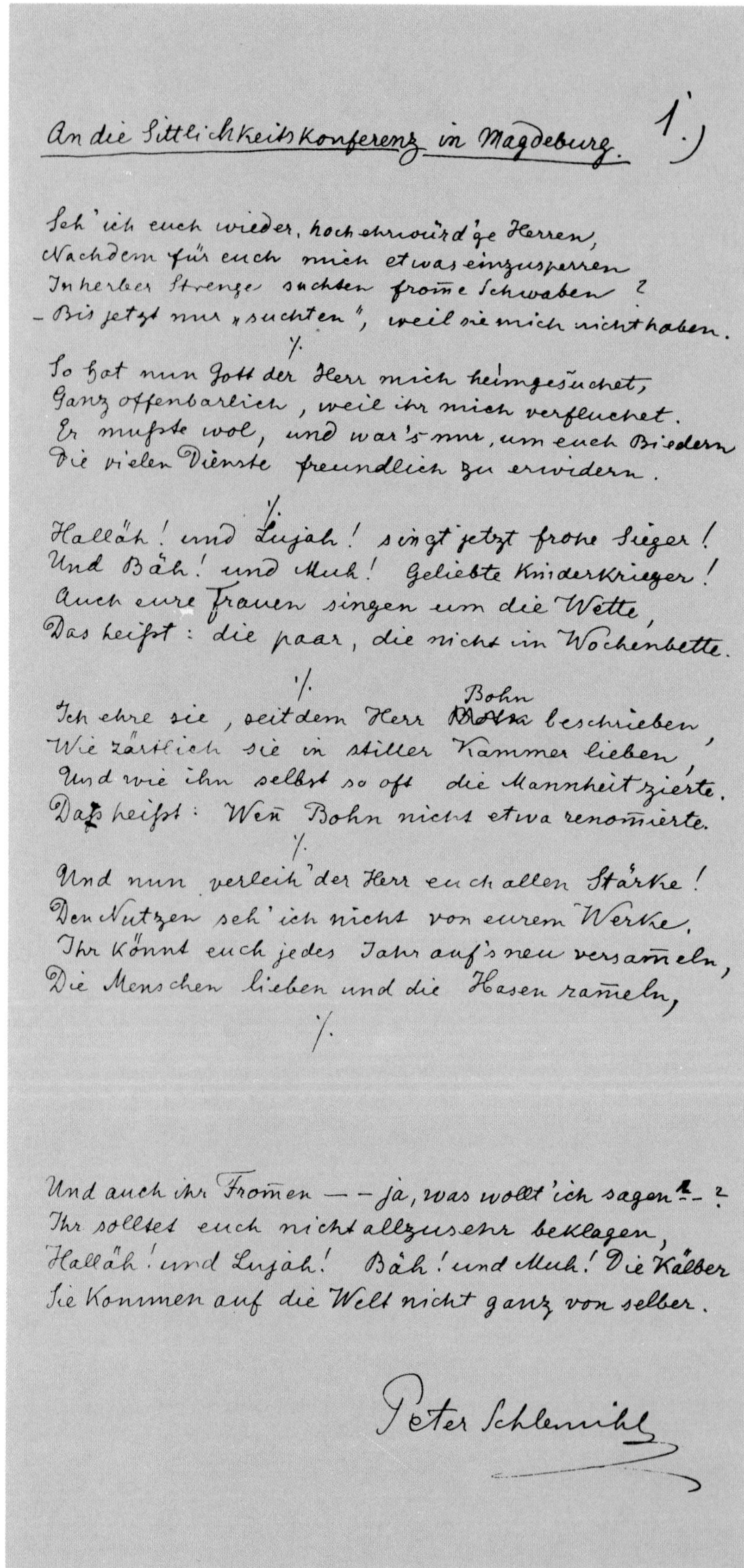
An die Sittlichkeitskonferenz in Magdeburg. 1.)

Seh' ich euch wieder, hochehrwürd'ge Herren,
Nachdem für euch mich etwas einzusperren
In herber Strenge suchten fromme Schwaben?
– Bis jetzt nur „suchten", weil sie mich nicht haben.
./.
So hat nun Gott der Herr mich heimgesuchet,
Ganz offenbarlich, weil ihr mich verfluchet.
Er mußte wol, und war's nur, um euch Biedern
Die vielen Dienste freundlich zu erwidern.
./.
Halläh! und Lujah! singt jetzt frohe Sieger!
Und Bäh! und Muh! Geliebte Kinderkrieger!
Auch eure Frauen singen um die Wette,
Das heißt: die paar, die nicht im Wochenbette.
./.
Ich ehre sie, seitdem Herr Bohn beschrieben,
Wie zärtlich sie in stiller Kammer lieben,
Und wie ihn selbst so oft die Mannheit zierte.
Daß heißt: Wen Bohn nicht etwa renommierte.
./.
Und nun verleih' der Herr euch allen Stärke!
Den Nutzen seh' ich nicht von eurem Werke.
Ihr könnt euch jedes Jahr auf's neu versammeln,
Die Menschen lieben und die Hasen rameln,
./.
Und auch ihr Fromen — — ja, was wollt' ich sagen? – ?
Ihr solltet euch nicht allzusehr beklagen,
Halläh! und Lujah! Bäh! und Muh! Die Kälber
Sie kommen auf die Welt nicht ganz von selber.

Peter Schlemihl

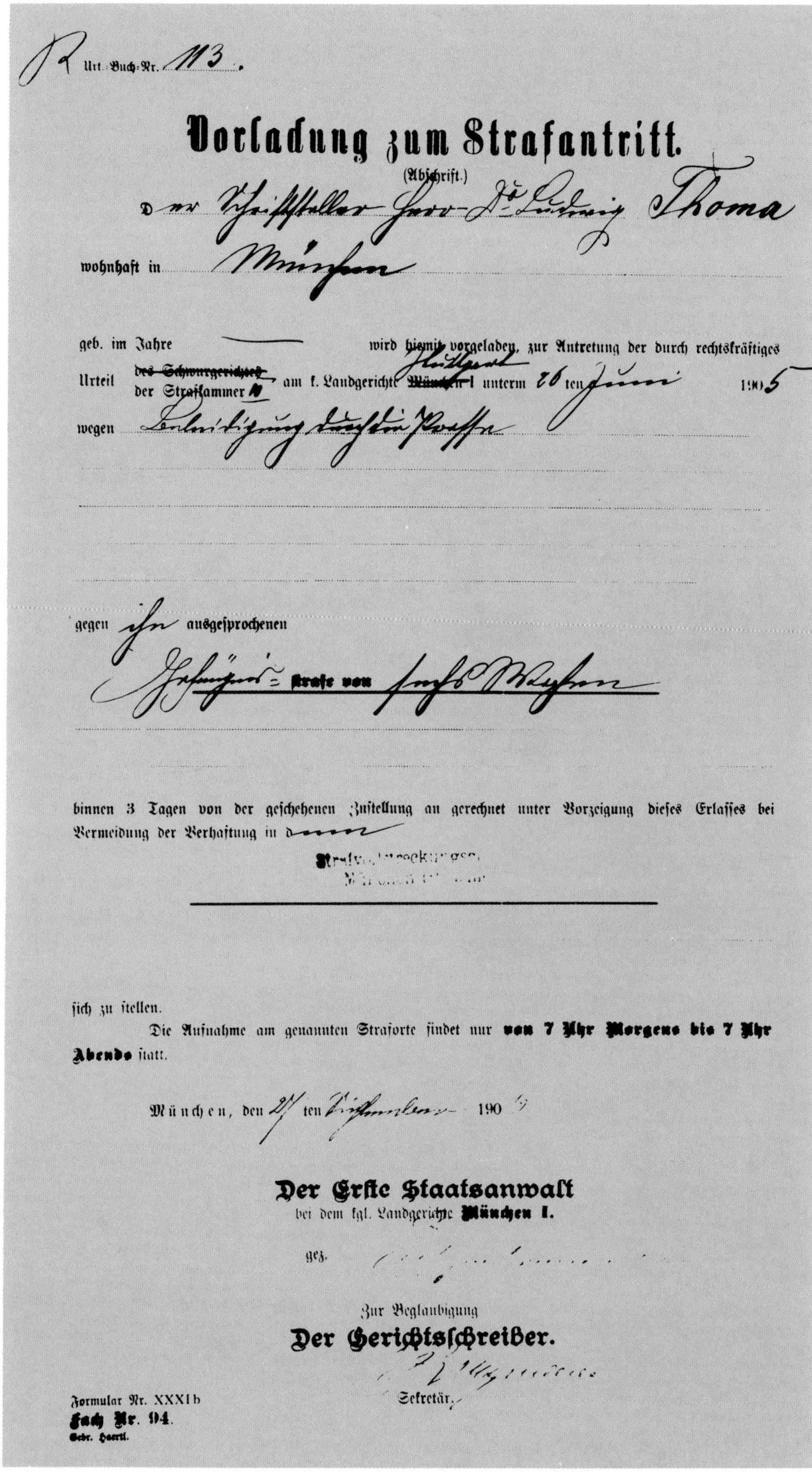

Urt.-Buch-Nr. 113.

**Vorladung zum Strafantritt.**

(Abschrift.)

Der Schriftsteller Herr Dr. Ludwig Thoma

wohnhaft in München

geb. im Jahre —— wird hiemit vorgeladen, zur Antretung der durch rechtskräftiges Urteil ~~des Schwurgerichtes~~ der Strafkammer II am k. Landgericht Stuttgart ~~München~~ unterm 26ten Juni 1905

wegen Beleidigung durch die Presse

gegen ihn ausgesprochenen Gefängnisstrafe von sechs Wochen

binnen 3 Tagen von der geschehenen Zustellung an gerechnet unter Vorzeigung dieses Erlasses bei Vermeidung der Verhaftung in dem

Strafvollstreckungsge[illegible]

sich zu stellen.

Die Aufnahme am genannten Strafort findet nur **von 7 Uhr Morgens bis 7 Uhr Abends** statt.

München, den 27ten September 1906

**Der Erste Staatsanwalt**
bei dem kgl. Landgerichte **München I.**

gez. [illegible]

Zur Beglaubigung
**Der Gerichtsschreiber.**
[illegible]
Sekretär.

Formular Nr. XXXIb
**Fach Nr. 94.**
Gebr. Haertl.

**148**
An Ludwig Thoma am 27.9.1906 gerichtete Vorladung zum Strafantritt im Strafvollstreckungsgefängnis München (Stadelheim). – Thoma scheint der Richterspruch über sechs Wochen Haft ziemlich unberührt gelassen zu haben. Am 10.7.1905 schreibt er an Dagny Langen, der Gattin seines Verlegers, nach Paris: »Ich ertrage die Sache so gelassen, wie ein Mann, der einen Roman und damit ein gutes Stück Arbeit hinter sich hat. Und der weiß, daß er noch dieses gesegnete Jahr manchen guten Hirsch und Rehbock schießt...« Aber der Schein trügt, denn Thoma betreibt mit seinem Verteidiger beim Reichsgericht in Leipzig die Revision des Urteils, womit er aber am 22.2.1906 scheitert.
Der Münchner Rechtsanwalt Dr. Otto Gritschneder, der die verschollenen Prozeßakten aufspürte und publizierte, gibt zu bedenken, warum Thoma und sein Verteidiger nicht von Anfang an Vergleichsverhandlungen angestrebt haben, die nach einer entsprechenden Erklärung Thomas wohl auch Erfolg gehabt hätten. Doch, so meint Gritschneder, im Interesse der Werbung für den »Simplicissimus« hat sich Thoma dann wohl gerne einsperren lassen. Thoma sucht um Strafaufschub nach, was ihm versagt wird. Am 11.9.1906 schreibt er an Haußmann: »Zeit ist auch hier Geld, denn ich muß den neuen Band »Lausbuben« fertig machen, vor ich brumme...«

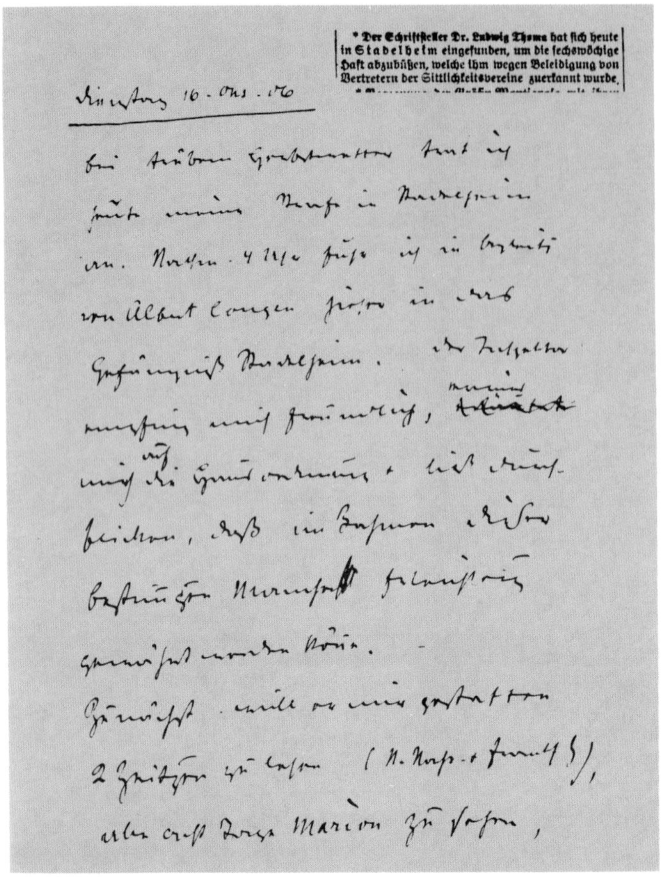


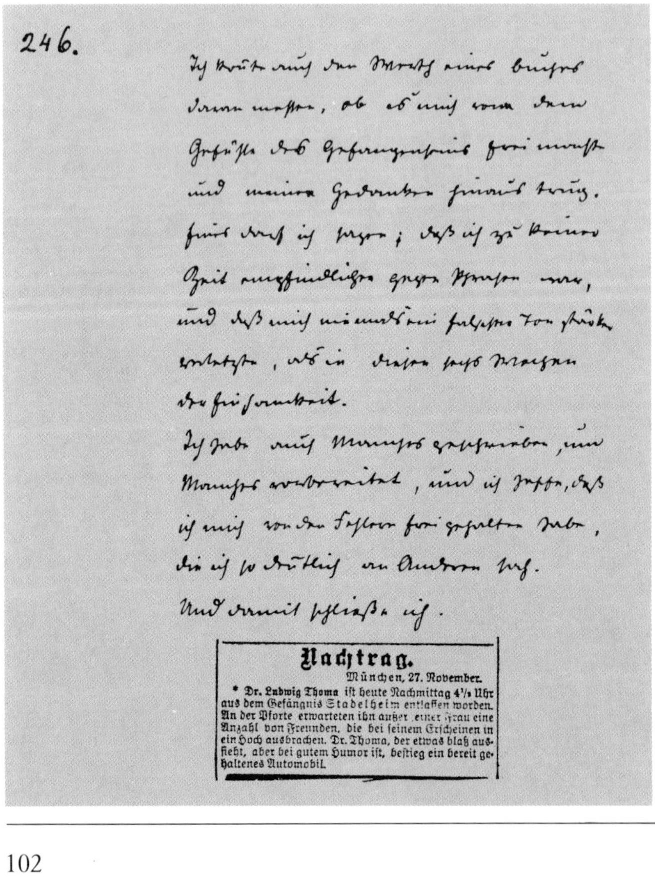


**149** und **150**
Die erste und letzte Seite des Manuskriptes »Das Stadelheimer Tagebuch. 16. Oktober bis 27. November 1906« von Ludwig Thoma. Auf beiden Seiten hat er Notizen aus den »Münchner Neuesten Nachrichten« mit Hinweisen auf den Strafantritt und seine Entlassung eingeklebt. – Der Text der ersten Seite vom Dienstag, den 16. Oktober 1906, lautet: »Bei trübem Herbstwetter trat ich heute meine Strafe in Stadelheim an. Nachm. 4 Uhr fuhr ich in Begleitg. von Albert Langen hieher in das Gefängnis Stadelheim. Der Inspektor empfing mich freundlich, verwies mich auf die Hausordnung & ließ durchblicken, daß im Rahmen dieser Bestimmungen manche Erleichterung gewährt werden könne. Zunächst will er mir gestatten 2 Zeitgen zu lesen (N. Nachr. & Frankf. Z.), alle acht Tage Marion zu sehen, …« Auf der letzten Seite des Manuskriptes vom Dienstag, den 27. November 1906 lesen wir: »Ich konnte auch den Werth eines Buches daran messen, ob es mich von dem Gefühle des Gefangenseins freimachte und meine Gedanken hinaus trug. Eines darf ich sagen: daß ich zu keiner Zeit empfindlicher gegen Phrasen war, und daß mich niemals ein falscher Ton stärker verletzte, als in diesen sechs Wochen der Einsamkeit. Ich habe auch Manches geschrieben, und Manches vorbereitet, und ich hoffe, daß ich mich von den Fehlern frei gehalten habe, die ich so deutlich an Anderen sah. Und damit schließe ich.«
Wenige Tage vor der Entlassung, am 20.11.1906, schreibt Thoma an Marion (Marie Schulz), mit der er seit September 1905 zusammenlebt: »Was Dich interessieren wird, ist mein Stadelheimer Tagebuch. Ich habe jeden Tag Einträge gemacht. Über meine Lektüre, Auszüge, eigene Gedanken, die kleinen Erlebnisse im Gefängnisse. Es werden an die 250 Seiten geschriebenes Quartformat, und es gibt mir ein vollständiges Bild.« Während der Haft raucht Thoma etwa 230 Zigarren, geht täglich eine, später zwei Stunden im Hof spazieren, notiert 31 Buchtitel, mit denen er sich auseinandersetzt. Körperlich übersteht Thoma die Haft gut, er wiegt bei der Entlassung 172 Pfund und hat damit zehn Pfund abgenommen – trotz Krankenkost und jeden Abend ½ Liter Bier, später Pfälzerwein.

**151**
Das Strafgefängnis Stadelheim. Bleistiftzeichnung von Rudolf Sieck, mit einer Widmung für Ludwig Thoma. – Die Gefängnisverwaltung, für die der Häftling Peter Schlemihl alias Ludwig Thoma besonders gefährlich erscheint, gewährt ihm alle nur möglichen Vergünstigungen. »Man streichelt mich wie einen bösartigen Hund«, notiert er in seinem Tagebuch, »und in allen Augen lese ich ›Bitte, nicht beißen!‹...« Thoma liest viel, von Platons Schriften und Homers Ilias, den Romanen Raabes, Kellers und Fontanes bis zu politischen, historischen und religiösen Büchern. Er beendet seine »letzte und beste« Lausbubengeschichte und verfaßt eine Besprechung über die Reden Kaiser Wilhelms II. für die seit April 1906 in Planung befindliche Zeitschrift »März«. Schließlich entwirft er die Komödie »Papa Beermann«, aus der später »Moral« wird.

**152**
Die Zelle 70 im 2. Stock des Strafgefängnisses Stadelheim, in der Ludwig Thoma seine Haft verbringt. – Die Zelle 70, die bis 27.10.1906 die Nummer 71 trägt, ist »ein kahler Raum mit zwei Fenstern, doch nicht unfreundlich. Es stehen vier Betten darin, ein Tisch, verschiedene Stühle. Gut gelüftet, reinliche Bettwäsche« (aus Thomas »Tagebuch«). In dieser »Prominentenzelle« sitzen später ein: Kurt Eisner, dessen Mörder Graf Arco, Adolf Hitler, Erhard Auer und Erwein von Aretin. 1934 wird Ernst Röhm in diesem Raum erschossen.

**153**
Ludwig Thoma auf der »Schwabinger Bauernkirta« in München 1907 (v.l.n.r.): Ludwig Thoma, Wally Hirth (sitzend), Georg Hirth, Marion (Marie Schulz), Helene Taschner, Ignatius Taschner.

**154**
Ludwig Thoma auf einem Faschingsfest der »Simplicissimus«-Künstler in München 1906: Am Boden vorne sitzend Verleger Albert Langen; unter den sitzenden Damen: Helene Taschner (ganz links), Frau Paul (in der Mitte), Marion (ganz rechts); die Herren hinten stehend (v.l.n.r.): Ignatius Taschner, Ferdinand von Reznicek, Eduard Ziegler(?), Rudolf Wilke, Hans Casper Gulbransson, Eduard Thöny, Joseph Wackerle, Ludwig Thoma, Bruno Paul, unbekannt, unbekannt, Eduard Beyrer.

**155**
Ludwig Thoma und seine Frau Marion vor der Michaelskirche in München 1907. – Nachdem Marie Schulz' erste Ehe mit dem Kabarettisten Georg David Schulz am 20.8.1906 geschieden wurde, heiratet Ludwig Thoma in München am 26.3.1907 seine »Marion«, wie er sie nennt. Trauzeugen sind der »Simplicissimus«-Redakteur Dr. Reinhold Geheeb und sein Rechtsanwalt Dr. Conrad Haußmann. Die Hochzeitsreise führt das Paar vom 27.3. bis 20.4.1907 nach Italien, wo sie mit dem Verleger Albert Langen in Bologna zusammentreffen.

**156**
Umschlag, gezeichnet von Olaf Gulbransson, zu Heft 13 im 1. Jahrgang der Zeitschrift »März«. – Im April 1906 schon war Thoma mit Albert Langen und Marion an den Bodensee gefahren, um dort mit Hermann Hesse und Kurt Aram eine Zeitschrift zu gründen, deren erstes Heft dann am 8.1.1907 unter dem Titel »März« erschienen war. Über die Bodenseefahrt schreibt Thoma am 6.5.1906 an Conrad Haußmann: »Ich suchte mit Langen den Poetenwinkel am Bodensee auf, allwo zwei ganz feine Kerle, und nicht zu viel gesagt, die zwei allerfeinsten sitzen. Zu Überlingen der Emil Strauß und in Gaienhofen der Hermann Hesse. Daneben auch ein guter, dessen Buch Du Marion schicktest, der Finckh... Der Besuch am Bodensee hatte keinen schlechten Grund; hoffentlich loben ihn und seine Folge noch manche Leute...« Über die Zielsetzung der neuen Zeitschrift, die ursprünglich »Süddeutschland« heißen sollte, schreibt Thoma im gleichen Brief: »Wir haben keine kleinen Ziele und Absichten. Wir wollen in Politik, Literatur, Kunst und Wissenschaft alles sammeln, was in Süddeutschland etwas weiß und kann... Tendenz: nur Positives bringen, und freiheitlichsein. Politisch keiner Partei dienen, aber ungefähr die Stimmung der guten 48er halten... Wir wollen alle süddeutschen Kräfte sammeln und zeigen, daß wir Kerle sind.« Doch am 16.11.1906 schreibt er aus Stadelheim an Ignatius Taschner: »Überhaupt macht mir der ›März‹ Kopfweh. Daß ich Langen dazu überredet habe, thut mir heute leid. Ein großer Erfolg wird es nie & wenn er Viel verliert, wird er mir nicht mit Unrecht Vorwürfe machen...« Die Zeitschrift »März« erschien bis 1917; Ludwig Thoma hat 215 Beiträge für sie geschrieben.

**157**
Blick auf den Tegernsee um 1910. Links im Bild, unter dem Wallberg liegt Rottach, in der Bildmitte Egern (mit Kirche), rechts am Bildrand beginnt Abwinkl.

**158**
Ludwig Thoma 1907 in Abwinkl am Tegernsee (v.l.n.r.): Olaf Gulbransson, Ludwig Thoma, unbekannt, Marion Thoma, Grethe Gulbransson.

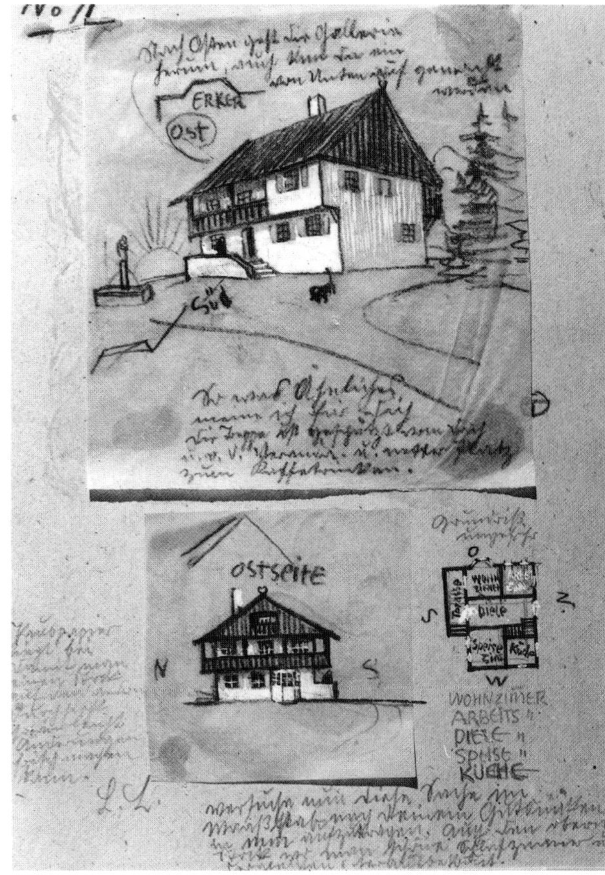


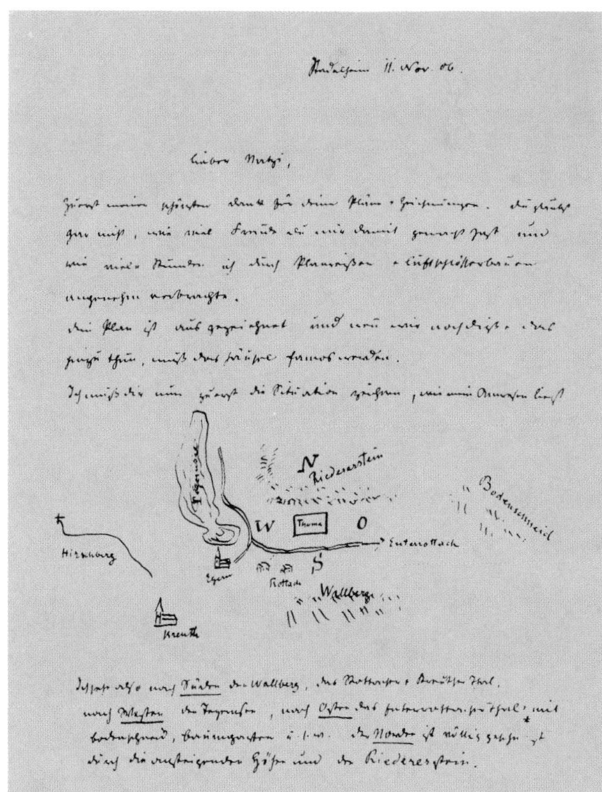


**159** und **160**
Zeichnungen Taschners mit Bemerkungen zu einem geplanten Hausbau Thomas sowie ein Brief Thomas vom 11.11.1906 aus Stadelheim an Taschner mit Ortsskizze, wo Thomas Haus stehen soll. – Ludwig Thomas Verbundenheit mit dem Tegernsee, wohl auch die Heirat mit Marion und die Absicht seines Freundes Taschner, in Mitterndorf bei Dachau ein Haus zu bauen, haben ihn bestärkt, selbst am Tegernsee zu bauen. Noch vor Stadelheim hat er bei Taschner dessen Bauplatz besichtigt und den Kaufvertrag für sein Grundstück am Tegernsee in Rottach abgeschlossen. Aus Stadelheim schreibt dann Thoma am 29.10. an Taschner: »Ich wende mich an Dich wegen meines »vorhabenden« Hausbaues auf dem Tuftenfeld bei Tegernsee. Willst Du mir eine Copie Deines Planes schicken. Ich wäge hin und her, ob ich nicht sehr ähnlich baue.« Am 2.11. antwortet Taschner mit einigen Zeichnungen zu seinem Bau, wo zur Ostseite (s. Bild 159) folgende Bemerkungen stehen: »Nach Osten geht die Gallerie herum, auch kann da ein Erker von Unten auf gemacht werden. So was Ähnliches meine ich für Dich. Die Treppe ist geschützt vom Dach u.v.d. Veranda u. netter Platz zum Kaffeetrinken... Versuche nun diese Sache im Maaßstab nach Deinem Gutdünken in mm aufzutragen...« Am 11.11. bedankt sich Thoma (s. Bild 160): »Du glaubst gar nicht, wie viel Freude Du mir damit gemacht hast... Dein Plan ist ausgezeichnet und wenn wir noch dieß & das hinzu thun, muß das Häusel famos werden.« Dann beschreibt Thoma sein Grundstück so: »Ich sehe also nach Süden den Wallberg, das Rottacher & Kreuther Thal, nach Westen den Tegernsee, nach Osten das Enterrottacher Thal mit Bodenschneid, Baumgarten usw. Der Norden ist völlig geschützt durch die ansteigenden Höhen und den Riedererstein...«

**161**
Taschners Haus in Mitterndorf bei Dachau, aufgenommen um 1910. Thoma spricht von einem »behaglichen Herrenhaus, in jeder Einzelheit gute alte Art zeigend.« Taschners Haus wurde Vorbild für Thomas Haus auf der Tuften.

**162** und **163**
Die Tuften, wie Thoma sein Haus nannte, im Bau. – An Conrad Haußmann schreibt er am 11.6.1907: »Daneben hebt sich Stein um Stein mein Haus. Nach den Verdrießlichkeiten des Anfangens genieße ich jetzt die Freude, meine Idee von Behaglichkeit massiv aus Stein und Mörtel herauswachsen zu sehen...«

**164**
Ludwig Thoma vor dem Stall der Tuften. – An Taschner berichtet Thoma am 26.3.1908: »Herrgott, Herrgott, lb. Nazi – in 14 Tagen brüllen die Kühe & gackern die Hennen & ich werde den ersten Stallmist so feierlich ins Freie begleiten, wie keinem König sein Dreck begleitet wird.«

**165**
Die Stube in der Tuften kurz nach dem Einzug, April/Mai 1908 (v.l.n.r.): Ludwig, Peter und Marion Thoma.

**166**
Marion Thoma in der Hängematte auf der Veranda der Tuften. – Ludwig Thoma schreibt am 21.1.1908 an Conrad Haußmann: »Marion ist kreuzfidel und dominiert hierorts durch energischen Sport und ihr glockenhelles Lachen. Alle Tage weiß ich besser, wie wertvoll es ist, einen so natürlichen Menschen zum Gefährten zu haben.«

**167** und **167a**
Erste und zweite Seite der Komödie »Moral«, die Thoma am 12.9.1908 abschließt:

*Moral.* Komödie in 3 Akten von Ludwig Thoma
*Ort der Handlung:* Emilshofen, Hauptstadt des Herzogthums Gerolstein. (gestr.: Zeit: XX. Siècle.) Der erste und dritte Akt spielen im Hause des Rentier Fritz Beermann, der zweite Akt spielt im Polizeigebäude. *Zeit:* Von Sonntag Mittag bis Montag Abend.
*Personen*
Fritz Beermann, Rentier – Lina Beermann, seine Frau – Effie, beider Tochter – Emil Adolf Bolland, Kommerzienrath – Klara Bolland, seine Frau – Dr. Hauser, Justizrath – Frau Lund, eine alte Dame – Hans Jakob Dobler, Dichter – Frl. Koch-Pinneberg, Malerin – Otto Wasner, Gymnasiallehrer – Frhr. von Simbach, herzogl. Polizeipräsident – Oskar Ströbel II, herzogl. Polizeiassessor – Madame Ninon de Hauteville, eine Private – Freiherr Botho von Schmettau, gen. Zürnberg, herzogl. Kammerherr u. Adjudant – Josef Reisacher, ein Schreiber – Betty, Zimmermädchen bei Beermann – (gestr.: Ein Diener. – Zwei Lohndiener).
Bemerkungen für die Darsteller:
*Beermann;* 50er jovial, beleibt. Backenbart mit ausrasiertem Kinn – *Fr. Beermann,* Ende der 40, frische, stattliche Frau – *Frau Lund,* 68 Jahre alt, zierliche Erscheinung, lebhaft in der Bewegung, trägt gut toupiertes weißes Haar – *Frau Bolland,* Ende der 40; groß, dick – *Otto Wasner,* blonder Germane; trägt Zwicker; die Schnur über das rechte Ohr geschlungen – Hans Jakob *Dobner* in schlecht geschnittenem Gehrock, ungepflegter Schnurrbart & Knebelbart – *Frl. Koch-Pinneberg.* Reformkleid – *Dr. Hauser,* 50er. Glattrasiert, goldene Brille – von *Schmettau,* Ende der 50. Schlank. Hofmann. Haar- und Barttracht à la Papa Wrangel. – *Mme Hauteville.* Ende der 20. Auffallende Eleganz. Hübsche Erscheinung.
Nach Fertigstellung des Manuskriptes schreibt Ludwig Thoma am 12.9.1908 von Rottach an seinen Freund Conrad Haußmann: »Zu dieser mitternächtigen Stunde habe ich das Wort › Ende ‹ unter meine Komödie › Moral ‹ geschrieben, einen lauten Aufseufzer getan und hinterher von der Altane noch ein wenig den Himmel betrachtet. Die Sterne leuchten nicht, und ich kann dem Kindlein die Nativität nicht bestimmen. Willst Du's, dann komm vor dem 20. Am 20. geh' ich Gamsböckschiaßn zu Ganghofer. Ich hab' mir's verdient in hundert Arbeits- und tausend Zweifelstunden, denn das Thema war haarig, weil von allen Seiten beleuchtet und beredet. Und ich mußte es neu und mußte es lustig drehen. Jetzt hat das Stück noch einen großen Feind – die Zensur. Nicht wegen Unanständigkeit, denn es ist kein derbes Wort darin, und auch kein süß-gemeines; aber wegen einiger Besprengung heiliger Gefühlsobjekte ...«

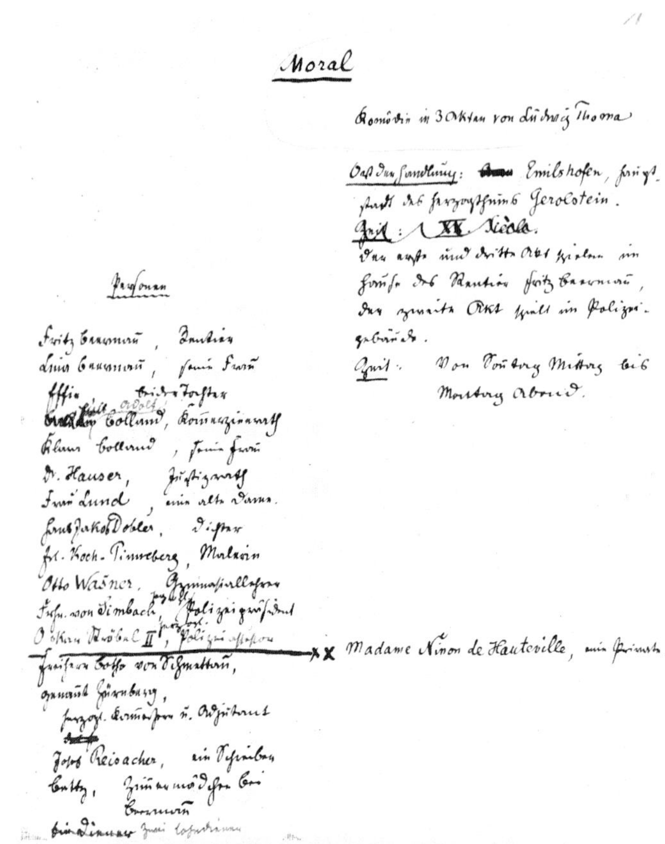

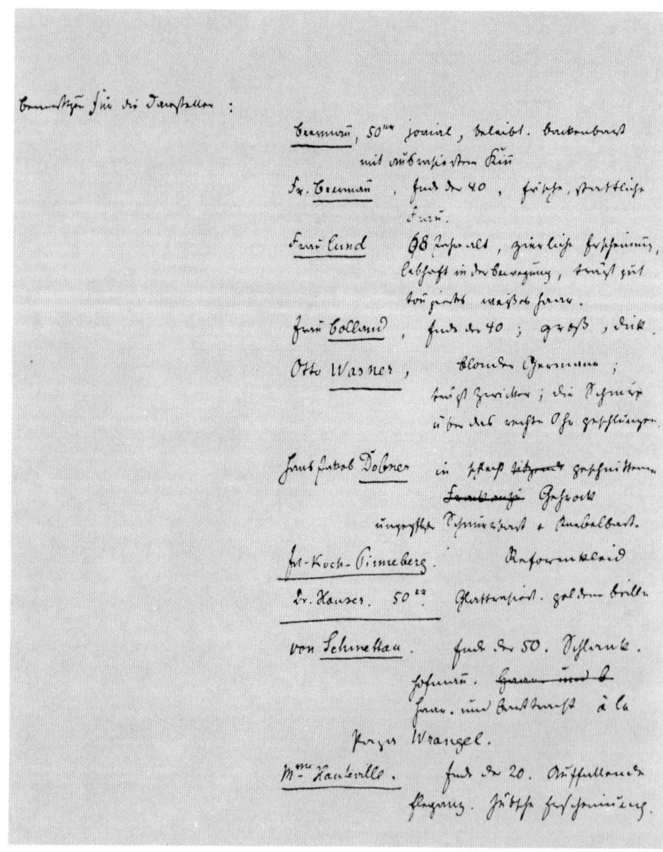

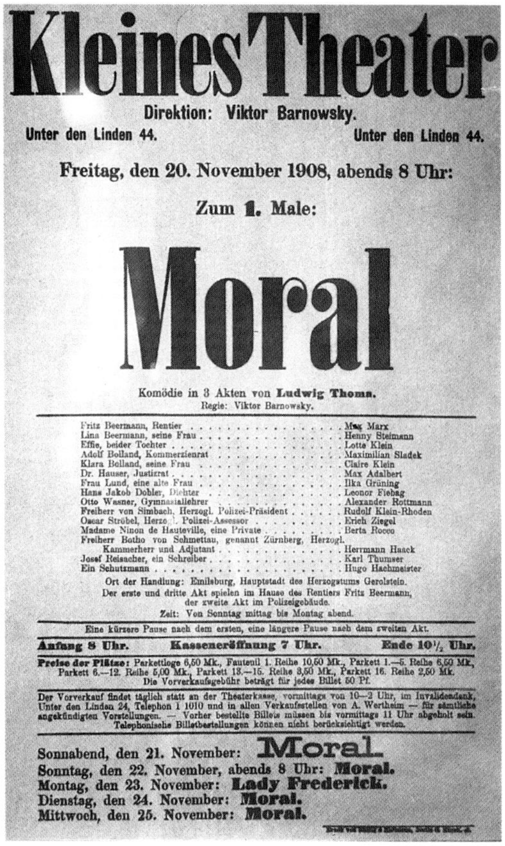

Kleines Theater

Direktion: Viktor Barnowsky.

Unter den Linden 44. Unter den Linden 44.

Freitag, den 20. November 1908, abends 8 Uhr:

Zum 1. Male:

# Moral

Komödie in 3 Akten von **Ludwig Thoma.**

Regie: Viktor Barnowsky.

| | |
|---|---|
| Fritz Beermann, Rentier | Max Marx |
| Lina Beermann, seine Frau | Henny Steimann |
| Effie, beider Tochter | Lotte Klein |
| Adolf Bolland, Kommerzienrat | Maximilian Sladek |
| Klara Bolland, seine Frau | Claire Klein |
| Dr. Hauser, Justizrat | Max Adalbert |
| Frau Lund, eine alte Frau | Ilka Grüning |
| Hans Jakob Dobler, Dichter | Leonor Fiebag |
| Otto Wasner, Gymnasiallehrer | Alexander Rottmann |
| Freiherr von Simbach, Herzogl. Polizei-Präsident | Rudolf Klein-Rhoden |
| Oscar Ströbel, Herzogl. Polizei-Assessor | Erich Ziegel |
| Madame Ninon de Hauteville, eine Private | Berta Rocco |
| Freiherr Botho von Schmettau, genannt Zürnberg, Herzogl. Kammerherr und Adjutant | Herrmann Haack |
| Josef Reisacher, ein Schreiber | Karl Thumser |
| Ein Schutzmann | Hugo Hachmeister |

Ort der Handlung: Emilsburg, Hauptstadt des Herzogtums Gerolstein.

Der erste und dritte Akt spielen im Hause des Rentiers Fritz Beermann, der zweite Akt im Polizeigebäude.

Zeit: Von Sonntag mittag bis Montag abend.

Eine kürzere Pause nach dem ersten, eine längere Pause nach dem zweiten Akt.

**Anfang 8 Uhr. Kassenerëffnung 7 Uhr. Ende 10½ Uhr.**

**Preise der Plätze:** Parkettloge 6,50 Mk., Fauteuil 1. Reihe 10,50 Mk., Parkett 1.–5. Reihe 6,50 Mk., Parkett 6.–12. Reihe 5,00 Mk., Parkett 13.–15. Reihe 3,50 Mk., Parkett 16. Reihe 2,50 Mk.
Die Vorverkaufsgebühr beträgt für jedes Billet 50 Pf.

Der Vorverkauf findet täglich statt an der Theaterkasse, vormittags von 10–2 Uhr, im Invalidendank, Unter den Linden 24, Telephon 1 1010 und in allen Verkaufsstellen von A. Wertheim – für sämtliche angekündigten Vorstellungen. – Vorher bestellte Billets müssen bis vormittags 11 Uhr abgeholt sein. Telephonische Billetbestellungen können nicht berücksichtigt werden.

Sonnabend, den 21. November: **Moral.**
Sonntag, den 22. November, abends 8 Uhr: **Moral.**
Montag, den 23. November: **Lady Frederick.**
Dienstag, den 24. November: **Moral.**
Mittwoch, den 25. November: **Moral.**

**168** und **169**
Szenenfoto aus dem 2. Akt und Theaterzettel zur Uraufführung von Ludwig Thomas Komödie »Moral« am Kleinen Theater in Berlin unter der Regie des Theaterdirektors Viktor Barnowsky am 20.11.1908. Im Szenenfoto (links) Erich Ziegel als Oscar Ströbel, herzogl. Polizei-Assessor und Berta Rocco als Madame Ninon de Hauteville. – Vor der Uraufführung schickt Thoma ein Exemplar des Stückes am 21.10. 1908 an Conrad Haußmann und schreibt dazu u.a.: »Den ersten Akt habe ich absichtlich ohne starke Handlung gelassen. Zum ersten wollte ich Ansichten schildern, hauptsächlich aber zeigen, daß gerade eine feingebildete Frau alle Gründe gegen Heuchelei und Prüderie finden soll. Ich gab die Herrenwelt als minderwertig. Den phrasengespickten Germanen, den nationalliberalen (ein stärkeres Schimpfwort finde ich nicht) Kapitalisten, und den gedankenlosen Mitläufer. Im zweiten und dritten Akt wollte ich von Szene zu Szene steigern, dabei aber trotz allen Ulkes das ernste Moment durchklingen lassen, daß unsere gesellschaftliche Moral nur persönliche Richtpunkte hat. Findest Du, daß ich Entwicklung und Lösung überraschend hielt, so ist's mir recht. Nun ist das Kindlein in der Welt und muß sehen, ob es leben kann.« Lion Feuchtwanger schreibt in der »Schaubühne« (Jahrg.4,1908,Bd.2,S.553–555) über die Erstaufführung von »Moral« im Münchner Schauspielhaus am 21.11.1908 (Regie: Ignatz Georg Stollberg): »Eine durchaus einheitliche Wiedergabe..., die das Wesen des Buchs bis aufs letzte Tröpflein ausschöpfte, fand Ludwig Thomas ›Moral‹. Diese derbe Satire, die ohne literarische Skrupel klotzig und stämmig und ihrer Wirkung gewiß einherstapft, voller Situationen, die für den Augenblickseffekt der Bühne ersonnen sind, mit einem Dialog, dessen grobfädige Frische nur von der Bühne her genossen werden will, war ein Leckerbissen für alle beteiligten Mimen. Eine theaterfrohe Regie ließ schlankweg alle etwa hineinzudeutenden literarischen Qualitätchen fallen, scherte sich den Teufel um allzu naturalistische Bedenken und karikierte – den Intentionen des Autors gemäß – unentwegt drauf los. So mag die beifallumrauschte Vorstellung dem Bankier Thomas... zu Gefallen gewesen sein...«

170

Der Verleger Albert Langen und zwei weitere Mitarbeiter vom »Simplicissimus« sterben von Ende 1908 bis Anfang 1909 innerhalb weniger Monate. Albert Langen zieht sich bei der Verfolgung des Luftschiffs von Graf Zeppelin im offenen Auto eine Mittelohrentzündung zu, die am 30.4.1909 zu seinem Tod führt. – Der »Simplicissimus« bringt seinem knapp vierzigjährigen Begründer einen nicht gezeichneten Nachruf, dessen Stil und Duktus die Handschrift Ludwig Thomas verraten. Dort lesen wir u.a.: »Ein kurzes, aber ein reiches Leben, voll Genugtuung über Erreichtes, voll Freude an arbeitsamer Gegenwart und voll von Hoffnungen und Plänen für die Zukunft war ihm beschieden. Wenn sich der »Simplicissimus« in den dreizehn Jahren seines Bestehens Geltung und Ansehen verschafft hat, so durfte sich Langen daran ein größeres Verdienst beimessen, als der Außenwelt bekannt war...« Seinem Freund Conrad Haußmann gesteht Thoma in einem Brief vom 1.5.1909: »Ich kann Dir's gern gestehen, daß ich in Langen viel mehr verloren habe, als ich so im Leben merken ließ... Freilich, wäre mir auch nur einmal der Gedanke gekommen, daß wir, und wär's auch erst in zehn Jahren, auseinander müßten, dann hätt' ich ihn herzlich bei der Hand genommen und hätte ihm gesagt, was er für ein Prachtkerl war...«

171

Der erste Schicksalsschlag, den innerhalb eines halben Jahres den »Simplicissimus« und auch Ludwig Thoma trifft, ist der Tod des Zeichners Rudolf Wilke, der am 4.11.1908 nach längerer Krankheit im Alter von erst 34 Jahren stirbt. Im »Simplicissimus« des XIII. Jahrgangs, Nummer 34, steht ein Nachruf, den wohl ebenfalls Ludwig Thoma verfaßte und in dem es heißt: »Auf uns, die wir ihm nahe standen, wird die Erinnerung an seine Persönlichkeit nachhaltig wirken. Sie war Verkörperung von Fröhlichkeit, Sorglosigkeit, von Kraft, Jugend und Männlichkeit. Sie war künstlerisch einheitlich. Es gibt niemand, der von Rudolf Wilke ein seichtes oder törichtes Wort gehört, niemand, der von ihm eine Pose gesehen hat. So, wie er war, frei von jeder Eitelkeit, konnte sein durchdringender Verstand jede Schwäche erkennen, konnte sein souveräner Humor sie lachend bloßstellen... Wenn sein sicherer Blick durch kein anerzogenes Vorurteil, durch keine ehrwürdige Nichtigkeit zu täuschen war, so war er doch nichts weniger, als respektlos. Volle Werte galten ihm viel, und er brachte ihnen Besseres entgegen, als gelernte Superlative, – ein klares und freudiges Verständnis...«

172

Ferdinand Freiherr von Reznicek, der Zeichner vieler taktvoller erotischer Zeichnungen, stirbt am 11. Mai 1909 an einer Magenblutung im Alter von 40 Jahren in München. – Im »Simplicissimus«, XIV. Jahrgang, Nummer 9, schreibt Thoma zu seinem Tod: »Den 11. Mai, genau eine Woche, nachdem er dem Begräbnisse Albert Langens in Köln beigewohnt hatte, starb unser lieber Freund... Mitten aus Plänen und Hoffnungen, mitten aus seiner Arbeit riß ihn das Schicksal weg, und so plötzlich, so unerwartet, daß kein Gedanke an diesen Verlust in uns aufkam, bis seine ganze Schwere uns traf... So vieles hat uns an ihn gefesselt. Natürliche Offenheit, Noblesse im besten Sinne, Heiterkeit, die immer ansteckend wirkte, vereinten sich mit großer Herzensgüte, feinfühligem Takte, der niemals versagte... Man hat Bezeichnungen wie frivol und pikant auf ihn angewandt; es gibt nichts, was falscher wäre und was sein Bild mehr verzeichnen würde. Eine klare, sonnige Heiterkeit lag über seinem Wesen, die sich gerne mitteilte, aber niemals fremdes Empfinden verletzte... Was seine Mitarbeit uns galt, werden die vielen ermessen, deren Liebling er seit einem Jahrzehnte war, und die in seinen Schilderungen lachender Lebensfreude bestrickenden Charme und unnachahmliche Grazie fanden...«

173
Die Tuften, Ludwig Thomas neues Heim bei Rottach über dem Tegernsee (nach einer Aufnahme vom Dezember 1971).

174
Der Herrgottswinkel in der Stube auf der Tuften (Aufnahme aus den sechziger Jahren). – Der Volksschauspieler Bertl Schultes erzählt in seinen Erinnerungen von Thomas Namenstagfeier in der Tuften am 25.8.1909: ».... Punkt 12 Uhr kam Ludwig Thoma mit seiner unvermeidlichen Pfeife in der Hand, und Gustl Waldau, der Leiter des lustigen Abends, hielt eine humorvolle Festrede. Kiem Pauli, Kiem Edi und Hansl Reiter machten die Musik. Ich habe nie mehr so viele Menschen in diesem Haus gesehen...«

**175**
Die Ofenecke in der Stube der Tuften. – Zur Einrichtung vermerkt Thoma in einem Brief vom 26.3.1908 an Ignatius Taschner: »Du fragtest mich einmal, lb. Natzi, was mein Plafond kostet. Der qm kostet 8 M. 50 dh. Einen sehr guten & dabei billigen Möbelschreiner habe ich hier gefunden. Ein Bauernkanapee aus gutem Birkenholz – 60 Mk. (2 Schubladen)...«

**176**
Das Biedermeier-Zimmer in der Tuften. – Dazu Thoma am 19.4.1908 ebenfalls an Taschner: »Die Perle ist das Erkerzimmer. Nudelsauber. Wie die alten Biedermeier drinstehen, das ist schon eine Pracht... Es sieht so vornehm aus, daß ich mich ab & zu frage, ob es eigentlich wahr ist, daß mir das Alles gehört...«

**177** und **177a**
Ludwig Thomas Arbeitszimmer in der Tuften. – Noch ehe das Ehepaar Thoma am 8.4.1908 die Tuften bezog, hatte der Münchner Schreinermeister Holzmann die Möbel auch für das Arbeitszimmer geliefert. Thoma war damit sehr zufrieden: »Sehr schlicht gehalten sieht es aus, wie eine alte Tübinger Professorenstube. – Wundervoll!« schreibt er am 19.4.1908 an Ignatius Taschner, dem er bereits am 26.3.1908 den Meister Holzmann empfohlen hatte: »Der Mann ist sehr billig & arbeitet blitzsauber. Insbesondere fourniert er gut. Die ganze Bücherstellage mit Kästen und Schubladen; alles Kirschbaum fourniert – 310 Mk«.
Über seine Arbeitsweise schreibt Thoma am 8.9.1919 an Maidi von Liebermann: »Gestern, d.h. heute nacht bin ich bis zwei Uhr am Schreibtisch gesessen... Es ist wirklich was Seltsames ums Schaffen. Dinge, an die man nicht dachte, Menschen, von denen man nichts wußte, tauchen vor einem auf, werden lebendig und kriegen Form und Farbe. Die Erzählung schreitet wie aus sich selber heraus fort und fort, zieht ihre Kreise weiter, und mit einem Male ist alles, was man im voraus gedacht und geplant hat, überholt, geändert: Neues drängt sich auf, eines kommt aus dem andern, und als kriegte man Kinder, so stehen plötzlich wirkliche Menschen auf den Beinen und sollen – kurz oder lang – Leben behalten, in die Welt gehen und andere Menschen interessieren, erfreuen. Sie gehören einem plötzlich nicht mehr: man hat sie aus dem eigenen Sinne geboren, und lösen sie sich erst einmal von der Phantasie los, dann treten sie uns selbständig gegenüber, schreiben uns Gesetze vor und zwingen uns ihre Geschehnisse auf...«

**178**
Die Küche in der Tuften mit Ludwig Thomas Hauspersonal (v.l.n.r.): Minna Gottschlicht, die Köchin Viktoria Reithmair, Ökonomiebaumeister Girgl Seestaller und der Gärtner Wastl Kölbl (Aufnahme von 1922).

**179**
Ludwig Thoma bei der Heuernte im Jahr 1910. – An seine Frau Marion schreibt Thoma aus der Tuften am 27.6.1910: »... Hier regnet es seit Deiner Abreise; das Heu ist noch aufgestiefelt und nicht herin. Girgl ist im Krankenhaus... Wenn die Sonne kommt, will ich ihm zeigen, wie man Heu schnell hereinbringt. Ich würde lachen, wenn wir's herinhätten, bis er kommt...«

**180**
Ludwig Thoma als Tennisspieler. – Vermutlich ist Ludwig Thoma durch seine Frau Marion zu diesem Sport gekommen. Bereits am 6.8.1906, also kurz vor der Scheidung von Marie (Marion) Schulz von ihrem ersten Mann, berichtet er etwas verstimmt Ganghofer aus Ringsee: »... Wenn wir Tennis spielen, ist immer große Gesellschaft aus Tegernsee da. Ich glaube, das Viehzeug fährt eigens herüber, um Marion anzuglotzen und sich die Frau zu zeigen, 'die mit dem Thoma durchging'...«. Später hat sich Thoma in seinem Tuften-Anwesen einen Tennisplatz angelegt. Am 25.5.1909 schreibt er an Georg Hirth: »Wir spielen schon Tennis. Thöny wohnt bei Bachmair in Egern und kommt fleißig herauf...«

**181**
Ludwig Thoma beim Fotografieren auf dem zugefrorenen Tegernsee.

**182**
Auf der Terrasse in der Tuften mit Marion und Ludwig Thoma sowie dem Bruder Peter Thoma.

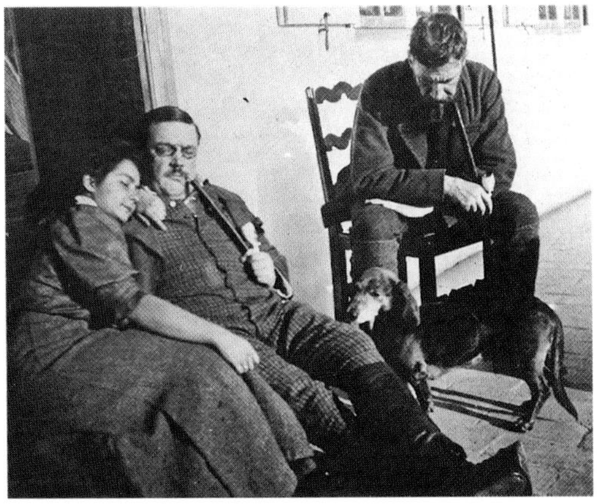

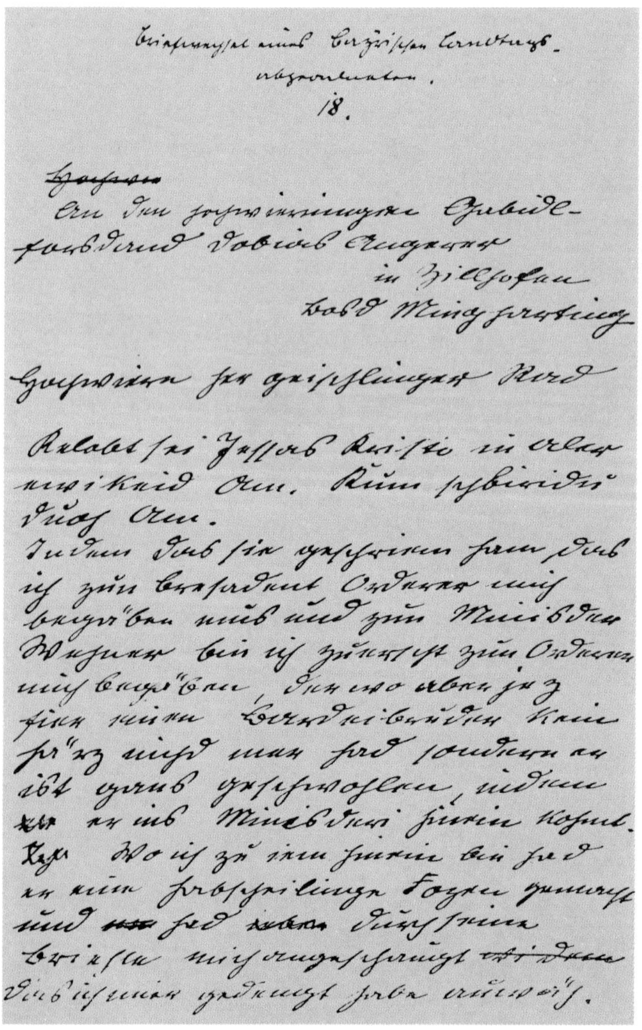

**183**
»Das Barlamend«, eine Plastikgruppe des Münchner Bildhauers Raimund Jäger, der sich dazu von Ludwig Thomas »Filser-Briefen« mit den Illustrationen von Eduard Thöny inspirieren ließ. Thomas erster Filser-Brief wird im Frühsommer 1908 im »Simplicissimus« veröffentlicht, bis 1914 verfaßt Thoma insgesamt 41 solcher Briefe eines bayerischen Landtagsabgeordneten. Raimund Jägers Plastikgruppe stellt die »Münchner Neuesten Nachrichten« am 6.4.1910 mit Bild vor: »In witziger Gruppierung – etwa so, wie sie ein Bauernphotograph arrangieren würde – sind die bedeutendsten Vertreter der bayerischen Abgeordnetenkammer ... in der ihnen besonders eigenen charakteristischen Stellung verewigt« (vorne sitzend von rechts): Prälat Balthasar von Daller, Führer der Zentrumspartei; Dr. Georg Heim, Gründer der Bayerischen Volkspartei und Bauernbundführer (1. Reihe dahinter von rechts): Dr. Franz Xaver Schädler, Geistlicher Rat und Zentrumsabgeordneter; Dr. Georg von Orterer, Präsident der Bayerischen Abgeordnetenkammer, Zentrum; Franz Seraph von Pichler, Domkapitular und Zentrumsabgeordneter. (2. und 3. Reihe dahinter von rechts): »auf einigen mit feinem Humor als Podest verwendeten Bierfässern der biedere Vertreter des Wahlkreises Ruhpolding, Eisenberger, der abgesagte Feind des »Simplicissimus«...« (MNN); Oberbürgermeister Leopold von Casselmann, Liberale Partei; »der bündlerische Führer Beckh, leicht kenntlich an seiner markanten Kopfform wie auch an dem großen wohlgepflegten Bart und der Brille, die er nach seiner Gewohnheit auf die Stirn geschoben hat« (MNN); Georg von Vollmar, Führer der Sozialdemokratischen Partei; Ludwig Thomas »Jozef Filser«. – Über seine Filser-Briefe schreibt Ludwig Thoma in der Tuften am 20. Juli 1908 an Ludwig Ganghofer: »... Geradezu erquickend sind für mich die Briefe des Landtagsabgeordneten. Da kann ich mich ausflegeln; ohne Nachdenken lustig sein. Zwischen zwei Zigarren geht es wie geschmiert ...«

**184**
Erste Seite des Manuskriptes von Ludwig Thomas 18. Filser-Brief mit dem Wortlaut: »An den hochwierningen Gabidlforsdand Dobias Angerer in Zillhofen, Bosd Mingharting. Hochwiern her geischlinger Rad Kelobt sei Jessas Kristo in aler ewikeid Am. Kum schbiridu duoh Am. Indem das sie geschriem ham das ich zum bresadent Orderer mich begäben mus und zum Minisder Wehner bin ich zuerscht zum Orderer mich begäben, der wo aber jez fier einen Bardeibruder kein härz nichd mer had sondern er ist ganz geschwohlen, indem er ins Minisderi hinein kohmt. Wo ich zu iem hinein bin had er eine habscheilinge Fozen gemacht und had durch seine Briehle mich angeschaugt das ich mir gedengt habe auwäh ...«

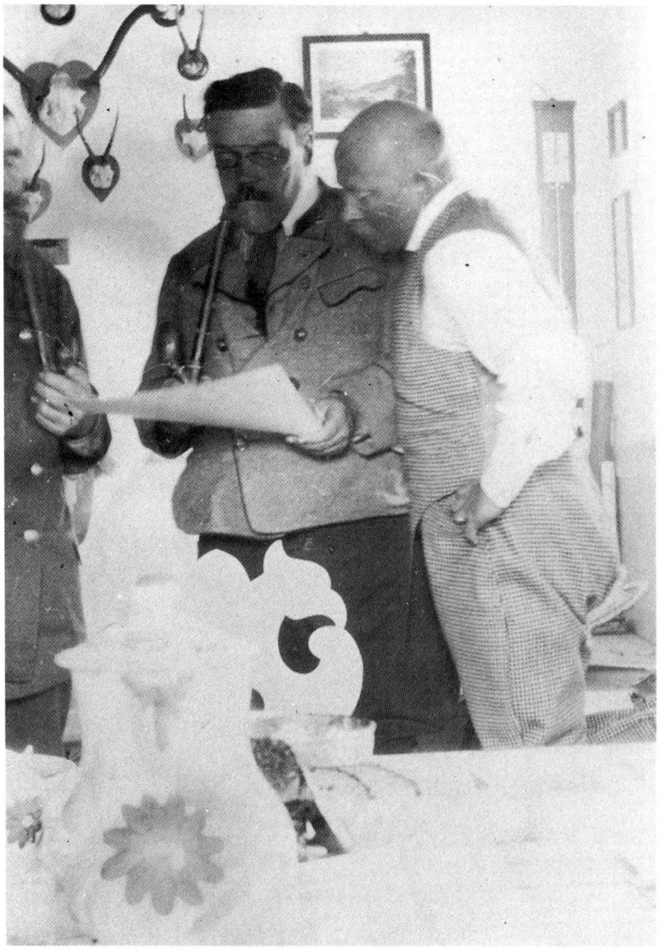

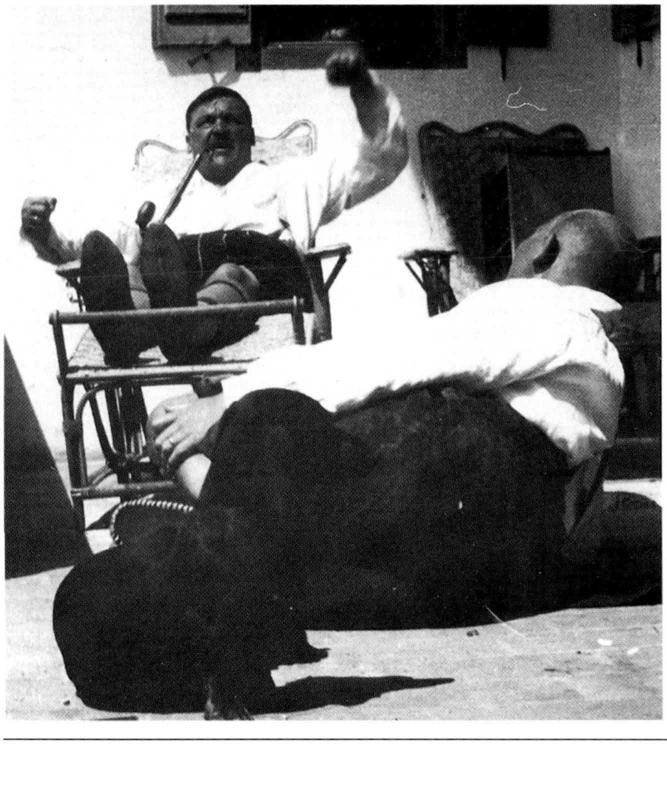

**185**
Schnappschuß auf der Tuften: Verleger Albert Langen und Ludwig Thoma in der Küche im Frühjahr 1909 kurz vor Langens Tod.

**186**
Ludwig Thoma ohne Zwicker, aber mit Pfeife und Olaf Gulbransson 1910 auf der Terrasse der Tuften.

**187**
In der Stube der Tuften: Ludwig Thoma und Olaf Gulbransson, um 1910.

**188**
In der Tuften gibt der Kiem Pauli Olaf Gulbranssons Frau Grethe Gitarreunterricht; im Fenster Ludwig Thoma. – Kiem Pauli, der bereits als Kind Gitarre und Zither lernen und sich als Volkssänger mit seinen Brüdern durchbringen mußte, ist als Musiker und Gelegenheitsschauspieler Mitglied von »Michael Denggs Großem Oberbayerischen Bauern-Theater« von Egern am Tegernsee. Über seine Bekanntschaft mit Ludwig Thoma schreibt Kiem Pauli in seinen Erinnerungen: »... 1908 spielten wir während der Saison in der »Überfahrt« in Egern am Tegernsee und zwar hauptsächlich Anzengruber... Dr. Ludwig Thoma kam nun öfters zu unseren Vorstellungen, brachte Freunde mit, und es dauerte nicht lange, so schloß er einen Freundschaftsbund mit seinem Michl Dengg. Ich hatte schon lange vorher alle Sachen von Ludwig Thoma gelesen, und als ich ihn das erste Mal in Egern sah, mußte ich zu ihm hingehen. Ich sagte ihm, daß ich ein begeisterter Anhänger von ihm sei; er schmunzelte über seine Brillen hinweg und meinte: »Kommas halt amal nauf zu mir!', was ich mir auch nicht zweimal sagen ließ. Dengg und ich wanderten nun eines schönen Tages auf die Tuftn, und wir unterhielten uns prächtig; natürlich fragte Thoma ob wir tarocken können, was die zwei Weltenbummler bejahen konnten. So kam es, daß wir nun sehr oft, namentlich bei schlechtem Wetter tarockten...«

**190**
Ludwig Thoma mit Mitgliedern von Dengg's-Bauerntheater (von links nach rechts): Josef Meth, Ludwig Thoma, Vater Kiem, Kiem Pauli, Kiem Edi und Hans Werner.

**191**
Beim Tarock-Spielen in der Stuben der Tuften (von links nach rechts): Kiem Pauli, Ludwig Thoma und Peter Thoma.

**189**
Der Kiem Pauli, karikiert von Olaf Gulbransson. – In seinen Erinnerungen »Betrachte ich nun mein ganzes Leben ...« (in »Schönere Heimat«, Jahrgang 71, 1982, Heft 3) erzählt Kiem Pauli: »Olaf Gulbransson war viel bei Thoma; seine Frau Gretl lernte bei mir das Gitarrespielen. Olaf zeichnete eines Tages den Emil Ganghofer, den Peter (Thoma), Dengg, meinen Bruder Edi und, ganz besonders bös, meine Wenigkeit; während der Arbeit mußte ich den Tölzer Schützenmarsch singen ...«

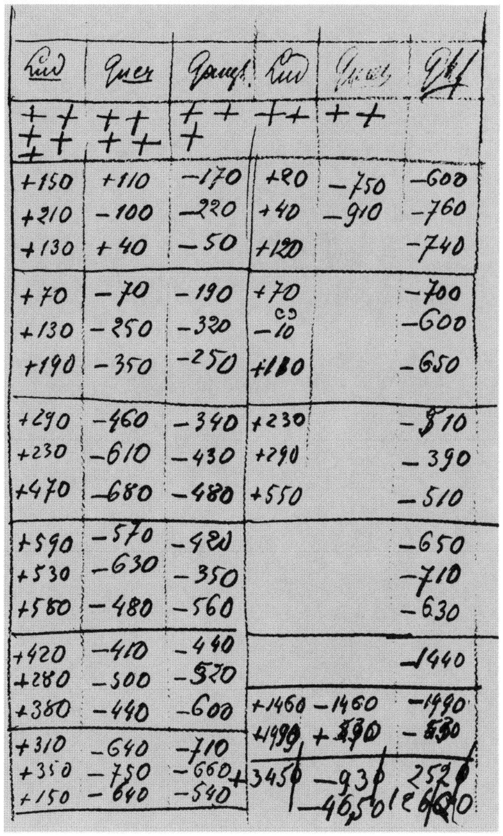

| Lud | Quer | Gangh. | Lud | [illegible] | [illegible] |
|---|---|---|---|---|---|
| + + + + + | + + + + | + + + | + + | + + | |
| +150 | +110 | −170 | +20 | −750 | −600 |
| +210 | −100 | −220 | +40 | −910 | −760 |
| +130 | +40 | −50 | +120 | | −740 |
| +70 | −70 | −190 | +70 | | −700 |
| +130 | −250 | −320 | −10 | | −600 |
| +190 | −350 | −250 | +180 | | −650 |
| +290 | −460 | −340 | +230 | | −810 |
| +230 | −610 | −430 | +290 | | −390 |
| +470 | −680 | −480 | +550 | | −510 |
| +590 | −570 | −420 | | | −650 |
| +530 | −630 | −350 | | | −710 |
| +580 | −480 | −560 | | | −630 |
| +420 | −410 | −440 | | | −1440 |
| +280 | −500 | −520 | | | |
| +380 | −440 | −600 | +1460 | −1460 | −1490 |
| | | | +1490 | +590 | −550 |
| +310 | −640 | −710 | +3450 | −930 | 2520 |
| +350 | −750 | −660 + | | −4650 | 1260 |
| +150 | −640 | −540 | | | |

**192**
Abrechnungsnotiz von einem Kartenspiel Thomas, Queri's und Ganghofers.

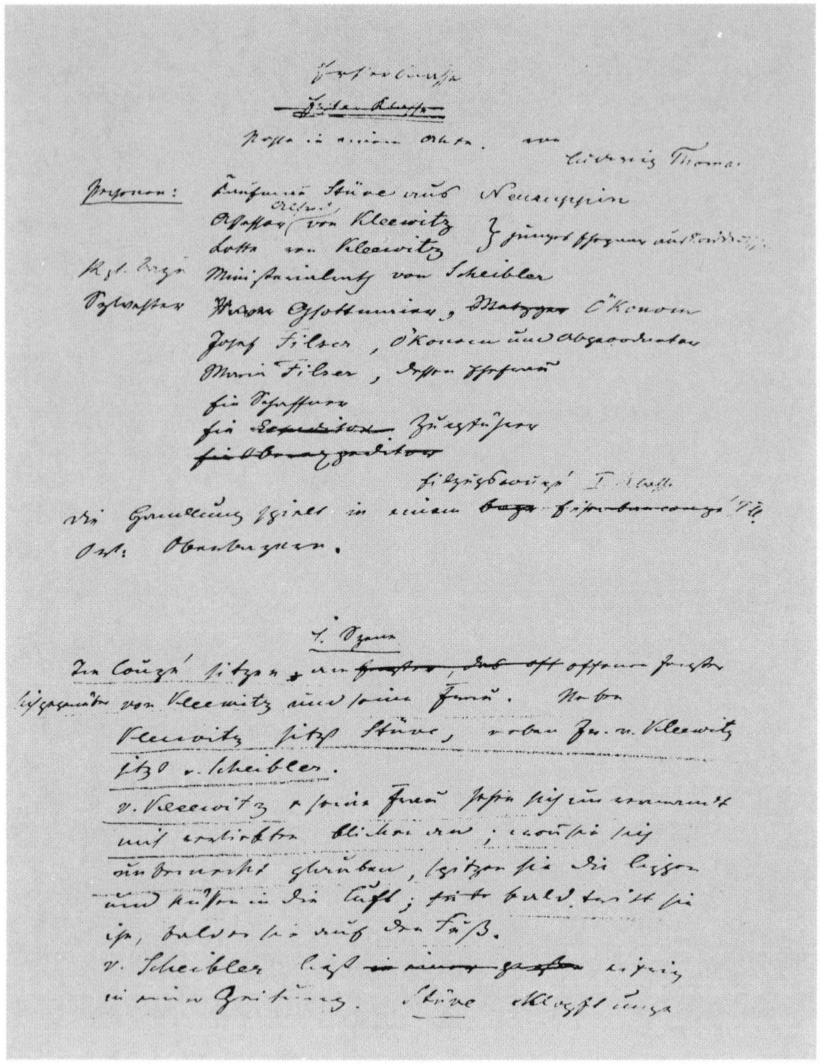

**193**
Buchumschlag von Ignatius Taschner zu Ludwig Thomas »Schwank in einem Akt« mit dem Titel »Erster Klasse«, den Thoma für Michael Denggs Bauerntheater schreibt. In den Erinnerungen des Volksschauspielers Bertl Schultes lesen wir dazu: »Eines Abends, im Herbst 1908, saßen wir wieder einmal im Haus Dengg beisammen und Thoma war offensichtlich besonders gut aufgelegt. »Michi«, sagte er mit einemmal, »Michi, i schreib' dir a Stück!' Wir alle schauten auf. »Ja«, wiederholte er, »i schreib dir a Stück!« Die Freude darüber ließ uns alle verstummen. Michl Dengg wurden die Augen feucht...« Im Januar 1910 beginnt Thoma mit der Arbeit an »Erster Klasse«, im Juni ist das Stück fertig und Mitte Juli beginnen in Egern am Bauerntheater die Proben.

**194**
Erste Seite des Manuskriptes von Ludwig Thoma zu »Erster Klasse« mit diesem Wortlaut: »*Erster Klasse* – Posse in einem Akte von Ludwig Thoma – *Personen:* Kaufmann Stüve aus Neuruppin, Assessor Alfred von Kleewitz (und) Lotte von Kleewitz, junges Ehepaar aus Norddeutschland, Kgl. bayer. Ministerialrath von Scheibler, Sylvester Gsottmaier, Ökonom, Josef Filser, Ökonom u. Abgeordneter, Maria Filser, dessen Ehefrau, ein Schaffner, ein Zugführer, (gestr.: ein Oberexpeditor). Die Handlung spielt in einem Eilzugscoupé I. Klasse. Ort: Oberbayern.
*1. Szene*
Im Coupé sitzen am offenen Fenster sich gegenüber von Kleewitz und seine Frau. Neben Kleewitz sitzt Stüve, neben Fr. v. Kleewitz sitzt v. Scheibler.
v. Kleewitz & seine Frau sehen sich unverwandt mit verliebten Blicken an; wenn sie sich unbemerkt glauben, spitzen sie die Lippen und küssen in die Luft; bald tritt sie ihn, bald er sie auf den Fuß.
v. Scheibler liest eifrig in einer Zeitung. *Stüve* klopft ungeduldig mit dem Fuße auf den Boden, zieht öfters die Uhr, und schmatzt nervös...«

**195**
Szenenfoto von der Aufführung des Einakters »Erster Klasse« in der Künstlergesellschaft »Hölle« am 11.12.1910 in der »Torggelstube« am Platzl in München, wo das Stück vier Monate nach der Uraufführung in Denggs Bauerntheater in Egern unter Mitwirkung bekannter Münchner Künstler wie Karl Back, Fritz Basil, Otto Graumann, Hans Stöger, Friedrich Ulmer, Gustl Waldau und Johanna Terwin aufgeführt wird.

**196**
Diesen Schützenpreis (über der Stuben-Tür in der Tuften), ein handgeschnitzter Viererzug, gewinnt Ludwig Thoma bei dem von dem Münchner Kunsthändler Seidenader 1910 veranstalteten Scheibenschießen am Tegernsee. Anlaß dazu ist der Erfolg der »Ersten Klasse« in Denggs Bauerntheater, über dessen Uraufführung am 12.8.1910 Bertl Schultes schreibt: »Thoma lehnte sich mit einer Ruhe zurück, als ob ihn die Sache persönlich überhaupt nichts anginge. Er rauchte behäbig seine Pfeife. Ich saß in seiner nächsten Nähe, und als das erste Zeichen kam blinzelte er mich an. Und dann hörte man nur noch Lachsalven, eine nach der andern …«

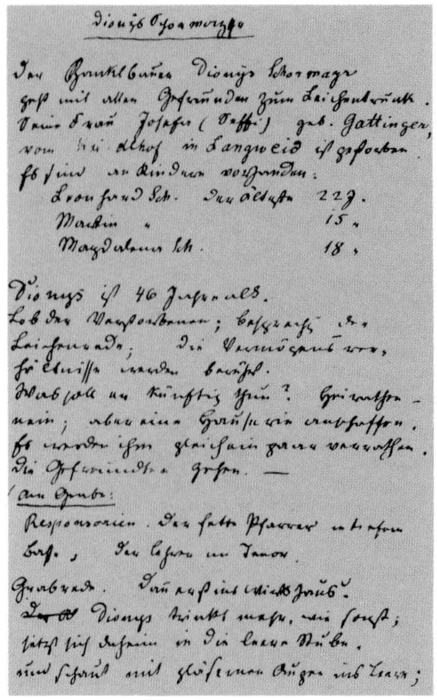

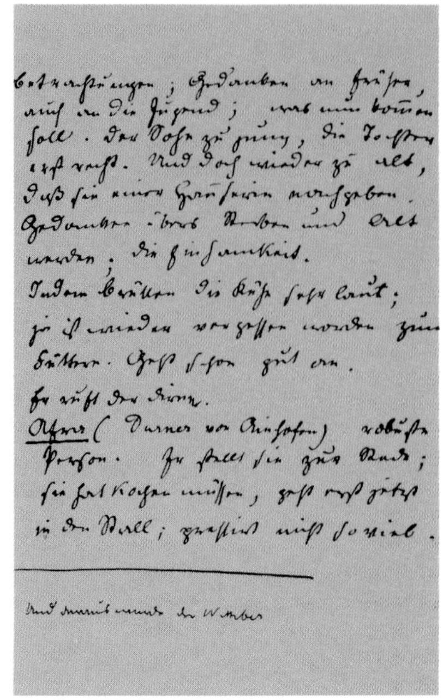

**197** und **198**
Ludwig Thoma mit und ohne Marion vor der Tuften um 1910. – Nach einem Ehebruch Marions trennt sich im Februar 1911 das Ehepaar Thoma. An Taschner schreibt Thoma: »Wir gehen in herzlicher Freundschaft auseinander. Ich bin weit davon entfernt, die Schuld auf Marion zu schieben... Ich war in meiner Ehe ein Oberlehrer und Grandlhuber und habe ihre Zärtlichkeit so oft abgewehrt, bis sie erstickte...« Und später: »Ich sehe jetzt eine stille Zukunft vor mir, ein Leben genau so, wie ich es mag. Manchmal einsam, aber trotz alledem frei & ungebunden...«

**199** und **199a**
Die ersten zwei Seiten des 1. Manuskript-Entwurfes vom August 1910 von Ludwig Thoma zu »Dionys Schormayr«, aus dem der Bauernroman »Der Wittiber« wird. Der Text der Seiten lautet: »*Dionys Schormayr.* Der Ranklbauer Dionys Schormayr geht mit allen Gefreunden zum Leichentrunk. Seine Frau Josefa (Seffi) geb. Gattinger, vom Kaindlhof in Langweid ist gestorben. Es sind an Kindern vorhanden: Leonhard Sch. der Älteste 22 J., Martin Sch. 15 J., Magdalena Sch. 18 J., Dionys ist 46 Jahre alt. Lob der Verstorbenen; besprechg. der Leichenrede; die Vermögensverhältnisse werden berührt. Was soll er künftig thun? Heirathen – nein; aber eine Hauserin anschaffen. Es werden ihm gleich ein paar verrathen. Die Gefreundten gehen. – *(Am Grabe):* Responsorien. Der fette Pfarrer in tiefem Basse, der Lehrer im Tenor. Grabrede. Dann erst ins Wirtshaus. Dionys trinkt mehr, wie sonst; setzt sich daheim in die leere Stube und schaut mit gläsernen Augen ins Leere; Betrachtungen; Gedanken an früher, auch an die Jugend; was nun kommen soll. Der Sohn zu jung, die Tochter erst recht. Und doch wieder zu alt, daß sie einer Hauserin nachgeben. Gedanken übers Sterben und Altwerden; die Einsamkeit. Indem brüllen die Kühe sehr laut; ja ist wieder vergessen worden zum Füttern. Geht schon gut an. Er ruft der Dirne. *Afra* (Durner von Ainhofen) robuste Person. Er stellt sie zur Rede; sie hat Kochen müssen, geht erst jetzt in den Stall; pressiert nicht so viel. – Und daraus wurde der Wittiber.«

**200**
Peter und Ludwig Thoma 1911. – Thoma schreibt an Ganghofer (28.1. 1911): »Ich wälze hundert Dinge im Kopf neben einer breiten Bauerngeschichte, die ich gerade vor habe, und die mir wächst wie ein gut gesetzter Baum.«

**201** und **201a**
Anfangsseiten des Romans »Der Wittiber«: »Um d'Kathi is schad; dös behaupt' i, weil's wahr is, und koa besserne Hauserin is weit umadum net g'wes'n,« sagt der Zwerger von Arnbach, Männer und Weiber, die beim Leichentrunk saßen, nickten beistimmend. »De Ehr' muaß ihr a niada Mensch lass'n, daß ihr d'Arbet guat von da Hand ganga is.« – »Han?« Die Fischerbäuerin von Neuried redete undeutlich, weil sie ein tüchtiges Stück Wurst kaute; aber wie sie es hinuntergeschluckt hatte, wiederholte sie ihre Worte. »Daß ihr d'Arbet guat vo da Hand ganga is, sag i.« – »Und halt vastanna hat sie's aa,« rief einer über den Tisch hinüber. »Freili hot sie 's vastanna. Und gar so viel a guate Melcherin is sie g'wesen,« sagte die Fischerbäuerin, die als Schwester der Verstorbenen heute ein Aufhebens machen durfte. »Solchene muaß it viel geb'n, und it leicht, daß a mal a Kuah nach ihr ausg'schlag'n hat, und vo drei Strich hat sie so viel Milli ausg'molka, wia'r an anderne aus vieri.« – »Und g'rath 'n is ihr alssammete,« rief die Huberin von Glonn, »sie hat a niad's Kaibi durchbracht; und bal si oans no so g'ring herg'schaugt hat, is ihr it umg'stanna.« – »Was mög'st?« fragte der Zwerger, den die Fischerbäuerin anstieß. »Ah so! Geh, teat's d'Würscht no mal her!« Und er gab der Nachbarin hinaus...«

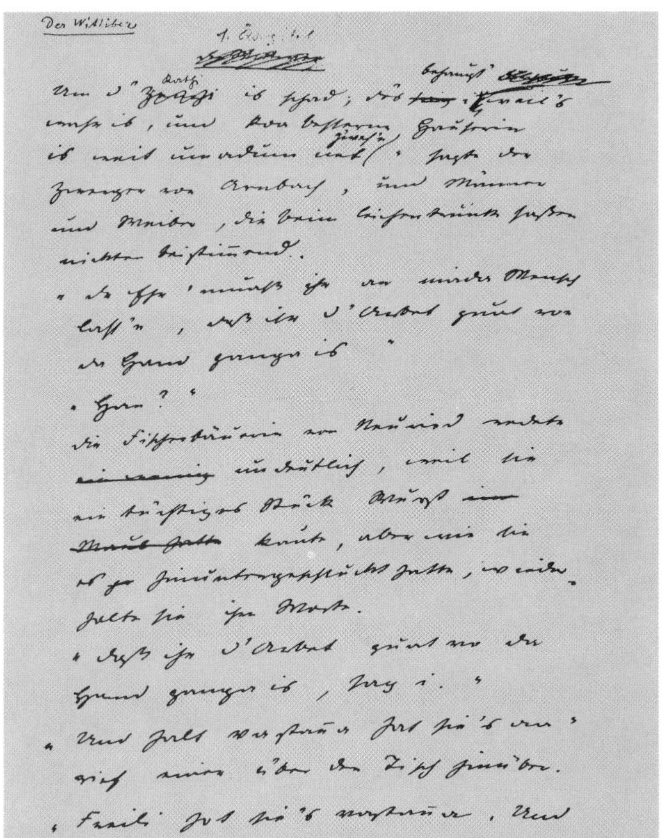

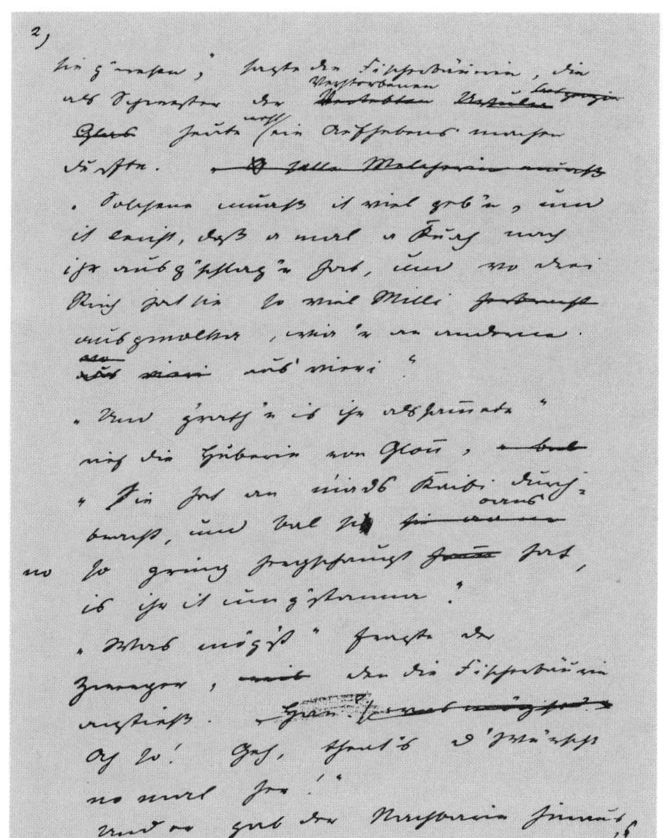

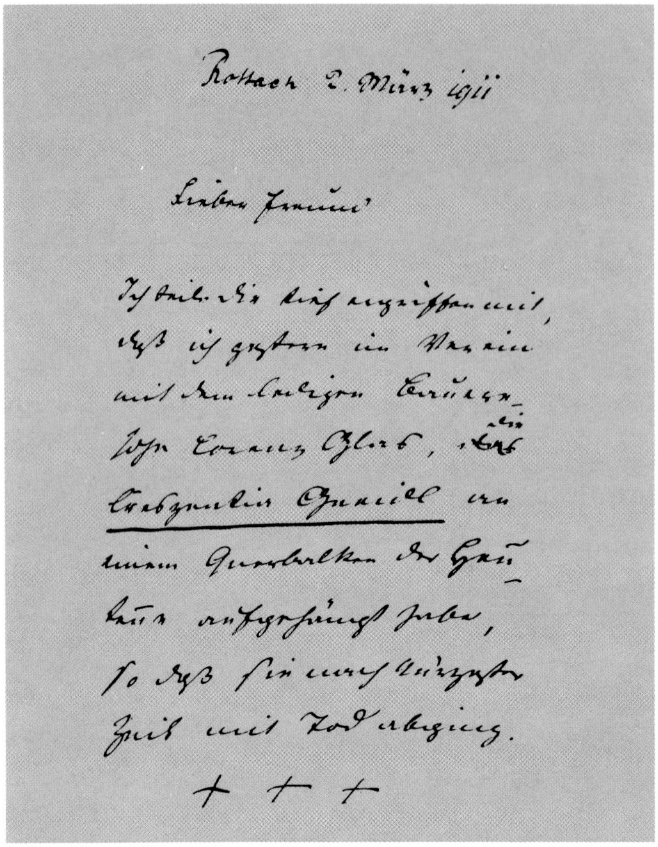

Rottach 2. März 1911

Lieber Freund!

Ich teile Dir tief ergriffen mit,
daß ich gestern im Verein
mit dem ledigen Bauern-
sohn Lorenz Glas, die
Creszentia Gneidl an
einem Querbalken der Heu-
tenne aufgehängt habe,
so daß sie nach kürzester
Zeit mit Tod abging.

\+ + +

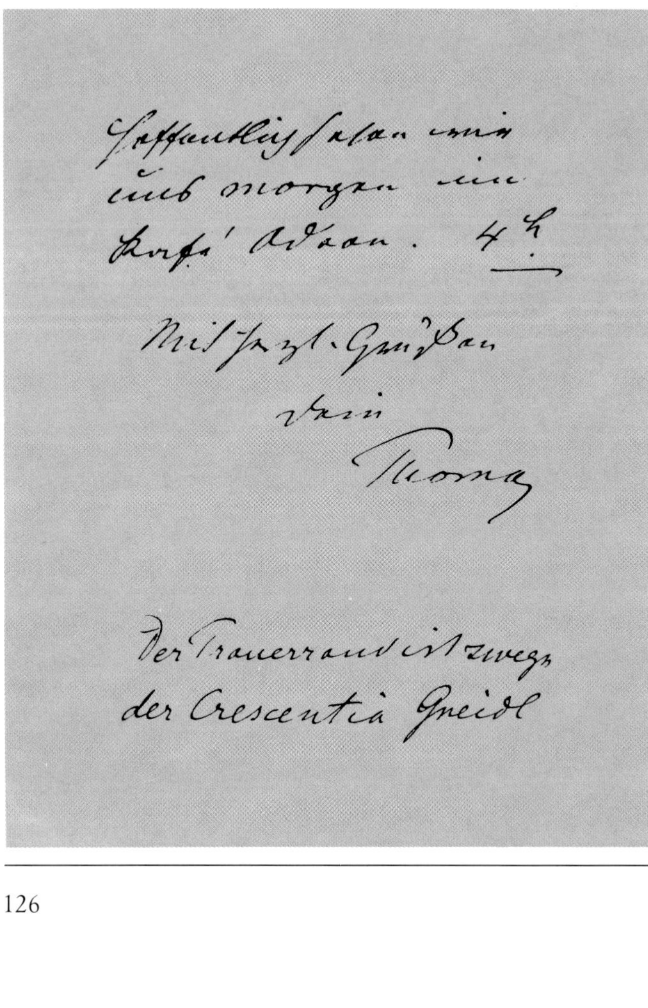

Hoffentlich sehen wir
uns morgen im
Kafé Odeon. 4 h.

Mit herzl. Grüßen

Dein

Thoma

Der Trauerrand ist zwegn
der Crescentia Gneidl

**202** und **202a**
Erste und letzte Seite eines Briefes von Ludwig Thoma vom 2.3.1911 an Dr. Hans Erich Blaich, der als »Dr. Owlglaß« Mitarbeiter des »Simplicissimus« und des »März« ist. Thoma teilt Blaich in dem Brief mit, daß er seinen Roman »Der Wittiber« beendet hat.
Der Text der beiden Seiten hier lautet: »Rottach 2. März 1911 – Lieber Freund, Ich teile Dir tief ergriffen mit, daß ich gestern im Verein mit dem ledigen Bauernsohn Lorenz Glas, die Creszentia Gneidl an einem Querbalken der Heutenne aufgehängt habe, so daß sie nach kürzester Zeit mit Tod abging... Hoffentlich sehen wir uns morgen im Kafé Odeon. 4 h. Mit herzlichen Grüßen Dein Thoma. Der Trauerrand ist zwegn der Creszentia Gneidl«. – Am »Wittiber« hat Thoma neun Monate geschrieben. In einem Brief an seinen Rechtsanwalt Dr. Conrad Haußmann in Stuttgart schreibt er darüber am 25.1.1911: »Ich hocke hier im schönsten Winter und in der schönsten Arbeit. Meine Bauerngeschichte – Roman ist kein Wort dafür, – wächst und kommt in den Saft, wie ein gut gesetzter Apfelbaum. Die Vorzüge, die Du einmal im »Vöst« gefunden hast, sind vielleicht gesteigert, die Fehler vermieden. Es läuft nichts nebenher und jede Tendenz ist vermieden. Eine Menschengeschichte. Phrasenlose Leidenschaften, die sich durchaus echt entwickeln, wirken und sich steigern. Und sehr altbayerisch. Wer dies Buch »Der Wittiber« gelesen haben wird, kann von sich sagen, daß er einiges von den Bajuwaren weiß. Auch von ihrer Sprache. Die Geschichte wird von selber größer, als ich wissen konnte, aber ich hoffe in 4 bis 5 Wochen fertig zu sein. Manchmal schreibe ich ein Kapitel in 1 bis 1½ Tagen, manchmal brauche ich eine Woche dazu. Jedes Kapitel ist für sich ein Bild...«

**203**
Ludwig Thoma, 1911 gemalt von Thomas Baumgartner.

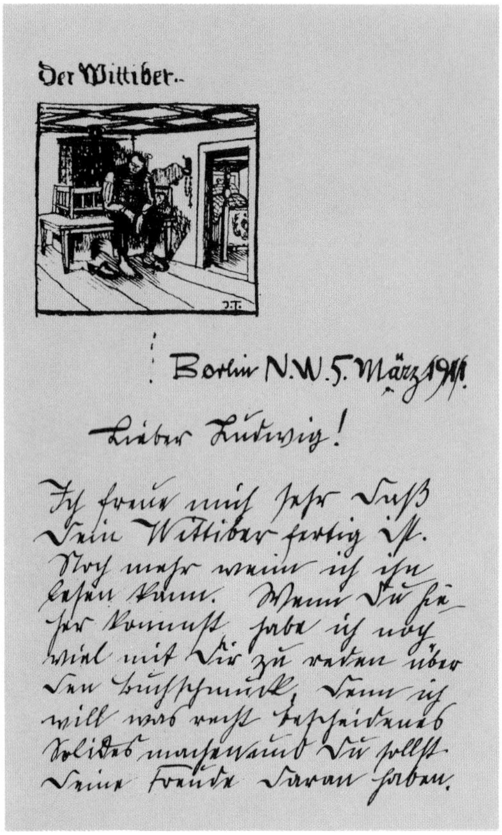


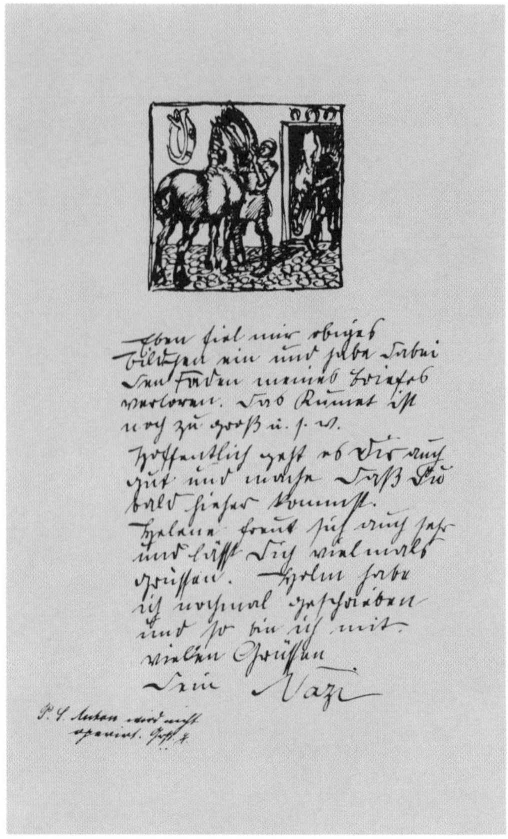

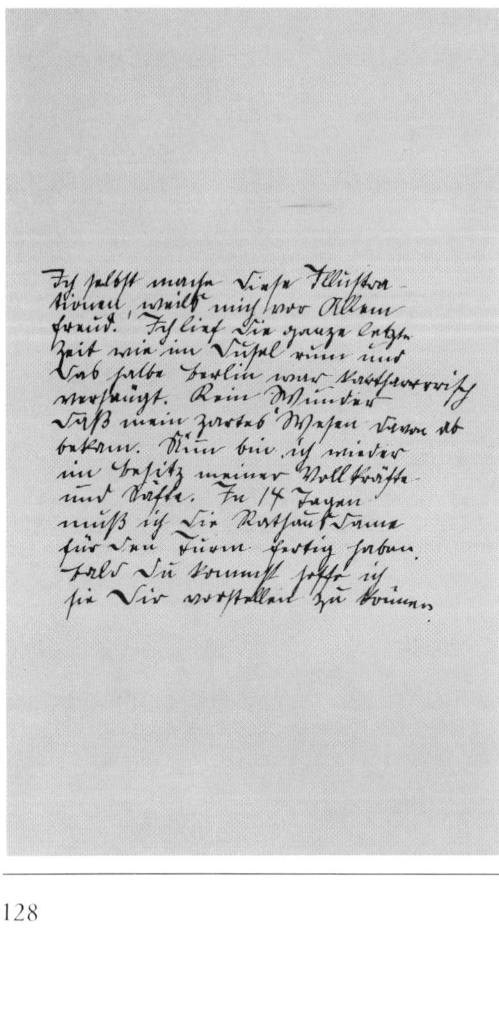

**204, 204a** und **204b**

Dreiseitiger Brief von Ignatius Taschner aus Berlin an Ludwig Thoma, illustriert und geschrieben am 5.3.1911. – Vier Tage zuvor hat sich Thoma mit folgendem Brief an Taschner gewandt: »Heute komme ich mit ein paar technischen Fragen an Dich wegen des ›Wittiber‹, den ich nun beinah fertig habe… Ich lege Dir da ein Blatt aus einer Volksbüchersammlung bei, dessen Illustration mich ungemein anheimelt, und ich möchte Dich fragen, ob Du nicht glaubst, daß in dieser Form die Illustration der 16 Kapitel sich gut machen würde… Die Titelillustration konnte sich etwas, (ganz allgemein) dem Inhalt des Kapitels anschließen. Zb.: Ein kleiner Leichenzug im 1. Kapitel. Ein Bauer auf der Ofenbank im 2. Kap., Ein Baumschlitten, Holzknechte im winterlichen Wald etc. etc. …« Die Antwort Taschners: »Berlin N.W. 5. März 1911. Lieber Ludwig! Ich freue mich sehr daß Dein Wittiber fertig ist. Noch mehr wenn ich ihn lesen kann. Wenn Du hieher kommst, habe ich noch viel mit Dir zu reden über den Buchschmuck, denn ich will was recht Bescheidenes Solides machen und Du sollst Deine Freude daran haben. Ich selbst mache diese Illustrationen, weils mich vor Allem freud. Ich lief die ganze letzte Zeit wie im Dusel rum und das halbe Berlin war kartharrisch versäugt. Kein Wunder daß mein ›zartes‹ Wesen davon abbekam. Nun bin ich wieder im Besitz meiner Vollkräfte und Säfte. In 14 Tagen muß ich die Rathausdame für den Turm fertig haben. Bald Du kommst, hoffe ich sie Dir vorstellen zu können. Eben fiel mir obiges Bildchen ein und habe dabei den Faden meines Briefes verloren. Das Kumet ist noch zu groß u.s.w. Hoffentlich geht es Dir auch gut und mache daß Du bald hieher kommst. Helene freut sich auch sehr und lässt Dich vielmals grüssen. – Holm habe ich nochmal geschrieben und so bin ich mit vielen Grüssen Dein Nazi. P.S. Anton wird nicht operirt. Gruß H.«

**205**
Ludwig Thoma in seinem Arbeitszimmer auf der Tuften, um 1913.

**206**
Erste Manuskriptseite von »Lottchens Geburtstag« von Ludwig Thoma, »einem fröhlichen Einakter, den ich sehr schnell, in acht Tagen, fertig haben will« (Thoma an Haußmann am 13.3.1911). Text: *»Lottchens Geburtstag.* Schwank in einem Akt von Ludwig Thoma. *Personen:* Geheimrath Dr. Otto Giselius, Universitätsprofessor; Mathilde, seine Frau; Lottchen, beider Tochter; Coelestine Giselius, Schwester des Geheimraths; Dr. Traugott Appel, Privatdocent; Babette, Köchin bei Giselius. Ort: Kleine Universitätsstadt. Zeit: Gegenwart.«

**207**
Manuskriptseite von »Die Sippe«, mit der Thoma »eine rein künstlerische Arbeit« machen und »psychologisch kommen« will: *»Die Sippe.* Ein Schauspiel in drei Akten von Ludwig Thoma. *Personen:* Dr. Anton Bibergeil, Justizrath; Cornelia, seine Frau; Hans Egger, deren Bruder, ein Gutsbesitzer; Margot, seine Frau; Wilhelm Blohme, deren Vater, ein Kaufmann; Frau Doctor Wippermann; Annie, ihre Tochter; Pastor Tschunke; Meta Tschunke, seine Frau. Zeit: Gegenwart. Ort: Eine mitteldeutsche Kleinstadt und ihre Umgebung.«

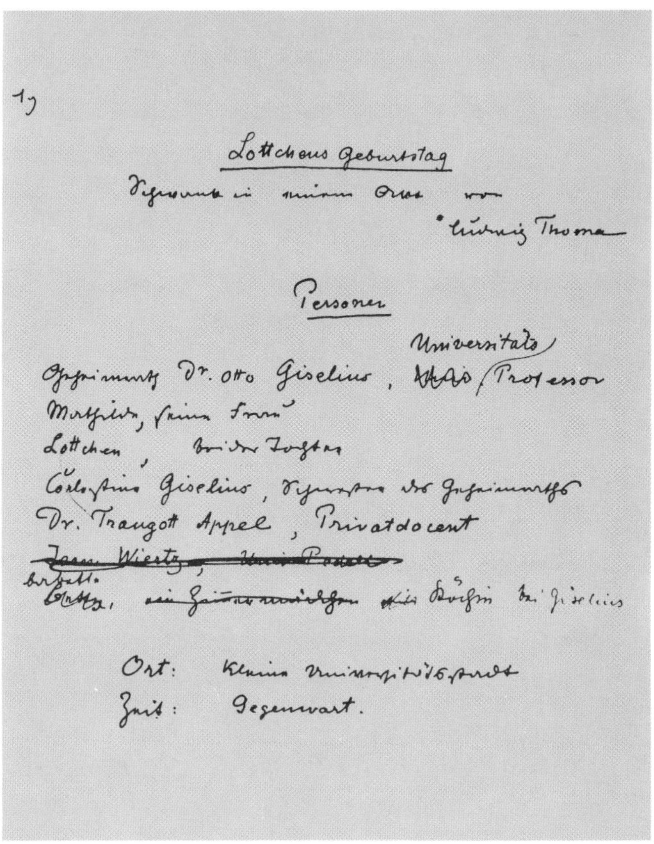

1)

Lottchens Geburtstag

Schwank in einem Akt von Ludwig Thoma

Personen

Geheimrath Dr. Otto Giselius, Universitäts/Professor
Mathilde, seine Frau
Lottchen, beider Tochter
Cölestine Giselius, Schwester des Geheimraths
Dr. Traugott Appel, Privatdocent
Babette, Köchin bei Giselius

Ort: Kleine Universitätsstadt
Zeit: Gegenwart.

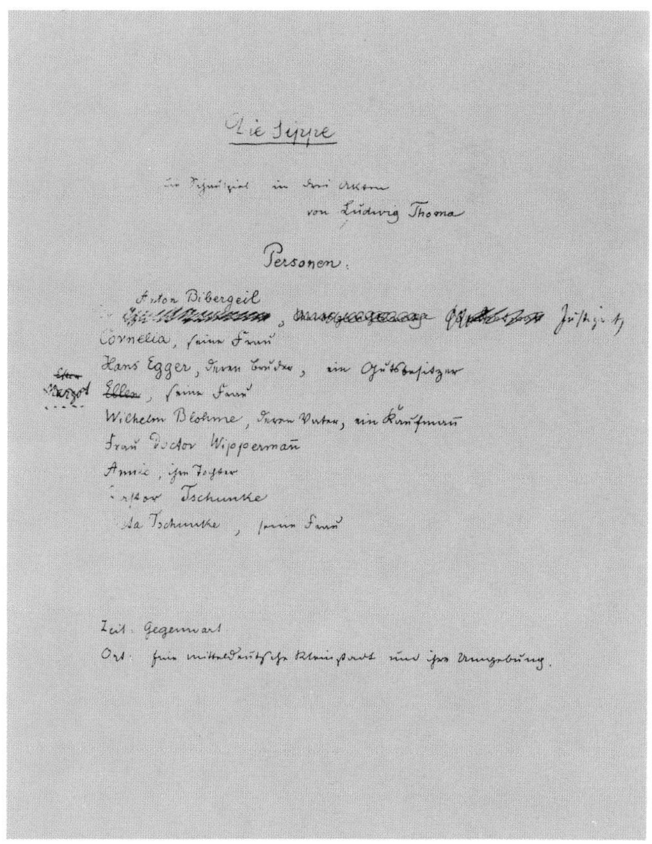

Die Sippe

Ein Schauspiel in drei Akten
von Ludwig Thoma

Personen:

Anton Bibergeil, Justizrath
Cornelia, seine Frau
Hans Egger, deren Bruder, ein Gutsbesitzer
Margot, seine Frau
Wilhelm Blohme, deren Vater, ein Kaufmann
Frau Doctor Wippermann
Annie, ihre Tochter
Pastor Tschunke
Meta Tschunke, seine Frau

Zeit: Gegenwart
Ort: Eine mitteldeutsche Kleinstadt und ihre Umgebung.

208
Das Forsthaus des Grafen von Hundt in Unterweikertshofen. Nach dem Tod des Grafen pachtet Ludwig Thoma zusammen mit Albert Langen im Februar 1903 dessen Jagdrevier und kommt danach regelmäßig zur Jagd: im Juni zur Bockjagd, im August zur Brunftzeit und Hühnerjagd, im September sowie im Oktober zur großen Treibjagd.

209
Ludwig Thoma und Förster Rupert Schmid aus Unterweikertshofen, sein Jagdverwalter im Glonntal.

210
Jagdeinladung von Ludwig Thoma zur Bockjagd mit folgendem Wortlaut: »Weikertshofen, 29. Mai. Geschriben in Eile bei nechtlicher weihle. Liber freind, durch dises seit ier eingelathen auf ein rähbeklein zun jagen. In refier des hochwollgebohren Hern Tokter Dama. es griest eich xafer, refürjeger.« – Bei den Treibjagden im Oktober werden die Gäste im nahen Wirtshaus, dem Geburtshaus des Räubers Matthias Kneißl, untergebracht.

[illegible] 29. [illegible]

Geschrieben in Eile bei nächtlicher Stille.

Lieber Freund!

Durch dieses seist du eingeladen auf ein Würstlein zum [illegible]. [illegible] [illegible] [illegible] Herrn [illegible] [illegible] [illegible] [illegible]

[illegible]

**211**
Dankesbrief des Beauftragten der Gemeinde Roßbach bei Dachau an Ludwig Thoma vom 4.2.1912. Josef Reindl schreibt: »Roßbach, den 4. Febr. 1912. Hochwolgeboren Herrn Docktor Thoma! Im Namen der Gemeinde Roßbach spreche ich, für das Jachtpachtgeld daß ich erhalten habe, meinen besten Dank aus. Zugleich hätte ich an Sie eine Bitte zu richten, ob wir nicht ein kleines Fäßl Bier auf ihren Namen verschlingen dürften; wir würden Ihnen sehr dankbar sein. Wir sind mit unsern Jachtpächter sehr zufrieden; und solte die Jacht zu ende gehen, so werden wir wieder unsern jezigen Sportfreunde treu bleiben. Mit dem Wunsche meine Bitte Frucht zu bringen verbleibe ich Dein bester Freund! Reindl Jos. Im Namen der Gemeinde.« – Thomas Jagdpacht in zehn Gemeinden beträgt 22000 Tagwerk. Die Pacht wird immer wieder erneuert, was von der Wertschätzung des Pächters bei den Bauern abhängt. Doch Thoma braucht darum nicht bangen. Dem Lehrer von Puchschlagen sagt er 1904 dazu: »Wenn es in der Gemeinde irgend etwas gibt, wo eine besondere Unterstützung notwendig ist, lasse ich mich immer finden.«

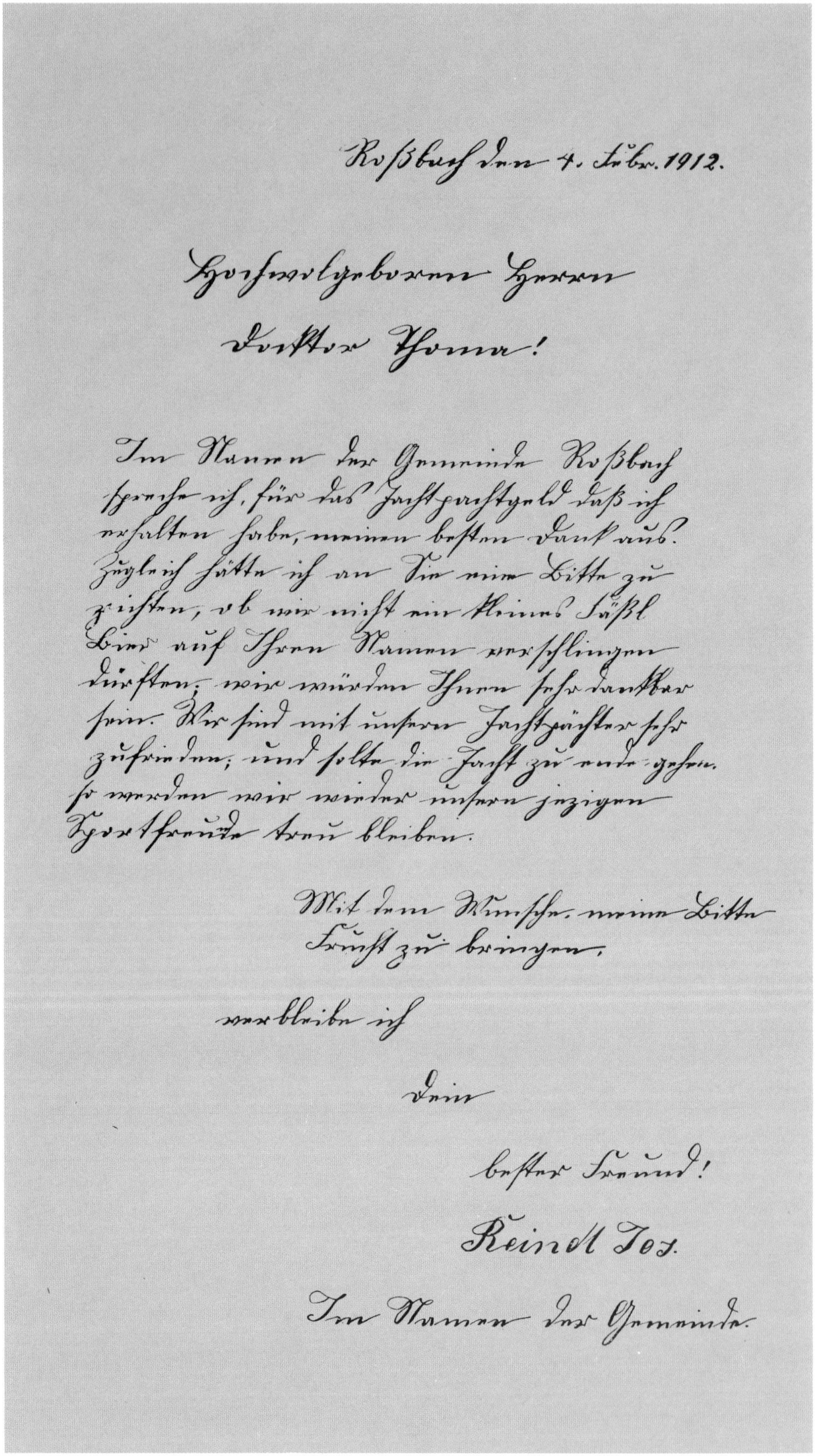

Roßbach den 4. Febr. 1912.

Hochwolgeboren Herrn
Docktor Thoma!

Im Namen der Gemeinde Roßbach
spreche ich, für das Jachtpachtgeld daß ich
erhalten habe, meinen besten Dank aus.
Zugleich hätte ich an Sie eine Bitte zu
richten, ob wir nicht ein kleines Fäßl
Bier auf Ihren Namen verschlingen
dürften; wir würden Ihnen sehr dankbar
sein. Wir sind mit unsern Jachtpächter sehr
zufrieden; und solte die Jacht zu ende gehen,
so werden wir wieder unsern jezigen
Sportfreunde treu bleiben.

Mit dem Wunsche meine Bitte
Frucht zu bringen.

verbleibe ich

Dein

bester Freund!

Reindl Jos.

Im Namen der Gemeinde.

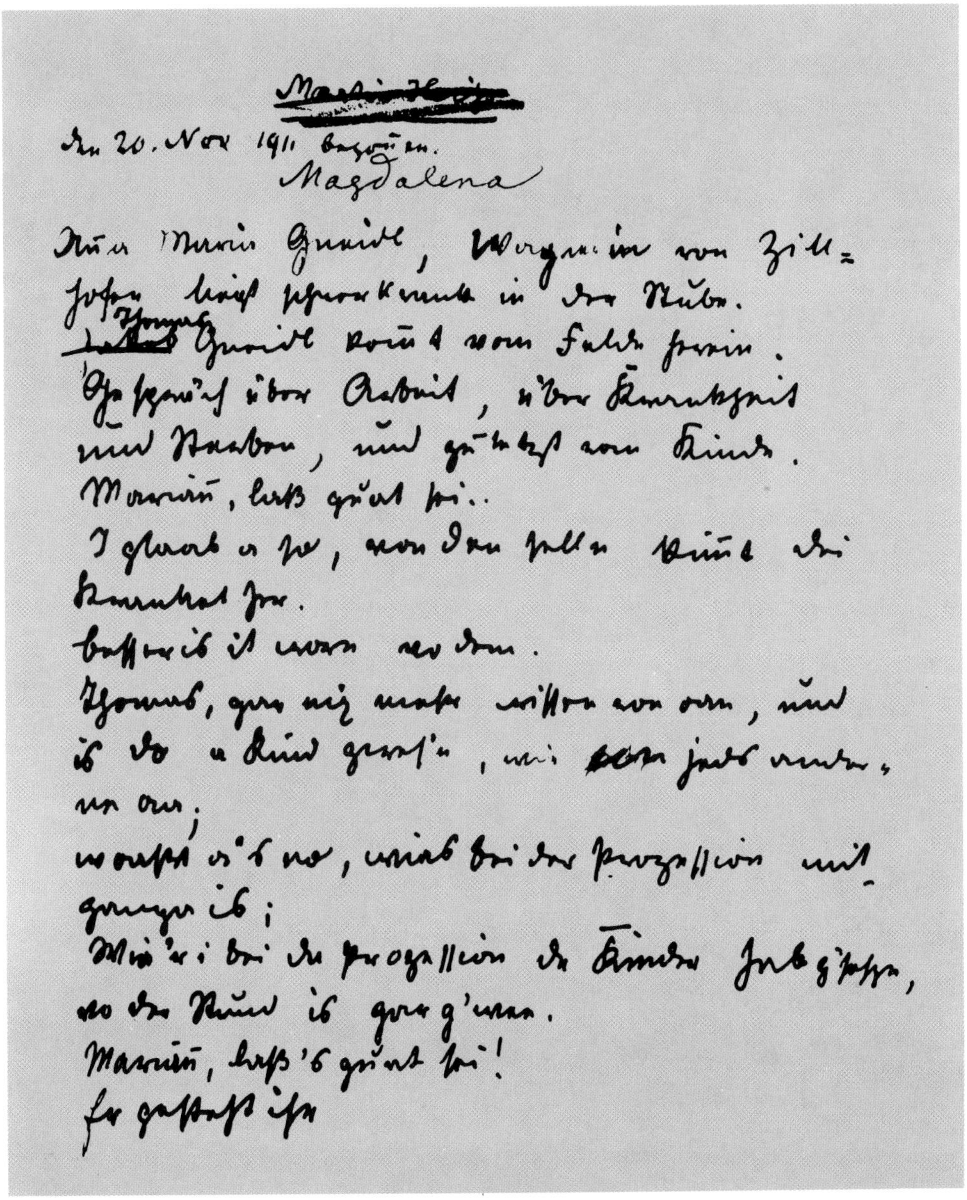

Magdalena

212
Manuskript-Seite Ludwig Thomas mit dem ersten Entwurf zu seinem Volksstück »Magdalena« mit folgendem Wortlaut: »(Gestrichen: Martin Heiß) Den 20.Nov.1911 begonnen. Magdalena. Anna Maria Gneidl, Wagnerin von Zillhofen liegt schwer krank in der Stube. Thomas Gneidl kommt vom Felde herein. Gespräch über Arbeit, über Krankheit und Sterben, und zuletzt vom Kinde. Mariann, laß guat sei.. I glaab a so, von den selln kummt dei Kranket her. Besser is it worn vo dem. Thomas, gar nix mehr wissen von oan, und is do a Kind gwes'n, wie jeds anderne aa; woaßt a's no, wias bei der Prozession mitganga is; Wia'r i bei der Prozession de Kinder hab g'sehgn, vo der Stund is gar g'wen. Mariann, laß's guat sei! Er gesteht ihr«.

213
Bühnenmodell zu Thomas »Magdalena« von Ignatius Taschner.

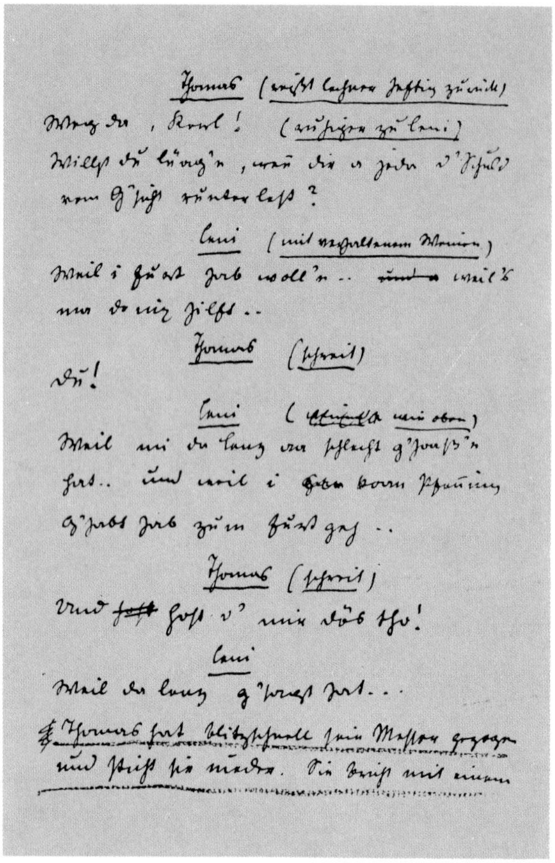

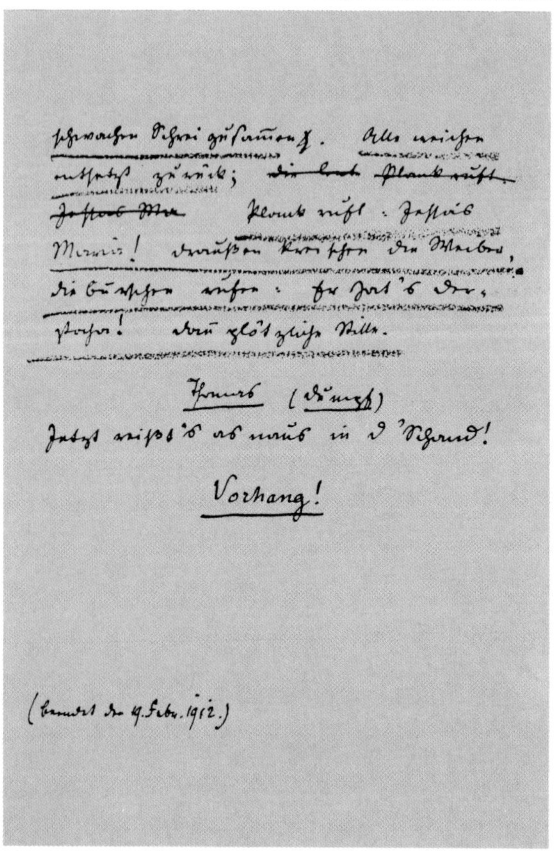

**214** und **214a**
Die beiden Schlußseiten des Manuskriptes zu »Magdalena«: »*Thomas (reißt Lechner heftig zurück)* Weg da, Kerl! *(ruhiger zu Leni)* Willst du lüag'n, wenn dir a jeda d'Schuld vom G'sicht runterlest? *Leni (mit verhaltenem Weinen)* Weil i fuart hab woll'n .. weil's ma do nix hilft.. *Thomas (schreit)* Du! *Leni (wie oben)* Weil mi da Lenz aa schlecht g'hoaß'n hat.. und weil i koan Pfenning g'habt hab zum furtgeh.. *Thomas (schreit)* Und host d'mir dös tho! *Leni* Weil da Lenz g'sagt hat... Thomas hat blitzschnell sein Messer gezogen und sticht sie nieder. Sie bricht mit einem schwachen Schrei zusammen. Alle weichen entsetzt zurück; Plank ruft: Jessas Maria! Draußen kreischen die Weiber, die Burschen rufen: Er hat's derstocha! Dann plötzliche Stille. *Thomas (dumpf)* Jetzt reißt's as naus in d'Schand! *Vorhang!* (beendet den 19. Febr. 1912)«

**215**
Szenenfoto vom 2. Akt der Uraufführung der »Magdalena« von Ludwig Thoma im Kleinen Theater zu Berlin am 12.10.1912 mit Centa Bré als Magdalena und Rudolf Klein-Rhoden als ihr Vater Thomas Mayr.

Kleines Theater

Unter den Linden 44 — Direktion Victor Barnowsky

Anfang 8 Uhr — Sonnabend, den 12. Oktober 1912 — Anfang 8 Uhr

Zum 1. Male:

# Magdalena

Ein Volksstück in drei Aufzügen von Ludwig Thoma — Regie: Victor Barnowsky

| | |
|---|---|
| Thomas Mayr, genannt Paulimann, Gütler | Rudolf Klein-Rohden |
| Mariann Mayr, sein Weib | Ilka Grüning |
| Magdalena, beider Tochter | Centa Bré |
| Jakob Moosrainer, Bürgermeister | Alexander Ekert |
| Lorenz Kaltner, Aushilfsknecht bei Mayr | Heinz Salfner |
| Benno Köckenberger, Kooperator | Max Landa |
| Barbara Mang, Taglöhnerin | Frieda Richard |
| Martin Lechner, Bauernsohn | Otto Kustermann |
| Valentin Scheck, Bauer | Heinrich Gotho |
| Johann Plank, Bauer | Ernst Wurmser |
| Ein Gendarm | Theodor Rittersberg |

Bauern, Weiber, Knechte, Mägde, Schuljugend

Die Handlung spielt im Hause des Thomas Mayr in Berghofen, einem Dorfe des Dachauer Bezirkes. – Zwischen dem ersten und zweiten Aufzug liegen sechs Wochen, zwischen dem zweiten und dritten einige Tage

Die dekorative Einrichtung ist nach einem Entwurfe von Professor Ignatius Taschner im Atelier des Kleinen Theaters angefertigt

Anfang 8 Uhr — Kasseneröffnung 7 Uhr — Ende nach 10 Uhr

Preise der Plätze: Fauteuil 15,00 M., Parkettloge 8,00 M., Parkett 1. bis 3. Reihe 10,00 M., 4. bis 6. Reihe 8,00 M., 7. bis 12. Reihe 6,00 M., 13. bis 15. Reihe 5,00 M., 16. Reihe 3,00 M. Die Vorverkaufsgebühr beträgt für jedes Billet 50 Pf.

Sonntag, den 13. Oktober und folgende Tage: Anfang 8 Uhr! — Magdalena. Ein Volksstück in 3 Akten von Ludwig Thoma

Sonntag, den 13. Oktober, nachm. 3 Uhr zu ermäßigten Preisen:
Hockenjos von Jakob Wassermann
Der Arzt seiner Ehre von Paul Mongré
Lottchens Geburtstag von Ludwig Thoma

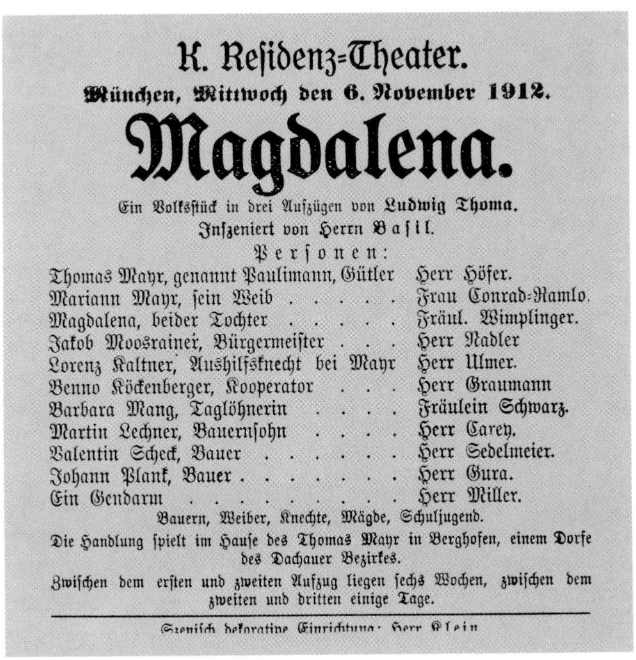

K. Residenz-Theater.

München, Mittwoch den 6. November 1912.

# Magdalena.

Ein Volksstück in drei Aufzügen von Ludwig Thoma.
Inszeniert von Herrn Basil.

Personen:

| | |
|---|---|
| Thomas Mayr, genannt Paulimann, Gütler | Herr Höfer. |
| Mariann Mayr, sein Weib | Frau Conrad-Ramlo. |
| Magdalena, beider Tochter | Fräul. Wimplinger. |
| Jakob Moosrainer, Bürgermeister | Herr Nadler |
| Lorenz Kaltner, Aushilfsknecht bei Mayr | Herr Ulmer. |
| Benno Köckenberger, Kooperator | Herr Graumann |
| Barbara Mang, Taglöhnerin | Fräulein Schwarz. |
| Martin Lechner, Bauernsohn | Herr Carey. |
| Valentin Scheck, Bauer | Herr Sedelmeier. |
| Johann Plank, Bauer | Herr Gura. |
| Ein Gendarm | Herr Miller. |

Bauern, Weiber, Knechte, Mägde, Schuljugend.

Die Handlung spielt im Hause des Thomas Mayr in Berghofen, einem Dorfe des Dachauer Bezirkes.

Zwischen dem ersten und zweiten Aufzug liegen sechs Wochen, zwischen dem zweiten und dritten einige Tage.

Szenisch dekorative Einrichtung: Herr Klein

216 und 217
Theaterzettel der Uraufführung von »Magdalena« in Berlin; Theaterzettel der Erstaufführung in München am 6.11.1912.

218
Nach der Uraufführung der »Magdalena« in Berlin auf der Bühne (v.l.n.r.): Ilka Grüning, Rudolf Klein-Rhoden, Regisseur Viktor Barnowsky, Centa Bré, Frieda Richard und Ludwig Thoma. – Alfred Kerr urteilt am 15.10. in »Der Tag«: »Das Ganze, bisher das Meisterstück Ludwig Thomas auf dem Theater, ist zierlos, männlich... fast antik... Sein größtes Drama...«

219
Die Darsteller der Münchner Erstaufführung von »Magdalena« im K.Residenz-Theater (stehend v.l.n.r.): Emil Höfer, Friedrich Ulmer, Regisseur Fritz Basil, Max Nadler; (vorn sitzend): Maria Wimplinger, Marie Conrad-Ramlo.

**220**
Ludwig Thoma und sein Bruder Peter im Garten vor der Tuften, um 1913.

**221**
Erste Seite des Manuskriptes von Ludwig Thomas Geschichte »Der Postsecretär im Himmel«, die im »Simplicissimus«, in der Nummer 51 des XVIII. Jahrgangs (1913), erscheint. Der Text lautet: »Der Postsecretär im Himmel. (Gestrichen: Im Himmel) Zwei Tage vor Maria Lichtmeß wurde der Postsecretär Martin Angermayer zu München von einem ächt bayrischen Schlaganfall derartig getroffen, daß er schon nach einer halben Stunde den Geist aufgab.
Seine Seele schickte sich jedoch nicht sogleich zur Reise an, sondern sie gab wohl Acht, ob den irdischen Resten auch alle übliche Ehre widerfahre und zählte und prüfte die Kränze, welche von einigen Verwandten, auch vom Stammtisch im Franziskaner, dem Verkehrsbeamtenvereine und seinem Kegelklub gespendet wurden. Sie bemerkte sodann noch mit Genugthuung, daß der Chef, Herr Postrath Leistl beim Begräbnisse zugegen war, daß auch die Haushälterin Zenzi in Thränen zerfloß und sie fuhr gen Himmel, indeß ein Quartett des Männergesangvereines eine erhebende Weise sang.
Da saß nun Sekretär Angermayer im Vorraume des Paradieses und fühlte sich keineswegs so glückseelig, wie man es nach den Schilderungen frommer Bücher eigentlich glauben sollte.«

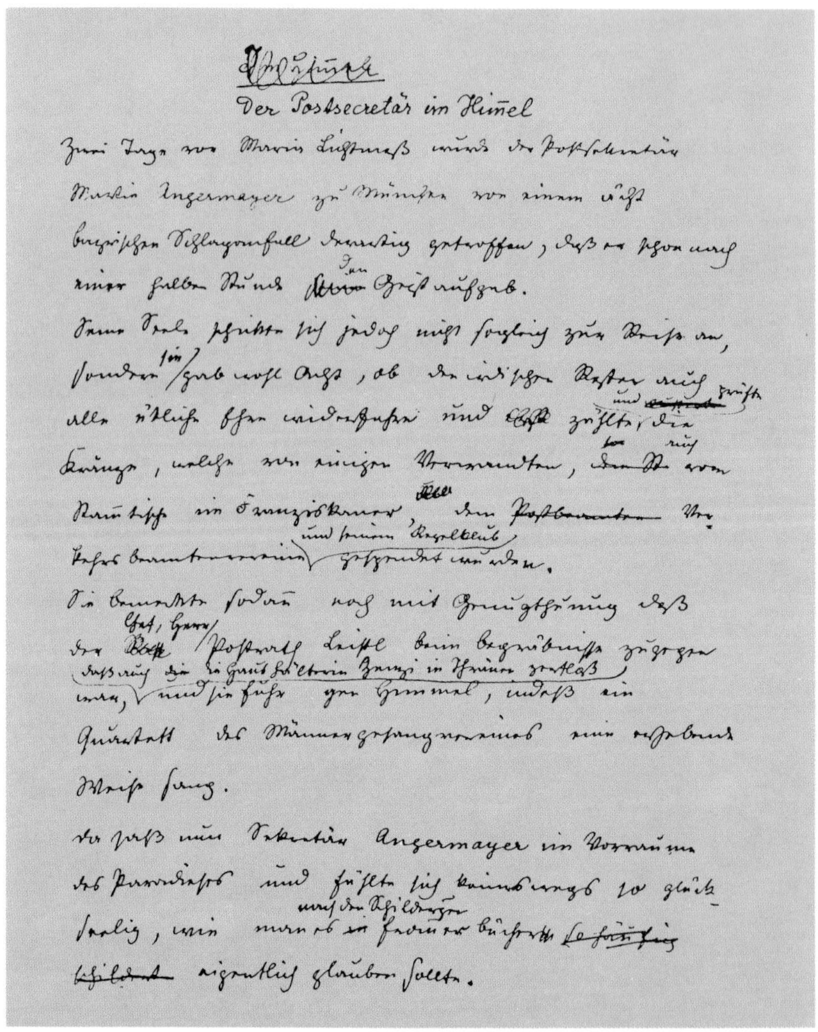
Der Postsecretär im Himel

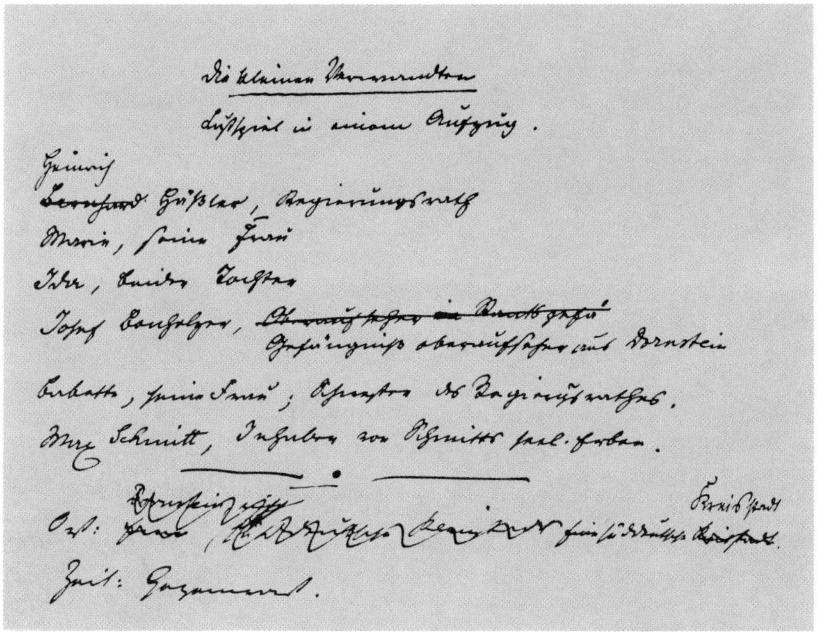
Die kleinen Verwandten
Lustspiel in einem Aufzug.
Heinrich Häßler, Regierungsrath
Marie, seine Frau
Ida, beider Tochter
Josef Bonholzer, Gefängnisoberaufseher aus Dornstein
Babette, seine Frau; Schwester des Regierungsrathes.
Max Schmitt, Inhaber von Schmitts seel. Erben.
Ort: eine süddeutsche Kreisstadt
Zeit: Gegenwart.

**222**
Erste Manuskriptseite des Entwurfs von Ludwig Thoma zu dem Lustspiel »Die kleinen Verwandten«, das er im Januar 1913 entwirft, dann liegen läßt und schließlich im Januar 1914 vollendet.
Der Text dieser ersten Seite lautet:
»*Die kleinen Verwandten*
Lustspiel in einem Aufzug.
Heinrich Häßler, Regierungsrath
Marie, seine Frau
Ida, beider Tochter
Josef Bonholzer, Gefängnisoberaufseher aus Dornstein
Babette, seine Frau; Schwester des Regierungsrathes.
Max Schmitt, Inhaber von Schmitts seel. Erben.
Ort: Eine süddeutsche Kreisstadt
Zeit: Gegenwart.«

**223**
Die Schauspielerin Tilla Durieux in der Rolle der Babette Bonholzer des Lustspiels »Die kleinen Verwandten«. Das Szenenfoto stammt aus einer Aufführung des K. Schauspielhauses in Berlin im Jahr 1917.

**224**
Vor dem Forsthaus in Unterweikertshofen und vor dem Wegweiser nach Langgengern (von links nach rechts): die Familie von Förster und Thomas Jagdpachtverwalter Rupert Schmid (mit Uhrenkette), Ludwig Thoma (mit Dackel im Arm), Brauereibesitzer Ziegler und seine Frau (hinter Thoma). – Josephine Mayr, die Tochter des Försters Schmid, erinnert sich: »Ludwig Thoma hatte schon mehrere Jahre die Jagden um Weikertshofen gepachtet, als auch sein Bruder Peter in die Gegend kam und sich in einem Bauernhaus des Nachbardorfes einquartierte. Peter Thoma betreute ebenfalls das Revier. ...Peter Thoma war... das Gegenteil von seinem Bruder; er liebte mehr die Bequemlichkeit und Ruhe, während Ludwig Thoma rührig und fleißig war. Wiederholt forderte Ludwig Thoma seinen Bruder auf: »Peter, du mußt jetzt ins Revier gehen!«. Peter Thoma blieb ganz ruhig: »Aber Ludwig, es pressiert doch nicht!«...«

**225**
Brief Ludwig Thomas an einen Unbekannten aus Rottach (ohne Datum) mit diesem Wortlaut:
»Landhaus u. Filla des Jagdpechters.
Geärter Her
Ich hawe den wegweiser wo am langagerner strasel ist rebariehrt und kost 17 M.30 dl. wos mir schicken solen. Man Kehnt sich jez bäser aus. Nach weigershofen gets ent umi un nach sietenbach drent umi. Jez kan jeds Rindfich den wäg fienden womid ich ienen grieße
Zimmerle, Ögonohm in langengern
Herzl. Weidmansgruß Förster Schmid
Waidmanns Gruß Thoma – Peter«

Rottach am Tegernsee, ..............................

Landhaus Ludwig Thoma

[illegible]

**226**
Brief Ludwig Thomas an seinen Freund und Theaterdirektor Michael Dengg in Egern:
»Weisach am 2. Nov.
An Hern direktr M. deng
durch dises das ich gehert hawe fon ieren Koläg Kramer, das sie einen blattler brauchn bin ich der betrefende. Ich kan ser gut bladdeln auch jodeln und siengt auch meine schwäster welche ein sär saubernes mentsch ist und bassend fier inen. Weil mir disses iner Koläg gesagd wo jez fier inen hir spilt beim rosser.
Schreibens gleich wan mier kohmen solen und schickens reißgeld ier freindlicher

Lorenz Breitenberger

z. Zt. beim bitscher in Rottach
her Doma hat gesagd, das sie ins sär gut brauchen«

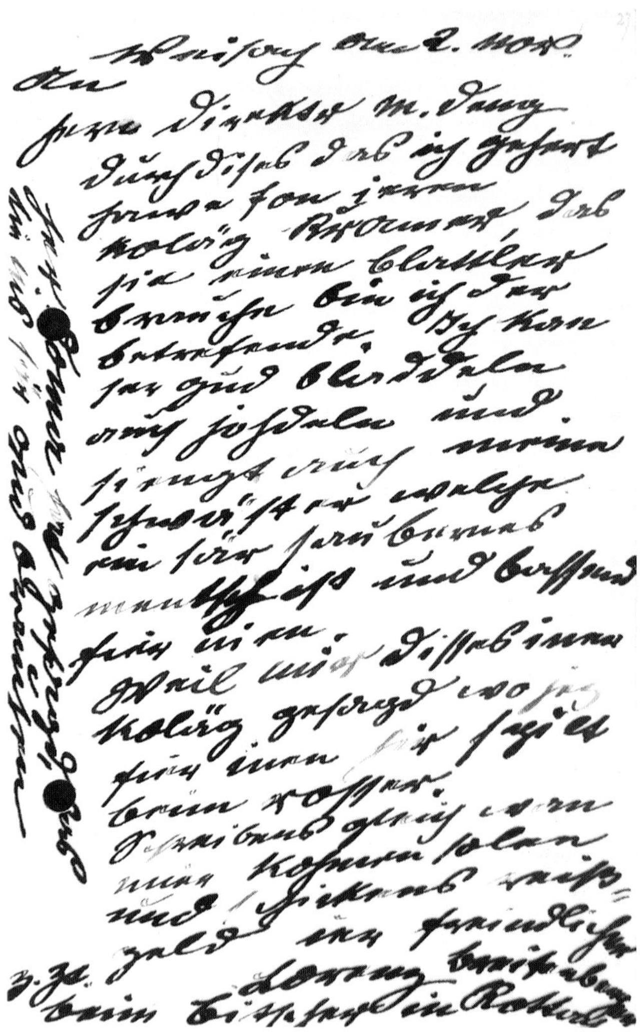

**227**
Der Kiem Edi an der Zither und der Dengg Michl, Theaterdirektor in Egern, gezeichnet von Olaf Gulbransson. – Das Tegernseer Bauerntheater in Egern, das Ludwig Thoma so gerne besucht, haben Michl und Anna Dengg 1903 gegründet. Auch nach dem Tod von Michl Dengg im Jahr 1914 führt Anna Dengg das Unternehmen mit großem Erfolg weiter. Thoma war, wie sich der Kiem Pauli erinnert, »Anzengruber das Liebste, und namentlich gerne sah er den Dengg als Dusterer im ›Gwissenswurm‹. Gleich am Eingang im Ofenwinkel saß pfeiferauchend der Thoma und konnte herzlich lachen über den schlauen Dusterer...«

**228**
Erste Manuskript-Seite des Bauernschwanks »Brautschau«, den Ludwig Thoma am 25.6.1914 vollendet. Der Einakter wird zusammen mit dem Lustspiel »Die kleinen Verwandten« am 21.10.1916 im K. Residenztheater in München unter der Regie von Fritz Basil uraufgeführt. Der Text der ersten Manuskript-Seite lautet: *»Brautschau.* Bauernschwank in 1 Aufzug. *Personen:* Korbinian Christl, Sedlbauer von Weidach; Rosina Christl, sein Weib; Simon, beider Sohn; Sebastian Schneider, Güterhändler; Creszenzia Zollbrecht, Gütlerstochter von Glonn; Ursula Geisberger, Bauerstochter von Arnbach; Alois Palser, Viehhändler. Ort: Im Hause des Sedlbauern in Weidach, einem Dorfe der Dachauer Gegend. Zeit: November«

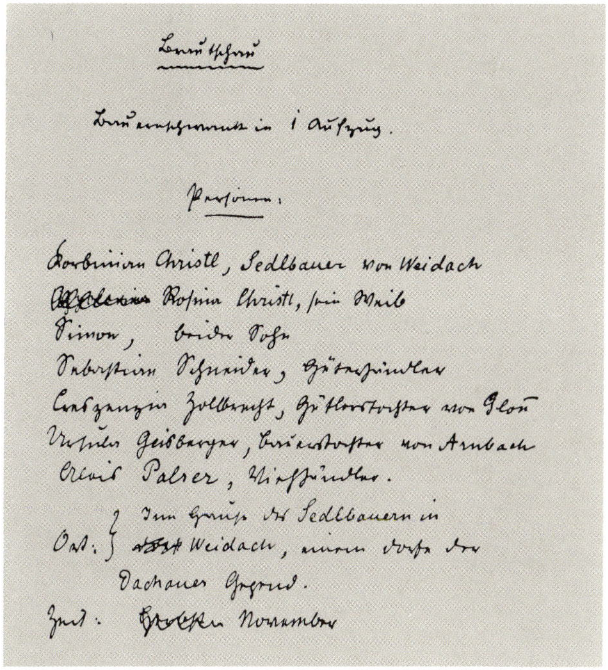
Brautschau
Bauernschwank in 1 Aufzug.
Personen.
Korbinian Christl, Sedlbauer von Weidach
Rosina Christl, sein Weib
Simon, beider Sohn
Sebastian Schneider, Güterhändler
Creszenzia Zollbrecht, Gütlerstochter von Glonn
Ursula Geisberger, Bauerstochter von Arnbach
Alois Palser, Viehhändler.
Ort: Im Hause des Sedlbauern in Weidach, einem Dorfe der Dachauer Gegend.
Zeit: November

**229**
Szenenbild von einer Aufführung der »Brautschau« von Ludwig Thoma im Tegernseer Bauerntheater im Jahr 1918. Auf der Ofenbank: Hans Schabel, Maxl Schultes, daneben Anna Dengg.

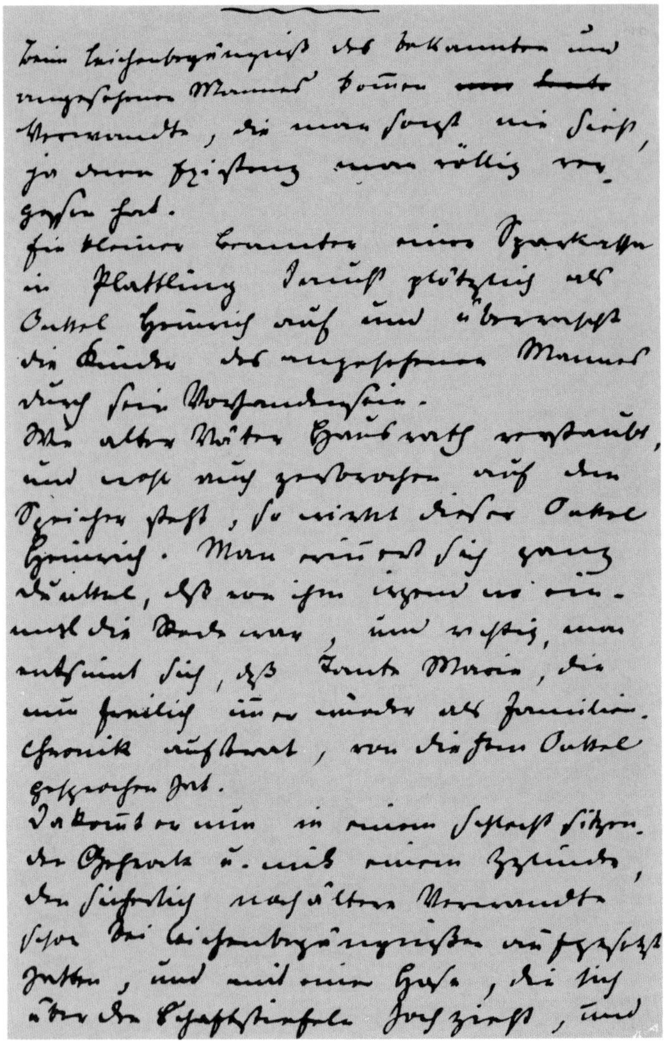

**230**

Buchumschlag von Olaf Gulbransson zu dem Novellenband »Das Kälbchen« von Ludwig Thoma, – Am 19.5.1916, nach Beendigung dieser Novellen, schreibt Thoma an Dr. Conrad Haußmann nach Stuttgart: »... Heute habe ich die vierte und letzte Novelle »Heimkehr« für mein neues Buch, das übrigens »Das Kälbchen« (nicht »Der umgewendete Dichter«) heißen wird, fertig gemacht... Ich bin mit allen vier Geschichten sehr zufrieden; jede gefiel mir und jede hielt ich für die beste, solange ich daran arbeitete. Das muß sein. Relatives Gefallen hindert mich unbedingt am Schaffen...«

**231**

Notiz Thomas mit dem ersten Entwurf zur Novelle »Onkel Peppi«, die in dem Novellenband »Das Kälbchen« veröffentlicht wird. Der Text lautet: »Beim Leichenbegängnis des bekannten und angesehenen Mannes kommen Verwandte, die man sonst nie sieht, ja deren Existenz man völlig vergessen hat. Ein kleiner Beamter einer Sparkasse in Plattling taucht plötzlich als Onkel Heinrich auf und überrascht die Kinder des angesehenen Mannes durch sein Vorhandensein. Wie alter Väter Hausrath verstaubt, und wohl auch zerbrochen auf dem Speicher steht, so wirkt dieser Onkel Heinrich. Man erinnert sich ganz dunkel, daß von ihm irgendwo einmal die Rede war, und richtig, man entsinnt sich, daß Tante Marie, die nun freilich immer wieder als Familienchronik auftrat, von diesem Onkel gesprochen hat. Da kommt er nun in einem schlecht sitzenden Gehrock u. mit einem Zylinder, den sicherlich noch ältere Verwandte schon bei Leichenbegängnißen aufgesetzt hatten, und mit einer Hose, die sich über den Schaftstiefeln hoch zieht, und ..«

**Dengg's Bauerntheater : Tegernsee-Egern**

:-: Direktion Anna Dengg Ww. :-:

**25 jährig. Bühnenjubiläum von Anna Dengg!!**

# Brautschau.

**Bauernschwank in einem Aufzug von L. Thoma.**

Spielleitung: Bertl Schultes.

Personen:

| | |
|---|---|
| Korbinian Christl, Sedlbauer von Weidbach . . . . | Maxl Schultes |
| Rosina Christl, sein Weib . . . . . . . . . . . . | Anna Dengg |
| Simon, beider Sohn . . . . . . . . . . . . . | Hans Schabel |
| Jakob Elfinger, Schmuser . . . . . . . . . . . | Hansl Schenk |
| Ursula Geisberger, Bauerstochter von Arnbach . . . | Liesl Sollinger |
| Alois Palser, Viehhändler . . . . . . . . . . . | Fritz Fuchs |
| Maria Atzenhofer, Gütlerstochter von Glonn . . . . | Marianne Dengg |
| Afra Salvermoser, Gütlerstochter von Zeitlbach . . . | Lina Gaigl |

**Ort: Im Hause des Sedlbauer in Weidbach, einem Dorfe der Dachauer Gegend.**

**Zeit: Gegenwart. Herbst.**

# Der erste August

**von Ludwig Thoma.** — Spielleitung: Bertl Schultes.

Personen:

| | |
|---|---|
| G'schwendtner, Bauer . . . . | Albert Schultes |
| G'schwendtnerin, sein Weib . | Anna Dengg |
| Hans, beider Sohn . . . . . | Andre Schultes |
| Leni, Magd . . . . . . . . | Toni Stäblein |
| Martin, Knecht . . . . . . . | Max Schultes |
| Seppl, Dienstbub . . . . . . | Hans Schenk |
| Bürgermeister . . . . . . . | Fritz Fuchs |
| Ein Bursche . . . . . . . . | Karl Kiermeier |

# Die Medaille

**von Ludwig Thoma.** — Spielleitung: Bertl Schultes.

Personen:

| | |
|---|---|
| Heinrich Kranzecker, Bezirksamtmann . . | Hans Schabel |
| Amalie, seine Frau . . . . . . . . . | Anna Dengg |
| Karl von Hinzl, Assessor . . . . . . . | Andres Schultes |
| Jakob Lampl, Metzgermeister . . . . . | Fritz Fuchs |
| Josef Hahnrieder, Oekonom . . . . . . | Bertl Schultes |
| Michael Sedlmeier . . . . . . . . . . | Girgl Rothmeier |
| Johann Grübhofer . . . . . . . . . . | Edi Schenkl |
| Josef Mekl . . . . . . . . . . . . . | Michl Dengg |
| Anton Häberlein, Lehrer . . . . . . . | Hansl Schenk |
| Peter Neusigl, Bezirksamtsdiener . . . . | Maxl Schultes |
| Walburga Neusigl, seine Frau . . . . . | Frieda Schmid |
| Babette } Dienstmädchen bei Kranzecker | Liesl Sollinger |
| Anna } Dienstmädchen bei Kranzecker | Marianne Dengg |

**Anfang 3/4 8 Uhr.** **Ende 10 1/4 Uhr.**

232
Theaterzettel mit der Ankündigung von drei Einaktern von Ludwig Thoma anläßlich des 25jährigen Bühnenjubiläums von Anna Dengg mit ihrem Tegernseer Bauerntheater in Egern. Das Jubiläum wird im Juni 1918 gefeiert und Ludwig Thoma dazu in einem Gedenkaufsatz über »Dengg's Anzengruber-Bühne«: »Ich wünsche dem Dengg'schen Bauerntheater an seinem Jubiläumstage, daß es dieses Erbe hüten möge und ich freue mich, zu sehen, daß es in diesen Bahnen fortschreitet und der Dichtung Anzengruber's seine würdige Stätte bereitet. Es erfüllt damit die schönste Aufgabe, Werte, die nie verloren gehen dürfen, unters Volk zu bringen. Dorthin gehören sie zu allermeist.«

233
Ludwig Thoma nach der Verleihung des Eisernen Kreuzes II. Klasse am 6.6.1915. – Beim Ausbruch des Ersten Weltkrieges erfaßt auch Ludwig Thoma die mehrheitliche Begeisterungswelle für die Verteidigung des Vaterlandes. Mit einem Schlag hört jede Kritik an innenpolitischen Mißständen, jede Satire auf – entsprechend des Kaisers Motto: »Ich kenne keine Parteien mehr, ich kenne nur noch Deutsche!« Am 7.8.1914 schreibt Thoma an Conrad Haußmann: ».... Herrgott, lieber Konrad, was erleben wir! Und fast sehe ich mehr werden und emporwachsen, als untergehen. Mein Herz hat immer dem Volk gehört. Je älter ich werde, desto mehr verwachse ich mit ihm und neben dieser zärtlichen Liebe fand kaum mehr ein anderes Interesse Platz. Und jetzt ist alles so tausendfach größer und edler, als wir ahnen konnten und aus jeder Hütte heraus treten schlichte Helden, deren Größe mir über jede geschichtliche Tradition hinauszuragen scheint...« Thoma meldet sich bei Kriegsausbruch »zu jeglichem Sanitätsdienst«, kommt Mitte Oktober 1914 an die Vogesenfront, wo er bayerischen Truppen Liebesgaben überbringt, ebenso Anfang 1915 in Belgien und Nordfrankreich. Anfang Mai erlebt Thoma als freiwilliger Sanitätsmann schwere Kämpfe in Galizien und er schreibt am 4.5. an seine geschiedene Frau Marion, mit der er in Verbindung geblieben ist: »Ich habe die Schlacht bei Gorlice angesehen und war Zuschauer bis Mittag 1 Uhr. Dann kam die Arbeit, die heute noch dauert und lange dauern wird. Wie viele liebe deutsche Kameraden habe ich getragen, und wie viele haben mir die Arme um den Hals gelegt, vertrauensvoll wie Kinder. Das geht so weiter, Tag u. Nacht u. Nacht u. Tag. Aber das Herz schlägt fort über den Sieg u. da gibt es keinen Schlaf oder doch keine Müdigkeit.« Die Strapazen sind für den 48jährigen Thoma zu anstrengend. Nachdem er im August 1915 in Brest-Litowsk an der Ruhr erkrankt, wird er am 1.9.1915 in die Heimat entlassen.

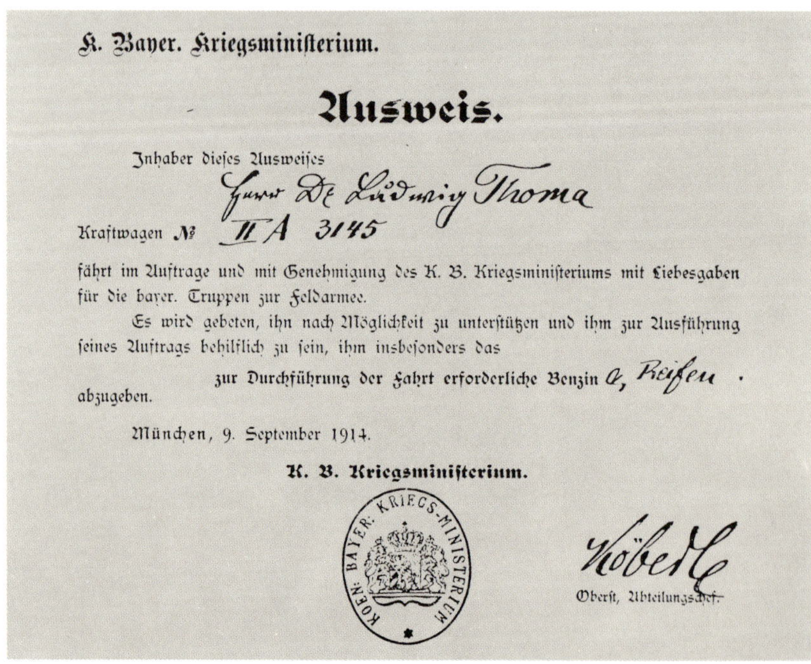

K. Bayer. Kriegsministerium.

Ausweis.

Inhaber dieses Ausweises
Herrn Dr. Ludwig Thoma
Kraftwagen № II A 3145
fährt im Auftrage und mit Genehmigung des K. B. Kriegsministeriums mit Liebesgaben für die bayer. Truppen zur Feldarmee.
Es wird gebeten, ihn nach Möglichkeit zu unterstützen und ihm zur Ausführung seines Auftrags behilflich zu sein, ihm insbesonders das zur Durchführung der Fahrt erforderliche Benzin u. Reifen abzugeben.

München, 9. September 1914.

K. B. Kriegsministerium.

KOEN. BAYER. KRIEGS-MINISTERIUM

Köberle
Oberst, Abteilungschef.

234
Fahrtausweis des K. Bayer. Kriegsministeriums wegen Benzin und Reifen für Ludwig Thomas Fahrt zur Front.

**235** und **236**
Fronttheater-Aufführungen von Ludwig Thomas »Erster Klasse« 1915 an der Westfront durch die »Feldgraue Singspielgesellschaft D' Dachauer« mit (oben) Wastl Witt (mit Maßkrug) und Weiß Ferdl (in Frauenkleidern). – Der Kiem Pauli schreibt am 20.12.1915 in einem Feldpostbrief an Thoma: »Ich mußte das letzte Mal nicht mit an die Front, da ich bei der Aufführung der I. Klasse mitzuwirken hatte... Unsere Vorstellung war nicht recht weit weg vom Feind und unterm Spiel donnerten die Kanonen, und unsere Zuhörer war der ganze Stab unseres Armeekorps. Und wie die Leute gelacht haben, das hätten Sie sehen müssen... Mit einem Wort, das war ein Tag wie man ihn öfters brauchen könnte. Am 22. und 23. ist hier in unserem Quartierort Vorstellung...«

237
Die Tuften im Winter. – In einem Brief vom 17.12.1909 schreibt Thoma an Ludwig Ganghofer: »Mein Haus duckt sich behaglich unter seinem Schneemantel zusammen, und raucht vergnügt aus zwei Kaminen. Rundherum ist wundervolle Stille und es macht schon Aufsehen erregenden Lärm, wenn ein Rabe aufhockt und den Schnee von einem Baumast ins Rutschen bringt.«

238
Weihnachten in der Tuften. Elise Aulinger liest aus Ludwig Thomas »Heilige Nacht«, die Weihnachtslegende im Lenggrieser Dialekt, die er im Dezember 1915 beginnt und im März 1916 vollendet. – An Dr. Georg Heim schreibt Thoma am 20.12.1916: »Ich habe das Buch mühelos geschrieben, und hatte niemals darum Sorge zu tragen, daß der Ton echt blieb. Deswegen macht es mir auch selber ungetrübte Freude…
Als ich mein Buch fertig hatte, da dachte ich oft, fast täglich daran, was daraus hätte werden können, wenn mein liebster Freund Taschner die Illustration und der prächtige Reger die Vertonung übernommen hätten. Das wäre einmal was Altbayrisches geworden…«

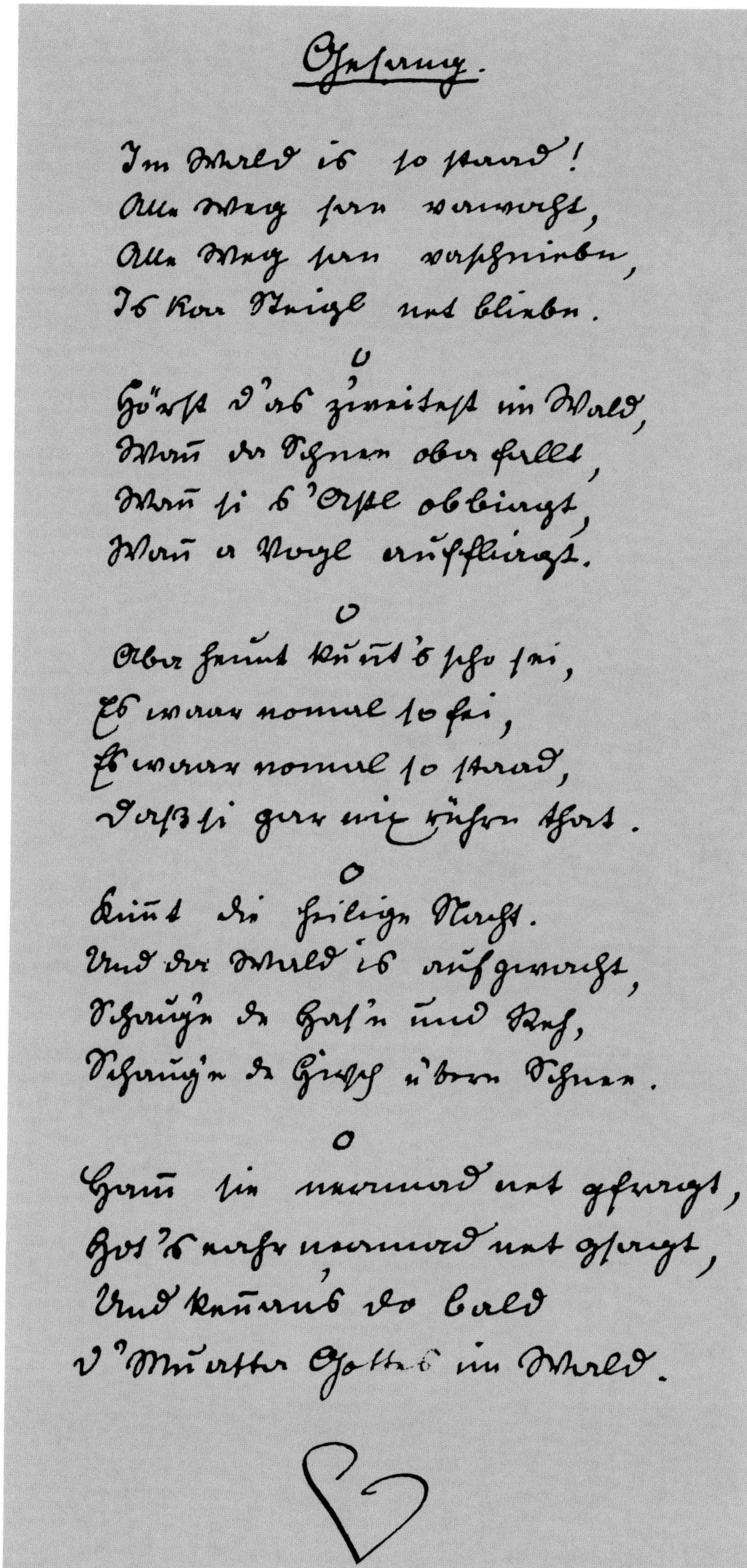
Gesang.

Im Wald is so staad!
Alle Weg san vawaht,
Alle Weg san vaschniebn,
Is koa Steigl net bliebn.

Hörst d' as z'weitest im Wald,
Wann da Schnee oba fallt,
Wann si 's Astl o'biagt,
Wann a Vogel auffliagt.

Aba heunt kunnts scho sei,
Es waar nomal so fei,
Es waar nomal so staad,
Daß si gar nix rührn that.

Kimmt die heilige Nacht.
Und da Wald is aufgwacht,
Schaug'n de Has'n und Reh,
Schaug'n de Hirsch übern Schnee.

Hamm sie neamad net gfragt,
Hot's eahr neamad net gsagt,
Und kennan 's do bald
D'Muatta Gottes im Wald.

**239**
Der »Gesang« aus der »Heiligen Nacht« von Ludwig Thoma in der Handschrift des Dichters für die beiden Töchter von Ignatius Taschner vom 14.12.1916:

»Im Wald is so staad,
Alle Weg san vawaht,
Alle Weg san vaschniebn,
Is koa Steigl net bliebn.

Hörst d' as z'weitest im Wald,
Wann da Schnee oba fallt,
Wann si 's Astl o'biagt,
Wann a Vogel auffliagt.

Aba heunt kunnts scho sei,
Es waar nomal so fei,
Es waar nomal so staad,
Daß si gar nix rührn that.

Kimmt die heilige Nacht.
Und da Wald is aufgwacht,
Schaug'n de Has'n und Reh,
Schaug'n de Hirsch übern Schnee.

Hamm sie neamad net gfragt,
Hot's eahr neamad net gsagt,
Und kennan 's do bald,
D'Muatta Gottes im Wald.«

In den Erinnerungen des Volksschauspielers Bertl Schultes lesen wir über die »Geburtsstunde« von Thomas »Heiliger Nacht«: »Es war Advent. Thoma war mit seinem Jäger in seinen Tegernseer Bergen. Eisig kalt war es und ein scharfer Wind schnitt einem schier das Gesicht entzwei. Der starke Schneefall nahm den beiden die Sicht; nur mit Mühe und Not konnten sie auf dem richtigen Weg bleiben, der ins Dorf führte. Mit einemmal wurde es windstill, die Kälte ließ nach, nur große Schneeflocken legten sich lautlos auf die Erde. Langsam, Schritt für Schritt, ging es bergab. Auf einmal hörte der Jäger, wie Thoma vor sich hinsagte:

Im Wald is so staad,
Alle Weg san vawaht,
Alle Weg san vaschniebn,
Is koa Steigl net bliebn…

Es war die Geburtsstunde der Dichtung von der Heiligen Nacht…«

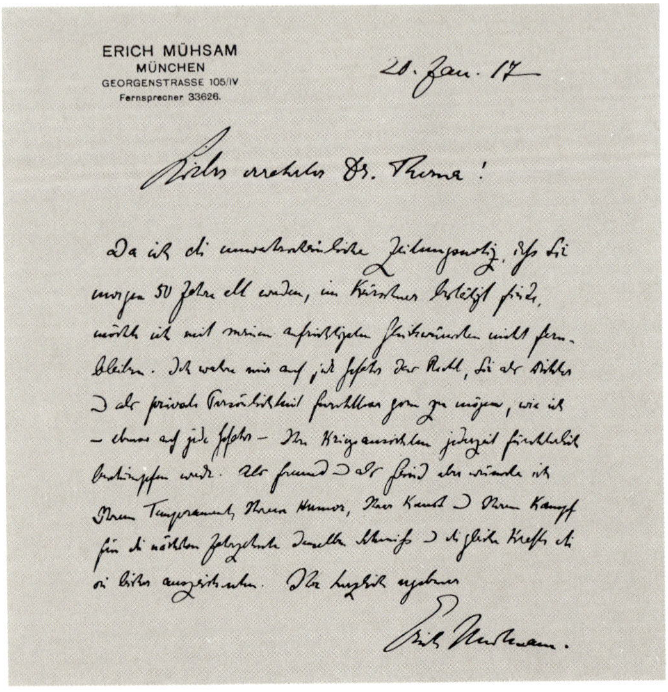

ERICH MÜHSAM
MÜNCHEN
GEORGENSTRASSE 105/IV
Fernsprecher 33626.

20. Jan. 17

Lieber verehrter Dr. Thoma!

Erich Mühsam.

**240**
Ludwig Thoma beim Verleger Dr. Georg Hirth, langjähriger Herausgeber der »Münchner Neuesten Nachrichten« und der Zeitschrift »Jugend«, in St. Quirin am Tegernsee (v.l.n.r.): Bauer Fischbacher, Dr. Georg Hirth, Ludwig Thoma, Wally Hirth.

**241**
Erich Mühsam gratuliert Ludwig Thoma zum 50. Geburtstag: »Lieber verehrter Dr. Thoma! Da ich die unwahrscheinliche Zeitungsnotiz, daß Sie morgen 50 Jahre alt werden, im Kürschner bestätigt finde, möchte ich mit meinen aufrichtigsten Glückwünschen nicht fernbleiben. Ich wahre mir auf jede Gefahr das Recht, Sie als Dichter und als private Persönlichkeit furchtbar gern zu mögen, wie ich – ebenso auf jede Gefahr – Ihre Kriegsansichten jederzeit fürchterlich bekämpfen werde. Als Freund und als Feind aber wünsche ich Ihrem Temperament, Ihrem Humor, Ihrer Kunst und Ihrem Kampf für die nächsten Jahrzehnte denselben Schmiß und die gleiche Kraft die sie bisher auszeichneten. Ihr herzlich ergebener Erich Mühsam.«

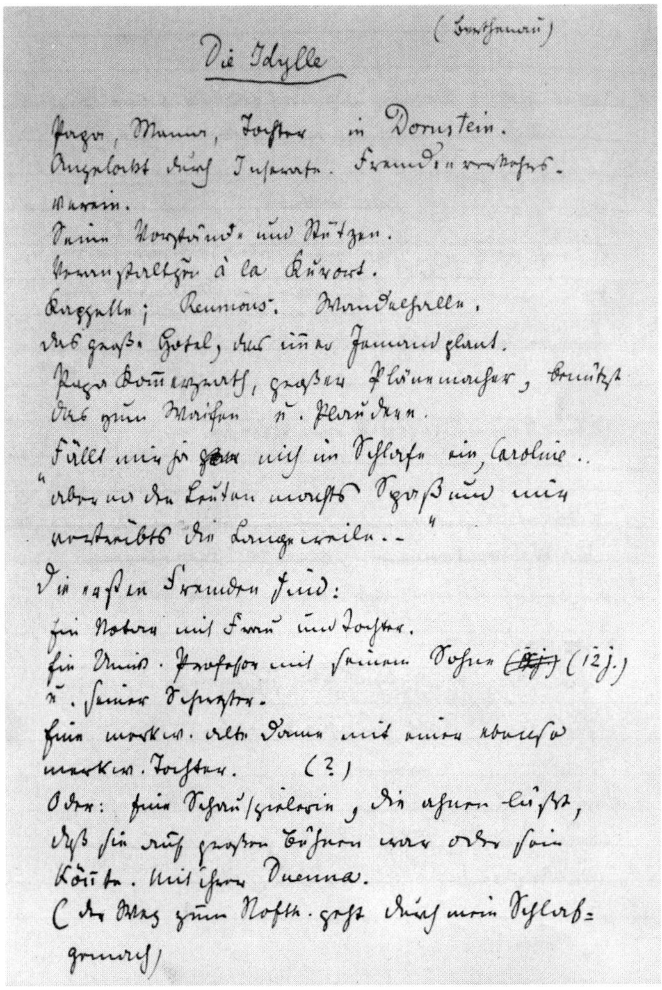

Die Idylle

Papa, Mama, Tochter in Dornstein.
Angelockt durch Inserate. Fremdenverkehrs-
verein.
Seine Vorstände und Stützen.
Veranstaltungen à la Kurort.
Kappelle; Reunions. Wandelhalle.
Das große Hotel, das immer Jemand plant.
Papa Kommerzrath, großer Plänemacher, benutzt
das zum Waifen u. Plaudern.
Fällt mir ja nich im Schlafe ein, Caroline..
„aber na den Leuten machts Spaß und mir
vertreibts die Langeweile..“
Die ersten Fremden sind:
Ein Notar mit Frau und Tochter.
Ein Univ. Professor mit seinem Sohne (12 J.)
u. seine Schwester.
Eine merkw. alte Dame mit einer ebenso
merkw. Tochter. (?)
Oder: Eine Schauspielerin, die ahnen läßt,
daß sie auf großen Bühnen war oder sein
könnte. Mit ihrer Duenna.
(Der Weg zum Hofth. geht durch mein Schlaf-
gemach)

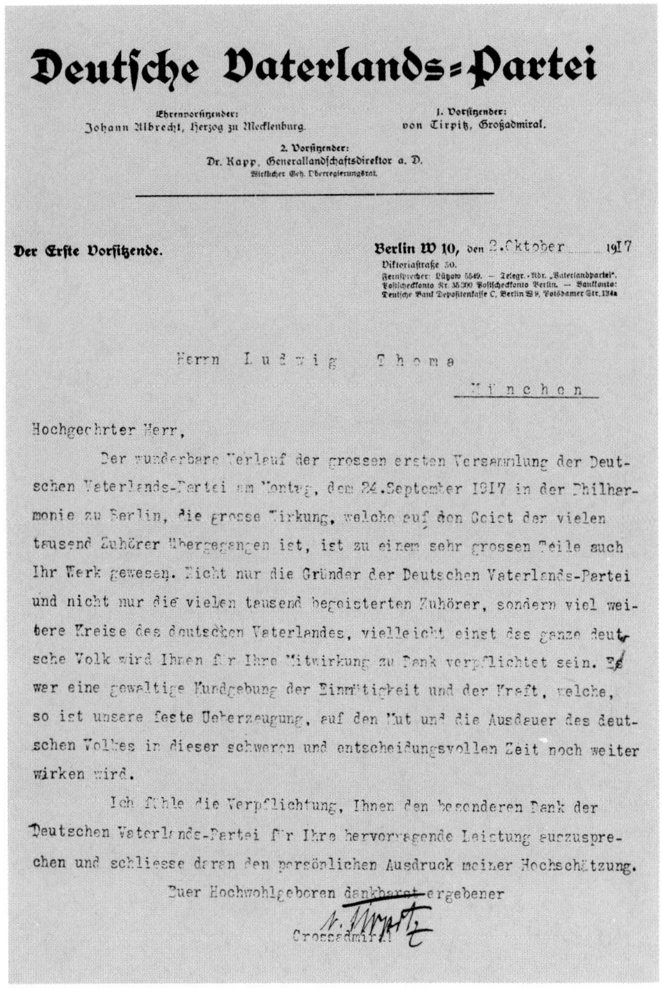

**Deutsche Vaterlands-Partei**

Ehrenvorsitzender:
Johann Albrecht, Herzog zu Mecklenburg.

1. Vorsitzender:
von Tirpitz, Großadmiral.

2. Vorsitzender:
Dr. Kapp, Generallandschaftsdirektor a. D.
Wirklicher Geh. Oberregierungsrat.

Der Erste Vorsitzende.

Berlin W 10, den 2.Oktober 1917
Viktoriastraße 30.
Fernsprecher: Lützow 5549. — Telegr.-Adr. „Vaterlandpartei“.
Postscheckkonto Nr. 35300 Postscheckkonto Berlin. — Bankkonto:
Deutsche Bank Depositenkasse C, Berlin W 8, Potsdamer Str. 134a

Herrn Ludwig Thoma
München

Hochgeehrter Herr,

Der wunderbare Verlauf der grossen ersten Versammlung der Deutschen Vaterlands-Partei am Montag, dem 24.September 1917 in der Philharmonie zu Berlin, die grosse Wirkung, welche auf den Geist der vielen tausend Zuhörer übergegangen ist, ist zu einem sehr grossen Teile auch Ihr Werk gewesen. Nicht nur die Gründer der Deutschen Vaterlands-Partei und nicht nur die vielen tausend begeisterten Zuhörer, sondern viel weitere Kreise des deutschen Vaterlandes, vielleicht einst das ganze deutsche Volk wird Ihnen für Ihre Mitwirkung zu Dank verpflichtet sein. Es war eine gewaltige Kundgebung der Einmütigkeit und der Kraft, welche, so ist unsere feste Ueberzeugung, auf den Mut und die Ausdauer des deutschen Volkes in dieser schweren und entscheidungsvollen Zeit noch weiter wirken wird.

Ich fühle die Verpflichtung, Ihnen den besonderen Dank der Deutschen Vaterlands-Partei für Ihre hervorragende Leistung auszusprechen und schliesse daran den persönlichen Ausdruck meiner Hochschätzung.

Euer Hochwohlgeboren ~~dankbarst~~ ergebener
v. Tirpitz
Grossadmiral

**242**
Manuskript mit Ideen und Charakteristiken »Die Idylle«, eine Vorstufe für den Roman »Altaich«:
»*Die Idylle.* Papa, Mama, Tochter in Dornstein. Angelockt durch Inserate. Fremdenverkehrsverein. Seine Vorstände und Stützen. Veranstaltungen à la Kurort. Kappelle; Reunions. Wandelhalle. Das große Hotel, das immer Jemand plant. Papa Kommerzrath, großer Plänemacher, benutzt das zum Waifen u. Plaudern. »Fällt mir ja nich im Schlafe ein, Caroline.. aber na den Leuten machts Spaß und mir vertreibts die Langeweile..« Die ersten Fremden sind: Ein Notar mit Frau und Tochter. Ein Univ. Professor mit seinem Sohne (12 J.) u. seine Schwester. Eine merkw. alte Dame mit einer ebenso merkw. Tochter.(?) Oder: Eine Schauspielerin, die ahnen läßt, daß sie auf großen Bühnen war oder sein könnte. Mit ihrer Duenna. (Der Weg zum Hofth. geht durch mein Schlafgemach)«
Ludwig Thoma berichtet am 16.1.1918 über »Altaich« an Josef Hofmiller: »›Altaich‹ wird sich, wie ich denke, harmlos und behaglich lesen. Es ist auch Autobiographisches darin, insofern ich den Gesamteindruck, den ich in meiner Jugend von Traunstein empfing, wiedergebe...«

**243**
Brief des Vorsitzenden der 1917 gegründeten »Deutschen Vaterlands-Partei«, des Großadmirals Alfred von Tirpitz, vom 2.10.1917 an Ludwig Thoma, dem der Großadmiral für seine Mitwirkung bei der ersten öffentlichen Parteikundgebung (24.9.1917) in der Berliner Philharmonie hier seinen besonderen Dank ausspricht. Ludwig Thoma schloß sich der neuen Partei kurz nach ihrer Gründung an. Im Gegensatz zum Deutschen Reichstag befürwortet die »Deutsche Vaterlands-Partei« einen »Siegfrieden«. Ludwig Thoma spricht am 17.11.1917 auch auf einer Versammlung dieser Partei im Münchner »Löwenbräukeller«.

**244**
Erinnerungsfoto von einer »Dichterreise« an die Isonzofront in Italien vom 22. bis 29.11. 1917 (von links nach rechts): Begleitoffizier, der Direktor des Museums von Aquileja, Max Halbe, Franz Karl Ginzkey (in Uniform aufs Knie gestützt), Felix Salten, Ludwig Thoma in Uniform, Begleitoffiziere. – Die Reise führt mit dem Auto von Wien aus nach Aquileja, der alten römisch-langobardischen Siedlung im Isonzodelta in der heutigen Provinz Udine. Die Aufnahme ist im Hof des dortigen archäologischen Museums, inmitten von Ausgrabungsfunden, gemacht.

**245**
Ludwig Ganghofer als Kriegsberichterstatter für die »Münchner Neuesten Nachrichten«. Federzeichnung-Karikatur, signiert mit »B.«, »14. März«. – Wie sein Freund Ludwig Thoma ist auch Ludwig Ganghofer vom ersten Tag an voller Begeisterung für den großen Krieg fürs Vaterland. Bereits 1914 schreibt Ganghofer, der Lieblingsdichter des Kaisers, seine »Eiserne Zither« – 91 Kriegslieder, entstanden in 152 Tagen. Auf Empfehlung des höchsten Kriegsherrn, seines Kaisers, reist er 1915 acht Monate an die West- und Ostfront, um »das Gesicht dieser großen Zeit mit eigenen Augen zu sehen. Die Erwartung brennt in mir wie ein Höhenfeuer«. Das Ergebnis sind vier Bände Frontberichte, die Verleihung des EK II. und eine Verwundung, die fast zur Erblindung führt. In Ganghofers Buch »Der russische Niederbruch« aus dem Jahr 1915 finden sich diese Zeilen:
»Der Tod ist eine harte Nuß
für jeden, der sie knacken muß;
doch ist der Heimat Glück ihr Kern
da beißt man fest und tut es gern!«

**246**
Ludwig Thoma, karikiert von Rudolf Sieck im Jahr 1917 als »Simpl-Hund« im Krieg, auf einer Karte an Dr. Conrad Haußmann mit dem handschriftlichen Vermerk: »Lieber Herr Haußmann, das war einmal der + Simplicissimus. Das Rot ist fast ganz weg. Jetzt ists kein schönes Vieh mehr. Herzlichen Gruß von uns beiden Ihr Rudolf und Marianne Sieck«. – Thoma selbst sieht seine zurückliegende »Simplicissimus«-Zeit in einem Brief an Conrad Haußmann am 4.2.1917 so: »Das ist nicht Bequemlichkeit, vielmehr Überzeugung, daß ich in den vergangenen Tagen über alles und noch einiges leichtfertig und falsch urteilte… Das unbekümmerte Maulaufreißen aus Schlemihlzeiten kommt mir heute recht klein und jämmerlich vor… Ich war Bierbankpolitiker mit Tinte…«

Herzlichen Gruß

Theatersaal Gasthof Ueberfahrt, Egern.

Samstag, den 10. August 1918

Anfang 5 Uhr nachmittags

Wohltätigkeits-Konzert

zu Gunsten der Ludendorff-Spende

veranstaltet vom

k. k. Kammersänger LEO SLEZAK von der k. k. Hofoper in Wien.

PROGRAMM:

I. Abteilung.

1. Franz Schubert: Ungeduld.
2. „ „ Trockene Blumen
3. Robert Schumann: Der Nußbaum.
4. W. A. Mozart: Arie des Tamino aus der Oper „Die Zauberflöte".

II. Abteilung.

1. Hugo Wolf: Fußreise.
2. „ „ Verschwiegene Liebe.
3. Richard Strauß: Befreit.
4. „ „ Freundliche Vision.
5. „ „ Cäcilie.

III. Abteilung.

Klaviervortrag des Herrn Doktor Rudolf Götz.

IV. Abteilung.

1. G. Bizet: Arie des Don José aus der Oper „Carmen".
2. G. Puccini: Arie des Rudolf aus der Oper „Die Bohême".

Am Flügel Herr Doktor Rudolf Götz.

Preis des Programmes 1 Mark.

Uhlschmid, Rottach.

**247** und **249**

Leo Slezak mit Thoma sowie der Programmzettel des Wohltätigkeitskonzertes, bei dem Thoma Maidi von Liebermann wiedersieht. Damit beginnt nun Thomas Kampf um deren Hand, der dann mit seinem Tod ergebnislos enden sollte. – Zwei Wochen später schreibt Thoma an Maidi von Liebermann: »... Abends singt Slezak. Als er das letztemal sang, sah ich drüben auf der anderen Seite des Saales einen runden großen Hut. Nach dem mußte ich schauen und mich immer aufs neue wundern, wie er da herein gekommen war...« Über Slezak schreibt Thoma am 20.8.1918 an Maidi: »Wo er mich sieht, reibt er mir die Nase ins Gesicht; er spricht so nett von Dir, daß ich mir jede Mißhandlung gefallen lasse...«

**248**

Gäste bei Thoma in der Tuften (hintere Reihe v.l.): das Terzett Hans Reiter, Karl Holl und Kiem Pauli, der Pianist Michael Raucheisen, Walter Slezak, (sitzend v.l.): Margarethe und Leo Slezak, Kammersängerin Gretl Stückgold mit Gatten(?).

**250** und **251**

Maidi Liebermann von Wahlendorf, fotografiert 1917 von Emil Ganghofer (Bruder des Dichters) in Egern und fotografiert um 1921 von Otto Rupflin in Tegernsee. – Fünf Tage nach dem Wiedersehen mit Maidi von Liebermann schreibt Thoma an sie: »Meine liebste Mädie, meine Hoffnung, mein Leben, herzliebster Schatz, was müßte ich Dir alles für Namen geben um doch nicht sagen zu können, was ich für Dich fühle, denn alles wäre zu schwach...«

**252**
Buchumschlag zur ersten Ausgabe von Ludwig Thomas »Erinnerungen« (1919), unter Verwendung einer Zeichnung von Julius Noerr. – An Maidi von Liebermann berichtet Thoma am 24.1.1919: »Gegenwärtig schreibe ich meine Erinnerungen fertig. Die Schuljahre sind abgeschlossen, 51 Maschinenschreibseiten, etwa 80 Druckseiten. Das ist rechtes Maß, denn man muß sich bei Erinnerungen vor allem hüten, selbstgefällig zu sein und redselig. Von mir ist wenig die Rede darin. Nun kommen die Berufsjahre. Ich bin dabei meine ersten schriftstellerischen Versuche in München, die Literatur von damals zu schildern. Dann kommt kurz Dachau, dann nochmal München und Eintritt in den Simplic. Und damit Schluß. Was nachher war mag der geneigte Leser aus meinen Büchern sehen...« Kurt Tucholsky schreibt 1920 in der »Weltbühne« (Jg. XVI, Nr. 8, S. 254/5) über Thomas »Erinnerungen« u.a.: »Dieser gute alte Mann hat seine ›Erinnerungen‹ veröffentlicht... Und ich hätte nie geglaubt, daß ich einmal so über ihn, dessen Bild jahrelang in meiner Stube hing, würde urteilen können. Der Gesamteindruck des Büchleins ist: Welch ein Spießer!... Gut sind die negativen Urteile über den berliner ›Betrieb‹. Gut ist die Ehrlichkeit der Empfindung, wenn es sich um seine nähere Umgebung handelt. Wir gönnen ihm einen freundlichen Lebensabend und wünschen ihm viel Glück auf Erden. Aber welch ein Spießer! (Und wir haben ihn doch einmal, hols der Teufel, lieb gehabt, und er war auch – damals – ein Künstler und ein Polemiker und stellenweis ein Satiriker, dem mein guter Freund Kaspar Hauser nicht das Schlechteste verdankt...) Und jetzt? Welch ein Spießer!...«

**253**
Ludwig Thoma und Maidi von Liebermann beim Weber an der Wand in Bad Wiessee, um 1919.

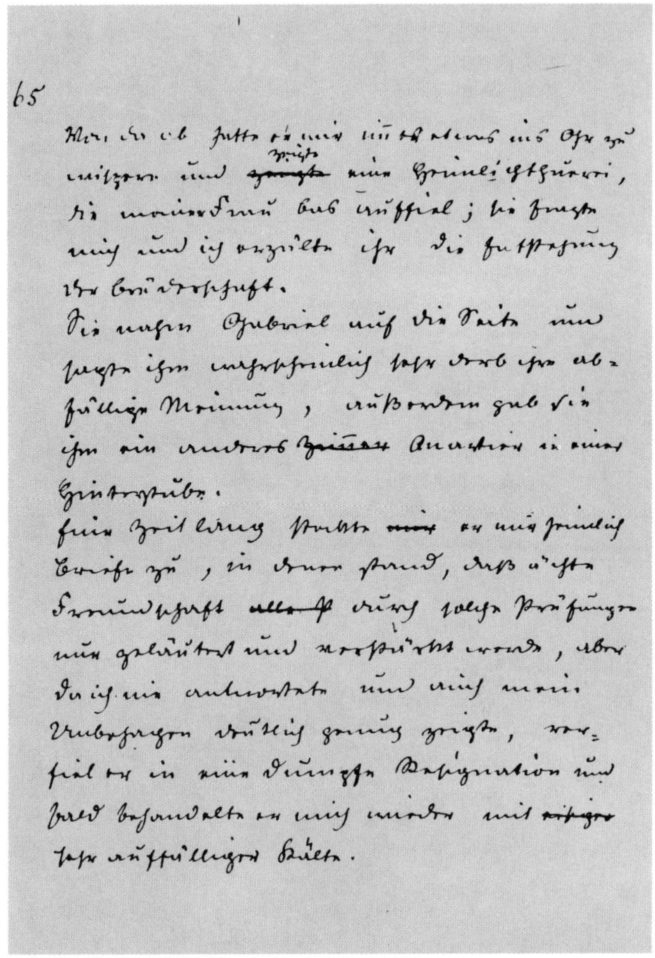

65

Von da ab hatte er mir immer etwas ins Ohr zu wispern und zeigte eine Heimlichthuerei, die meiner Frau Bas auffiel; sie fragte mich und ich erzählte ihr die Entstehung der Brüderschaft.
Sie nahm Gabriel auf die Seite und sagte ihm wahrscheinlich sehr derb ihre abfällige Meinung, außerdem gab sie ihm ein anderes Quartier in einer Hinterstube.
Eine Zeit lang steckte er mir heimlich Briefe zu, in denen stand, daß ächte Freundschaft durch solche Prüfungen nur geläutert und verstärkt werde, aber da ich nie antwortete und auch mein Unbehagen deutlich genug zeigte, verfiel er in eine dumpfe Resignation und bald behandelte er mich wieder mit sehr auffälliger Kälte.

**254**
Vor der Tuften, um 1919: Maidi von Liebermann (vorn rechts), dahinter Ludwig Thoma und sein Bruder Peter; die Damen links im Bild sind unbekannt.

**255**
Schlußseite des unvollendeten Manuskripts zu dem Roman-Fragment »Kaspar Lorinser« von Ludwig Thoma: »Von da ab hatte er mir immer etwas ins Ohr zu wispern und zeigte eine Heimlichthuerei, die meiner Frau Bas auffiel; sie fragte mich und ich erzählte ihr die Entstehung der Brüderschaft. Sie nahm Gabriel auf die Seite und sagte ihm wahrscheinlich sehr derb ihre abfällige Meinung, außerdem gab sie ihm ein anderes Quartier in einer Hinterstube. Eine Zeit lang steckte er mir heimlich Briefe zu, in denen stand, daß ächte Freundschaft durch solche Prüfungen nur geläutert und verstärkt werde, aber da ich nie antwortete und auch mein Unbehagen deutlich genug zeigte, verfiel er in eine dumpfe Resignation und bald behandelte er mich wieder mit sehr auffälliger Kälte.« – An Josef Hofmiller schreibt Thoma am 2.1.1920 aus Rottach über die neue Arbeit: »Jetzt versuche ich meinen ›grünen Heinrich‹. Sie haben mich ja schon mehrmals dazu animiert. Freilich ich gebe nicht bloß Selbsterlebtes, aber doch nur Selbstgedachtes. Seit vielen Jahren singt und klingt mir das im Herzen, aber es war ganz gut zu warten. Einen guten Namen habe ich für den Helden, der doch ein Teil von mir sein soll. Er heißt Kaspar Lorinser. Klingt das nicht altbayrisch und gut deutsch? Und gut deutsch soll das Buch werden, das verspreche ich mir. Aber auch altbayrisch. So mag es mir helfen, über diese Zeit weg zu kommen.« Und Josef Hofmiller antwortet auf einer Karte aus Burghausen am 23.3.1921 an Thoma:

»Kaspar Lorinser war ich genannt
Wie ich jetzt heiß, ist mir unbekannt.
In diesem Haus hab ich studiert
Bin neugierig, was noch aus mir wird.«

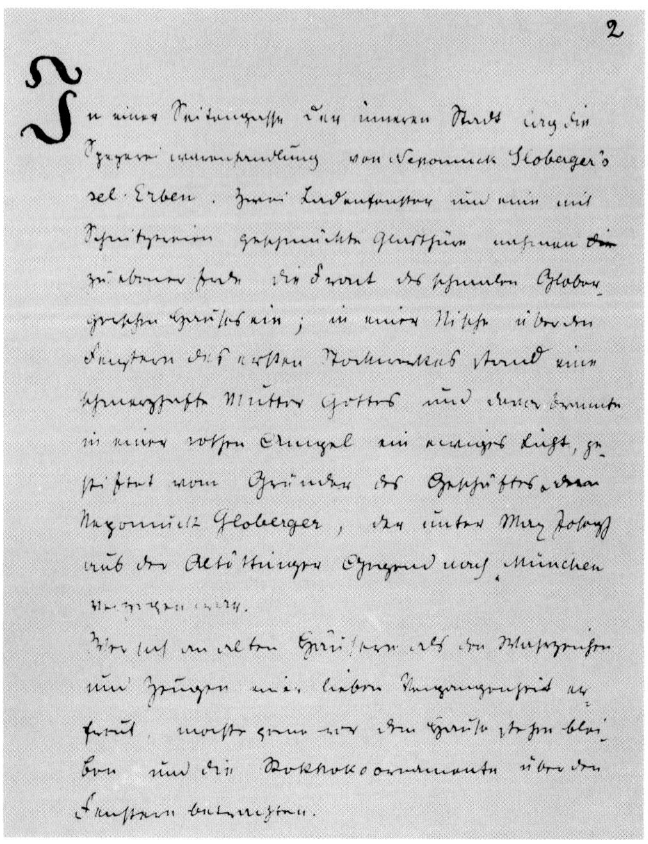

**256**
Entwurf eines Bucheinbandes für den Roman »Münchnerinnen« von Ludwig Thoma. Farbstiftzeichnung von Wilhelm Schulz.

**257**
Anfang der letzten Fassung des Roman-Fragmentes »Münchnerinnen« vom Dezember 1919. Der Text lautet: »In einer Seitengasse der inneren Stadt lag die Spezereiwarenhandlung von Nepomuk Globerger's sel. Erben. Zwei Ladenfenster und eine mit Schnitzereien geschmückte Glasthüre nahmen zu ebener Erde die Front des schmalen Globergerschen Hauses ein; in einer Nische über den Fenstern des ersten Stockwerkes stand eine schmerzhafte Mutter Gottes und davor brannte in einer rothen Ampel ein ewiges Licht, gestiftet vom Gründer des Geschäftes Nepomuk Globerger, der unter Max Joseph aus der Altöttinger Gegend nach München verzogen war.
Wer sich an alten Häusern als den Wahrzeichen und Zeugen einer lieben Vergangenheit erfreut, mochte gerne vor dem Hause stehen bleiben und die Rokkokoornamente über den Fenstern betrachten.«
Mitte August hat Thoma den Plan gefaßt, einen Fortsetzungsroman »Aus Münchner Bürger- und Künstlerkreisen« für den »Simplicissimus« zu schreiben: »Es liegt mir sehr und geht verdammt flott. Ganz ohne Schwierigkeiten; der Karren kann nicht stecken bleiben bei der Fülle von Personen und Geschehnissen. Wenn der Simpl klug ist, geht er auf meinen Vorschlag, die Sache in Fortsetzungen zu bringen, ein. Ich kann jetzt schon in acht Tagen etwa 100–150 Seiten in Schrift liefern« (14.8.1919). Aber »der Karren blieb doch stecken«, Thoma ändert, beginnt neu. Am 6.11.1919 notiert er: »Manchmal kommen Äste. Ich säge sie durch. Mich freut an dieser Arbeit am meisten das darauf los Fabulieren...« Doch gerade das »darauf los Fabulieren« bringt neue Schwierigkeiten. Am 27.12.1919 schreibt Thoma: »Ich wußte, daß mein Roman weder mehr gradlinig noch inhaltsvoll war, es waren verschiedene Knaxe darin. Und mich darüber wegtäuschen oder mich mit Halbheit trösten, bringe ich nicht fertig...« Thoma fängt nochmals neu an, meint aber wenige Tage später: »Froh bin ich, wenn ich dieses Buch weg habe. Es langweilt mich...« (31.12.1919) Schließlich legt er es beiseite – es bleibt ein Fragment.

258
Buchumschlag mit einer Zeichnung von Wilhelm Schulz zu dem Roman »Der Jagerloisl«. Josef Hofmiller schreibt später über den veränderten Schluß des Romans: »Auch der ›Jagerloisl‹, erzählte er mir, hätte von Haus aus tragisch schließen sollen. Aber an einem Sommermorgen sei er auf seinen Lieblingsberg gestiegen, auf einmal sei eine frische junge Sennerin aus ihrer Hütte getreten und habe hell ins Tal gejodelt, das Wetter sei so prachtvoll gewesen, da habe er's einfach nicht mehr über sich gebracht, einen so bildsauberen Burschen umkommen zu lassen. Das Leben hatte ihm das Konzept verbessert, und er führte die Korrektur des Lebens fröhlichen Herzens aus. Der kleine Zug ist der Schlüssel zu Ludwig Thoma.« Thoma schreibt dann den Roman für Maidi von Liebermann nach seinem Manuskript nochmals ab.

259
Ludwig Thoma und Herzog Ludwig Wilhelm in Bayern (vorne links) in Kreuth im Frühjahr 1918. – Kiem Pauli, für den der Herzog sorgte und ihm seine Volksliedforschung damit ermöglichte, schreibt später: »Der Herzog war dem Wesen Thomas sehr verwandt; was für ein Glück für ein Tal, wo zwei solche Männer in Freundschaft leben! Beiden war jede Spekulation fremd, und ihre Liebe zu gesundem Volkstum kam vom reinen Herzen ...«

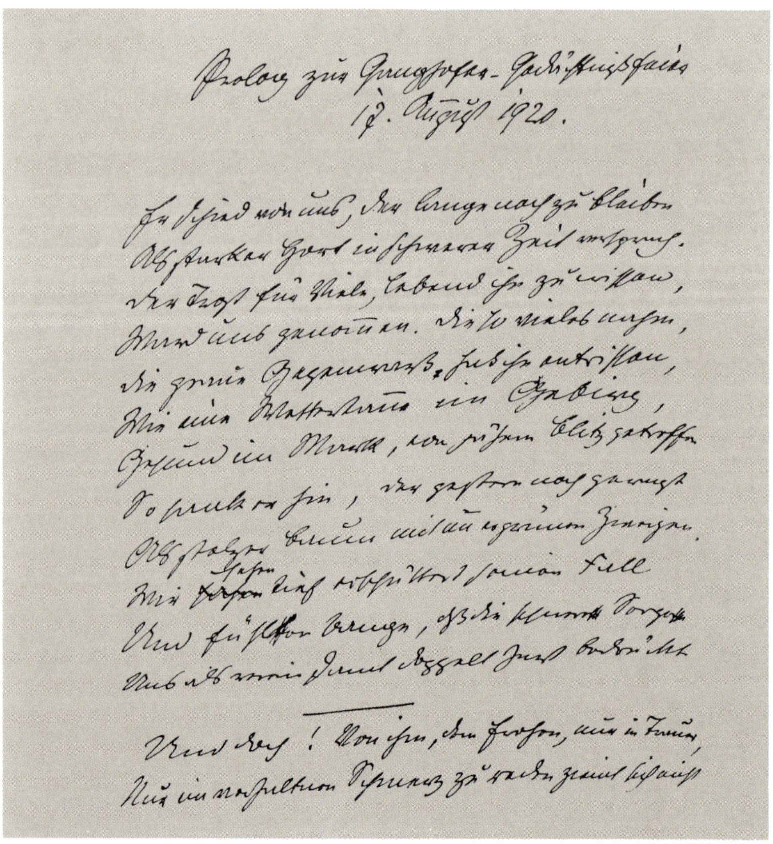

Prolog zur Ganghofer-Gedächtnisfeier
19. August 1920.

**260**
Ludwig Ganghofers »Haus Maria« in Tegernsee, in dem Ganghofer bis zu seinem Tod am 24.7.1920 nur drei Monate noch wohnte.

**261**
Ludwig Thomas Manuskript seines »Prolog zur Ganghofer-Gedächtnisfeier 17. August 1920«, der am 19.8.1920 im »Miesbacher Anzeiger« (Nr. 192) erschienen ist:

»Er schied von uns, der lange noch zu bleiben
Als starker Hort in schwerer Zeit versprach.
Der Trost für Viele, lebend ihn zu wissen,
Ward uns genommen. Die so vieles nahm,
Die graue Gegenwart hat ihn entrissen,
Wie eine Wettertanne im Gebirg,
Gesund im Mark, von jähem Blitz getroffen
So sank er hin, der gestern noch geragt
Als stolzer Baum mit immergrünen Zweigen.
Wir sehen tief erschüttert seinen Fall
Und fühlen bange, daß die schwere Sorge
Uns als vereinsamt doppelt hart bedrückt
– – –
Und doch! Von ihm, dem Frohen, nur in Trauer,
Nur im verhaltnen Schmerz zu reden ziemt sich nicht...«

**262**
Ludwig Thoma und Ludwig Ganghofer, aufgenommen am 26.6.1920 in Schwaighof am Tegernsee, wenige Wochen vor dessen Tod. Thoma schreibt am 31.7.1920 an Hofmiller: »Er war einer von den ganz wenigen, die sich am Erfolge anderer neidlos und herzlich erfreuen können. Um den Mann ist schade...«

# Tegernseer Zeitung

See- Geist

Gegr. 1865

**Amtsblatt des Amtsgerichtes und des Forstamtes Tegernsee**

Organ des Amtsgerichtsbezirks Tegernsee, der Gemeinden Tegernsee, Kreuth, Rottach-Egern, Ostin-Gmund, Dürnbach-Finsterwall, Waakirchen, Wiessee.

Telefonanruf 26. Postscheckkonto 8405 München.

**Samstag und Sonntag, den 13. und 14. November 1920.**

Einzelnummer 50 Pfg. Einzelnummer 50 Pfg.

## Festnummer

**zur Weihe der Ersten Bayerischen Landesschützenfahne der Einwohnerwehren Bayerns.**

### Festgedicht.

Schaart wieder sich ein treues Volk
Um seine alten Farben,
Für die die Alten heiß gekämpft,
Und stolz die Jungen starben
Dann glaub ich wohl, so tief uns auch
Das schwerste Leid getroffen,
Es regt sich doch im Vaterland
Ein neues, frohes Hoffen.

Ihr Schützen alle, Gott zum Gruß!
Doch nicht zum frohen Feste,
Zu einem ernsten Manneswerk
Seid Ihr willkomm'ne Gäste.
Wir richten heut ein Zeichen auf,
Das soll uns Heilung geben,
Nach langer Krankheit wieder Mut
Und neue Kraft zum Leben.

Schaut rings um Euch! Die Heimat grüßt,
Uralte Heimaterde.
So schwört Euch zu, daß wieder sie
So frei wie einstmals werde!
Das Land, das Ihr den Kindern gebt,
Drin Eure Väter schlafen,
Sei eines tapferen Volkes Hort
Und nicht ein Land der Sklaven!

Und sei ein Land, in dem sich froh
Die starken Arme regen,
Wo Recht und Ordnung Schutz verleih'n,
Und jede Arbeit Segen.
Und werde so, wie wir's geerbt,
Und werde es aufs neue —
Das Vaterland der Redlichkeit,
Das Vaterland der Treue.

Es liegt in unserer Erde Schoß
Als zukunftsreicher Samen
Der besten Helden treuer Tod.
Nennt ihre stolzen Namen
Den Kindern und erhaltet Euch
Den Geist, in dem sie starben!
Und schafft dem Lande jedes Glück,
Um das sie kämpfend warben.

Ihr Schützen alle, Mann für Mann
Das wollen wir geloben.
Wenn jeder recht nach aufwärts strebt,
Dann kommen wir nach oben.
Dann werden wir nach gutem Brauch
Die frohen Feste feiern.
Ein Hoch dem deutschen Vaterland
Und Hoch dem alten Bayern!

Ludwig Thoma.

**263** und **264**
Ludwig Thoma bei der Weihe der Ersten Bayerischen Landesschützenfahne der Einwohnerwehren Bayerns in Tegernsee am 14.11.1920 und sein Festgedicht in der »Tegernseer Zeitung«. Josef Hofmiller besucht im Herbst 1920 Thoma auf der Tuften und berichtet später: »Vorher und nachher habe ich viele Leute über den Krieg sprechen hören, über die verpaßten Möglichkeiten, versäumten Gelegenheiten, begangenen Fehler, keinen so erschütternd wie Thoma. Es war ein stundenlanger wühlender Monolog, der bis weit nach Mitternacht dauerte, und ich will gleich hinzufügen, daß es am nächsten und übernächsten Abend genau so war. Ein nie zur Ruhe kommendes Kreisen um dieselben Krisen und Katastrophen... aus allem sprach eine tiefe innere – Erbitterung ist nicht das rechte Wort, das rechte Wort wäre eher Verwundung –, eine schmerzliche, unheilbare, trostlose Verwundung...«

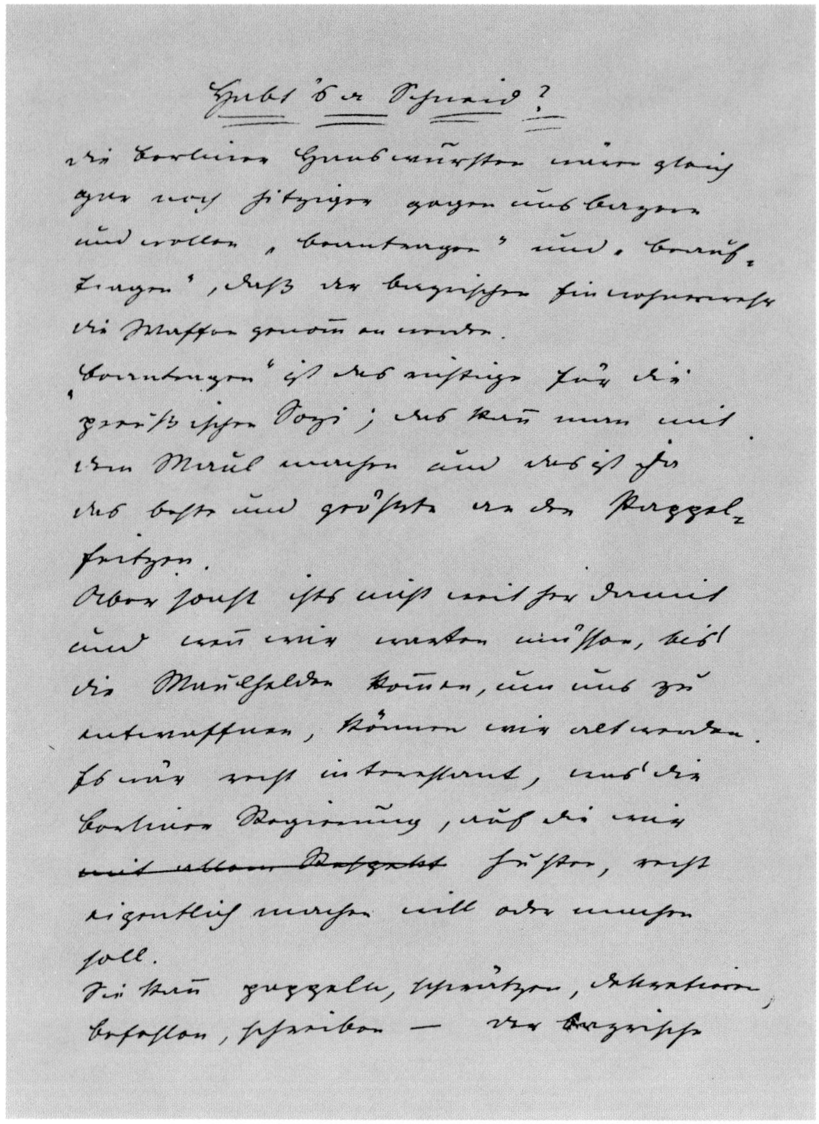

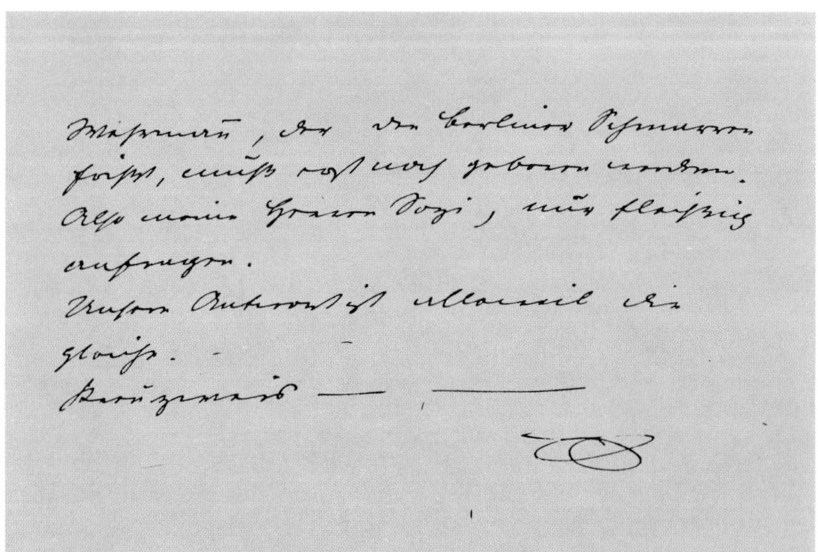

**265**
Fritz Salzberger, Apotheker in Miesbach und Vorsitzender des Corpsphilisterverbands Visigothiae-Rostock, dem sich im Dezember 1919 auch Ludwig Thoma anschließt. Salzberger ist für Thomas Weg zum »Miesbacher Anzeiger« in seinen letzten Lebensjahren bestimmend. Über ihn erreichen Thomas nicht gezeichnete politische Artikel bis zu Thomas Tod diese Zeitung. – »In der kurzen Zeit vom Beginn der Restaurationsbestrebungen in Bayern bis zu seinem frühzeitigen Tod«, schreibt die »Münchner Post« am 20.4.1927, (hat Thoma) »nicht weniger als 171 (!) Aufsätze veröffentlicht und die damalige bayerische Politik in der verhängnisvollen Weise in reaktionärem Sinne beeinflußt.« Die »Berliner Volkszeitung« nennt den Verfasser der anonymen Hetz-Artikel gegen Preußen, die Sozialdemokratie und leider auch gegen die Juden, den »Cato von Miesbach« und schreibt dazu am 5.4.1921: »Man ist gewohnt, daß Hetzartikel mit dem Besenstiel geschrieben werden; dieser edle Publizist jedoch hat vor den Kollegen das eine voraus, daß er mit der Mistforke schreibt und daraus keinen Hehl macht...«

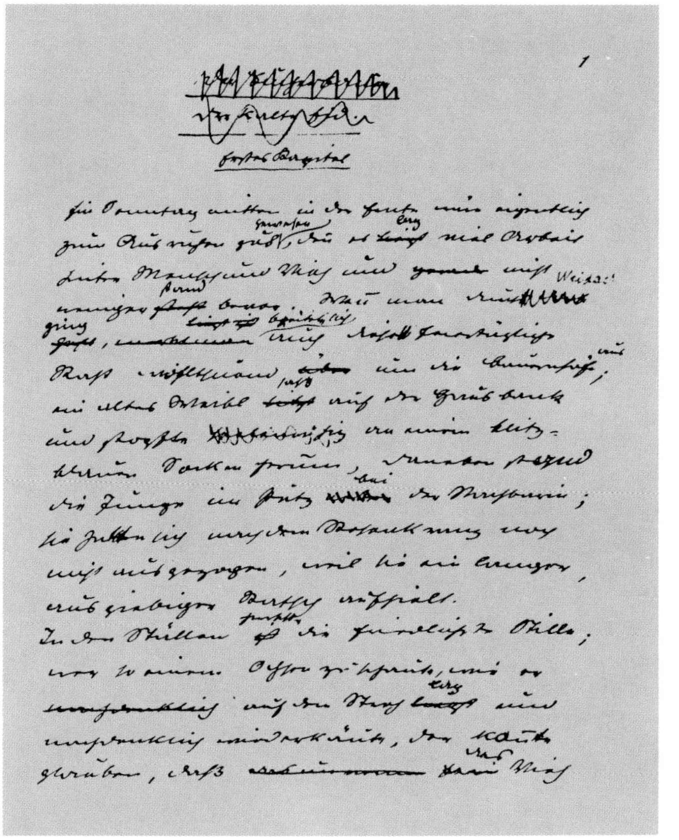

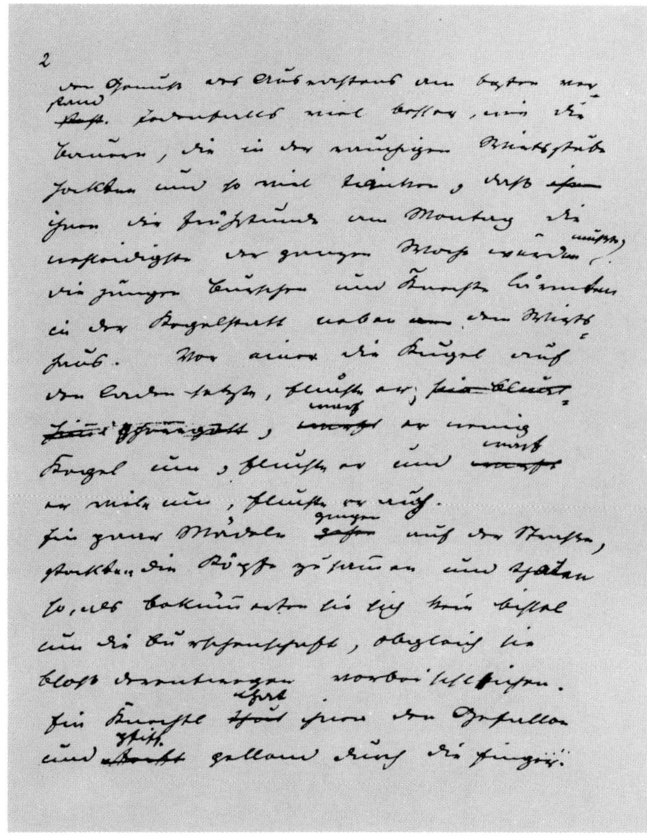

**266** und **266a**
Manuskript eines der von Ludwig Thoma anonym für den »Miesbacher Anzeiger« geschriebenen Artikel, veröffentlicht dort am 16.1.1921:
»Habt 's a Schneid?
Die berliner Hanswursten wären gleich gar noch hitziger gegen uns Bayern und wollen ›beantragen‹ und ›beauftragen‹, daß der bayrischen Einwohnerwehr die Waffen genommen werden. ›Beantragen‹ ist das richtige für die preußischen Sozi; das kann man mit dem Maul machen und das ist ja das beste und größte an den Pappelfritzen. Aber sonst ists nicht weit her damit und wenn wir warten müssen, bis die Maulhelden kommen, um uns zu entwaffnen, können wir alt werden. Es wär recht interessant, was die berliner Regierung, auf die wir husten, recht eigentlich machen will oder machen soll. Sie kann pappeln, schwätzen, dekretieren, befehlen, schreiben – der bayrische Wehrmann, der den berliner Schmarrn frißt, muß erst noch geboren werden. Also meine Herren Sozi, nur fleißig anfragen. Unsere Antwort ist alleweil die gleiche. Kreuzweis...«

**267** und **267a**
Anfang von Thomas Roman »Der Ruepp«: *»Erstes Kapitel.* Ein Sonntag mitten in der Ernte wäre eigentlich zum Ausruhen gut gewesen, denn es lag viel Arbeit hinter Mensch und Vieh, und nicht weniger stand bevor. Wenn man durch Weidach ging, breitete sich auch diese feiertägliche Rast wohlthuend um die Bauernhöfe aus; ein altes Weibl saß auf der Hausbank und stopfte an einem blitzblauen Socken herum, daneben stand die Junge im Putz bei der Nachbarin; sie hatte sich nach dem Rosenkranz noch nicht ausgezogen, weil sie ein langer, ausgiebiger Ratsch aufhielt.
In den Ställen herrschte die friedlichste Stille; wer so einem Ochsen zuschaute, wie er auf dem Stroh lag und nachdenklich wiederkäute, der konnte glauben, daß das Vieh den Genuß des Ausrastens am besten verstand. Jedenfalls viel besser, wie die Bauern, die in der rauchigen Wirtsstube hockten und soviel tranken, daß ihnen die Frühstunde am Montag die wehleidigste der ganzen Woche werden mußte. Die jungen Burschen und Knechte lärmten in der Kegelstatt neben dem Wirtshaus. Vor einer die Kugel auf den Laden setzte, fluchte er; warf er wenig Kegel um, fluchte er, und warf er viele um, fluchte er auch.
Ein paar Mädeln gingen auf der Straße, steckten die Köpfe zusammen und thaten so, als bekümmerten sie sich kein bissel um die Burschenschaft, obgleich sie bloß derentwegen vorbeischlichen. Ein Knechtl tat ihnen den Gefallen und pfiff gellend durch die Finger...«
An Maidi von Liebermann schreibt Thoma am13.4.1921 über den »Ruepp«: »Ich wäre auch jetzt so gern bei Dir und muß mich selber am Kragen halten, um nicht wegzufahren. Aber die düstere Stimmung des Ruepp, die zum Selbstmord hindrängen muß, soll aus einem Gusse sein...«

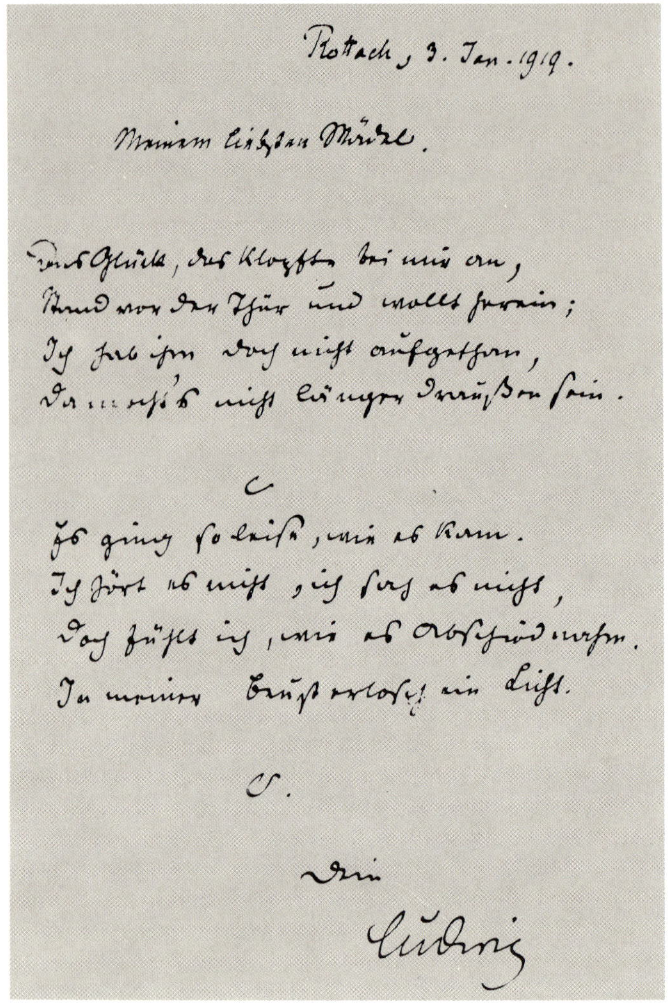

Rottach, 3. Jan. 1919.

Meinem liebsten Mädel.

Das Glück, das klopfte bei mir an,
Stand vor der Thür und wollt herein;
Ich hab ihm doch nicht aufgethan,
Da mocht's nicht länger draußen sein.

Es ging so leise, wie es kam.
Ich hört es nicht, ich sah es nicht,
Doch fühlt ich, wie es Abschied nahm.
In meiner Brust erlosch ein Licht.

Dein
Ludwig

**268**
Letzte Aufnahme von Thoma mit Maidi von Liebermann im Mai 1921. Er leidet unter Depressionen wegen der Aussichtslosigkeit auf eine Ehe mit Maidi von Liebermann und wegen der politischen Lage.

**269**
Manuskript eines Gedichtes von Ludwig Thoma an Maidi von Liebermann:
»Rottach, 3. Jan. 1919
Meinem liebsten Mädel.
Das Glück, das klopfte bei mir an,
Stand vor der Thür und wollt herein;
Ich hab ihm doch nicht aufgethan,
Da mocht's nicht länger draußen sein.
Es ging so leise, wie es kam.
Ich hört es nicht, ich sah es nicht,
Doch fühlt ich, wie es Abschied nahm.
In meiner Brust erlosch ein Licht.
Dein Ludwig.«

**270** und **270a**
Drei Wochen vor seinem Tod am 26.8.1921 schreibt Thoma sein Testament:
»München den fünften August Neunzehnhunderteinund- zwanzig
Am Vorabende meiner Operation lege ich hier bei vollem Bewußtsein meinen letzten Willen nieder und bitte meine Angehörigen, davon überzeugt zu sein, daß ich bestrebt war, Allen gerecht zu werden.
Als Haupterbin meines Vermögens setze ich ein Frau Maria

genannt Maidie von Liebermann, die vor langen Jahren nur durch meine Schüchternheit nicht meine liebe Frau geworden ist und die jetzt durch widrige und widerliche Verhältnisse davon zurückgehalten oder daran gehindert wurde. Sie soll aber meinem Bruder Peter Thoma, ebenso meinen Schwestern Katharina Hübner und Bertha Zurwesten, einem jeden einzeln die Summe von zweihunderttausend Mark ausfolgen, die ich ihnen hiemit vermache. Es ist wohl zu diesem Zwecke nöthig, daß meine Erbin Frau von Liebermann mein Haus und Anwesen in Tegernsee verkauft, und es sollen meine Geschwister bis zu diesem Verkaufe oder zum mindestens ein Jahr lang mit der Auszalung zu warten haben. Wird das Anwesen verkauft, so mögen ihre Forderungen vier Wochen später fällig sein. Von dem Erlöse des Anwesens müssen vertragsgemäß an die von mir geschiedene Frau Marion Thoma zur Abfindung ihrer sämtlichen Alimentationsansprüche zweimalhunderttausend Mark bezalt werden. Von der Einrichtung meines Hauses soll meine Bibliothek nicht veräußert werden, dieselbe vielmehr Seiner Königlichen Hoheit Herrn Herzog Ludwig Wilhelm zufallen, den ich bitte sie neben der Bibliothek seines Großvaters im Tegernseer Schlosse aufzustellen. Aus der Bibliothek vermache ich aber die fünfzig Bände des Oberbayrischen Archives meinem befreundeten Herrn Hans Mayr, derzeit bei Fürst Eulenburg in Liebenberg. Und Mommsens Römische Geschichte soll Herrn Pfarrer Kißlinger in Rappoltskirchen zufallen.

Die Einrichtung der unteren Wohnstube an Bildern, Jagdtrophäen und Gewehren vermache ich meinem Bruder Peter Thoma; er soll sie aber, damit alles beisammen bleibt, letztwillig oder noch zu Lebzeiten dem Herrn Herzog Ludwig Wilhelm überlassen. Meine Erbin Frau Marie von Liebermann wird die Möbelstücke, die von meiner Mutter her rühren und kleine Gegenstände, wie Teller Königs Ludwig II meinen Schwestern überlassen. Sonst aber soll sie ausschließlich Erbin meines Vermögens, meiner Bezüge an Honoraren und Tantiemen sein und nur gehalten sein, meinem Bruder Peter Thoma jährlich zweitausend Mark in monatlichen Raten von einhundertsechsundsechzig Mark und sechzig Pfennigen, so lange er lebt, zu bezalen. Die Nachkommen meines vorverstorbenen Bruders Max Thoma, die in San Diego leben und für die nach Lage der Verhältnisse der Erbteil kaum in Betracht kommt, setze ich auf den Pflichtteil, falls sie einen solchen zu beanspruchen haben. Meine Manuskripte gehören meiner Erbin Frau Marie von Liebermann und ich empfehle ihr, sich an Herrn Professor Hofmiller Josef in München zwecks Sichtung zu wenden.

Und nun schließe ich in der Hoffnung, daß ich es recht gemacht habe und bitte Alle um ein freundliches Andenken. Frau von Liebermann ist aus Frankfurt a/M und wohnt Stuttgart Olgastr. 110

Im rothen Kreuz geschrieben und gefertigt
Dr. Ludwig Thoma«

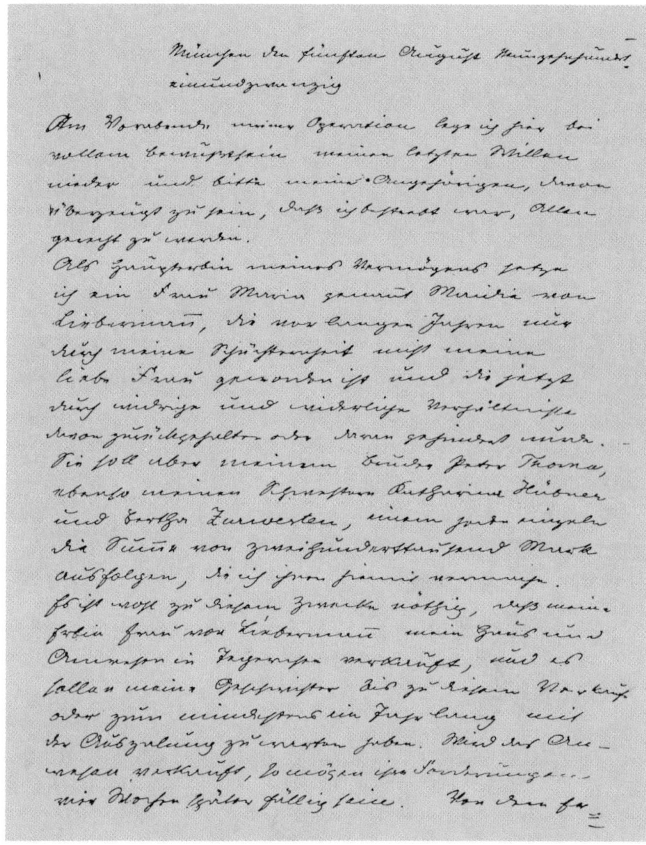

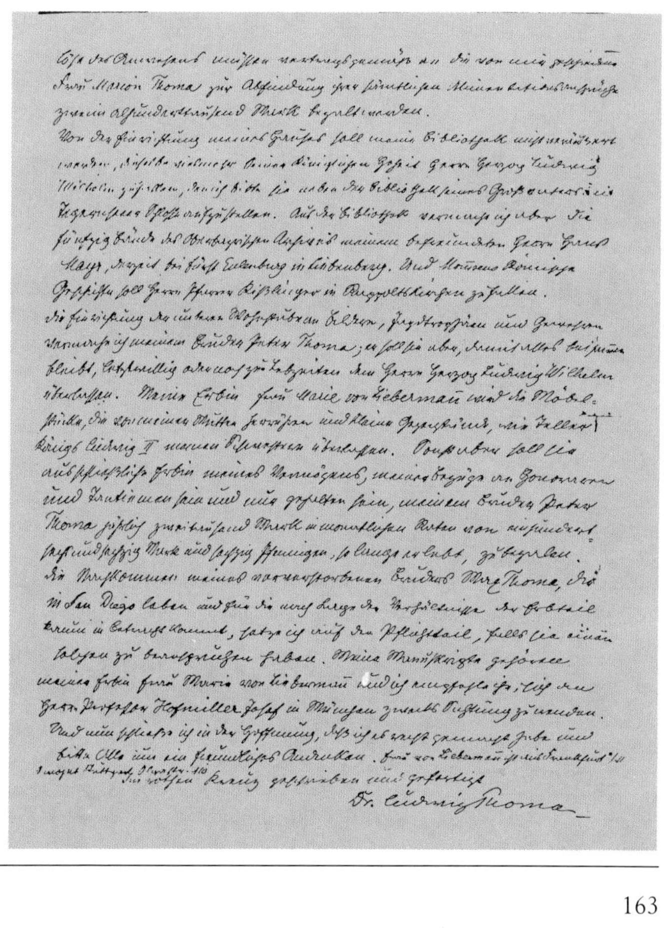

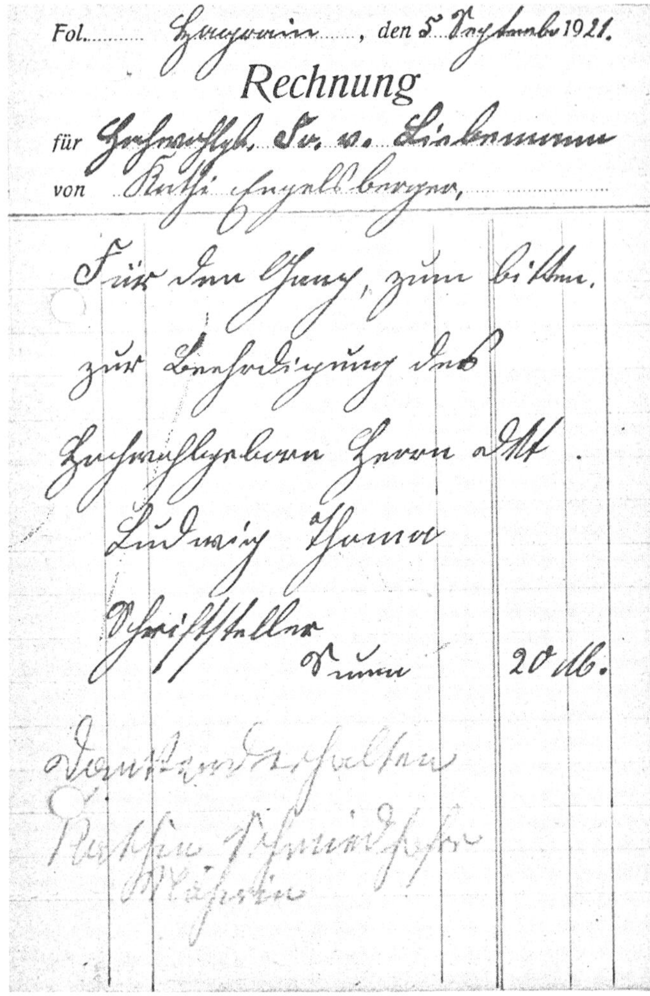

Fol. ........ [illegible], den 5. September 1921.

Rechnung

für Hochwohlgeb. Fr. v. Liebermann

von Resi Engelsberger

Für den Kranz, zum bitten,
zur Beerdigung des
Hochwohlgeboren Herrn Dr.
Ludwig Thoma
Schriftsteller Summe 20 M.

Dankend erhalten
Resi [illegible]
Wäscherin

271
Ludwig Thoma, aufgebahrt in seiner Stube auf der Tuften.

272
Das Grab nach der Beerdigung am 29.8.1921 auf dem Friedhof in Egern.

273
Der Leichenzug durch den Garten der Tuften hinab nach Egern.

274
Die Rechnung der Beerdigungsladerin Kathi Engelsberger aus Hagrain.

275
Rechnung des Gasthof »Bartlmä« für das Leichenmahl am 29.8.1921: »Nota für Hochwohlgeb. Verwandschaft Thoma 30 Essen Forstpersonal & Andere à 12 M, 14 Port. Essen für Verwandschaft à 15 M...«, insgesamt 839.00 Mark.

276
Olaf Gulbransson zeichnet auf der Fahrt zu Ludwig Thomas Beerdigung den Volksschauspieler Konrad Dreher aus Schliersee in seiner Trauerkleidung und berichtet später in seinen Erinnerungen: »Plötzlich starb Ludwig Thoma. So allzu jung – bloß ein 50er. Alle waren wir wie geschlagen. Wir saßen zusammen im Tegernseer Zug, um zur Beerdigung hinauszufahren. Wir schauten nur auf den Boden. Keiner hat was gesagt. Dann stieg in Holzkirchen der alte Schlierseer Nachbar Konrad Dreher in den Zug hinein. ›Grüß Gott beinand!‹. Ja – wie sah der denn aus! Oben auf seinem Kopf thronte ein viel zu hoher Zylinder aus den neunziger Jahren mit einem großen feierlichen Trauerschleier den Rücken herunter. Wir haben alle furchtbar lachen müssen, wir konnten nicht anders, und unsere Trauer war wie weggeblasen. Bis zum Friedhof erzählten wir bloß noch lustige Geschichten von unserem Ludwigl – und es war, als wäre er unter uns und lachte mit, am meisten von uns allen.«

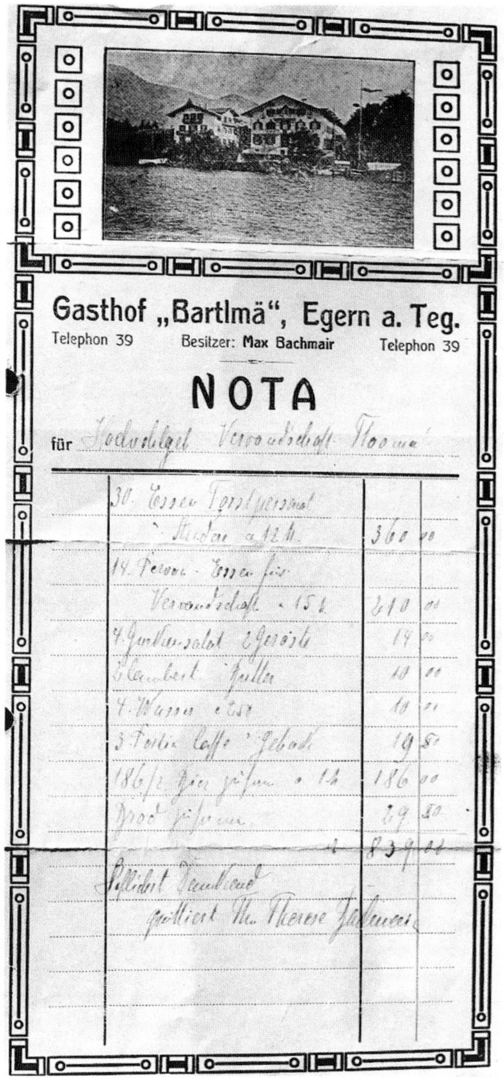
Gasthof „Bartlmä", Egern a. Teg.
Telephon 39 Besitzer: Max Bachmair Telephon 39

NOTA

für Hochwohlgeb. Verwandschaft Thoma

| | | |
|---|---|---|
| 30. Essen Forstpersonal & Andere à 12 M. | 360 | 00 |
| 14. Person. Essen für Verwandschaft à 15 M. | 210 | 00 |
| 4 [illegible] | 14 | 00 |
| 5 Camembert [illegible] | 10 | 00 |
| 4 [illegible] | 10 | 00 |
| 3 Portion Caffe & Gebäck | 19 | 50 |
| 186/2 Bier [illegible] | 186 | 00 |
| Brod [illegible] | 29 | 50 |
| | 839 | 00 |

Betrag dankend quittiert [illegible] Therese [illegible]

**277**
Ludwig Thoma. Ölbild von Olaf Gulbransson, 1921. – Thomas langjähriger Freund, der schwäbische Rechtsanwalt Dr. Conrad Haußmann, sagt in seinem Nachruf am Grabe: »Das Geheimnis seiner Kraft war sein Temperament. Er war das stärkste Temperament im Schrifttum unserer Tage. Er war in seiner Eigenart klassisch, und seine Einseitigkeiten ebenso wie seine schäumenden Gefühlswallungen unter wechselnden Eindrücken gehören zu dieser Eigenart. Seine Dichtwerke haben etwas von der Holzschnittkunst der Alten an sich. Aller Schein, alles Getu, alle Schleimschreiberei war ihm im Herzen zuwider. Die Heimat war seine tiefste Liebe, das Land und das Volk. Deshalb hat ihn das Schicksal Deutschlands durchs Herz geschnitten. Er hat unter der Tragik Deutschlands schwer gelitten... Er schuf sich heftige Gegner zeitweise in den verschiedensten Lagern. Von heute an wird die Gegnerschaft gegen ihn begraben sein. Die Erkenntnis wird wachsen, ein wie seltener Geist Ludwig Thoma gewesen ist. Er wird der Lieblingsdichter der Deutschen, vor allem der Bayern werden, wenn er es nicht schon ist...« Und Josef Hofmiller schreibt am 29.8.1921 in den »Münchner Neuesten Nachrichten« in seinem Nachruf auf Ludwig Thoma: »Kaum ein Jahr ist vergangen, seit er Ludwig Ganghofer als letzten Freundesgruß einen Alpenrosenstrauß auf den Sarg gelegt hat. Jetzt liegt er im Sarge, auf dem sich Kränze türmen, zahllos und von allen Arten: stolze, schwere Prachtkränze und bescheidne Blumen des Gebirgs, die ihm irgend ein Rottacher Bauernmädel mit einer Träne im Aug in die Gruft wirft, und, wenn sie heimgeht, sagt sie: »Um den ist's schad!«, und so wird man sagen im Rottacher Winkel, so lang noch ein alter Holzknecht oder Jäger lebt, der Ludwig Thoma gekannt hat, und dieser immer wiederkehrende Nekrolog wird Ludwig Thoma der liebste sein, und wir alle, die wir ihn gekannt und gern gehabt haben, wir können im ersten Schmerz nicht viel andres sagen, als: »Um den ist's schad!«...«

**278**
Zum 20. Todestag Ludwig Thomas, am 26. August 1941, veröffentlicht der »Simplicissimus« (Jahrgang 46, S. 689) diese Zeichnung von Olaf Gulbransson mit den Zeilen von Ludwig Thoma aus seinen »Erinnerungen«: »Um mich ist Heimat. Und die Erde kann einmal den, der sie herzlich liebte, nicht drücken.«

# Das Ludwig-Thoma-Archiv der Stadtbibliothek München

## VORBEMERKUNG

Das Ludwig Thoma-Archiv besteht seit dem Jahre 1957. Damals konnte die Stadt München von der Erbin des Dichters, Maria (Maidi) Liebermann von Wahlendorf, einen Teilnachlaß erwerben, der hauptsächlich Werkmanuskripte umfaßte. Ihm wurden die bereits aus früherer Zeit vorhandenen Thoma-Autographe der Sammlung beigefügt.
Nach dem Ableben von Maria Liebermann von Wahlendorf im Jahre 1971 schenkte ihr Erbe, Edgar W. von Wahlendorf, der Stadt München den gesamten, für die Forschung sehr bedeutenden Restnachlaß, der sich in der Tuften befand. Der Nachlaß wurde später noch durch verschiedene Druck- und Bildwerke angereichert.
Das folgende Archivverzeichnis bietet in Erweiterung der Festschrift »Ludwig Thoma. Zum 100. Geburtstag«, herausgegeben von der Stadtbibliothek München 1967, den heutigen, vollständigen Bestand.
Das Archiv befindet sich in der Monacensia- und Handschriften-Abteilung der Stadtbibliothek, Maria-Theresia-Str. 23, D-8000 München 80. Es steht ausschließlich der wissenschaftlichen Forschung zur Verfügung.
Die nach rechts herausgesetzten Ziffern mit vorgestellten Buchstaben geben den Standort der Sammlungsstücke im Archiv an.
Kursiv gedruckte Titel und Anmerkungen stammen von der Hand Ludwig Thomas.

## I. DOKUMENTE ZUR BIOGRAPHIE DER FAMILIE THOMA

1. JOSEPH VON THOMA (1767–1849)
   Gesuch um Ruhestandsversetzung nach 58 Dienstjahren, 7.8.1849; Schuß- und Fangbüchlein. 3 Dokumente.

2. FRANZ THOMA (1798–1862) UND HENRIETTE, GEB. REINER (1797–1871)
   Jagdkarte; Gratulation der Stadt Schongau zum 25jährigen Dienstjubiläum (unterzeichnet von Bürgermeister Pröbstl!); Verleihungsurkunde des St. Michaelsordens, 1851; Pensionsangelegenheiten der Witwe. 20 Dokumente.

3. MAX THOMA (1822–1874)
   Zeugnis des Gymnasiums in Augsburg; Sittenzeugnis der Ludwig Maximilians Universität; Beförderungen und Versetzungen. 58 Dokumente.
   Kgl. Forstamt Vorderriß: Dienstwohnung; Bierbezug zur Abgeltung eines Darlehens. 22 Dokumente, 5 Notizbücher.
   Kgl. Forstamt Forstenried: Auflösung des Haushalts und der Ökonomie. 59 Dokumente.
   An seine Kinder Max und Marie und an Freunde: 13 Briefe, 1 Brief-Fragment, 2 Brief-Entwürfe wegen der Versetzung des Jagdgehilfen Thomas Bauer.
   Briefe an Max Thoma von Dr. Bloest (2), Lorenz von Düfflipp (1), August von Eisenhart (1), Hartmann (1), Richard Hornig (2), Klaß (1), Franz Frhr. von Lobkowitz (4), Graf von Tattenbach-Rheinstein (19), Adolph von Wolf (1), Unbekannt (6) und 5 Beilagen.

4. KATHARINA THOMA, GEB. PFEIFFER (1831–1894)
   Recognitionsschein über das Vermögen; Arztrechnungen und Rezepte.
   Bestattung von Max Thoma. 26 Dokumente.
   Die Gasthäuser »Kampenwand« in Prien und »Post« in Seebruck und Traunstein. 11 Dokumente.
   Versorgung der Kinder: 129 Schriftstücke von und an die Vormünder sowie staatliche Versorgungsstellen.
   An ihre Kinder Max und Marie: 168 Briefe, 2 Brief-Fragmente.
   Fragment eines Briefstellers. Schulheft mit 4 Blättern, Handschrift.
   Todesanzeigen und Grabrede in Seebruck.

5. Max Thoma (1858–1911)
Zeugnisse. 6 Dokumente.
An die Mutter und Geschwister: 175 Briefe, 4 Karten, 1 Telegramm, 1 Manuskript, 1 Zeichnung. Von Jenny Thoma: 24 Briefe und 2 Fotos. 1867–1871, 1874–1888, 1901–1903, 1908, o.J.
Beilage: 1 Brief von Max G. Thoma (Sohn von Max Thoma) 1921.

6. Peter Thoma (1864–1924)
Geschäftspapiere aus der Lehrzeit. 1 Konvolut.
An die Mutter und Geschwister: 52 Briefe, 1 Brief-Fragment, 4 Karten, 2 Beilagen. 1874–1891, o.J.

7. Katharina Thoma (1868–1958)
An die Mutter und Geschwister: 12 Briefe, 1 Telegramm. 1880–1887, 1895–1905, 1917, 1921, o.J.

8. Bertha Thoma (1873–1938)
An die Geschwister: 9 Briefe, 1 Karte. 1895, 1902, 1913–1921.

## II. DOKUMENTE ZUR BIOGRAPHIE VON LUDWIG THOMA

9. Personalpapiere. – Zeugnisse der Schulen, Studienanstalten und Hochschulen.– Schreiben von und an staatliche Dienststellen. – Anklageschriften. – Vorladung zum Strafantritt. – Entlassungsbescheinigung des kgl. Strafvollstreckungsgefängnisses Stadelheim. – Verleihung des Bürgerrechts u.a. — L 2467/2
89 Dokumente, 37 Kopien. – Beilage: Band der Studentenverbindung »Suevia«.

*Geschäftsverzeichnis des Rechtspraktikanten Ludwig Thoma von Traunstein* — L 2403
September 1890–August 1893
1 braunkartoniertes Heft mit 23 Blättern, Handschrift, 20 × 16 cm.

Zeugnis der Stadtverwaltung München über die Tätigkeit im Vorbereitungsdienst als Rechtspraktikant. 1.3.1893. — L 2403
1 Blatt mit Unterschrift von Bürgermeister von Borscht.

10. Dissertation
*Zur Lehre von der Notwehr* — L 2444
*Inauguraldissertation verfaßt und der hohen juristischen Facultät der Friedrich-Alexander Universität Erlangen vorgelegt von Ludwig Thoma, Rechtspraktikant in Traunstein. 1891.*
Reinschrift mit Korrekturen in roter Tinte von anderer Hand.
1 blaukartoniertes Heft mit 55 Blättern, Handschrift, 33 × 21,5 cm.
Beilage: Gesuch um Zulassung zum mündlichen Doktorexamen am 13.12.1890.
1 Blatt, Handschrift, Xerox.
»*Curriculum vitae*« mit handschriftlichen Bemerkungen der Prüfungskommission und der Angabe »Vorl. Prädicat: rite«. 2 Blätter, Handschrift, Xerox.
Prof. Dr. Lueder: Referat über die Dissertation. – Prof. Dr. Hellwig: Bitte um Approbation und Vorschlag der Gesamtnote »rite«. 2 Blätter, Handschrift, Xerox.

11. Akten aus der Rechtsanwaltskanzlei — L 2467/4
2 Faszikel mit 30 Dokumenten, teils handschriftliche Entwürfe von Ludwig Thoma. 1897–1900.
Beilage: Karl Gelbert: Der Jurist Ludwig Thoma (Bericht). 3 Schreiben über Thomas Personalakt im Bayerischen Staatsministerium der Justiz.

12. Verlagsangelegenheiten u. ä. — L 2467/5 u. 44
»Fliegende Blätter«, München: Abrechnung um 1890.
»Augsburger Abendzeitung«: Abrechnung 1896.

Albert Langen Verlag. München: Verlagsvertrag von 1907 und Kopie des Verlagsvertrags von 1919. – 15 Schreiben an Thoma, 1913, 1916–1921. Brief zum 50. Geburtstag, 1917. – 14 Abrechnungen des Bühnenvertriebs, 1913–1921. – Bemerkungen zur Umwandlung des »Simplicissimus« in eine G.m.b.H. 3 Blätter, Handschrift. – Zur Situation des »Simplicissimus« im Kriege. 2 Blätter, Handschrift. – Notariatsurkunde über den »März-Verlag G.m.b.H.«, 1911. – Verlagsvertrag zwischen »März« und Ludwig Thoma, 1907.
Ullstein Verlag, Berlin: Verlagsverträge von 1911 und 1914. – Abrechnung 1920.
»Frankfurter Zeitung«, Frankfurt a.M.: Abrechnung 1911.
Druckerei Hesse & Becker, Leipzig: 2 Schreiben von 1912 und 1916.
Knorr & Hirth Verlag, München: 1 Schreiben von 1920.

13. Korrespondenz mit Bühnen L 2467/6
Hoftheater, München: 1911. – Deutsches Volkstheater, Wien: 1912. –
Herzogl. Hoftheater, Braunschweig: 1913. – Vereinigte Stadttheater, Frankfurt a.M.: 1915.
Beilage: Speisenkarte zum Festessen anläßlich der 100. Aufführung von »Moral« in Berlin am 1.3.1909.

14. Jagdangelegenheiten L 2467/7
Aufzeichnungen über die Geschichte der Jagd. Ein Konvolut von meist stenographischen Notizen. – 1 Erlaß von 1750. – Schießbuch, Jagd- und Schußkarten, Mitgliedsausweise. – Pachtverträge. – Briefe und Karten von Jägern. 22 Dokumente, 10 Briefe und Karten.

*Jagd 1907:* Erlebnisse im Tegernseer Gebiet.
11 Blätter, Handschrift, 22 × 14 cm. L 2408

Schußliste des Schriftstellers Ludwig Thoma. Inhaber der Gemeindejagd Tegernsee. 1912–1917. 1 Notizbuch mit 13 Blätter, Handschrift. L 2400

15. Die Tuften L 2467/8
Notarielle Urkunden über den Grunderwerb. – Messungsverzeichnisse. – 2 Brief-Kopien: Thoma an Carl Miller, 1906. – Bauvertrag mit dem Baugeschäft Josef Hofmann, Tegernsee. – Bauabrechnungen. – Kostenvoranschläge für den Bau des Stallgebäudes. Pläne für Gartengestaltung. – Versicherungspolicen und Steuerveranlagungen.
Auszug aus dem Messungsverzeichnis 1936 und Umbaupläne. – Pläne für die Moni-Alm.
100 Dokumente. – Beilage: 1 Konvolut Pressestimmen.

Die Tuften. Das Schifflendfeld und in der Bäch. – Die Riedfelder und Tuften. Verfaßt vom Saliterer an der Rottach Johann Stadler, 1911. Nachgeschrieben und verbessert von Johann Stadler, 1936. 4 Blätter, Handschrift, 21 × 33 cm, 1 Landkarte. L 2467/98

Seestaller, Georg. (Ökonomiebaumeister in der Tuften) L 2467/7a
Biographie, Todesanzeigen, 1 Foto.

16. Dokumente aus der Kriegszeit 1914–1918 L 2467/9
Dienstbescheinigung für Thoma als freiwilliger Krankenträger. – Verleihungsurkunde der »König-Ludwig-Medaille«. – Schreiben der Kgl. Preußischen Botschaft u.a.
6 Dokumente.

Gesundheitszeugnis vom 16.6.1915. L 2462
Beilage: Conrad Haußmann: Im Feldlazarett bei Lille.
Druck mit Widmung.

17. Politica
10 Schreiben an Thoma über politische Probleme, 1914, 1917, 1919, 1921: Faschismus in Italien. – Deutsche Vaterlandspartei. – »Ausschuß Entlastung« mit Mitgliederliste, in der auch Thomas Name enthalten ist. – Aufforderung der Ortsgruppe der N.S.D.A.P. in Tegernsee zum Beitritt.
Text der Ansprache Thomas auf der Kundgebung der Deutschen Vaterlandspartei am 24.9. 1917 in der Berliner Philharmonie. Beilage: »Deutsche Landsleute«. Flugblatt, Druck.

18. Verschiedenes L 2467/10 u. 11

Postabschnitte von Überweisungen der Mutter. – Bankauszüge. – Vereins- und Versicherungsbeiträge. – Telefonrechnungen. – Milchablieferungsliste u.a.
108 Dokumente.

Selbstbiographie. Um 1912. Geschrieben für Wilhelm Zils: Geistiges und künstlerisches München in Selbstbiographien. – München: Kellerer, 1913. A III/1
5 Blätter, Handschrift, 33 × 20,5 cm.

Reisepaß. Ausgestellt in Miesbach, 27.5.1919. 1 Heft mit 8 Blättern, Paßbild und Unterschrift. L 2465

19. Lebensende L 2467/13

Rechnungen von Arzt, Kirche, Bestatter und Wirt. – Nachruf von Conrad Haußmann. – Beileidstelegramme von Max Halbe und Richard Strauss. 19 Dokumente. – Beilage: Kopie des Nachlaßakts beim Amtsgericht Tegernsee; darin Kopie der Testamente vom 24.2.1911 und 5.8.1921. – Sammlung von Nachrufen. 1 Klemmband.
Abschrift des Testaments vom 5.8.1921. 2 Blätter, Typo, 32 × 23 cm. A III/10

20. Familiengeschichtliche Forschungen

Aufzeichnungen und Korrespondenz. 30 Dokumente, 2 Wappenzeichnungen, 1 Siegelabdruck, 3 Fotos. – Beilage: Adolf Roth: Ludwig Thomas Vorfahren. Typo des Rundfunkvortrags vom 28.12.1952.

21. Curiosa (gesammelt von Ludwig Thoma)

Soldatenbriefe. – Lebensläufe. – Rechnungen des Lohnkutschers Mischko Zibert u.a.
51 Dokumente.

Erinnerungen von 10 Bauern aus dem Dachauer Hinterland an den deutsch/französischen Krieg 1870/71. 30 blaukartonierte Schulhefte. Handschrift, 22 × 18 cm. Die Erinnerungen wurden im Auftrag Thomas 1906 geschrieben; die Aufzeichnungen der Bauern Michael Hechtl und Xaver Stegmeier dienten als Arbeitsmaterial für die Erzählung von Ludwig Thoma »Ein bayrischer Soldat. Erlebnisse des Xaver Glas im Jahre 1870«. L 2467/1

22. Pressestimmen, Bildwerke u. a.

Erstabdruck in Zeitungen. – Bearbeitung von Thomas Werken für Film und Funk. 1 Kassette.
Pressestimmen zu den Werk-Ausgaben. 3 Kassetten.
Pressestimmen zu den Gedenktagen. – Thoma-Bühnen. – Thoma-Gemeinde in Dachau. 1 Kassette.
Theaterzettel. – Programme. 1 Kassette.
Fotografien und andere Bildwerke. 5 Kassetten.
Einsendungen von Autoren zur Prüfung; darunter: Walter Ziersch: Der Froschteich. Komödie. 1 Kassette.

23. Aus dem Nachlass von Viktoria Pröbstl (1834–1902)

Tagebuch-Fragmente 1873–1879 und 1900. – Ausgabenbücher und Aufzeichnungen von Inventaren, u.a. der Wohnung Thomas in Dachau.

Familienbriefe u.a. – 28 Briefe des Jagdgehilfen Thomas Bauer. L 2467/15
Todesanzeige, verfaßt von Ludwig Thoma, 1 Blatt, Handschrift.

## III. TAGEBÜCHER UND KALENDER

24. *Tagebuch. Dr. Thoma, Traunstein. 1894.* L 2467/73

17.4.–28.5.1894.
1 Lederbändchen mit 36 Blättern, Handschrift, 18 × 14 cm. (Zitatensammlung. – Über den Bauernbund. – Über die Krankheit der Mutter.)

25. Tagebuch. *3.7.1896.* L 2467/74
1 Halblederband mit 1 Blatt, Handschrift, 13,5 × 11,5 cm. Papierlage mit ca. 1,5 cm herausgerissen.

26. Tagebuch. *27.11.1896–8.2.1897.* L 2467/75
1 Leinwandnotizbuch mit 12 Blättern, Handschrift, 19,5 × 12 cm. (Historische Notizen.)

27. Tagebuch. *4.–29.4., 28.5.–13.8.1901.* L 2467/76
1 Wachsleinwandnotizbuch mit 46 Blättern, Handschrift, 22 × 14 cm. (Über »Simplicissimus«, die Erzählung »Hochzeit«, 11 Scharfrichter, Björnson, Radtour nach Württemberg und Rheingau. Première von »Medaille«, Wiener und Berliner Erlebnisse. Aufenthalt in Finsterwald. »Lokalbahn«.)

28. Tagebuch. *9.7.–29.12.1902.* L 2467/77
1 Leinwandnotizbuch mit 25 Blättern, Handschrift, 20,5 × 16 cm. (Finsterwald – mit 2 Fotos! – »Die Lokalbahn«. – Zürich. – Stuttgart. – Viktor Pröbstl + )

29. Tagebuch. *2.11.1903–2.1.1904.* L 2467/78
1 Leinwandnotizbuch mit 12 Blättern, Handschrift, 17 × 11 cm. (»Wilderer«. – Vortrag in Karlsruhe. – »Andreas Vöst«. – »Der heilige Hies«.)

30. Tagebuch. *7.3.–3.5.1904.* L 2467/78 a
8 Blätter, Handschrift, 20 × 16 cm. (Radtour mit Th. Th. Heine und Rudolf Wilke durch Italien.)

31. Tagebuch. *5.4.–7.5.1904.* L 2467/88
1 Leinwandnotizbuch mit 34 Blättern, Handschrift, 18 × 11 cm. (Radtour zusammen mit Rudolf Wilke und Eduard Thöny nach Frankreich, Algier, Tunis, Süditalien und Sizilien.)

32. Tagebuch. *19.12.1904–26.7.1905.* L 2467/79
1 Schreibbuch mit 71 Blättern, Handschrift, 21,5 × 17,5 cm. (»Andreas Vöst«. – Bruno Paul. – Prügelstrafe. – Historische Notizen. – Charakteristik der Simpl-Künstler: Schulz, Thöny, Heine. – Ignatius Taschner. – Stuttgart (Verhandlung wegen Beleidigung der Königsberger Polizei). – Gustav Meyrink. – »Der Schusternazi«. – Marion kennengelernt. – Italienfahrt. – Jagd. – Holger Drachmann.)

33. *Stadelheim. Tagebuch I–IV.* L 2311
4 blaukartonierte Hefte mit 123 Blättern, Handschrift, 22 × 18 cm, 2 eingeklebte Zeitungsausschnitte. (Aufzeichnungen während der 6-wöchigen Haft, 16.10.–27.11.1906, im Münchner Strafgefängnis Stadelheim.)

34. Tagebuch. *6.–13.12.1906.* L 2467/80
10 Blätter, Handschrift, 21,5 × 16,5 cm. (Dr. Schweninger. – Bismarck. – Gustav Meyrink. – Die Kolonialdebatte.)

35. Kalender für den Bürger und Landmann auf das Jahr 1914. – L 2467/81
Sulzbach: Seidel. 44 Blätter. (Wettereintragungen.)

36. Kriegstagebücher. *4.4.–12.6.1915; 13.–18.6.1915.* L 2467/82
2 Leinwandnotizbücher mit 57 und 5 Blättern, Handschrift, 18 × 12 cm. 17 Beilagen, 1 Foto: Ludwig Thoma mit dem E.K.II. (Aufzeichnungen aus Thomas Einsatz als Sanitäter: Frankreich – Fahrt durch Deutschland – Ostfront.)

37. *Tagebuch von Dr. Ludwig Thoma. II. bayer. Kraftwagen Transport Zug d. Rothen Kreuzes, 41. Reserve Armeekorps. 6.8.–6.9.1915.* L 2310
1 Leinwandnotizbuch mit 11 Blättern, Handschrift. Beilage: 7 Dokumente (Ausweise u.a.), 1 Brief-Umschlag (Breslau – Galizien – Brest Litowsk – Erkrankung.)

38. Kalender für den Bürger und Landmann auf das Jahr 1916. – L 2467/83
Sulzbach: Seidel. 46 Seiten. (Angaben der entstandenen Werke. – Wettereintragungen.)

39. *Kriegstagebuch. 22.–28.11.1917.* L 2467/84
1 Leinwandnotizbuch mit 8 Blättern, Handschrift, 19 × 12 cm. (Tarvis – Udine – Feltre – Belluno – Sven Hedin.)

40. Kalender für den Bürger und Landmann auf das Jahr 1917. – L 2467/84a
Sulzbach: Seidel. 48 Seiten. (Angaben der entstandenen Werke. – Wettereintragungen.) Beilage: Barraibl. Im Oktober 1917 (Jagd). 6 Blätter, Handschrift.

41. Kalender für den Bürger und Landmann auf das Jahr 1918. – L 2467/85
Sulzbach: Seidel. 48 Seiten.
Beilage: Todesanzeige für den Jäger Johann Reiter; Aufzeichnungen für den 5. Juli. 1 Blatt, Handschrift. (Wettereintragungen.)

42. Tagebuch. *10.11.1918; 8.2.–13.3.1919.* L 2467/86
1 Notizbuch in Schuber mit 7 Blättern, Handschrift, 12 × 8,5 cm. (Stuttgart – Rottach.)

43. *Eine Fahrt von Tegernsee nach Stuttgart vom 26. April bis 29. April 1919. –* L 2467/87
*Der Kaiser. – Eine Betrachtung von Walther Rathenau. – Stuttgart, 12.5.1919.* (Maidi Liebermann von Wahlendorf.)
1 Notizbuch mit 113 Blättern, Handschrift, 17 × 11 cm.

44. *Notizen von Ludwig Thoma.* L 2423
*Aus den Tagebuchblättern von Moritz Busch. 1.5.21.* – Über die Grundübel des deutschen Wesens. Über den Lebenslauf von *Karl Friedrich Reinhard. Ibsens »Nordische Heerfahrt«.* – Zitate aus *Riezler und Victor Hehn.* Empfindungen bei der Lektüre der *zweiten Reise Goethes nach Italien. – Ibsen. Klein Eyolf. – Mommsen. – den 23. Juli 21* (stenogr.:) *3 Tage vor meinem Gang ins Krankenhaus. Mit großem Genusse in Goethes und Schillers Briefwechsel gelesen ... Donnerstag 28. Juli 1921. Gestern war General von Ludendorff bei mir ...* Skizzierung des Gesprächs.
1 Pergamentband mit 7 Blättern, Handschrift, 32,5 × 23 cm.

Ohne Jahresangabe:

45. Tagebuch. *10.–13.5.* L 2467/89
1 Wachsleinwandnotizbuch mit 22 Blättern, Handschrift, 19 × 12 cm. Beilage: 2 Karten. (Radtour nach Sterzing – Riva – Salo – Brescia – Florenz.)

46. Radtour mit Th. Th. Heine, Eduard Thöny und Rudolf Wilke nach Italien. L 2305/L 2306
6 Blätter, Stenogramm. 39 Blätter, Handschrift, Fragment, 28,5 × 22,5 cm.

## IV. KORRESPONDENZ

47/I. Von Ludwig Thoma an

| | | |
|---|---|---|
| Vater Max Thoma | 1 Brief | o.J. |
| Mutter Katharina Thoma | 10 Briefe und Abschrift eines Briefes mit handschriftlichen Bemerkungen von von Hubert Merk | 1874, 1883–1893 |
| Schwester Bertha | 11 Briefe, 3 Karten | 1903, 1904, 1908–1921 |
| Schwester Katharina | 46 Karten | 1900–1907 |
| Schwester Luise | 1 Karte | 1889 |
| Schwester Marie | 2 Briefe | 1894 |
| Bruder Peter | 15 Karten, 1 Telegramm | 1894, 1903–1915 |
| Ehefrau Marion | 273 Briefe, 4 Karten | 1905–1918 |

| | | |
|---|---|---|
| Schwager Hübner | 1 Karte | 1921 |
| Dr. Herbert Thoma | 1 Brief | 1916 |
| | | |
| Aram, Kurt | 1 Brief | 1906 |
| Barbarino, Max | 5 Briefe | 1904/05 |
| Bauermeister-Thoma, Elisabeth | 2 Briefe | 1913, 1920 |
| Buchberger, Oscar | 1 Karte | 1915 |
| Buckel, Rudolf | 1 Brief | 1917 |
| Conrad, Michael Georg | 6 Briefe, 1 Karte | 1901, 1909, 1916–1918 |
| Cossmann, Paul Nikolaus | 1 Brief | 1920 |
| Dengg, Michael | 10 Briefe, 5 Karten | 1908, 1911–1913 |
| Dispecker | 2 Briefe | 1919 |
| Dreher, Konrad | 13 Briefe | 1901–1905, 1914–1917 |
| Dreher (Frau) | 1 Brief | 1916 |
| Endres | 1 Brief-Abschrift | 1919 |
| Forel, Auguste | 1 Brief-Entwurf | 1918 |
| Ganghofer, Ludwig | 1 Brief | 1916 |
| Grimm, Dr. | 1 Brief | 1909 |
| Gulbransson, Olaf | 8 Briefe, 1 Karte, 1 Zettel | 1913, 1915–1917 |
| Gumppenberg, Hanns von | 2 Briefe | 1910 |
| Haußmann, Friedrich | 1 Brief | 1906 |
| Hesse & Becker | 1 Brief | 1900 |
| Hesse, Hermann | 1 Brief-Kopie | 1907 |
| Hirth, Georg | 1 Karte | 1915 |
| Hofmiller, Josef | 2 Briefe | 1916, 1918 |
| Holm, Korfiz | 46 Briefe, 1 Karte, 1 Brief-Abschrift | 1904, 1911–1919 |
| Hübscher, Arthur | 5 Briefe | 1917, 1918 |
| Kalckschmidt, Eugen | 1 Brief | 1920 |
| Kiem, Pauli | 1 Brief | o.J. |
| Langen, Albert | 39 Briefe, 2 Karten, 1 Telegramm, Brief-Entwurf, Notizbuch mit 2 Blatt, Steno. | 1900, 1902 o.J. L 2467/57 |
| Leher, Heinrich | 1 Brief | 1902 |
| Marr, Karl von | 3 Briefe, 1 Karte | 1906 |
| Mayr, Hans | 5 Briefe | 1919–1921 |
| Mischeck | 5 Briefe | 1901, 1902 |
| Pröbstl, Viktoria | 15 Briefe, 7 Karten | 1874, 1893–1902 |
| Raesfeld, Ludwig Frhr. von | 24 Briefe | 1886–1893 |
| Reitmair, Viktoria | 1 Brief | 1921 |
| Ritter, Joseph | 1 Brief (Bericht über den Bauernbund) | o.J. (um 1894) |
| Schaumberg, Georg | 1 Brief | 1905 |
| Scher, Peter | 4 Briefe, 1 Brief-Fragment | 1914, 1916–1918 |
| Schmid, Rupert | 8 Briefe, 1 Karte, 1 Vollmacht | 1904, 1912–1915, 1918, 1921 |
| Schmid, Josefine | 1 Brief | 1918 |
| Simplicissimus-Redaktion | 1 Karte | 1904 |
| Singer, Hans | 1 Brief | 1900 |
| Swoboda, Ferdinand | 1 Karte | 1907 |
| Taschner, Ignatius u. Helene | 123 Briefe, 41 Karten, 6 Telegramme, 1 Zettel, 1 Gesuch-Entwurf | 1903–1918 |
| Weinhöppel, Hans Richard | 1 Brief | 1908 |
| »Freund Willi« | 1 Brief | 1895 |
| Wolzogen, Ernst Frhr. von | 2 Briefe | 1900 |
| Ziersch, Walther | 1 Brief, 1 Karte | 1915, 1916 |

Für jegliche Einsichtnahme gesperrt bis 1997:

| | | |
|---|---|---|
| Liebermann von Wahlendorf, Maria (Maidi) | 814 Briefe, 1 Brief in Tagebuchform (58 Seiten), 13 Karten, 1 Gedicht | 1918–1921 |

## 47/II. In anderen Beständen der Handschriften-Sammlung

Von Ludwig Thoma an

| | | |
|---|---|---|
| Basil, Fritz | 7 Briefe, 1 Brief mit Gedicht, 1 Gedicht, 1 Karte | 1902, 1908, 1911, 1914–1918 |
| Conrad, Michael Georg | 1 Brief | 1902 |
| Ganghofer, August | 2 Briefe | 1917, 1921 |
| Ganghofer, Ludwig | 62 Briefe, 1 Brief-Fragment, 24 Karten, 3 Telegramme, 4 Beilagen | 1902–1919 |
| Ganghofer, Thinka | 12 Briefe, 2 Karten | |
| Halbe, Max | 4 Briefe | 1905, 1912, 1915, 1917 |
| Schmidt, gen. Waldschmidt, Maximilian | 1 Brief, 1 Danksagung | 1904, 1917 |
| Stollberg, Ignaz Georg | 4 Briefe, 1 Danksagung | 1901, 1909, 1917 |

## 47/III. Briefkopien

| | | |
|---|---|---|
| Ackerknecht, Erwin | 1 Brief | 1909 |
| Björnson, Björnstjerne | 3 Briefe | 1902, 1906 |
| Jacobsohn (Antiquar) | 1 Brief | 1917 |
| Langen-Björnson, Dagny | 15 Briefe | 1900, 1901, 1909 |
| Striedinger | 1 Brief | 1909 |

## 47/IV. Kopien aus anderen Sammlungen

Ludwig Thoma an

| | |
|---|---|
| Blaich, Hans Erich (Pseud.: Dr. Owlglaß) *) 8 Briefe, 1 Karte, 1 Danksagung | 1910–1917 |
| Frankl, Jakob ** 39 Briefe, 2 Karten, Beilage: 1 Brief von Bertha Thoma, Lebenslauf von Frankl | 1892–1898 |
| Haußmann, Conrad *** 165 Briefe, 26 Karten, 3 Telegramme, Beilage: 1 Brief an Ilse Haußmann, 1 Vollmacht, 1 Nota, 4 Schriften von Ludwig Thoma, 1 Karikatur von Rudolf Sieck | 1901–1919 |
| Heim, Georg ** 18 Briefe, Beilage: Herzog, Albert: Dr. Heim u. Ludwig Thoma Aufsatz: »Aufruf zum Beitritt in die Bayerische Volkspartei«. | 1916–1920 |
| Heuss, Theodor * 32 Briefe, 1 Telegramm | 1913–1915 |
| Illustrations Centrale August Scherl 1 Brief | 1917 |
| Langen-Björnson, Dagny **** 18 Briefe | 1900–1902 |
| Verschiedene Personen * 4 Briefe | 1901, 1903, 1913, 1917 |

*) *Deutsches Literaturarchiv am Schiller-Nationalmuseum, Marbach*
**) *Privatbesitz*
***) *Württembergisches Hauptstaatsarchiv, Stuttgart*
****) *Universitätsbibliothek Oslo*

47/V. An Ludwig Thoma von

| | | |
|---|---|---|
| seiner Tante Friederike Thoma | 2 Briefe | o.J. |
| seiner Ehefrau Marion | 1 Brief, 6 Karten, Beilage: Kabarett-Programm, Brief von Marions Vater | 1905, 1907, 1915, 1916, o.J. |

Für jegliche Einsichtnahme gesperrt bis 1997:

| | | |
|---|---|---|
| Maria Liebermann von Wahlendorf | 194 Briefe, 3 Karten-Briefe, 12 Karten, 17 Telegramme | 1918–1921 |
| Alexander, Richard | 1 Brief, 1 Karte, 1 Rollenbild mit handschriftlicher Widmung | 1917, 1921, o.J. |
| Amira, Karl von | 1 Brief-Karte | 1918 |
| Aram, Kurt | 1 Brief | 1907 |
| Arnold, Karl | 1 Brief, 2 Karten | 1919, 1921, o.J. |
| Aulinger, Elise | 1 Karte | 1921 |
| Bachmann, Alf | 3 Briefe, 1 Karte, 1 Kartenbrief | 1917, 1918, 1921 |
| Barbarino, Max | 1 Karte | o.J. |
| Barnowsky, Victor von | 2 Briefe, 4 Telegramme, 1 Visitenkarte | 1911, 1913, 1914, o.J. |
| Barth, Hans | 6 Briefe, 2 Karten, 1 Typo. | 1914–1917, o.J. |
| Basil, Fritz | 1 Karte | 1914 |
| Bauer, Thomas | 1 Brief | 1908 |
| Becker, Benno | 1 Visitenkarte | 1917 |
| Behn, Fritz | 1 Brief | 1916 |
| Berger, Alfred von | 1 Brief, 1 Telegramm | 1912 |
| Bernstein, Max | 2 Briefe | 1917, 1921 |
| Björnson, Björnstjerne | 2 Briefe, 1 Karte, 1 Brief-Abschrift, Beilage: Brief an A. Langen | 1902, 1905, 1906 |
| Blaich, Hans Erich | 6 Karten, 1 Manuskript, Beilage: Brief an Wolters | 1911, 1916, 1917 |
| Bosch, Robert | 2 Briefe | 1912 |
| Bothmer, Karl Graf von | 3 Briefe | 1917 |
| Brahm, Otto | 1 Brief | 1909 |
| Brann, Paul | 1 Brief | 1914 |
| Buckel, Rudolf | 1 Karte | 1917 |
| Büchtger, Robert | 1 Brief, 1 Brief-Karte | 1917, 1920 |
| Busson, Paul | 1 Brief, 3 Karten | 1909, 1918, o.J. |
| Caro, Nikodem | 1 Brief, 1 Visitenkarte | 1920 |
| Christ, Lena | 3 Briefe | 1913, 1920 |
| Conrad, Michael Georg | 1 Brief, 1 Porträt-Karte | 1917 |
| Cossmann, Paul Nikolaus | 2 Briefe, 1 Karte | 1915, 1917, 1921 |
| Dahn, Felix | 1 Brief | 1905 |
| Dehmel, Richard | 1 Brief | 1912 |
| Dengg, Michael | 5 Briefe, 2 Karten, 1 Brief von Franz Dengg | 1911–1913, o.J. 1914 |
| Donnersmarck, Anna Fürstin | 1 Brief, 1 Karte | 1921, o.J. |
| Drachmann, Holger | 1 Telegramm | 1906 |
| Dreher, Konrad | 6 Briefe, 8 Karten, 1 Brief-Fragment, 1 Tourneeplan | 1915–1917, 1921 |
| Du Moulin-Eckart, Richard von | 1 Brief | 1919 |
| Elster, Hanns Martin | 1 Brief, 1 Vereinssatzung und Mitglieder-Liste | 1921 |
| Engström, Albert | 3 Briefe, 2 Karten | 1907, 1913, 1914 |

| | | |
|---|---|---|
| Forel, Auguste | 1 Brief, 1 Karte | 1906, 1918 |
| Franckenstein, Clemens von | 2 Briefe, 1 Brief-Karte | 1912, 1914, o.J. |
| Francois, Hermann von | 1 Karte | 1916 |
| Ganghofer, August | 2 Briefe, 1 Karte | 1914, 1917, 1919 |
| Ganghofer, Ludwig | 17 Briefe, 4 Karten, 1 Telegramm, Abschrift eines Protokolls | 1905–1919, o.J. |
| Geheeb, Paul | 2 Briefe, 1 Brief-Karte, 1 Karte | 1913, 1916, 1917 |
| Geheeb, Reinhold | 1 Brief, 1 Feldpost-Brief, 2 Karten | 1904, 1910, 1912, 1917 |
| Geis, Josef | 1 Brief | 1912 |
| Girardi, Alexander | 1 Brief | 1916 |
| Goetz, Carl | 1 Brief | o.J. |
| Goldmann, Paul | 1 Brief | 1913 |
| Gosen, Theodor von | 2 Briefe | 1915 |
| Graef, Richard | 1 Gratulation mit Zeichnung | o.J. |
| Graener, Paul | 1 Brief | 1918 |
| Graßl, Josef | 2 Briefe, 1 Karte | 1912, 1915, 1921 |
| Groeber, Hermann | 4 Briefe, 1 Brief-Karte, 2 Karten | 1915–1917, o.J. |
| Großmann, Stefan | 3 Briefe | 1912, 1913, o.J. |
| Grützner, Eduard | 1 Brief | 1911 |
| Gulbransson, Olaf | 7 Briefe, 1 Karte, 2 Karikaturen | 1916, o.J. |
| Habich, Georg | 2 Briefe, 2 Karten | 1905, 1908, 1917, 1918 |
| Haider, Karl | 1 Brief, 1 Todesanzeige | o.J., 1912 |
| Hanfstaengl, Erna | 1 Brief | 1917 |
| Harden, Maximilian | 1 Brief | 1901 |
| Haußmann, Conrad | 60 Briefe, 5 Brief-Kopien, 1 Brief-Fragment, 2 Brief-Karten, 3 Karten, 1 Telegramm u.a. Beilagen | 1903–1916, 1919 |
| Haußmann, Robert | 3 Briefe, Beilage: 1 Brief an M. v. Liebermann | 1917, 1919, 1921 |
| Hedin, Sven | 1 Karte | 1919 |
| Heilemann, Ernst | 2 Briefe, 1 Foto | o.J. |
| Heilmeyer, Alexander | 1 Brief | 1917 |
| Heim, Georg | 5 Briefe, 3 Brief-Kopien | 1916–1918 |
| Heine, Thomas Theodor | 11 Briefe | 1898–1902, 1906, 1915, 1919 |
| Heinrich, Karl Borromaeus | 11 Briefe, 1 Visitenkarte, 1 Protokoll, 2 Briefe von Theodor Heuss | 1910–1916, 1920 |
| Hensel, Heinrich | 1 Brief | 1921 |
| Herzenstein, Anna | 8 Briefe, 3 Karten, 3 Fotos, 4 Beilagen und 1 Brief-Umschlag von der Hand des Dichters Korolenko | 1913, 1914, 1921 |
| Hesse, Hermann | 10 Briefe, 5 Karten, 1 Foto | 1905–1910, 1912, 1916 |
| Heuss, Theodor | 1 Brief (s. Heinrich, K.B.!) | 1916 |
| Hirth, Georg | 4 Briefe, 2 Karten | 1906, 1909–1914 |
| Höfer, Emil | 1 Foto-Karte | 1921 |
| Hoess, Eugen Ludwig | 2 Karten | 1896 |
| Hößlin, | 1 Brief | 1917 |
| Hofmiller, Josef | 11 Briefe, 2 Karten, 1 Brief an Hofmiller mit Entwurf der Antwort | 1917, 1918, 1920, 1921 |
| Holm, Korfiz | 3 Briefe | 1911, 1916 |

| | | |
|---|---|---|
| Huggenberger, Alfred | 2 Briefe | 1908 |
| Hundt, Graf von | 2 Briefe | 1917, 1921 |
| Ivogün, Maria | 1 Brief | 1921 |
| Kahr, Gustav von | 2 Briefe | 1918 |
| Kaulbach, Frida | 1 Brief, 1 Visitenkarte | o.J. |
| Kaulbach, Friedrich August | 8 Briefe, 1 Karte | 1906–1910, 1915, 1917 |
| Kemmer, Ludwig | 2 Briefe | 1918 |
| Kiem, Edmund | 1 Karte an H. Halmbacher | 1921 |
| Kiem, Erich | 2 Karten | o.J. |
| Kiem, Pauli | 14 Briefe, 6 Karten, 1 Beilage | 1915–1918, 1921 |
| Klein, Richard | 1 Gratulation mit Zeichnungen | 1917 |
| Klimsch, Karl | 2 Briefe | 1909, 1911 |
| Kronschnabl, Simon | 3 Briefe, 1 Karte, Beilage: Kopie eines Briefes von Ludwig Thoma | 1912, 1917, 1920, 1921 |
| Lang, Guido | 2 Briefe | 1913, 1917 |
| Lang, Ricca | 7 Briefe, 4 Karten, 1 Brief-Fragment | 1911, 1916–1921, o.J. |
| Langen, Albert | 10 Briefe, 1 Karte | 1902–1904, 1906–1908 |
| Langen, Martin | 1 Brief | 1911 |
| Langen Verlag | 2 Briefe | 1914, 1918 |
| Langen-Björnson, Dagny | 1 Brief | 1909 |
| Lautenschläger | 2 Briefe | 1921 |
| Leibl, Wilhelm | 1 Brief | 1900 |
| Liebermann, Max von | 1 Brief | 1900 |
| Lingg, Hermann von | 1 Gedicht | o.J. |
| Lingg, M. von | 1 Brief | 1900 |
| Loewenfeld, Theodor | 1 Brief | 1917 |
| Losch, H. | 1 Gedicht | 1916 |
| Ludendorff, Erich | 1 Brief | 1921 |
| Ludwig Wilhelm, Herzog in Bayern | 30 Briefe, 15 Karten | 1913–1918, 1921, o.J. |
| Mann, Heinrich | 1 Brief | 1912 |
| Mauthner, Fritz | 1 Brief | 1912 |
| Mautner, Konrad | 1 Brief, 1 Karte | 1919, 1920 |
| Mayr, Hans | 3 Briefe, 3 Karten | 1916, 1917, 1920, 1921 |
| Meinhard, Carl | 1 Brief | 1921 |
| Merkt, Otto | 1 Briefkarte | 1917 |
| Mittnacht von | 4 Briefe | 1885, 1886 |
| Mühsam, Erich | 1 Brief | 1917 |
| Müller, Adolf | 1 Brief | 1913 |
| Müller, Karl Alexander von | 1 Brief | 1921 |
| Müller-Meiningen, Ernst | 2 Briefe | 1912, 1913 |
| Münchhausen, Börries von | 1 Karte | 1921 |
| Naager, Franz | 1 Brief | 1911 |
| Noerr, Elisabeth | 1 Brief, 1 Abschrift eines Briefes von Ludwig Thoma | 1918, 1921 |
| Otto, Walter | 1 Brief | 1919 |
| Paul, Bruno | 1 Brief, 1 Karte, 1 Quittung | 1905, 1907, o.J. |
| Pernerstorfer, Engelbert | 2 Briefe | 1913, 1914 |
| Petzet, Erich | 2 Briefe | 1914, 1915 |
| Philippi, Felix | 1 Brief | 1920 |
| Presber, Rudolf | 1 Brief | 1911 |
| Pröbstl, Viktoria | 3 Briefe | 1897, 1900, 1902 |
| Putlitz, Joachim Gans zu | 2 Briefe, 2 Karten, 1 Typo seiner Tochter | 1911, 1912, 1914, 1921 |

| | | |
|---|---|---|
| Queri, Georg | 1 Brief | 1912 |
| Raithel, Hans | 8 Briefe | 1887, 1911, 1916–1918 |
| Rath, Willy | 1 Brief | 1914 |
| Rauch, Joseph | 1 Brief | 1914 |
| Reder, Heinrich von | 1 Gedicht | o.J. |
| Reiter, Johann | 10 Briefe, 19 Karten, 2 Fotos | 1914–1918 |
| Ritter, Joseph | 3 Briefe | 1894, 1895 |
| Rössler, Carl | 2 Briefe | 1911 |
| Rothmaier, Richard u. Karl | 2 Briefe, 3 Karten | 1915–1917, 1921 |
| Rückert, Johann | 2 Karten | 1915 |
| Sachs, Carl u. Johanna | 2 Briefe | 1892, o.J. |
| Salzberger, Fritz | 1 Brief, 1 Karte | 1921 |
| Sandberger, Adolf | 1 Visitenkarte | 1911 |
| Scharvogel, Hanns | 13 Briefe | 1908–1917, 1919, 1921 |
| Scher, Peter | 6 Briefe | 1914, 1916, 1917, 1921 |
| Schlaikjer, Erich | 1 Brief, 2 Druck-Fahnen | 1921 |
| Schmid, Heinrich Kaspar | 1 Brief | 1921 |
| Schmid, Rupert u. Anni | 9 Briefe, 3 Karten | 1907, 1912, 1915–1917, 1919, 1921 |
| Schmidhuber, Erwin | 1 Brief | 1911 |
| Schönherr, Karl | 1 Visitenkarte | 1911 |
| Schultes, Bertl | 1 Foto-Karte | 1916 |
| Schulz, Georg David | 1 V.-Karte, 1 Todesanzeige | o.J., 1910 |
| Schulz, Wilhelm | 3 Gedichte | o.J. |
| Schwannecke, Victor | 1 Foto-Karte | 1916 |
| Schweninger, Ernst | 1 Brief | 1910 |
| Sieck, Rudolf | 1 Karte | 1916 |
| Slezak, Leo | 1 Brief, 1 Karte, 2 Fotokarten | 1918–1921 |
| Spiegel, Ferdinand | 1 Brief | 1916 |
| Stegmann, Ferdinand | 1 Karte | 1916 |
| Steiger, Edgar | 1 Gedicht | 1913 |
| Stengel, | 1 Brief | 1914 |
| Stieler, Dora | 1 Brief, 1 Gedicht | 1916, 1917 |
| Stuck, Franz von | 1 Brief | 1909 |
| Südafrikanische Republik (Gesandtschaft) | 2 Briefe | 1900 |
| Suttner, Bertha von | 1 Brief | 1913 |
| Taschner, Helene u. Maja | 4 Briefe, 1 Karte, 3 Glückwünsche, 2 Zeichnungen, 1 Manuskript | 1911, 1913–1918, o.J. |
| Taschner, Ignatius | 32 Briefe, 3 Karten | 1903, 1906–1909, 1911–1913 |
| Thiersch, Friedrich von | 1 Brief | 1917 |
| Thöny, Eduard | 1 Brief, 1 Karte | 1908, 1916 |
| Thoma, Hans | 1 Karte | 1912 |
| Tirpitz, Alfred von | 1 Brief | 1917 |
| Trautmann, Karl | 1 Brief | 1917 |
| Trefz | 1 Brief | 1917 |
| Trojan, Johannes | 2 Briefe, 1 Gedicht | 1900, o.J. |
| Ulmer, Fritz | 5 Briefe | 1914, 1917, 1918 |
| Vollmar, Georg von | 2 Briefe, 1 Karte | 1902, 1912, o.J. |
| Voss, Richard | 1 Brief | 1917 |
| Waldau, Gustl | 1 Brief, 2 Karten | 1914, 1919, o.J. |
| Wallach, Julius u. Moritz | 1 Brief | 1921 |
| Weiß, Ferdl | 2 Briefe, 1 Beilage | 1917, 1920 |
| Widnmann, Julius | 1 Brief, 1 Karte | 1921 |
| Wiegand, Theodor | 2 Briefe | 1918 |

| | | |
|---|---|---|
| Wilhelm, Großherzog von Württemberg | 1 Brief-Abschrift | 1919 |
| Wilhelm, Rudolf | 2 Briefe | 1917 |
| Wilke, Mally | 1 Brief, 2 Karten | 1916, 1917, 1919 |
| Winter, L. | 1 Brief | 1909 |
| Witt, Wastl | 1 Brief, 8 Karten | 1914, 1916, o.J. |
| Wohlmuth, Alois | 1 Visitenkarte | o.J. |
| Ziersch, Walter | 1 Brief, 1 Karte | 1921, o.J. |
| Zilcher, Hermann | 1 Brief | 1910 |

## V. MANUSKRIPTE

### *a) Autobiographische Schriften*

48. Erinnerungen

*Erinnerungen* [gestr.:] *Aus meinem Leben.*
Vorfahren und Jugendzeit in der Vorder-Riß

Entwurf der Autobiographie
1 blaukartoniertes Heft mit 74 z.T. losen Blättern, Handschrift, 27,5×22 cm — L 2301

*Erinnerungen I.–IV.*
Jugendzeit in der Vorder-Riß

Endgültige Fassung.
4 blaukartonierte Hefte mit 75 Blättern, 1 Blatt [Fragment des Vorworts], Handschrift, 20×16 cm — L 2300

*In jungen Jahren.*
Fragment
3 Blätter, Handschrift, 31,5×20,5 cm — L 2413

*Schuljahre* [1.] – *4. Heft.*
Niederschrift der endgültigen Fassung
4 blaukartonierte Hefte mit 105 Blättern, Handschrift, 22×18 und 20×16 cm — L 2302

*Im Berufe*
Fragment des Anfangs
2 Blätter, Handschrift, 28,5×22 cm — L 2304

*Fortsetzung der »Erinnerungen«.*
*Im Berufe.*
Frühe Fassung
150 Blätter, Handschrift, 19,5×15 cm — L 2303

Erinnerungen an die Mutter
Fragment
8 Blätter und 2 Blätter, Handschrift, 28,5×22,5 cm — L 2308

*Erinnerungen*
Abschied von der Mutter vor dem Dienstantritt als Rechtspraktikant. Vorbereitung auf die erste Strafkammersitzung
2 Fragmente. 5 und 3 Blätter, Handschrift, 28×21,5 cm — L 2307

49. BERLINER EINDRÜCKE
*Berliner Eindrücke*
*Geschr. am 7. Dec. 1918. In einem kleinen Hotelzimmer des Fürstenhofes am Potsdamer Platz, für eine spätere, hoffentlich bessere Zeit.*
2 blaukartonierte Hefte mit 38 Blättern, Handschrift, 21 × 16 cm L 2312

50. LEUTE, DIE ICH KANNTE
*Leute, die ich kannte. I.–V.*
*I. Inhalt dieses Heftes: Karl Haider.*
*Friedrich Steub.*
*Wilhelm von Diez.*

*II. Inhalt: Holger Drachmann.*
*Albert Langen.*
*Torggelstube.*
*O. E. Hartleben.*

*III. Inhalt dieses Heftes: Der Goethebund.*
*Pernerstorfer.*
[gestr.:] *Die Dichterfahrt.*
*Überbrettl.*
*Frank Wedekind.*
*Der alte Reder.*
[gestr.:] *Joseph Ruederer. (Anfang)*

*IV. Inhalt dieses Heftes: Joseph Ruederer* [gestr.:] *(Fortsetzung und Schluß).*
*Georg Queri.*
*Salzburg.*
*Der alte Landrichter.*

*V. Inhalt dieses Heftes:* [gestr.:] *Dr. Sigl.*

Endgültige Fassung mit der unveröffentlichten *»Dichterfahrt«*
5 blaukartonierte Hefte mit 154 Blättern, Handschrift, 24,5 × 20 cm L 2309

51. BJÖRNSTJERNE BJÖRNSSON
*Björnstjerne Björnsson*
Essay
1 blaukartoniertes Heft mit 10 Blättern, Handschrift, 23 × 19 cm L 2419

52. IGNATIUS TASCHNER
*Ignatius Taschner.*
Endgültige Fassung
28 Blätter Typoskript mit handschriftlichen Änderungen. 5 Blätter, Handschrift, 27,5 × 21,5 cm L 2399

53. RUDOLF WILKE
*Rudolf Wilke.*
Endgültige Fassung
12 Blätter, Handschrift, 28 × 22 cm L 2398

54. Agricola

*Agricola. Dorfgeschichten erzählt von Dr. Ludwig Thoma.*
*Illustrirt (!) von Adolf Hölzel und Bruno Paul.*
*Einleitung. – Das Sterben. – Der Bader* [gestr.:] *Im Urlaub. –*
*Solide Köpfe.*
Frühe Niederschrift. 4, 8, 27 [Schluß fehlt!] Blätter, Handschrift, Abdruck in »Der Sammler« Nr. 21, mit handschriftlichen Korrekturen und 8 Blättern Handschrift Einfügung.
24×18,5 cm L 2338

Entwurf der Buchausstattung
4 Blätter Handschrift und 4 eingeklebte Zeichnungen [Autotypien] von Adolf Hölzel und Bruno Paul 22×18 cm L 2338

Der Rauchklub. – Die Fahnenweihe. Vorbereitung. Das Fest
18 Fahnenabzüge mit Korrekturen von anderer Hand. 32×24 cm L 2341
Druckerei-Stempel: R. Oldenbourg. München. 26. Okt. 1897

Agricola. Bauerngeschichten erzaehlt von Dr. Ludwig Thoma
Umbruchexemplar. Seiten 1–26, 29–123. Mit handschriftlichen Bemerkungen des Verfassers L 2339

Agricola. Bauerngeschichten erzaehlt von Dr. Ludwig Thoma
Verlag der M. Waldbauerschen Buch-Handlung. Passau. 1897.
Revisionsexemplar. Unvollständig. 64 Seiten mit Illustrationen L 2340
Druckereistempel: R. Oldenbourg. München. 26. u. 27. Okt. 1897
Verlagsankündigung des Buches. 2 Blätter Druck.

Sammlung von Zeitungskritiken und Zuschriften
1 Schreibbuch mit 12 Blättern, Handschrift, eingekl. Zeitungsausschnitten und 2 Briefen. (davon 1 Br. i. A. v. Otto Fürst Bismarck) L 2342

55. Altaich

*Die Idylle. (Berthenau)*
Ideen und Charakteristiken für den Roman
Notizbuch, Saffianleder, Seite $59^r$–$68^r$, Handschrift, 20×13,5 cm L 5453

*Der Seebär. I.–III.*
Fragment einer Erzählung, die in Altaich Verwendung fand
3 blaukartonierte Hefte mit 67 Blättern und 2 Blättern Beilage, Handschrift, 24×18 cm L 2431

*Die Idylle. (Sommervögel. Sommerschwalben?)*
Fragmente des 1. Entwurfs
117 Blätter, Handschrift, 28,5×23 cm und 1 blaukartoniertes Heft mit 10 Blättern, Handschrift, 28×22 cm L 2383

*Altaich* [gestr.:] *Sommerfrische.*
Ausarbeitung des Romans in verschiedenen Fassungen
20 blaukartonierte Hefte mit zusammen 653 Blättern, Handschrift, 21,5×16,5 cm L 2384

*Altaich.*
Endgültige Fassung. Vorlage für den Drucker
1 Halblederband mit 516 Blättern, Handschrift, 28,5×22 cm L 2385

56. Anfänge
*Anfänge.*
Erzählung aus Thomas Dachauer Zeit
Endgültige Fassung. Vorlage für den Drucker
32 Blätter, Handschrift, 27,5×22,5 cm L 2353

57. Aus einer kleinen Stadt
*Aus einer kleinen Stadt.*
*I. Das Begräbniß* (!)
*M*[ünchen] *7. Mai 1899*

Endgültige Fassung
15 Blätter, Handschrift, 22,5×18 cm L 2350

58. Die unterbrochene Bertha
*Die unterbrochene Bertha* [gestr.:] *Das Ritterstück.*
*Der Böllerschuß.*
*Eine Bürger- und Bauerngeschichte.*
Endgültige Fassung
1 graukartoniertes Heft mit 22 Blättern, Handschrift, 20×16 cm L 2363

59. Bildung und Fortschritt
*Aus den Briefen der Babette Fröschl, jetzt wieder Dienstmädchen, ehemals Pulverfabrikantensgehilfin.*
*Grus (!) aus Ferne.* [gestr.:] *München im Januar 1920*
9 Blätter, Handschrift, 19,5×14,5 cm L 2376

60. Bismarck
*Bismarck*
Anmerkung für den Drucker:
*Zu Thoma »Kleinstadtgeschichten«. Kommt an 4. Stelle, hinter »Der Westphälische* (!) *Glaubensbote«.*

Endgültige Fassung der Erzählung. Vorlage für den Drucker
Stempel: »Eingeg. am 16. Nov. 1907.« 22 Blätter, Handschrift, 20×13,7 cm L 2352

61. Die Dachserin
*Die Dachserin*
Bauerngeschichte. 2 Anfänge und endgültige Fassung
1 gelbkartoniertes Heft mit 39 Blättern, Handschrift, 21×16 cm L 2346

62. Der umgewendete Dichter
*Der werdende Dichter* [gestr.:] *Die moderne Neuzeit.*
Frühe Fassung der Erzählung
1 blaukartoniertes Heft mit 24 Blättern, Handschrift, 21×17 cm L 2365

*Der umgewendete Dichter.*
2 Fragmente früher Fassungen
2 blaukartonierte Hefte mit 24 Blättern, Handschrift, 21×17 cm L 2365

*Der umgewendete Dichter.*
Endgültige Fassung
2 blaukartonierte Hefte mit 112 Blättern, Handschrift, 21×17 cm L 2364

63. Tante Frieda
Neue Lausbubengeschichten
*Die Indianerin. 2.*
*Aus meiner Jugendzeit.*
[Endgültiger Titel im Druck: Franz und Cora.]
Endgültige Fassung. 19 Blätter, Handschrift, 27,5×20,5 cm L 2368

*Die Indianerin. 3.*
*Aus meiner Jugendzeit.*
[Endgültiger Titel im Druck: Das Waldfest.]
Frühe Fassung
1 blaukartoniertes Heft mit 13 Blättern, Handschrift, 1 Blatt Stenogramm, 16,5×21 cm L 2368

64. Das Geheimnis der Kantstrasse
*Das Geheimniß (!) der Kantstraße*
*Manuskript von Ludwig Thoma und Ferdinand Kahn*
*Exposé* zu einem Film
17 Blätter, Handschrift, Fotokopie; Beilage: Brief von Ludwig Thoma an Ferdinand Kahn, 19.2.1916. Fotokopie L 2466

65. Dürnbucher Geschichten
*Dürnbucher Geschichten. Einleitg.*
17 Blätter, Handschrift, 20,5×16,5 cm L 2356

*Peter Spanninger's Abenteuer* [gestr.:] *Peter.*
Endgültige Fassung
68 Blätter, Handschrift, 29,5×22,5 cm und 34,5×22,5 cm L 2356

66. Die Halsenbuben
*Die Halsenbuben*
*Eine Wilderergeschichte.*
Endgültige Fassung. Vorlage für den Drucker
28 Blätter, Handschrift, 28×22 cm
Briefkopf: Albert Langen Verlag Simplicissimus München L 2348

67. Junker Hans
*Junker Hans. Eine Kleinstadtgeschichte.*
[gestr.:] *Die Ohrfeige. Satisfaction. Um Ehre und Leben.*
*Ein Ehrenhandel.*
Endgültige Fassung. Vorlage für den Drucker
75 Blätter, Handschrift, 29×22 cm L 2351

68. Heimkehr
*Heimkehr* [gestr.:] *Der Fremdling. – Hans und Grete. Ein Roman.*
*20. II.* (19)*15.*
Skizze einer Erzählung
12 Blätter, Handschrift in einem Notizbuch, Lederband mit Goldschnitt. 18×10 cm L 2361

*Heimkehr.* [gestr.:] *Franz Paul.*
Endgültige Fassung
3 blaukartonierte Hefte mit 114 Blättern, Handschrift, verschiedene Formate L 2359

Ursprüngliche Fortführung der Erzählung im Anschluß an das 2. Heft der endgültigen Fassung
2 blaukartonierte Hefte mit 44 Blättern, Handschrift, 20,5×16,5 cm L 2360

69. Der Heilige Hies
*Der Glötzelbauer* [gestr.:] *Der Missionar.*
Anfang einer Erzählung. Vorarbeit zum Heiligen Hies?
15 Blätter, Handschrift, 28,5×23 cm L 2442

*Der heilige Hies.*
Endgültige Fassung. Vorlage für den Drucker
75 Blätter, Handschrift, 21×17 cm L 2345

70. Hochzeit
*Hochzeit*
Eine Bauerngeschichte
Endgültige Fassung
Lederband mit 423 Blättern, Handschrift, 21×17 cm L 2343

71. Käsebiers Italienreise
*Käsebiers Italienreise*
Humoristische Reisebriefe. Endgültige Fassung
37 Blätter, Handschrift, 27×21 cm L 2370

72. Der Jagerloisl
*Der Jagerloisl*
Eine Tegernseer Geschichte
2 Fragmente einer Fassung
1 Tittelblatt mit Andruck des Schutzumschlags, Blätter 83, 84 und 159–185, Handschrift, 28,5×23,5 cm L 2386

*Der Jagerloisl*
*Eine Tegernseeer (!) Geschichte.*
*Der lieben Mädie* [von Liebermann], *zum 11. Sept. 1920*
Halbpergamentband mit 199 Blättern, Handschrift, eingeklebt 16 Originalzeichnungen von Eduard Thöny und 40 Originalzeichnungen von Julius Widnmann. 21,5×17,5 cm L 2380/4

73. Das Kälbchen
*Besuch auf dem Lande.*
1. Fassung der Erzählung
Notizbuch, Saffianleder, Seiten 28v–31r, Handschrift, 20×13,5 cm L 2453

*Das Kälbchen. 1.–3.*
Endgültige Fassung
3 blaukartonierte Hefte mit 112 Blättern, Handschrift, 21×16,5 cm L 2362

74. Die Kommission
*Geschichtln für den neuen Kalendermacher Pepi Rohrmüller*
*»Buchhandlung in Passau«*
*gedichtet von dem berühmten Verfasser der Kraglfinger Dorfgeschichten.*
*Motto: Nichts schreibt sich leichter voll Als ein Kalender. Göthe (!)*
*Inhalt: Widmung · An das gläubige Volk Niederbayerns.*
*Die Commission. Eine wahre Geschichte mit Nutzanwendung.*
*Neue Volkslieder.*
26 Blätter, Handschrift, 1 Aquarell, Umrisse durchgepaust, 21×16,5 cm L 2425

75. Kriegschronik des Dorfes Armetshofen
*Kriegschronik des Dorfes Armetshofen*
Notizen über Volksernährung und Preisentwicklung
*22.8.14–Juni 1915*
1 blaukartoniertes Heft mit 11 Blättern, Handschrift, 21×16,5 cm L 2420

*Kriegschronik des Dorfes Armetshofen von Bürgermeister Martin Ruepp, Leitnerbauer daselbst.*
1 blaukartoniertes Heft mit 21 Blättern, 1 Blatt Beilage, Handschrift, 28×22 cm L 2349
Die Chronik blieb unvollendet

*Der arme Cajetan.*
Fragment einer Erzählung von der Mobilmachung in Armetshofen im August 1914
19 Blätter, Handschrift, 28,5×22,5 cm L 2437

76. Kaspar Lorinser

*Hans Georg.*
Skizze zu einem Entwicklungsroman. Fragment
1 schwarzkartoniertes Heft mit 2 Blättern, Handschrift, 20,5×16,5 cm L 2379

*Hans Georg. 1.–3.*
Entwurf eines Entwicklungsromans. Die Aufzeichnung wird stellenweise unterbrochen von Notizen über Tagesereignisse.
Beginnend *28.3.* [19]*19* endend mit *Samstag 12. April* 1919
3 blaukartonierte Hefte mit 40 Blättern, Handschrift, 21×16,5 cm L 2379

Entwurf zu Kaspar Lorinser
Fragment. 3 Blätter, Handschrift, 28,5×22,5 cm L 2379

*Kaspar Lorinser.*
1. Niederschrift des Romans. Unvollendet
2 blaukartonierte Hefte mit 82 Blättern, Handschrift, 28×21 cm L 2378

*Kaspar Lorinser. 1. 2.*
*Begonnen den 3. Jan. 1920.*
Endgültige Fassung des Romanfragments
2 graukartonierte Hefte mit 33 Blättern, Handschrift, 20×16,5 cm L 2377

77. Marget

Bauernnovelle
Erste Skizze zu der Erzählung
Notizbuch, Saffianleder, Seiten 32r–34r, Handschrift, 20×13,5 cm L 2455

*Marget* [gestr.:] *Margreth. I–III.*
Endgültige Fassung. *»Ende. 29. 12. 20, Mittwoch.«*
3 gelbkartonierte Hefte mit 142 Blättern, Handschrift, 21×16 cm L 2344

78. Lola Montez

*Die Lola Montez-Affaire.*
Idee zu einem *»guten Ein- oder Zweiakter«* (1912).
Notizbuch, Saffianleder, Seiten 24v–25r, 27v–28v, 31v–31r, 20×13,5 cm L 2454
Skizze für 1. und 2. Szene. – *17. 9.* [19]*12.*
2 Blätter, Handschrift, 21×16,5 cm L 2366

*Skizzen zu Lola.* [1. Szene.]
6 Blätter, Handschrift, 21×16,5 cm L 2366

*Im Sturmjahr.*
Entwurf der Einleitung zu einem Roman über das Jahr 1848
1 blaukartoniertes Heft mit 9 Blättern, Handschrift, 21×16,5 cm L 2426

*Lola Montez. Aus den hinterlassenen Papieren eines alten Münchner Malers.*
Frühe Fassung der Novelle. Fragment. Datiert: *25.4.* [19]*18*
1 blaukartoniertes Heft mit 6 Blättern, Handschrift, 24,5×20,5 cm L 2366

*Lola Montez. Erinnerungen* [gestr.: *Aus den hinterlassenen Papieren*] *eines alten Münchner Malers.*
Endgültige Fassung des Fragments
Halblederband mit 206 Blättern, Handschrift, 30×24 cm L 2367

79. Münchnerinnen

*Giggati-Gaggati. Eine Kriminalgeschichte.*
Erste Konzeption der Handlung. Fragment
3 Blätter, Handschrift, 22×14 cm L 2388

*Giggati-Gaggati. Eine Münchner Geschichte.*
Anfang der Geschichte. Fragment
1 gelbkartoniertes Heft mit 6 Blättern, Handschrift, 21×16 cm — L 2388

*Die Murbeckin. Eine Münchner Geschichte.*
Erster, abgebrochener Entwurf des Romans. Datiert: *14.8.*I19I*19*
1 Halbleinenheft, 9 Blätter, Handschrift, 24×19,5 cm — L 2435

*Notizen für den Roman.*
2 Wachsleinwandnotizbücher mit 5 und 5 Blättern, Handschrift, 17×10,5 cm — L 2467/63

*Ambros. Eine Münchner Geschichte.*
Zweiter, abgebrochener Entwurf des Romans
1 Halbleinenheft, 6 Blätter, Handschrift, 28×22 cm — L 2391

1 blaukartoniertes Heft mit 11 Blättern, Handschrift, 19,5×16 cm — L 2467/49

*Frau Flunger. Eine Münchner Geschichte.*
Dritter, abgebrochener Entwurf des Romans
1 blaukartoniertes Heft, 21 Blätter, davon 4 Steno., Handschrift, 25×20 cm — L 2392

*Münchnerinen* (!). *Roman.*
Vierter Entwurf des Romans
8 mit Stahlklammern geheftete Lagen, 157 Seiten, Handschrift, 19,5×14,5 cm — L 2390

*Münchnerinen* (!). *Roman.*
Letzte Fassung des Romans in Handschrift. Beendet am 28.11.1919 in der Tuften. Die endgültige Umarbeitung fertigte Thoma in Maschinenschrift; diese ist nicht erhalten.
1 Ganzpergamentband, 572 Seiten Handschrift, 20×15 cm
Titelbild: Farbstiftzeichnung von Wilhelm Schulz — L 2387

*Münchnerinen* (!). *Roman. 2. Bd.*
Unvollendete Fortführung des vorigen Manuskripts. Geschrieben Ende November 1919 in der Tuften
4 mit Stahlklammern geheftete Lagen, Seiten 572–645, Handschrift, 19,5×14,5 cm — L 2389

80. Onkel Peppi

*Onkel Peppi.*
Skizze der Erzählung. 2 Fassungen
Notizbuch, Saffianleder, Seiten 24r–26r, Handschrift, 20×13,5 cm — L 2453

*»Onkel Pepi«* (!) *als Lustspiel.*
Skizze
Notizbuch, Saffianleder, Seiten 35r, 36r, Handschrift, 20×13,5 cm — L 2455

*Onkel Peppi. 1.–3.*
Endgültige Fassung
3 blaukartonierte Hefte mit 131 Blättern, Handschrift, 21×17 cm
Beilage: Brief der Maschinenschreiberin H. Bayrhammer
München, 4.5.1916 — L 2357

81. Der Postsekretär im Himmel

*Der Postsecretär im Himmel.* [gestr.:] *Im Himmel.*
Humoreske. Endgültige Fassung
17 Blätter, Handschrift, 27×21 cm — L 2371

82. Das Alte Recht

*Frauenbewegung.*
Frühe Fassung der Erzählung. Fragment
1 blaukartoniertes Heft mit 18 Blättern, Handschrift, 19×23,5 cm — L 2355

*Das alte Recht.*
Endgültige Fassung. Vorlage für den Drucker
Fragment
24 Blätter, Handschrift, 28×22,5 cm — L 2354

83. Der Ruepp

*Der Bucherbauer. Dorfgeschichte.*
Entwurf
Skizze zu 8 Kapiteln. Fragment
1 blaukartoniertes Heft mit 18 Blättern und 2 Blättern Beilage, Handschrift, 23×18,5 cm — L 2434

*Die Bucherbauern. Eine Dorfgeschichte.*
Skizze zu 10 Kapiteln. Fragment
1 blaukartoniertes Heft mit 18 Blättern und 2 Blättern Beilage, Handschrift, 23×18,5 cm — L 2434

*Der Strumpf.*
Entwurf zu einem Bauernroman; teilweise im Roman »Der Ruepp« verwandt.
1 Wachsleinwandnotizbuch mit 19 Blättern, Handschrift, 17×10,5 cm — L 2467/69

*Die alte treue Dienerin.*
Skizze a.d. Jahre 1913, im Roman »Der Ruepp« verwendet
Notizbuch, Saffianleder, Seite 30r, Handschrift, 20×13,5 cm — L 2455

*Der Ruepp* [gestr.:] *Der Bucherbauer. Der kalte Eid.*
*»Begonnen: Dienstag 4. Januar 1921.«*
*»Ende den 22. April 1921.«*
Endgültige Fassung des Romans
10 kartonierte Hefte mit 387 Blättern, Handschrift, 20,5×16,5 cm — L 2382

Entwurf eines Titelblatts unter dem Titel »Unverdorben«; von Ludwig Thoma geändert in »*Der Ruepp*«. Datumstempel: 16.8.1921.
2 Blätter, Handschrift, 21×13 cm — L 2467/45

84. Tja – !

*Tja – !*
[gestr.:] *Frau Professor. Poeta. Der Berühmte. Dichterfrauchen.*
Endgültige Fassung. Vorlage für den Drucker
11 Blätter, Handschrift, 28×22 cm — L 2358

85. Andreas Vöst

*»Beschwerde des Ökonomen Peter Loder in Puchschlagen, gegen einen Vermerk im Kirchenbuche des Pfarramtes Kreuzholzhausen.«*
Entwurf von 3 Schreiben *»An das hohe erzbischöfliche Ordinariat in München«. München 30. Januar 1899, 31. März 1899, 29. VI. 99.*
Entwurf eines *»Brf an Herrn Peter Loder, Ökonom in Puchschlagen. München 29. März 99.«*
3×4, 1×6 Blätter, Handschrift, zum Teil Stenogramm, 33×21 cm — L 2404
Aus den Akten des Rechtsanwalts Dr. Thoma.

*Erste Ideen zum Roman.*
1 Leinennotizbuch mit 33 Blättern, Handschrift, 16,5×10 cm — L 2450

*Andreas Vöst* [gestr.:] *Der Pfarrer von Erlbach.*
Erste Niederschrift des Romans
*»seinem lieben Verleger Albert Langen. München. Nov. 1908 Ludwig Thoma«*
3 Schweinslederbände mit 1316 Seiten, Handschrift, 21,5×17,5 cm L 2380

86. Der Wittiber
*Dionys Schormayr.*
Erste Konzeption des Themas. *»Und daraus wurde der Wittiber«*
Notizbuch, Saffianleder, Seiten 1v–1r, Handschrift, 20×13,5 cm L 2453
*Der Wittiber* [gestr.:] *Wittwer. Eine Dorfgeschichte.*
Beendet: *2. März 1911.*
Endgültige Fassung
Halblederband, 339 Blätter, Handschrift, 29,5×23,5 cm L 2381

*c) Bühnenwerke*

87. Der Erste August
*Der erste August*
Einakter. Endgültige Fassung
51 Blätter, Handschrift, 28,5×22,5 cm L 2347

88. Brautschau
*Brautschau. Bauernschwank in 1 Aufzug.*
Unvollendete 1. Fassung. 1 blaukartoniertes Heft mit 28 Blättern, Handschrift, 25×21 cm L 2326
Fragment einer 2. Fassung. 7 Blätter, Handschrift, 19,5×15 cm L 2327
Abgeschlossene 3. Fassung
*»Beendet Donnerstag 25. Juni 1914«.*
1 blaukartoniertes Heft mit 86 Blättern, Handschrift, 22×18 cm L 2325

Bemerkungen zu dem Schwank. [gestr.:] *Im grünen Wald.*
1 blaukartoniertes Heft mit 8 Blättern, Handschrift, 22×17,5 cm L 2467/17

89. Das Duell
*Das Duell. Ein Puppenspiel.*
Entwurf, Fragment
1 blaukartoniertes Heft mit 19 Blättern, Handschrift, 28×22 cm L 2373

*Das Duell.*
Frühe Fassung
28 Blätter, Typoskript, 28×22 cm L 2374

Szenarium. November 1911
Notizbuch, Saffianleder, Seiten 19v–19r, Handschrift, 20×13,5 cm L 2454

90. Dichters Ehrentag
*»deñ 25. Okt. 13.*
*Ideen zum »Dichtergreis«.*
*Gab: Dichters Ehrentag.«*
Notizbuch, Saffianleder, Seiten 8v–9v, Handschrift, 20×13,5 cm L 2455

*Der Dichtergreis*
Burleske in einem Aufzuge
2 Fragmente einer frühen Fassung. 9 und 7 Blätter, Handschrift, 28,5×22,5 cm L 2334

*Dichters Ehrentag*
[*gestr.: Schwank, Lustspiel in 1 Aufzuge.*]
*Burleske in einem Aufzuge.*
*Ende: 14. Juli 1914*
79 Blätter, Handschrift, 19,5×14,5 cm L 2333

91. Der alte Feinschmecker
*Alter schützt vor Torheit nicht.*
Schwank
Entwurf der Handlung für 3 Akte, Personenverzeichnis
Notizbuch, Leder mit Goldschnitt, 25 Blätter, Handschrift, 18×10 cm L 2361

*Im zweiten Saft.* [gestr.:] *Julchen.*
*Münchner Schwank in 4 Aufzügen von Hans Rauchenberger* [d. i. L. Th.].
1. Fassung des Einakters »Der alte Feinschmecker«
7 blaukartonierte Hefte mit 146 Blättern, Handschrift, 28×22 cm L 2429

92. Lottchens Geburtstag
*Lottchens Geburtstag. Schwank in einem Akt.*
Endgültige Fassung
57 Blätter, Handschrift, 28,5×22,5 cm L 2323

93. Kino
*Der Münchner und sein Kino.*
Frühe Fassung des Einakters. Fragment; 3. Szene fehlt
9 Blätter, Handschrift, 26×21,5 cm L 2963

94. Erster Klasse
*Erster Klasse. Posse in einem Akte.*
Frühe Fassung
111 Blätter, Handschrift, 28,5×22 cm L 2324

95. Magdalena
*Martin Heiß* [Gestrichener Arbeitstitel]. *»Den 20. Nov. 1911 begonnen. Magdalena.«*
Skizze der Handlung, Dialogbruchstücke. Geschrieben Nov. 1911 in der Tuften
*»Den 2. Akt in einer Stunde hingeworfen. Es wächst. Es wächst.«*
Notizbuch, Saffianleder, Seiten 4v–24v, Handschrift, 20×12,5 cm L 2454

*Magdalena. Ein Volksstück in 3 Aufzügen.*
Frühe Fassung. Geschrieben November 1911–10. Januar 1912 in der Tuften
6 blaukartonierte Hefte mit 216 Seiten, Handschrift, 22×17 cm L 2313
(im 2. Heft: Unveröffentl. Szene »Marianne u. d. Arzt«)

*Magdalena. Ein Volksstück in 3 Aufzügen.*
Überarbeitete Fassung. Geschrieben Januar–19. Februar 1912 in der Tuften
3 blaukartonierte Hefte mit 182 Seiten, Handschrift, 23×19 cm L 2314

Magdalena.
Typoskript der endgültigen Fassung. 2. und 3. Aufzug, Blätter 38–125. 28,5×22 cm L 2315
Beilage: Kostüm-Vorschriften für die Frauengestalten.
2 Blätter, Handschrift, 22×14 cm
25 Theaterkritiken der Uraufführung, 1912; Zeitungsausschnitte

96. Die Medaille
*Die Medaille*
Frühe Fassung der Komödie
53 Blätter, Handschrift, 33×21 cm L 2319

97. MORAL

*Papa Beermann. Komödie.*
1. Konzeption des Stückes in 2 unvollendeten Fassungen
33 Blätter, 5 Blätter Beilage, Handschrift, versch. Format

Moral
Exposé des II. Aktes in 2 verschiedenen Fassungen zum Teil in Dialogform
1 Schreibbuch mit 31 Blättern u. 4 Blättern Einlage, Handschrift, 21×17 cm L 2321
6 Blätter, Handschrift, herausgeschnitten
*»Begonnen in Stadelheim, den 19. Oktober 1906.«*

*Moral*
Dialog-Bruchstücke
2 blaukartonierte Hefte mit 4 und 6 Blättern, Stenogramm, 22×17,5 cm L 2456
Fragmente und Vorarbeiten einer frühen Fassung
6 blaukartonierte Hefte mit 103 Blättern und 7 Blättern Einlage, Handschrift, zum Teil Stenogramm 28×22 cm L 2321

Frühe Fassung des I. Aktes
1 Heft mit 56 Blättern, Handschrift, 31,5×22,5 cm L 2321

Frühe Fassung der 1. und 2. Szene des II. Aktes
2 Hefte mit 3 und 8 Blättern, Handschrift, 34×28,5 cm, 6 Blätter, Handschrift, Beilage L 2321

Fragment einer Ausarbeitung
116 Blätter, Handschrift, versch. Format L 2321
*»Ende 12. Sept. 1908.«*

Endgültige Fassung. Vorlage für den Drucker
208 Blätter, Handschrift, 28×23 cm L 2320
Beilage: Entwurf der Titelei für die Buchausgabe.
4 Blätter, Handschrift, verm. von Korfiz Holm.

98. DAS SÄUGLINGSHEIM

*Das Säuglingsheim*
Endgültige Fassung. Vorlage für den Drucker
46 Blätter, Handschrift, 23×18,5 cm L 2322

99. DER SCHUSTERNAZI

Posse mit Gesang in 4 Akten und einem Vorspiel. Neubearbeitet von Konrad Dreher.
74 Blätter, Typo, 29,5×21 cm L 2467/91
101 Blätter, Typo mit handschriftlicher Bearbeitung L 2467/92
Beilage: Konrad Dreher an Maidi von Liebermann, Brief mit Unterschrift 1938. –
4 Dekorationspläne.

100. GELÄHMTE SCHWINGEN

*Gelähmte Schwingen. Lustspiel in einem Aufzug.*
*[gestr.:] Dichter und Metzger.*
Dramatisierung der Erzählung »Der umgewendete Dichter«.
Frühe Fassung
1 blaukartoniertes Heft mit 19 Blättern, Handschrift, Fragment
6. Szene bis Schluß: 17 Blätter, Handschrift, 28×22 cm L 2331

101. DIE SIPPE

*Eva. Komödie in drei Akten.*
Frühe, unvollendete Konzeption des Themas
13 Blätter, Handschrift, 28×22 cm L 2318

*Die Sippe. 7. Nov.* [1911].
Szenarium, Ideen und Dialogentwürfe
Notizbuch, Saffianleder, Seiten 1v–3r, 28v–31v, 32v–34v, 36v–68v, Handschrift, 20×13,5 cm L 2454

*Eine politische Komödie.*
*Ideen zum Schauspiel.*
Notizbuch, Saffianleder, Seiten 2v–5r, Handschrift, 20×13,5 cm L 2453

Entwürfe
Notizbuch, Saffianleder, Seiten 1v–7r, Handschrift, 20×13,5 cm L 2455

Die Sippe
Fragmentarischer Entwurf
1 blaukartoniertes Notizbuch mit 46 Blättern, Stenogramm, 20×13 cm L 2456

*Die Sippe. Ein Schauspiel in drei Akten.*
Niederschrift in verschiedenen Fassungen, Fragment, 305 Blätter, Handschrift, 29×21 cm L 2317

*Die Sippe. Schauspiel in drei Aufzügen* [gestr.:] *Akten.*
Endgültige Fassung
282 und 18 Blätter, Handschrift, 21×16,5 cm L 2316

102. Die kleinen Verwandten
*Die armen Verwandten. 9.1.1913*
Entwurf zu einem einaktigen Lustspiel
Notizbuch, Saffianleder. Seiten 34r–36v, 20×13,5 cm L 2454
Notizbuch, Saffianleder. Seiten 5r–6v L 2453

*Die kleinen* [gestr.: *armen*] *Verwandten. Lustspiel in einem Aufzug.*
Frühe Fassung. Unvollendet
2 Lederbände, 43 und 13 Blätter, 2 Blätter Einlage, Handschrift, 22×18 cm L 2328

*Die kleinen Verwandten. I. II.*
Frühe Fassung mit zwei verschiedenen Schlußszenen
2 blaukartonierte Hefte, 62 Blätter, 37 Blätter Einlage, Handschrift, 25×20,5 cm L 2329

Endgültige Fassung. Nur Szene 1–6!
43 Blätter, Handschrift, 27×22 cm L 2329

Endgültige Fassung. 23 Blätter Stenogramm, 26,5×21,5 cm L 2330

103. Der Herr Vetter
*Der Herr Vetter*
Einakter
1 blaukartoniertes Heft mit 30 Blättern, Handschrift, 23,5×18,5 cm L 2427

104. Waldfrieden
*Für Einakter »Waldfrieden«*
Konzeption der Handlung
Notizbuch, Saffianleder, Seiten 21r–23r, Handschrift, 20×13,5 cm L 2453

*Waldfrieden. Lustspiel in einem Aufzuge.*
Endgültige Fassung
66 Blätter, Handschrift, 27×21 cm L 2332

105. Finstere Zeiten oder der Leberkas
*Finstere Zeiten oder Der Leberkas*
*Volksschauspiel in einem Aufzug von Peter Schlemihl.*
Endgültige Fassung. Vorlage für den Drucker
6 Blätter, Handschrift, 28,5×22,5 cm L 2375

*d) Gedichte*

Vorbemerkung: Titel ohne Signatur liegen bei L 2467/16.

106. *Altbayrisch.* [Gestrichen:] *Ein Leiber.* 1.9.1914. 1 Blatt, Handschrift mit Unterschrift, 27×21 cm

107. *Altboarisch. 19.10.1914.* 1 Blatt, Handschrift, 28,5×22,5 cm

108. *Frau Fürstin Anastasia.*
Entwurf des Gedichts.
1 blaukartoniertes Heft mit 3 Blättern, Handschrift und Stenogramm, 22×17,5 cm L 2456

109. Am ersten August [u.] Kriegslied. 2 Blätter Abschrift von anderer Hand

110. *Den 3. August 1914. (Geht's zu Feld, ihr jungen Reiter...)*
1 Blatt, Handschrift mit Unterschrift, 27×20,5 cm

111. *Den 5. August.* 1 Blatt, Handschrift, 27×20,5 cm L 2416

112. *Beicht.* 3 Blätter, Handschrift, 27×21 cm L 2409

113. *Christmette.*
Entwurf des Gedichts in 2 Fassungen.
Notizbuch mit 2 Blättern, Handschrift und Unterschrift und Stenogramm, 20×13,5 cm L 2459

114. *An den Fürsten Bismarck. Zum 81. Geburtstage.*
1 Blatt, Handschrift, 32,5×21 cm L 2258

115. Zur Einweihung der Kriegergedächtniskapelle in Unterbachern am 5.6.1921.
2 Blatt, Stenogramm; Übertragung von anderer Hand, 28×22 cm L 2467/100

116. *Bayrische Geschichte.* 12 Blätter, Handschrift mit Unterschrift [Peter Schlemihl], 27×21 cm L 1781

117. *Aus dem Heldenlande.* 1 Blatt, Handschrift mit Unterschrift [L. Thisser], 22×21,5 cm

118. *Die Hochzeitsreise.* 2 Blätter, Handschrift, 27×21 cm

119. *Hymne zum 100ten Octoberfest.*
1 Blatt, Handschrift mit Unterschrift [Peter Schlemihl], 28,5×22 cm Lg 181

120. Jugendgedichte. *Ludwig Thoma, cand. jur. Erlangen W/S 1889/90*
1 Halblederbändchen mit 23 Blättern, Handschrift, 7×12 cm L 2467/48

121. *Juli 1909.* 1 Blatt, Handschrift mit Unterschrift [Peter Schlemihl], 28×22 cm

122. *Kaiserjäger.* 1 Blatt, Handschrift mit Unterschrift, 28×22 cm

123. *Die erste Landesschützenfahne.* 2 Blätter, Handschrift mit Unterschrift, 28,5×22,5 cm

124. *Der Landstreicher.*
Entwurf des Gedichts. 1 Blatt, Handschrift, 33×21 cm

125. *Lüttich. 9.8.1914.* 1 Blatt, Handschrift mit Unterschrift, 27×20,5 cm

126. *Metz. 24.8.1914.* 1 Blatt, Handschrift mit Unterschrift, 27×20,5 cm

127. HEILIGE NACHT.
1. Niederschrift.
2 blaukartonierte Hefte mit 45 und 18 Blättern, Handschrift, 25×21 cm L 2335

Endgültige Fassung. Vorlage für den Drucker.
43 Blätter, Typo., 28×22 cm L 2336

Korrekturbogen. [Stempel:] Hesse & Becker, Buchdruckerei, Leipzig. 26. Februar 1916
3 Bogen. Druck. 50×65 cm L 2337

Abschrift der endgültigen Fassung. 1.–3. Kapitel
Geschrieben für die Töchter von Ignatius Taschner.
*Rottach, 14. Dez. 1915*
Fortsetzung, *geschrieben am Stephanitag 1916, für meine lieben Taschnermädeln.* 4.–6. Kapitel.
2 Lagen mit zusammen 14 Blättern, Handschrift und 2 durchgepausten Vignetten. 26,5×22 cm L 1604

128. *Neujahrsnacht* 1915. 1 Blatt, Handschrift mit Unterschrift, 27×21,5 cm

*Auf Posten.* 1 Blatt, Handschrift, 22×13,5 cm Lg 181

129. *Prolog.*
Aufruf zu Opfern während des Weltkriegs 1914/18.
2 Blätter, Handschrift, 27×21 cm L 2417

130. *Prolog zur Ganghofer-Gedächtnisfeier in Egern. 17. August 1920*
3 Entwürfe. 3 Blätter, Handschrift, zum Teil Stenogramm, verschiedene Formate. L 2407
Endgültige Fassung. 1 Blatt, Handschrift mit Unterschrift, 32,5×21 cm

131. *Schlemihle. Gedichte für den Simplicissimus.*
6. Dez. 1911–9. Juli 1914.
2 Notizbücher, Halbleder, 106 und 2 Blatt Einlage, Handschrift, 22×14 cm L 2393

132. *Im Schützengraben.* 1 Blatt, Handschrift, 28,5×22,5 cm

133. Sinnspruch. Bozen, 31.3.1910
Aus dem Gästebuch der Baronin Hedwig von Branca-Kent
1 Blatt, Handschrift, Fotokopie L 2467/90

134. *An die Sittlichkeitskonferenz in Magdeburg*
Endgültige Fassung. 2 Blätter, Handschrift, 28×22,5 cm L 1782

135. *Der große Skandal.*
Fragment. 10 Blätter, Handschrift, 28,5×22,5 cm L 2424

136. *Sonnwendfeuer.* 1 Blatt, Handschrift mit Unterschrift, 28×22 cm

137. *Trostworte an Bülow.*
1 Blatt, Handschrift mit Unterschrift [Peter Schlemihl], 28×22 cm Lg 181

138. *Der Veteran. 12.8.1914.*
3 Fassungen. 3 Blätter, Handschrift mit Unterschrift, 27×22,5 cm

139. *Widmung.*
[Original in dem Bibliotheksband in der Tuften, Quaritsch: Compendium der Nationalökonomie. 3., neubearbeitete Auflage – Berlin: Weber 1886.]
1 Blatt, Handschrift-Kopie, 21×13,5 cm

140. Grußgedicht an Ludwig Thoma. Verfaßt während der Aufführung der »Medaille« im Münchner Residenztheater, 26.10.1906, von dem Schauspieler Max Nadler, von allen Darstellern unterschrieben und an Thoma nach Stadelheim gesandt.
1 Blatt, Handschrift, 18×22,5 cm L 2467/46

*e) Aufsätze, Glossen und journalistische Schriften*

141. *Die Breslauer Affäre.* [Datumstempel:] 23. Juni 1913.
5 Blätter, Handschrift mit Unterschrift, 28×21,5 cm L 2467/20

*Miesbacher Anzeiger*

Ludwig Thoma veröffentlichte vom Juli 1920 bis August 1921 regelmäßig im »Miesbacher Anzeiger. Tagblatt für den Bezirk Miesbach Tegernsee und dessen Umgebung. Amtsblatt«. Im Nachlaß fanden sich 97 Manuskripte und 2 Typoskripte. Davon konnten mit Hilfe Josef Hofmillers Aufstellung in den »Süddeutschen Monatsheften«, Jahrg. 26 (1929), Seite 723 ff., 81 Manuskripte nachgewiesen werden. Die Erscheinungsnummern sind in der folgenden Aufstellung in Klammern beigefügt. Die Signatur lautet – soweit nichts anderes vermerkt – L 2396.

Manuskripte:

142. *Achtung!* 6 Blätter, (1921 Nr. 121)
143. *Der verschleimte Alte.* 3 Blätter, (1921 Nr. 89)
144. *Alwin in Noth.* 5 Blätter, (1921 Nr. 129)
145. *Anti-arisch.* 2 Blätter, (1921 Nr. 81)
146. *Die Aschantis an der Saale.* 3 Blätter, (1921 Nr. 77)
147. *Der neue Auswärtige.* 7 Blätter, (1921 Nr. 123)
148. *Bergab.* 3 Blätter, (1921 Nr. 92)
149. *Berlin Weh.* [gestr.:] *Entwicklung.* 3 Blätter, (1921 Nr. 80)
150. *Bethmann Hollweg* + 2 Blätter, (1921 Nr. 5 [?])
151. *Die Debatte.* 2 Blätter, (1921 Nr. 90)
152. *Deppen.* 7 Blätter, (1921 Nr. 109)
153. *Die Dokumente.* 9 Blätter, (1921 Nr. 11)
154. *Durchstechereien.* 2 Blätter, (1921 Nr. 95)
155. *Ehrenmänner.* 4 Blätter, (1921 Nr. 60)
156. *Sensationelle Enthüllungen.* [gestr.:] *Schärlok Holmes.* 3 Blätter, (1921 Nr. 140) Lg 181
157. *Die* [gestr.:] *Lage. Entspannung.* 5 Blätter, (1921 Nr. 78)
158. *Epp.* 2 Blätter, (1921 Nr. 138) Lg 66
159. *Er liebt Frankreich.* 1 Blatt, (1921 Nr. 87)
160. *Erzbergerei.* 5 Blätter, (1920 Nr. 287/88)
161. *Etwas vom Oberland.* 1 Blatt, (1921 Nr. 131)
162. *Der Fall Kaiser* [gestr.:] *Menetekel.* 5 Blätter, (1921 Nr. 43)
163. *Das Freiheitsfest.* 5 Blätter, (1921 Nr. 105)
164. *Der Gareis.* 2 Blätter, (1921 Nr. 30)
165. *Der Gerlach.* 2 Blätter, (1921 Nr. 39)
166. *Geßler.* 6 Blätter, (1921 Nr. 127) Lg 181
167. *Unsere Gewaltherren.* 3 Blätter, (1921 Nr. 41)
168. *Der Gipfelpunkt.* 6 Blätter, (1921 Nr. 70)
169. *Die feinere Haut.* 3 Blätter, (1921 Nr. 50)
170. *Unsere Hetze gegen das Reich.* 4 Blätter, (1921 Nr. 101)
171. *Der Hochverrath in Stockholm.* 6 Blätter, (1921 Nr. 37)

172. *Ibikus und Pfiffickus.* 3 Blätter, (1921 Nr. 133)
173. *?»Jetzt, was geschieht?...«* 2 Blätter, (1921 Nr. 80)
174. *Alpine Katastrophen.* 5 Blätter, (1921 Nr. 133)
175. *Ein Tegernseer Kommunist.* 3 Blätter, (1921 Nr. 33)
176. *Kusch!* 3 Blätter, (1921 Nr. 2)
177. *Eine internationale Lüge.* 3 Blätter, (1921 Nr. 22)
178. *Der starke Mann.* 7 Blätter, (1921 Nr. 66)
179. *Die Maß* [gestr.:] *Das Bier.* 4 Blätter, (1921 Nr. 100)
180. *Die Mischpoche unter sich.* 3 Blätter, (1921 Nr. 82)
181. *Mord und Rebbach.* 9 Blätter, (1921 Nr. 135/36)
182. *Muttersprache.* 1 Blatt, (1921 Nr. 39)
183. *Nachwort zum 18. Januar.* 3 Blätter, (1921 Nr. 16) Lg 181
184. *Rußlands Noth.* 3 Blätter, (1921 Nr. 181)
185. *Notizen.* 2 Blätter, (1921 Nr. 81)
186. *Panama.* 4 Blätter, (1921 Nr. 26)
187. *Pazifisten.* 2 Blätter, (1921 Nr. 180) Lg 66
188. *Pflichtvergessen.* 6 Blätter, (1921 Nr. 79)
189. *Pöstchen.* 2 Blätter, (1921 Nr. 134)
190. *Die Münchner Post.* 1 Blatt, (1921 Nr. 40)
191. *Prinzregent Luitpold zum 100. Geburtstag.* 6 Blätter, (1921 Nr. 59)
192. *Die Quidde.* 4 Blätter, (1921 Nr. 94)
193. *Die neue Regierung in Preußen.* 4 Blätter, (1921 Nr. 99)
194. *Das Reichskabinett.* 3 Blätter, (1921 Nr. 189) [?] Lg 181
195. *Die neue Revolution?!* [gestr.:] *Drohungen.* 4 Blätter, (1921 Nr. 126)
196. *Sächsisch.* 2 Blätter, (1921 Nr. 129)
197. *Unter der Schabbesflagge* [gestr.:] *Die Paladine.* 5 Blätter, (1921 Nr. 68)
198. *Schleicher.* 4 Blätter, (1921 Nr. 137)
199. *Die weiße Schmach.* 4 Blätter, (1921 Nr. 102)
200. *Die Schulfrage.* 5 Blätter, (1921 Nr. 96)
201. *Schwarmgeister.* 2 Blätter, (1921 Nr. 76)
202. *Simons.* 3 Blätter, (1921 Nr. 88)
203. *Tegernseer Sommerfrische.* 4 Blätter, (1921 Nr. 167) Lg 66
204. *Spione.* 2 Blätter, (1921 Nr. 138)
205. *Spitzbubenpolitik.* 8 Blätter, (1921 Nr. 73)
206. *Demokratische Staatsmänner* [gestr.:] *Die Londoner Tage.* 7 Blätter, (1921 Nr. 59)
207. *Die Staatsmänner von der Schwanthalerhöh.* 4 Blätter, (1921 Nr. 38)
208. *Steuerapostel.* 6 Blätter, (1921 Nr. 163)
209. *Der englische Streik.* 6 Blätter, (1921 Nr. 93)
210. *Unser Timm.* 2 Blätter, (1921 Nr. 44)
211. *Todesanzeigen.* 3 Blätter, (1921 Nr. 61)
212. *Die Türken.* 3 Blätter, (1921 Nr. 159)
213. *Schon wieder.* [gestr.:] *Ein Unfall in Tegernsee.* 2 Blätter, (1921 Nr. 138)
214. *Unsauber.* 2 Blätter, (1921 Nr. 90)
215. *Volk in Noth.* 3 Blätter, (1921 Nr. 28)
216. *Der Volkstribun.* 3 Blätter, (1921 Nr. 137)
217. *Wühler.* 5 Blätter, (1921 Nr. 69)
218. *Warum's nicht geht.* 2 versch. Beiträge je 5 Blätter, (1921 Nr. 95)
219. *Wie lange noch.* 3 Blätter, (1921 Nr. 190)
220. *Zentrumspolitik.* [gestr.:] *Das Preußen.* 4 Blätter, (1921 Nr. 49)
221. *Die Zigarettenreligion.* 1 Blatt, (1921 Nr. 154)
222. *Unter den Rockschößen des Staatsanwalts.* Fragment; 4 Blätter, (1921 Nr. 21)
223. Fragmente ohne Titel. 9 Blätter

Typoskripte:

224. Bayrischzell. 2 Blätter, (1921 Nr. 170)
225. Auch eine Abwehr. 3 Blätter, (1921 Nr. 38)

226. Manuskripte ohne Veröffentlichungsnachweis

227. *Ein Engländer über die Einwohnerwehr. u. sonstiges.* 5 Blätter
228. *Expressionistisches.* 7 Blätter L 2410
229. *Fäulniß.* 9 Blätter, Fragment L 2415
230. *Gedanken eines Bauern.* 2 Entw. Fragm. u. endg. Fassung; 9 Blätter L 2441
231. *Für den Heimgarten.* 2 Blätter L 2414
232. *Habt's a Schneid?* 1 Blatt Lg 181
233. *Jagdverpachtung.* 1 Blatt
234. *Kiem Pauli und Weiß Ferdl.* 1 Blatt
235. *Die Münchner Kommunisten.* 6 Blätter, Entw., 2 Blätter Fragm. L 2421
236. *Liebe Landleute.* 4 Blätter L 2411
237. *Ein Nachwort.* 3 Blätter
238. *Saenger. 1 Blatt*
239. *Schandgoschen.* 2 Blätter
240. *Sonnenfinsterniß.* 4 Blätter
241. *Gegen die Tieferlegung des Chiemsees.* 2 Blätter L 2418
Beil.: Felix Schlagintweit: Offener Brief. 5 Blätter Typo, 2 Pressestimmen; 1 Dank-Telegramm und Dank-Brief des Schutzverbandes zur Rettung des Chiemsees. 1920

242. *Dengg's Anzengruberbühne.* [gestr.:] *Michel Dengg im Gwissenswurm. Gwissenswurm und Kreuzelschreiber.*
4 Blätter, Handschrift, 28,5×22,5 cm. 1 Briefumschlag, Handschriftliche Bemerkung von Bertl Schultes auf dem Umschlag: »geschrieben Juli 1917 in Egern a. Tegernsee.« L 2464

243. *Eine Münchner Ausstellung* [gestr.:] *Dummheiten.*
11 Blätter, Handschrift, 26×17 cm. – Fragment. 3 Blätter, Handschrift, 19,5×15 cm L 2467/21

244. *Bayern im Jahre 1813.*
9 Blätter, Handschrift, 27,5×21,5 cm L 2467/22

245. *Bildung.*
6 Blätter, Handschrift, 22,5×14 cm L 2467/23

246. *Bismarck an seine Schwester Fr. v. Arnim. 19.12.1894*
Notiz. 1 Blatt, Handschrift, 28,5×22,5 cm L 2467/19

Briefwechsel eines bayrischen Landtagsabgeordneten:

Von den 39 Filserbriefen, die im Simplicissimus Jahrg. 12 (1907/08) – Jahrg. 18 (1913/14) erschienen sind, enthält das Archiv folgende Manuskripte in verschiedenen Formaten. Vorlagen für den Drucker. Die Signatur lautet – soweit nichts anderes vermerkt – L 2372.

247. *An Wollgeborn Hern Josäph Filser*
*kenigl. Abgeorneden in Minka in barlamend.*
8 Blätter, Handschrift
Brief XII. Jahrg. 13 (1908/09), Seite 304

248. *An den hochwierningen Gabidlforsdand*
*Dobias Angerer in Zillhofen Bosd Minghartinig.*
10 Blätter, Handschrift
Brief XVIII. Jahrg. 13 (1908/09), Seite 474

249. *An Maria Filserin*
*Ögonohmsgathin in Mingharting Bosd daselbs.*
6 Blätter, Handschrift
Brief XXI. Jahrg. 13 (1908/09), Seite 544

250. *An Hern Dobias Angerer*
*Domgabidular in Zillhofen bosd Mingharding.*
15 Blätter, Handschrift
Brief XXIV. Jahrg. 14 (1909/10), Seite 478

251. *An Härn Emerahn Schanderl*
*bfahrer in Mingharting Bosd daselbs.*
10 Blätter, Handschrift
Brief XXV. Jahrg. 14 (1909/10), Seite 568

252. *An Hern Xafer Gneidl,*
*Dischdrixrad und kenigl. Abgeorneter in Minken, in barlamend.*
9 Blätter, Handschrift
Brief XXVI. Jahrg. 14 (1909/10), Seite 744

253. *An Wollgeborn Hern Fitus Gneidl*
*und Dischtrixrad in Sünsing Bosd Freusing.*
8 Blätter, Handschrift
Brief XXVIII. Jahrg. 15 (1910), Seite 51

254. *An Hern Sepastian Gneidl,*
*Ögonohm und kenigl. Abgeordneter in Sinzing bosd daselbs.*
4 Blätter, Handschrift
Brief XXXII. Jahrg. 16 (1911), Seite 488

255. *An Hern Sepastian Gneidl*
*kenigl. Abgeorneter im uhrlaub in Sinzing, bosd daselbs.*
10 Blätter, Handschrift
Brief XXXIII. Jahrg. 16 (1911), Seite 575

256. *An das heulige Ohrdenariath zu händen fon insern*
*heuligen Vather und Ärzbischopf.*
*Aigene Angelägenheid des Empfängers.*
9 Blätter, Handschrift
Brief XXXIV. Jahrg. 16 (1912), Seite 704

257. *An hern Sepastian Gneidl, Oegonohm*
*in Sinzing bosd daselbs.*
7 Blätter, Handschrift
Brief XXXVI. Jahrg. 16 (1912), Seite 868

258. *An hochwiern hern bfahrer Blasius Gletzenbauer*
*in Mingharding Bosd daselbs.*
10 Blätter, Handschrift
Brief XXXVII. Jahrg. 16 (1912), Seite 901

259. *An Wohlgebohrn Hern Xaver Schanderl*
*Ögonohm in Ascholding bosd daselbs.*
2 Blätter, Handschrift
Unveröffentlicht

260. *Das aufgläste Barlahmend*
*fon Jozef Filser*
*emals kenigl. Abgeorneter*
*beriechded fon Ludwig Thoma.*
19 Blätter, Handschrift Lg 181
Flugblatt des Simplicissimus. Jahrg. 16 (1912)

261. *Flugblatt des Simplicissimus.*
*Das neie Barlamänd*
*fon Jozef Filser*
*beriechtet durch Ludwig Thoma.*
16 Blätter, Handschrift L 1779
Flugblatt des Simplicissimus. Jahrg. 16 (1912)

262. *Bolidische Gedangen*
*zu babier gebrachd fon mier selbs, Jozef Filser, keniglicher Abgeorneter und barlamendarrischer Fertretter des Wallgreis Mingharting und forgelebgt dem hochwierningen hern Domgabidular Dobias Angerer in Zillhofen zur Briefung.*
40 Blätter, Handschrift L 2372

263. *Nothabeni und Beschlüßung.*
Schlußwort zur Gesamtausgabe der Briefe
Stempel der Druckerei »6 Apr. 1912« L 2372

264. *Damals – – (Nach 1918)*
14 Blätter, Handschrift, 20×16,5 cm L 2467/24

265. *1. – – – (Über Friedenthal.)*
4 Blätter, Handschrift mit Unterschrift, 27×21,5 cm L 2467/25

266. *Der Fall Moy.* [Datumstempel:] 22. Mai 1913
4 Blätter, Handschrift, 28×21,5 cm L 2467/26

267. *Von Giftmischern.* [Datumstempel:] 18. März 1913
10 Blätter, Handschrift, 27×21,5 cm L 2467/27

268. *Herr von Heeringen.* [Datumstempel:] 21. April 1913
7 Blätter, Handschrift mit Unterschrift, 27×21,5 cm L 2467/28

269. *Zur Jesuitenfrage.* [gestr.:] *Der Statthalter Christi*
4 Blätter, Handschrift, 28,5×22,5 cm L 2467/29

270. *Kleriker und* [gestr.: *Delatoren*] *Angeber.* [Datumstempel:] 8. Februar 1913
5 Blätter, Handschrift, 27,5×21,5 cm L 2467/30

271. *Kongo*
1 Blatt, Handschrift mit Unterschrift, 28×22 cm L 2467/31

272. *Kriegsverlängerer*
2 Blätter, Handschrift mit Unterschrift, 27×21 cm L 2467/32

273. *Der Münchner Kritikerprozeß*
3 Blätter, Handschrift mit Unterschrift, 28,5×22,5 cm L 2467/33

274. *Künstler und Kritiker*
7 Blätter, Handschrift mit Unterschrift, 28,5×22,5 cm L 2467/34

275. *Kunstbesprechlerei*
2 Blätter, Handschrift, 27×21 cm L 2467/35

276. *Vom König Max II.*
1 blaukartoniertes Heft mit 19 Blättern, Handschrift, 22×18 cm L 2394

277. *Max II. und Leopold von Ranke.* [Umschl. Titel:] *Bayerische Bilder. Ranke am Königssee.*
1 blaukartoniertes Heft mit 2 Blättern, Handschrift, 20×16 cm
Beilage: 1 Blatt Handschrift (Witze) L 2467/18

278. *Pornographie*
2 fragmentarische Entwürfe in verschiedener Form
8 und 3 Blätter, Handschrift, 28,5×22,5 cm L 2397

279. *Professor Foerster*
1 Blatt, Handschrift mit Unterschrift, 28,5×22,5 cm L 2467/37

280. Gegen Oberst Hoffmanns Publikation
Fragment. 2 Blätter, Handschrift, 27,5×22 cm L 2467/36

281. *Die Reden Kaiser Wilhelms II.* [gestr.:] *Kaiser Wilhelm II. als Redner. Stadelheim, November 1906*
Frühe, überarbeitete Fassung
34 Blätter, Handschrift, 27×21,5 cm L 2395
Abschrift. 19 Blätter Typoskript L 2467/47

282. *Verwilderung.*
3 Blätter, Handschrift mit Unterschrift [Pseud.: Hans Mayrhofer], 28,5×22,5 cm L 2467/38

283. *Volkstrachten.* [Datumstempel:] 13. März 1913
4 Blätter, Handschrift mit Unterschrift, 28×22 cm L 2467/39

284. *Der Zappel-Philipp*
2 Blätter, Handschrift, 28,5×22,5 cm L 2467/40

285. *Landessäkularfeier in Innsbruck*
Fragment von 3 verschiedenen Fassungen
3,2,1 Blätter, Handschrift, 20,5×16,5 cm L 2467/41

286. *Die Versprengten*
Fragment. 4 Blätter, Handschrift, 27×21 cm L 2467/42

287. Fragmente und Notizen
1 Konvolut von Handschrift und Stenogramm L 2467/43,55,61

Typoskripte: L 2467/47

288.–302. Auf bayrischen Bahnen. (3 Blätter) – Bauernmoral. (6 Blätter) – Unsere Bundesbrüder. (3 Blätter) – Schwäbische Eindrücke. (4 Blätter) – Friedrich Haussmann + . (1 Blatt) – Henri V. Eine Pfaffenkomödie. (7 Blätter) – Der Hoftheaterprozeß. (2 Blätter) – Unsere korpsstudentische Jugend (4 Blätter) – Der Kaiser in Wiesbaden. (2 Blätter) – Mörder. (8 Blätter) – Die 8. Reichsanleihe. (3 Blätter) – Erster deutscher Richtertag. (2 Blätter) – Gegen die Staatsanwälte. (14 Blätter) – Tuntenhausen. (3 Blätter) – Die Verfassungsdebatte. Gedanken eines Unpolitischen. (4 Blätter).

303. Bayrische Aussprüche.
1 Wachsleinwandnotizbuch mit 5 Blättern, Handschrift, 17×10,5 cm L 2467/50

304. *Balken und Splitter. – Dichter und Metzger.*
1 Wachsleinwandnotizbuch mit 8 Blättern, Handschrift, 17×10,5 cm L 2467/51

305. Eine Bauerngeschichte von 1705.
Skizzenbuch mit 30 Blättern, Handschrift, 20×14 cm L 2467/62
Notizbuch, Saffianleder, Seiten 41r–51v, Handschrift, 20×13,5 cm L 2453

306. Studien zu einer Novelle aus dem Jahre 1705.
Materialiensammlung und Konzeption der Handlung.
4 blaukartonierte Hefte mit 70 Blättern und 6 Blättern Einlage, Handschrift, 22×17,5 cm L 2436

307. *Catilina.*
Gedanken über eine Komödie aus der römischen Geschichte.
1 Wachsleinwandnotizbuch mit 25 Blättern, Handschrift, 17×10,5 cm L 2467/52

308. *Cato.*
Entwurf eines Stückes aus der Antike.
2 Lederbände mit 15 und 12 Blätter, Handschrift; 2 Wachsleinwandnotizbücher mit 12 und 6 Blättern, Handschrift; 1 Schreibbuch mit 2 Blättern, Handschrift L 2467/53

309. *Der Demokrat mit seiner heiligsten Überzeugung. – Der Mann im Caféhause. – Wirkung des Erfolgs. – Aus Brands Erinnerungen.*
1 Wachsleinwandnotizbuch mit 22 Blättern, Handschrift, 17×10,5 cm L 2467/54

310. *Der Dorflump. Erzählungen eines alten Försters.*
3 verschiedene Fassungen, Fragmente
2,3,7 Blätter, Handschrift, 28,5×22,5 cm L 2439

311. *Erzälgen (!) eines Jägers. März 1920.*
Idee zu einer Geschichte.
1 Wachsleinwandnotizbuch mit 2 Blättern, Handschrift, 17×10,5 cm L 2449

312. *In den Ferien. Stimmungsbild.*
2 Blätter, Handschrift, 22×14 cm L 1861

313. *Einige Gedanken über unsere Strafrechtspflege. Stadelheim, Nov. 1906.*
20 Blätter, Handschrift, 28,5×22,5 cm L 1780

314. *Der Gerolts Hof. Blasius.*
Skizze einer Bauerngeschichte.
Notizbuch, Saffianleder, Seiten 10v–21r, Handschrift, 20×13,5 cm L 2455

315. *Die Geschichte vom Kapplerbräu.*
Sizze.
1 Wachsleinwandnotizbuch mit 2 Blättern, Handschrift, 17×11 cm L 2457

316. Ideen für Witze: *Briand in Rom. – Wie benehme ich mich im Kriege? – L'Europe future. – Traum eines Münchners u. a.*
1 Ledernotizbuch mit 8 Blättern, Handschrift, 3 Blätter Stenogramm, 17,5×12 cm L 2467/60

317. *Lesefrüchte. – Ideen zu einer Komödie.*
1 Wachsleinwandnotizbuch mit 19 und 2 Blättern, Handschrift, 17×11 cm L 2448

318. *Lesefrüchte aus der englischen Literatur.*
1 Wachsleinwandnotizbuch mit 3 Blättern, Handschrift, 17×11 cm L 2451

319. *Liebes- und Ehegeschichte.*
Skizze.
1 Wachsleinwandnotizbuch mit 3 Blättern, Handschrift, 17×11 cm L 2447

320. Kritik an Josef Ruederers Roman »Das Erwachen«.
5 und 2 Blätter, Handschrift, 28,5×22,5 cm L 2412

321. *Albert Langen.*
Verteidigung des Verlegers gegen einen üblen Nachruf von Georg Brandes.
11 Blätter, Handschrift, 28,5×21,5 cm L 2406

322. *Der reiche Martin.*
Entwurf einer Erzählung in 2 verschiedenen Fassungen.
2 blaukartonierte Hefte mit 18 und 4 Blättern, Handschrift, 21×16,5 cm und 28×22 cm L 2432/33

323. *Für mich. Aus Eckermanns Gesprächen.*
*Begonnen zu Weihnachten 1916*
Skizzenbuch mit 6 Blättern, Handschrift, 17×12 cm.
Beilage: Band zum EK II. L 2467/58

324. Notizen aus Mommsen und Jens Peter Jacobsen.
1 Wachsleinwandnotizbuch mit 1 Blatt, Handschrift, 17×10,5 cm L 2467/64

325. *Notizen über Rosenanpflanzung. 21.2.1910. – Idee zu einem Roman. 22. Nov. 1910 – Baraibe. 22. Nov. 1913.*
1 Ledernotizbuch mit 34 Blättern, Handschrift, 15×10 cm L 2467/65

326. *Oaha.*
Verteidigung des Verlegers Albert Langen gegen Frank Wedekind, der in seinem Schauspiel »Oaha« die Verhältnisse im Verlag entstellt verwertet hatte.
8 Blätter, Handschrift und 1 Blatt, Handschrift Ergänzung, 28,5×22,5 cm L 2405

327. *Ein Paar Strümpfe. – Lesefrüchte.*
Entwurf einer Ehegeschichte.
1 Wachsleinwandnotizbuch mit 7 Blättern, Handschrift, 17×11 cm L 2458

328. *Plutarch. Notizen über Caesar.*
1 Wachsleinwandnotizbuch mit 13 Blättern, Handschrift, 17×10,5 cm L 2467/56

329. *Die Probebraut oder Vernunft und Leidenschaft. Lustspiel.*
Szenarium für 3 Akte. Fragment.
1 blaukartoniertes Heft mit 6 Blättern, Handschrift, 20,5×16 cm L 2428
*Ideen für das Lustspiel.*
1 Wachsleinwandnotizbuch mit 28 Blättern, Handschrift, 17×10,5 cm L 2445
Entwurf des 1. Aktes. Fragment.
1 Wachsleinwandnotizbuch mit 4 Blättern, Handschrift, 17×10,5 cm L 2467/59
Entwurf des 2. Aktes.
1 blaukartoniertes Heft mit 25 Blättern und 8 Blättern Einlage, Handschrift, 28×22 cm.
Beilage: ein Brief an »Herr Professor«. Rottach, 2.3.1918. 4 Blätter Fragment. L 2443

330. *Quo usque tandem ...?*
Entwurf eines Lustspiels.
Notizbuch, Saffianleder, Seiten 51r–56r, 58v–58r, Handschrift, 20×13,5 cm L 2453

331. *Robespierre.*
Skizze zu einem Schauspiel.
Notizbuch, Saffianleder, Seiten 22v, 23v–24r, Handschrift, 20×13,5 cm L 2453

332. *Roman.*
Skizze.
1 Wachsleinwandnotizbuch mit 3 Blättern, Handschrift, 17×11 cm L 2446

333. *Gräfin Schlag. Eine niederbayrische Adelsgeschichte.*
Fragment des 1. Kapitels.
14 Blätter, Handschrift, 28,5×22 cm L 2440

334. *Der tote Sebastian.*
Entwurf einer Dornsteiner Geschichte.
16 Blätter, Handschrift, 28,5×22,5 cm L 2438

335. *Die Seleukiden.*
Entwurf einer Komödie.
Notizbuch, Saffianleder, Seiten 27r–29v, Handschrift, 20×13,5 cm L 2455

336. *Silberhochzeit.*
Skizze.
1 Wachsleinwandnotizbuch mit 3 Blättern, Handschrift zum Teil Stenogramm, 17×10,5 cm L 2467/67

337. Deutsche Sprachübungen. – 2 Dialektgedichte.
1 Wachsleinwandnotizbuch mit 9 Blättern und 1 Blatt, Handschrift, 17×10,5 cm L 2467/68

338. Stoff zu einer Bauerngeschichte aus dem Dachauer Land.
*den 27. November 1906* [Tag der Entlassung aus dem Strafgefängnis Stadelheim!]
1 Halbleinennotizbuch mit 2 Blättern, Handschrift, 21×17,5 cm L 2459

339. *Torheit des Duells.*
Idee zu einem Schauspiel.
9 Blätter, Handschrift, 20,5×13 cm L 2459

340. *Alte Sünden.*
*Bauernschwank in 4 Aufz. von Otto Reiser* (das ist Ludwig Thoma)
Fragment. 1. Akt, 1. Szene.
5 Blätter, Handschrift, 28×22,5 cm L 2430

341. *S' Ungewisse. 3.8.*(19)*18.*
1.–3. Akt. Fragment.
Pergamentband mit 69 Blättern, Handschrift, 32,5×22,5 cm L 2430

342. *Fremde Welt.*
Ideen zu einem Stück. – Entwürfe und Notizen.
1 Skizzenbuch mit 5 Blättern, Handschrift, 17×12 cm.
1 Wachsleinwandnotizbuch mit 31 Blättern, Handschrift, 17×10,5 cm L 2467/70 u. 71

343. *Wunder in Lourdes.* Witze. – *Der Tag eines Münchners im Himmel. – Der 9. Thermidor.*
1 Ledernotizbuch mit 11 Blättern, Handschrift, 15×10 cm L 2467/66

344. *Die neue Zeit* [gestr.:] *Der Herr Vetter.*
Anfang einer Erzählung.
1 blaukartoniertes Schulheft mit 9 Blättern. Handschrift, 21×16,5 cm L 2467/72

Bibliographie der Schriften Ludwig Thomas

Ludwig Thoma als Herausgeber

Auflagenstand der Buchausgaben
im Jahre 1922

Briefausgaben

Werke in fremdsprachigen Ausgaben

Vertonungen von Dichtungen Ludwig Thomas

# Bibliographie der Schriften Ludwig Thomas

## VORBEMERKUNG

Die Bibliographie versucht die Vielzahl der Veröffentlichungen, die Ludwig Thoma in dem Zeitraum von rund 25 Jahren geschrieben hat, nachzuweisen. Hinweise für die Fundstellen in Zeitschriften und Zeitungen konnten aus der Korrespondenz, die sorgfältig daraufhin geprüft wurde, gewonnen werden. Es ergab sich bisweilen jedoch, daß darin Pläne erwähnt werden, die später nicht verwirklicht wurden. Zwar ließ – vor allem bei der Durchsicht des »Simplicissimus« – der Stil mancher anonymen Beiträge die Autorschaft Thomas vermuten, doch wurde dies, wenngleich es oft geradezu zwingend erschien, nicht berücksichtigt. Es wurden vielmehr nur Beiträge aufgenommen, die eindeutig verifizierbar waren, sei es durch Namensnennung, Nachweis in Briefstellen oder durch Pseudonyme.

Ludwig Thoma war zu seiner Zeit berühmt-berüchtigt als »Peter Schlemihl«. Dieses Pseudonym, für dessen Wahl in Thomas Schriften kein Nachweis erbracht werden konnte, verwandte er – nach »Iste« und »Hase« – erstmals im »Simplicissimus« in der Nr. 12, Seite 91 des 4. Jahrgangs (1899/1900) für seine »Jubelhymne zur Haager Friedenskonferenz«. Daneben schrieb er noch als »von Schmiernatzi«, »Lorenz Angermayer«, »Adolf Stengel«, »Hans Mayrhofer«, »Peter Schlamminger« und »Maxl«. Für eine Faschingseinladung 1904 verwandte er »Josef Fellner«, sein Bühnenstück »Der alte Feinschmecker« trägt den Verfassernamen »Hans Georg Vogelsang«.

Die Glossen und Beiträge im »März« sind mit »L.Th.« oder »L« gezeichnet.

In der Bibliographie werden die Pseudonyme angegeben (P.S. steht für Peter Schlemihl). Beiträge ohne Verfasserangabe sind im Original mit vollem Namen gezeichnet oder sind – wie etwa im »Miesbacher Anzeiger« – anonym erschienen.

## I. ERSTAUSGABEN

345. *Agricola.* Bauerngeschichten erzählt von Dr. Ludwig Thoma. Mit Zeichnungen von Adolf Hoelzel und Bruno Paul. – Passau: Verlag der M. Waldbauerschen Buch-Handlung 1897. 124 Seiten.
Inhalt: Einleitung. – Agricola. – Die Eigenthumsfanatiker. – Der Hofbauer. – Kirta! – Solide Köpfe. – Der Wilderer. – Der Rauchklub. – Die Fahnenweihe. Vorbereitung. Das Fest. – Der Heiratsvermittler. – Die Richter. – Monika. – Der Bader. – Die Wallfahrt. – Der Truderer. – Das Sterben.

346. *Assessor Karlchen und andere Geschichten.* Umschlag-Zeichnung von Bruno Paul. – München: Langen 1901. 160 Seiten = Kleine Bibliothek Langen. Band 34.
Inhalt: Assessor Karlchen. – Die Sau. – Der Befähigungsnachweis. – Woldemar. – Mucki. – Amalie Mettenleitner. – Die Probier. – Der Krieg in China. – Die Hinterseer. – Das Begräbnis. – Der Star. – Die Volksverbesserer. – Der Kohlenwagen. – Der Lämmergeier.

347. *Peter Schlemihl, Grobheiten.* Simplicissimus-Gedichte. Umschlag-Zeichnung von Bruno Paul. – München: Langen 1901. VII, 89 Seiten. = Kleine Bibliothek Langen. Band 64.
Inhalt: Des Dichters Klage. – Alte Märe. – In der Berliner Siegesallee. – Hoplala. – Festesfreude. – Spruchweisheit. – Hohenlohes Abschied. – Neue Sonnen. – Hilfe! – An einen Sittlichkeitsapostel. – Stoßt an! – Die Feinen. – Die weisen Juristen. – Die Gestrengen. – Die Thronstütze. – Heilige Verträge. – Trauerklage. – Englands Frauen. – Frühling. – Ohm Krüger. – Die Wahrheit. – O deutscher Spieß. – Aus Südafrika. – Der letzte Burenkämpfer. – Rachelied. – Hurra! – Ein Kenner. – Wochenschau. – Bekenntnis. – Am Sylvesterabend. – Neue Schule. – Handel und Wandel. – Müdigkeit. – Hymnus an August Scherl. – Der bayerische Chevauxleger. – Der Leiber. – Reservemann. – Wuotansenkel. – Im Neckarthal. – Frühling. – Der Ausflug. – Sommer-Idylle. – Lehrhaftes Gedicht. – Rückblick.

348. *Die Medaille.* Komödie in 1 Akt. Umschlag-Zeichnung von Bruno Paul. – München: Langen 1901. 101 Seiten.

349. *Witwen.* Lustspiel in 3 Aufzügen. – München: Langen 1901. 186 Seiten.

350. *Hochzeit.* Eine Bauerngeschichte. Umschlag-Zeichnung und Buchschmuck von Bruno Paul. – München: Langen 1902. 143 Seiten.

351. *Die Lokalbahn.* Komödie in 3 Akten. Umschlag-Zeichnung von Bruno Paul. – München: Langen 1902. 164 Seiten.

352. *Die bösen Buben.* Mit vielen bunten Bildern von Thomas Theodor Heine. – München: Langen 1903. 46 Seiten.

353. *Peter Schlemihl. Neue Grobheiten.* Simplicissimus-Gedichte. Umschlag-Zeichnung von Bruno Paul. – München: Langen 1903. 112 Seiten. = Kleine Bibliothek Langen. Band 65.
Inhalt: Fortschritt. – Berliner Fürstenbesuch. – Dankgefühle. – Das Auge Gottes. – Prinzenexamen. – Heldenbegegnung. – Im Louvre. – Rückblicke. – Ruhm und Ehre. – Selbsterkenntnis. – Protestversammlung. – Der englische Pfaffe. – Wiegenlied. – Das Ende. – Friede. – Heimkehr. – Die Eiche. – Provinzler. – Frühling. – Gleichgültigkeit. – Der Zweikampf. – Rühmlicher Tod. – Pastor Klops. – An die Berliner Kunstakademiker. – Alt-Heidelberg. – Des Weisen Lehre. – An der Riviera. – Wechsel. – Patriotismus. – Sorgen. – Frauenklage. – Das uralte Männchen. – Südtirol. – Ritter von Orterer. – Der Kanonier. – Soldatenliebe. – Die schweren Reiter. – Boarisch. – Warnung vor Paris. – Bekehrung. – Frühlingsahnung. – Im Maien. – Sommernacht. – Herbst. – Weihnachten. – Karneval. – Fasching. – Aschermittwoch. – Gräßliches Unglück. – Lumpenlied. – Katzenjammer.

354. *Das große Malöhr im Juni 1903.* Wahrheitsgetreu dargestellt von Ludwig Thoma und Th. Th. Heine. Mit vielen Illustrationen. – München: Langen 1903. 38 Seiten.

355. *Der heilige Hies.* Merkwürdige Schicksale des hochwürdigen Herrn Matthias Fottner von Ainhofen, Studiosi, Soldaten und späterhin Pfarrherrn von Rappertswyl. Gezeichnet von Ignatius Taschner. – München: Langen 1904. 41 Seiten mit zahlreichen zum Teil farbigen Zeichnungen.

356. *Die Wilderer.* Umschlag-Zeichnung von Bruno Paul. – München: Langen 1904. 89 Seiten. = Kleine Bibliothek Langen. Band 70.

357. *Lausbubengeschichten.* Aus meiner Jugendzeit. Umschlag-Zeichnung von Th. Th. Heine. – München: Langen 1905. 162 Seiten.

358. *Pistole und Säbel? und anderes.* Buchschmuck von Th. Th. Heine. – München: Langen 1905. 148 Seiten. = Kleine Bibliothek Langen. Band 80.
Inhalt: Pistole oder Säbel? Kongreß des satisfaktionsfähigen Deutschlands. – Eine psychologische Studie. Erzählt von Adolf Bindinger, kgl. Gymnasiallehrer. – Der Einser. – Der Vertrag. – Der Klient. – Die unerbittliche Logik. – Als Referendar. – Die Ludwigstraße. – Auf Reisen. – Der Krieg. Ein Schulaufsatz. – Das Duell. – Die Tochter des Feldwebels. Historisches Festspiel.

359. *Peter Schlemihl.* Gedichte. – München: Langen 1906. 107 Seiten.
Inhalt: Trauervoller Rückblick und fröhlicher Anfang. – Deutschland und Frankreich. – Kanonenfutter. – Afrika. – Verwandlung. – Delcassé. – An die Kämpfer in Südwestafrika. – »Heimarbeit«. – Krefelder Mädchen. – Splendid isolation. – Der sächsische Landtag. – Berlin–München. – Sängergruß. – Traurige Geschichte von zwei Fähnrichen. – Podbielski. – Eröffnungshymne. – Serbisches Heldenlied. – Im Vatikan. – Akademische Freiheit? – Die deutsche Kunst. – Die Märtyrer. – Forbach. – Reichsrat Freiherr von Soden. – Feststimmung. – Umschwung. – Neujahrs-Auszeichnungen. – Ehrenjungfrauen. – Bedenken. – Trübe Christen. – An die Sittlichkeitskonferenz zu Magdeburg. – Sommermorgenstimmung. – Rußland–Japan. – An die Ergrimmten. – Der 10. Jahrgang des Simplicissimus. – Tunis. – Assessorchen. – Entwicklung. – Gewohnheit. – Bülow. – Lippe. – »Vaterlandslose Gesellen«. – An das Volk. – Rußland und Preußen. – Exzellenz Ruhstrat! – Die feine Familie. – Plehwes Tod. – Das süße Geheimnis. – Zwanglos. – Gerechte Strafe. – Das Freisinger Rhinozeros. – Herbststimmung. – Das Jesukind. – Dem Andenken Schillers. – Heimkehr. – Warnung. – Auf Höhen. – Heilige Nacht. – Anbetung der Hirten. – Ave Maria. – Der Vesuv. – Soldatenlied. – Im Quartier. – Soldatenlied. – Leichte Wahl. – Der Handwerksbursche. – Gottesgericht.

360. *Der Schusternazi.* Posse mit Gesang in 4 Akten. Bühnenmanuskript. – München: Langen 1906. 91 Seiten.

361. *Andreas Vöst.* Bauernroman. Umschlag-Zeichnung von Ignatius Taschner. – München: Langen 1906. 434 Seiten.
Dass. Volksausgabe. Umschlag-Zeichnung von Ignatius Taschner. – München: Langen 1908. 434 Seiten.

362. *Tante Frieda.* Neue Lausbubengeschichten. Mit Zeichnungen von Olaf Gulbransson. – München: Langen 1907. 152 Seiten.

363. *Kleinstadtgeschichten.* – München: Langen 1908. 195 Seiten.
Inhalt: Peter Spanningers Liebesabenteuer. – Krawall. – Der westfälische Glaubensbote. – Bismarck. – Kaspar Asam. – Kabale und Liebe. – Ein bayrischer Soldat.

364. *Moritaten.* Wahrheitsgetreu berichtet. Umschlag-Zeichnung von Olaf Gulbransson. – München: Langen 1908. 136 Seiten. = Kleine Bibliothek Langen. Band 100.
Inhalt: Ein neuer Hohenzollernprinz!! Ein Prinz!! Ein Prinz!! Freudigstes Ereignis, allerehrfurchtsvollst dargest. und submissest unterbreitet. – Die Gräfin von Montignoso oder Liebeslust und -leid in Florenz. – Die Prinzessin Luise von Koburg oder ihre schrecklichen Erlebnisse und Flucht aus dem Irrenhause. – Das große Malöhr im Juni 1903. – Der Breslauer Krawall oder Die abgehackte Hand. – Fort mit der Liebe!! Ein Notschrei!! Den Sittlichkeitsaposteln ergebenst unterbreitet. – Münchner Karneval. – D' Marie.

365. *Briefwechsel eines bayrischen Landtagsabgeordneten.* Mit 20 Zeichnungen von Eduard Thöny. – München: Langen 1909. 131 Seiten.

366. *Moral.* Komödie in 3 Akten. – München: Langen 1909. 176 Seiten.
Dass. Privatausgabe zur Feier der 100. Aufführung am Kleinen Theater in Berlin, in 25 Exemplaren auf echtem Büttenpapier gedruckt.

367. *Erster Klasse.* Bauernschwank in 1 Akt. – München: Langen 1910. 88 Seiten.

368. *Lottchens Geburtstag.* Lustspiel in 1 Akt. – München: Langen 1911. 69 Seiten.

369. *Der Wittiber.* Ein Bauernroman. Illustriert von Ignatius Taschner. – München: Langen 1911. 288 Seiten.

370. *Bismarck. – Kirta.* – München: Callwey 1912. 19 Seiten. = Der Schatzgräber. Nr. 80.

371. *Jozef Filsers Briefwexel.* (2. Buch.) Mit 15 Zeichnungen von Eduard Thöny. – München: Langen 1912. 156 Seiten.

372. *Peter Schlemihl, Kirchweih.* Simplicissimus-Gedichte. Umschlag-Zeichnung von Wilhelm Schulz. – München: Langen 1912. 100 Seiten. = Kleine Bibliothek Langen. Band 111.
Inhalt: Westfälische Kaisertage. – Garantie. – Das freudige Ereignis. – Großfürstin Anastasia. – Hymnus. – Frau Toselli. – Der Zar. – König Eduard VII. – Ludwig I. – Tischreden. – Bülows Ende. – Bethmann Hollweg. – Begegnung. – Ostelbischer Adel im Zirkus Busch. – Schweine. – Festmahl. – Römisch-Katholisches. – Die Eröffnung des bayrischen Landtags. – Der Fall Tremel. – Katholikentag 1906. – Breslauer Katholikentag. – Lied des niederbayrischen Kooperators. – Die Fürstin Wrede oder Ein rührender Zug der preußischen Rechtspflege. – Moabit. – Germania und die Berliner Polizei. – Vor dem Schlosse. – Die Schlacht. – Der Alte. – Kompromißler. – Der Herr Beamte. – Nach dem Haager Kongreß. – Nach den Wahlen. – Moltke-Harden. – Ergebenstes Ersuchen an die Berliner. – Wir Toren. – Hamm. – Treuschwur. – Münchner Sittlichkeitsverein. – Sexuelle Aufklärung. – Ein Blick ins Damenbad. – Lebensweisheit. – An Wilhelm Busch, den aufgehörten Dichter. – Wilhelm Busch +. – Naturgeschichtliches Alphabet. – Nutzen des Reisens. – Wien. – Auf Posten. – Parole Heimat. – Jägerfreude. – Frieden. – Neujahr bei Pastors. – Frühlingsahnen. – Erster Mai. – Mai. – Frühling. – Juli 1909. – Regenstimmung. – Vergänglichkeit. – 1911. – Herbst. – Hymne zum 100. Oktoberfest. – Allerseelen. – Beim Wein.

373. *Krawall.* Lustige Geschichten. – Berlin, Wien: Ullstein 1912. 315 Seiten. = Ullstein-Bücher. 41.
Inhalt: Krawall. – Kaspar Asam. – Kabale und Liebe. – Die Fahnenweihe. – Die Richter. – Der Bader. – Der Kindlein. – Besserung. – Tante Frieda. – Die Indianerin. – Mucki. – Der Lämmergeier. – Der Einser. – Der Vertrag.

374. *Magdalena.* Ein Volksstück in 3 Aufzügen. – München: Langen 1912. 151 Seiten.

375. *Münchner Karneval.* Lustige Verse. Mit 58 Zeichnungen von Ferdinand Frhr. von Reznicek und Brynolf Wennerberg. – München: Langen 1913. 79 Seiten.

376. *Nachbarsleute.* – München: Langen 1913. 172 Seiten.
Inhalt: Junker Hans. – Das Volkslied. – Auf dem Bahnsteig. – Tja––! – Der Biedermann. – Unser guater, alter Herzog Karl. – Liebe um Liebe. – Auf der Elektrischen. – O Natur! – Das alte Recht. – Anfänge.

377. *Das Säuglingsheim.* Burleske in 1 Aufzuge. – München: Langen 1913. 49 Seiten.
378. *Die Sippe.* Schauspiel in 3 Aufzügen. – München: Langen 1913. 142 Seiten.
379. *Der Postsekretär im Himmel und andere Geschichten.* – Berlin, Wien: Ullstein 1914. 312 Seiten. = Ullstein-Bücher.
Inhalt: Der Postsekretär im Himmel. – Die Hinterseer. – Peter Spanningers Liebesabenteuer. – Der Kohlenwagen. – Auf Reisen. – Auf der Elektrischen. – Der Klient. – Die Familie in Italien. – Der Interviewer. – Die Halsenbuben. – Schneehendlpfeifen. – Die Wilderer.
380. *Der erste August. – Christnacht 1914.* 2 Einakter. – München: Langen 1915. 68 Seiten. = Langens Kriegsbücher. Band 5.
381. *Das Aquarium und anderes.* – München: Langen 1916. 117 Seiten. = Langens Mark-Bücher. Band 13.
Inhalt: Das Aquarium. – Käsebiers Italienreise. – Der Münchner im Himmel. – Eine psychologische Studie. – Der Einser. – Der Vertrag. – Der Klient. – Die unerbittliche Logik. – Als Referendar. – Die Ludwigstraße. – Auf Reisen.
382. *Brautschau. – Dichters Ehrentag. – Die kleinen Verwandten.* 3 Einakter. – München: Langen 1916. 167 Seiten.
383. *Vogelsang, Hans Georg: Der alte Feinschmecker.* Ein Münchner Schwank in 4 Aufzügen. Bühnen-Manuskript. – München: Langen 1916. 86 Seiten.
384. *Das Kälbchen. – Der umgewendete Dichter. – Onkel Peppi. – Heimkehr.* Novellen. Umschlag-Zeichnung von Olaf Gulbransson. – München: Langen 1916. 191 Seiten.
385. *Waldfrieden.* Lustspiel in 1 Aufzuge. – München: Langen 1916. 57 Seiten.
386. *Heilige Nacht.* Eine Weihnachtslegende. Mit Zeichnungen von Wilhelm Schulz. – München: Langen 1917. 63 Seiten.
387. *Onkel Peppi. – Der heilige Hies. – Drei Lausbubengeschichten.* – München: Verlag »Die Welt-Literatur« 1917. 12 Seiten. = Die Welt-Literatur. 1917, Nr. 8.
388. *Geschichten von Ludwig Thoma.* Ausgewählt und eingeleitet von Walter von Molo. – München: Langen 1917. 1 Titelbild, 248 Seiten. = Langens Auswahlbände.
Inhalt: Ludwig Thoma von Walter von Molo. – In den Ferien. – Die Verlobung. – Die Vermählung. – Das Baby. – Der westfälische Glaubensbote. – Besserung. – Die Indianerin. – Franz und Cora. – Das Waldfest. – Coras Abreise. – Auf dem Bahnsteig. – Heimkehr. – Die Probier. – Bismarck. – Das Sterben.
(Auszüge aus: Lausbubengeschichten. – Tante Frieda. – Kleinstadtgeschichten. – Nachbarsleute. – Das Kälbchen. – Assessor Karlchen. – Agricola.)
389. *Altaich.* Eine heitere Sommergeschichte. – München: Langen 1918. 394 Seiten.
390. *Gelähmte Schwingen.* Lustspiel in 1 Aufzug. – München: Langen 1918. 46 Seiten.
391. *Erinnerungen.* – München: Langen 1919. 321 Seiten.
392. *Der Jagerloisl.* Eine Tegernseer Geschichte. – München: Langen 1920. 192 Seiten.
393. *Die Dachserin und andere Geschichten aus dem Nachlaß.* – München: Langen 1922. 211 Seiten.
Inhalt: Die Dachserin. – Die unterbrochene Bertha. – Papas Fehltritt. – Kino. – Beinahe. – Finstere Zeiten oder Der Leberkas. – Bildung und Fortschritt. – Der Menten-Seppei. – Pürschgang. – Sommerabend. – Marget.
394. *Der Ruepp.* Roman. – München: Langen 1922. 304 Seiten.
395. *Leute, die ich kannte.* Ein Erinnerungsbuch. – München: Langen 1923. 162 Seiten.
Inhalt: Karl Haider. – Friedrich Steub. – Wilhelm von Diez. – Holger Drachmann. – Rudolf Wilke. – Albert Langen. – Ignatius Taschner. – Torggelstube. – Der Goethebund. – Pernerstorfer. – Josef Ruederer. – Otto Erich Hartleben. – Überbrettl. – Frank Wedekind. – Der alte Reder. – Georg Queri. – Schwäbische Eindrücke. – Salzburg. – Der alte Landrichter.
396. *Gesammelte Werke.* In 7 Bänden. (Einbandzeichnung von Wilhelm Schulz.) 1.–6. Tsd. – München: Langen 1922.
Band 1: Autobiographisches und ausgewählte Gedichte.
Inhalt: Erinnerungen. – Leute, die ich kannte. – Stadelheimer Tagebuch. – Heilige Nacht. – Ausgewählte Gedichte.
Band 2: Novellen und Satiren. 1.
Inhalt: Agricola. – Der heilige Hies. – Die Wilderer und andere Jagdgeschichten. – Kleinstadtgeschichten. – Nachbarsleute. – Das Kälbchen.

Band 3: Novellen und Satiren. 2.

Inhalt: Lausbubengeschichten. – Tante Frieda. – Assessor Karlchen. – Das Aquarium. – Briefwechsel eines bayrischen Landtagsabgeordneten. – Jozef Filsers Briefwexel. 2. Buch. – Die Dachserin.

Band 4: Romane und Erzählungen. 1.

Inhalt: Hochzeit. – Andreas Vöst. – Der Wittiber.

Band 5: Romane und Erzählungen. 2.

Inhalt: Altaich. – Der Jagerloisl. – Marget. – Der Ruepp.

Band 6: Bühnenstücke.

Inhalt: Die Medaille. – Die Lokalbahn. – Moral. – Erster Klasse. – Lottchens Geburtstag. – Magdalena. – Die Sippe. – Das Säuglingsheim. – Der erste August. – Christnacht 1914. – Brautschau. – Dichters Ehrentag. – Die kleinen Verwandten. – Waldfrieden. – Gelähmte Schwingen.

Band 7: Erzählendes aus dem Nachlaß und ausgewählte Aufsätze.

Inhalt: Münchnerinnen. – Romanbruchstücke (Lola Montez. – Kaspar Lorinser). – Sonstige Bruchstücke (Kriegschronik von Armetshofen. – Vom König Max II.). – Ausgewählte Aufsätze (Nach dem Prozesse. – Die Reden Kaiser Wilhelm II. – Gegen die Staatsanwälte. – Mörder. – August Scherl. – Wilhelm von Diez. – Hexenhammer. – Der Kaiser in Wiesbaden. – Der deutsche Individualismus. – Vaterlandsliebe. – Auf bayerischen Bahnen. – Friedrich Haußmann + . – Wilhelm Busch. – Bauernmoral. – Humor. – Italienische Reisen. – Der Kaiser. – Deutschland und Österreich. – Henri V. – Der Fall Tremel. – Das heidelberger Freudenhäuschen. – Rudolf Wilke. – Walhalla. – Pornographie. – Münchener Stimmungsbilder. – Der Kepplerprozeß. – Oberlehrer. – Der bayerische Volksschullehrer. – Zum 18. Januar. – Einiges über Stil, Bildung und anderes. – Wider den Gerichtsschwur, für die Schwurgerichte. – Dorfpolitiker. – Ultramontane Wissenschaft. – Deutschlands Demütigung. – Bayerische Bauern. – Bayern im Jahre 1813. – Volkstrachten. – Von Giftmischern. – Jugendkultur. – Schwäbische Eindrücke. – Zeitgeschichte. – Stimmungen. – Schützenvereine. – Ignatius Taschner. – Über Victor Hehn. – Ein amerikanischer Freund. – Das Kino. – Frühling. – Brief an die Frankfurter Zeitung. – Damals.)

## II. EINZELVERÖFFENTLICHUNGEN

a) in: »*Der Sammler*«.

Belletristische Beilage zur »Augsburger Abendzeitung«. – Augsburg (ab 1912:) »München-Augsburger-Abendzeitung«. – München.

397. Der Truderer. Aus dem bäuerlichen Leben. [Erzählung] – Jahrg. 64 (1895), Nr. 42. Seiten 4–6.
398. Agricola. Frei nach Tacitus »Germania«. [Historisch-satirische Betrachtung.] – Jahrg. 64 (1895), Nr. 58. Seiten 4/5.
399. Post festum. [Brief zur Umsturzvorlage.] – Jahrg. 64 (1895), Nr. 60. Seiten 4/5.
400. Die ersten Mandanten. [Erzählung] – Jahrg. 64 (1895), Nr. 115. Seiten 6/7.
401. Kirta! [Erzählung] – Jahrg. 64 (1895), Nr. 126. Seiten 3/4.
402. Der Eigenthumsfanatiker. [Erzählung] – Jahrg. 64 (1895), Nr. 152. Seiten 5–7.
403. Solide Köpfe. [Erzählung] – Jahrg. 65 (1896), Nr. 21. Seiten 5/6.
404. Der Hofbauer. [Erzählung] – Jahrg. 65 (1896), Nr. 36. Seiten 5/6.
405. Der Heirathsvermittler. [Erzählung] – Jahrg. 65 (1896), Nr. 78. Seiten 7/8.
406. Die Wallfahrt. [Erzählung] – Jahrg. 65 (1896), Nr. 86. Seiten 7/8.
407. Der Rauchklub. [Erzählung] – Jahrg. 65 (1896), Nr. 90. Seiten 6/7.
408. Die Fahnenweihe. [Erzählung] – Jahrg. 65 (1896), Nr. 118; Seiten 2–4. Nr. 144; Seiten 5/6. Nr. 145; Seiten 5/6.
409. Die Tyroler Landessäkularfeier. [Bericht.] – Jahrg. 65 (1896), Nr. 120. Seiten 5–7.
410. Monika. [Erzählung] – Jahrg. 65 (1896), Nr. 156. Seiten 4–6.

411. Die »Richter«. [Erzählung] – Jahrg. 66 (1897), Nr. 61. Seiten 3–5.
412. Nervös. [Erzählung] – Jahrg. 67 (1898), Nr. 28. Seiten 4–6.
413. Der Befähigungsnachweis. [Satire auf das Bürgerliche Gesetz-Buch.] – Jahrg. 67 (1898), Nr. 43. Seiten 7/8.
414. Theater- und Literatur-Briefe. 1. [Über die Schriftstellerin Charlotte Birch-Pfeiffer.] 2. (Moderne Bühnenliteratur.) – Jahrg. 69 (1900), Nr. 84; Seiten 5/6. Nr. 108; Seiten 6/7.
415. Hochzeit. [Erzählung] – Jahrg. 70 (1901), Nr. 114–124.
416. Première in Berlin. [Theaterkritik über Gerhart Hauptmann »Der rote Hahn«.] – Jahrg. 70 (1901), Nr. 145. Seiten 4/5.
417. Bismarck. [Erzählung] – Jahrg. 86 (1917), Nr. 9 »Ludwig Thoma-Nummer«. Seiten 3–5.
418. Die Fahnenweihe. [Erzählung] – Jahrg. 86 (1917), Nr. 9 »Ludwig-Thoma-Nummer«. Seiten 5–8.
419. Drei Gesänge aus der Weihnachtslegende »Heilige Nacht«. [Gedichte] – Jahrg. 86 (1917), Nr. 9. »Ludwig Thoma-Nummer«. Seite 3.
420. Erinnerungen. – Jahrg. 86 (1917), Nr. 29–32.
421. Die deutsche Muttersprache. [Aufsatz] – Jahrg. 87 (1918), Nr. 5. Seite 1.
422. Ein Pienzenauer. [Erzählung] – Jahrg. 87 (1918), Nr. 104. Seiten 2/3.
423. Erinnerungen: Schuljahre. – Jahrg. 88 (1919), Nr. 33–38.

b) in: *»Jugend«.*
Münchner illustrierte Wochenschrift für Kunst und Leben. – München: (1896–1906:) G. Hirth's Kunst-Verlag, (ab 1907:) Verlag der Jugend.

424. Der »Unentwegte«. Zur Festrede Bambergers anläßlich der Reichsgründungsfeier. [Gedicht] – Jahrg. 1 (1896), Nr. 7. Seite 114.
425. Zur Debatte über das »bürgerliche Gesetzbuch«. [Gedicht] – Jahrg. 1 (1896), Nr. 8. Seite 129.
426. Wie es werden wird. Zum Bankette vom 21. März 1896. Motto: Welch' ein Gefühl mußt Du, o großer Mann, bei der Verehrung dieser Menge haben. Faust I. [Gedicht] – Jahrg. 1 (1896), Nr. 11. Seite 179.
(Zum 100. Geburtstag Kaiser Wilhelm I.)
427. Kunst. [Gedicht] – Jahrg. 1 (1896), Nr. 22. Seite 356.
(Über Georg von Orterer und Balthasar von Daller.)
428. Das Simon Blad-Denkmal in Berlin. Motto: Und Marmorbilder steh'n und seh'n mich an. Goethe. Mignon. [Gedicht] – Jahrg. 1 (1896), Nr. 24. Seite 390.
429. Zum Antifreimaurerkongreß in Trient. Im Tiroler Dialekt. [Gedicht] – Jahrg. 1 (1896), 2. Halbjahr, Nr. 42. Seite 683.
430. Gerichtsverhandlungen am 22. März. [Gedicht] – Jahrg. 2 (1897), Nr. 16. Seite 261.
(Gerichtsverhandlungen am Tag des 100. Geburtstages von Kaiser Wilhelm I.)
431. Beim Unterbuchberger. – Jahrg. 1917, Bd. 2, Nr. 27. Seiten 528–530.
(Erinnerungen an Georg Hirth.)

c) in: *»Simplicissimus«.*
(Jahrg. I–X:) Illustrierte Wochenschrift, (Jahrg. XI–XIV, 6:) Hrsg.: Albert Langen, (Jahrg. XIV, 8ff:) Begründet von Albert Langen und Th. Th. Heine. – (Jahrg. I–IV:) Paris, Leipzig, München, (Jahrg. V ff.:) München: (Jahrg. I–X:) Albert Langen, (Jahrg. XI ff.:) Simplicissimus-Verlag G.m.b.H.

Jahrgang III (1898/99)

432. Iste: Lieber Simplicissimus! [Satirische Szene.] – Nr. 17. Seite 130.
433. Die Probier. [Bauerngeschichte.] – Nr. 31. Seiten 242, 243.
434. Beim Rechtsanwalt. [Witz mit Illustration von Bruno Paul.] – Nr. 31. Seite 243.
435. Iste: Lieb Vaterland, magst ruhig sein. [Gedicht] – Nr. 33. Seite 259.
(Gespräch im Eisenbahnabteil.)
436. Hase: Das Wegekraut sollst lassen stahn, Hüte dich, Jung, sind Nesseln dran! [Gedicht] – Nr. 34. Seite 266. (Gegen den Staatsanwalt.)
437. Iste: Der simplicianische Erlkönig. [Gedicht] – Nr. 36. Seite 283. (Langens und Wedekinds Flucht vor dem Staatsanwalt.)

438. Hase: Weihnachtsglocken. [Gedicht] – Nr. 39. Seite 307. (Drohende Kriegsgefahr.)
439. Woldemar. Eine nachträgliche Weihnachtsgeschichte. [Vignette v. Th.Th.Heine.] – Nr. 44. Seite 347.
440. Hase: Aschermittwoch. [Gedicht] – Nr. 47. Seite 370.
441. Der Lämmergeier. Nach berühmten Mustern. [Erzählung] – Nr. 51. Seite 402.
442. Hase: Der Entdecker. [Zu Simplicissimus' drittem Geburtstag. Gedicht] – Nr. 52. Seite 411.

Jahrgang IV (1899/1900)

443. Hase: Ein teutsches Abenteuer. [Gedicht.] – Nr. 1. Seite 2. (Hoffnung auf die deutsche Jugend.)
444. Hase: An einen Reichsboten. [Gedicht.] – Nr. 2. Seite 13. (Zum Reichstag.)
445. »Amalie Mettenleitner«. Ein Beitrag zur Frauenbewegung. [Erzählung.] – Nr. 3. Seiten 18, 19.
446. Hase: Der Michel. [Gedicht.] – Nr. 6. Seite 43. (Außenpolitik.)
447. Hase: Pfingsten. [Gedicht.] – Nr. 9. Seite 68.
448. Aus einer kleinen Stadt. Das Begräbnis. [Erzählung. Vignetten von Th.Th.Heine.] – Nr. 11. Seite 82.
449. P.S. (Peter Schlemihl): Jubelhymne zum Haager Friedenskongreß. [Gedicht.] – Nr. 12. Seite 91.
450. Hase: Die letzten Tage. I.II. [Gedichte] – Nr. 13. Seite 99 und Nr. 15. Seite 115. (I. Außenpolitik. – II. Gegen das Zentrum.)
451. P.S.: Sommer-Betrachtungen. [Gedicht.] – Nr. 14. Seite 107.
452. Hase: Abrundung. [Gedicht.] – Nr. 16. Seite 123. (Politik d. Reichskanzlers Bernhard v. Bülow.)
453. Hase: Nach bekannter Melodie. [Gedicht.] – Nr. 18. Seite 140. (»Frau Wirtin«-Verse zur Politik.)
454. Hase: Abend [Gedicht.] – Nr. 19. Seite 146.
455. P.S.: Zur Goethefeier. [Gedicht mit Illustration von Eduard Thöny.] – Nr. 23. Seite 181. (Goethes 150. Geburtstag.)
456. Hase: Hymnus. [Gedicht.] – Nr. 26. Seite 203. (Ministerwechsel.)
457. Hase: Zu Heines Befreiung. [Gedicht.] – Nr. 27. Seite 210. (Th.Th.Heines Haft auf Festung Königstein.)
458. Hase: Revision. [Gedicht.] – Nr. 28. Seite 219. (Urteil des Kriegsgerichts in Rennes.)
459. Hase: Vorschlag zur Güte. [Gedicht.] – Nr. 29. Seite 233. (Zur Pariser Weltausstellung.)
460. Hase: England und Transvaal. [Gedicht.] – Nr. 31. Seite 247.
461. P.S.: Bekenntnis. [Gedicht.] – Nr. 33. Seite 263. (Gegen die »Volksversammlungsrednerinnen«.)
462. Hase: An den Reichstag. [Gedicht.] – Nr. 34. Seite 271.
463. Hase: Die Einheitsmarke. [Gedicht.] – Nr. 35. Seite 279. (Ein neues Postwertzeichen.)
464. P.S.: Edelmut. [Gedicht.] – Nr. 36. Seite 287. (Kriegshinterbliebenenversorgung in England.)
465. Hase: Vorschlag zur Güte. [Gedicht.] – Nr. 37. Seite 295. (Zum Flottengesetz.)
466. Der bayerische Chevauxleger. [Gedicht mit Illustration von Eduard Thöny.] – Nr. 37. Seite 296.
467. Hase: An Heinrich Heine. [Gedicht.] – Nr. 38. Seite 305. (Heine-Denkmal.)
468. Hase: Weihnachtswunsch. [Gedicht.] – Nr. 39. Seite 311.
469. Hase: Zum neuen Jahrhundert. [Gedicht.] – Nr. 40. Seite 318.
470. Der Kohlenwagen. Eine Straßenstudie. [Vignetten von Th.Th.Heine.] – Nr. 41. Seite 326.
471. Hase: Det Jeschäft is richtig. [Gedicht.] – Nr. 41. Seite 328. (Patriotismus und Kapitalismus.)
472. P.S.: Plauderei. [Gedicht.] – Nr. 42. Seite 335. (Burenkrieg.)
473. Hase: Bismarck der Zweite. [Gedicht.] – Nr. 43. Seite 343. (Reichskanzler Bernhard von Bülow.)
474. Hase: Bundeslied des Flottenvereins. [Gedicht.] – Nr. 44. Seite 351.
475. Hase: Komödie. [Gedicht.] – Nr. 46. Seite 367. (Reichskanzler B.v.Bülow.)
476. P.S.: Trauerklage. [Gedicht.] – Nr. 47. Seite 376. (Die Gefallenen im Burenkrieg.)
477. P.S.: An einen Sittlichkeitsapostel. [Gedicht.] – Nr. 49. Seite 391.
478. Hase: Dem deutschen Reichstag. [Gedicht.] – Nr. 49. Seite 393. (Reichstag und Lex Heinze.)
479. P.S.: Der Schillerpreis. [Gedicht.] – Nr. 50. Seite 399. (Josef Lauff.)
480. P.S.: Die Hinterseer. [Erzählung.] – Nr. 51. Seite 406.
481. Hase: Deutscher Frühling. [Gedicht.] – Nr. 51. Seite 407. (Zeitsatire.)

482. Hase: Zu Simplicissimus' Geburtstag. [Gedicht.] – Nr. 52. Seite 415.

Jahrgang V (1900/01)

483. Hase: Ein neues Reich. [Gedicht mit Illustration von Marcus Behmer.] – Nr. 1. Seite 2. (Klerus und Kunst.)
484. P.S.: Die Gestrengen. [Gedicht.] – Nr. 1. Seite 11. (Die Richter.)
485. Die Sau. Eine Dorfgeschichte. – Nr. 2. Seiten 14, 15.
486. P.S.: Die weisen Juristen. [Gedicht.] – Nr. 2. Seite 15.
487. P.S.: Mahnung. [Gedicht.] – Nr. 5. Seite 39. (Die Königin von England.)
488. Die Volksverbesserer. Eine Kriminalgeschichte. – Nr. 6. Seite 46.
489. P.S.: Frühling. [Gedicht.] – Nr. 6. Seite 47.
490. P.S.: Seelenruhe. [Gedicht.] – Nr. 7. Seite 57.
491. P.S.: Blut ist dicker als Wasser. [Gedicht.] – Nr. 9. Seite 73. (Zu einer deutschen Finanzhilfe für Indien.)
492. P.S.: Wir Volk. [Gedicht.] – Nr. 10. Seite 79.
493. Der Leiber. [Gedicht mit Illustration von Eduard Thöny.] – Nr. 10. Seite 81.
494. Der Star. [Erzählung.] – Nr. 11. Seite 86.
495. P.S.: Heilige Verträge. [Gedicht.] – Nr. 13. Seite 103.
496. Sterben. Eine Bauerngeschichte. [Mit Illustration von Wilhelm Schulz.] – Nr. 14. Seite 110.
497. P.S.: Die Letzten. [Gedicht mit Illustration von Wilhelm Schulz.] – Nr. 15. Seite 124. (Die Buren.)
498. P.S.: Der Vetter. [Kurzgeschichte.] – Nr. 16. Seite 127.
499. P.S.: Handel und Wandel. [Gedicht.] – Nr. 19. Seite 151.
500. P.S.: Mißmut. [Gedicht.] – Nr. 20. Seite 161. (Der »Bierphilister«.)
501. P.S.: Hochzeit im Hause Obrenowitsch. [Satire mit Illustration von Rudolf Wilke.] – Nr. 21. Seite 166. (Die Hochzeit von Alexander I., König von Serbien mit Draga, verw. Maschin.)
502. P.S.: Rachelied. [Gedicht.] – Nr. 21. Seite 167. (Gegen die Chinesen.)
503. Der Krieg in China. [Satire.] – Nr. 21. Seite 168.
504. P.S.: Ein Kenner. [Gedicht.] – Nr. 22. Seite 174. (China und Christenheit.)
505. P.S.: Die Schloßhofrede. [Satire mit Vignette von Th.Th.Heine.] – Nr. 23. Seite 182. (Wirkungen einer Fürstenrede in der Presse.)
506. P.S.: Bekenntnis. [Gedicht.] – Nr. 23. Seite 183. (Gegen Kriegspropaganda.)
507. P.S.: Hurrah! [Gedicht.] – Nr. 24. Seite 190. (Alfred Graf von Waldersee und der Boxeraufstand.)
508. P.S.: Englands Frauen. [Gedicht.] – Nr. 25. Seite 200. (Zum Burenkrieg.)
509. P.S.: Spruchweisheit. [Gedicht.] – Nr. 26. Seite 207.
510. P.S.: Klage. [Gedicht mit Illustration von Wilhelm Schulz.] – Nr. 26. Seite 212. (Aus dem Burenkrieg.)
511. Hase: Ein Farbentraum. [Gedicht.] – Nr. 27. Seite 215. (Politische Parteien und die Kunst.)
512. Reservemann. [Gedicht mit Illustration von Bruno Paul.] – Nr. 27. Seite 220.
513. Heimkehr. [Satire.] – Nr. 28. Seite 222. (Zum Boxeraufstand in China.)
514. P.S.: Berliner Censur. [Gedicht.] – Nr. 28. Seite 223.
515. P.S.: Der Zeiten Wandel. [Gedicht.] – Nr. 29. Seite 231.
516. P.S.: Amtsanwalt Karlchen. [Erzählung.] – Nr. 31. Seite 246.
517. P.S.: Wochenschau. [Gedicht.] – Nr. 31. Seite 248. (Der Boxeraufstand und die Presse.)
518. P.S.: An Joe Chamberlain. [Gedicht.] – Nr. 32. Seite 257. (Gegen den englischen Kolonialminister Joseph Ch.)
519. P.S.: Schlichter Abschied. [Gedicht.] – Nr. 33. Seite 263. (Zum Abschied von Reichskanzler Hohenlohe-Schillingfürst.)
520. Hase: Der Reichstag ist los! [Gedicht.] – Nr. 34. Seite 271.
521. P.S.: Geheilt. [Gedicht.] – Nr. 34. Seite 273. (Gegen K.F. Frhr. von Stumm, Industrieller und Mitglied des Preuß. Herrenhauses.)
522. P.S.: Plauderstündchen. [Sketch.] – Nr. 35. Seite 281. (Über Moral in der Gesellschaft.)
523. P.S.: Ohm Krüger. [Gedicht.] – Nr. 37. Seite 295.
524. Deutsche Helden. [Sketch.] – Nr. 38. Seiten 302, 303. (Ehrung von Ohm Krüger.)
525. P.S.: Neue Sonnen. [Gedicht.] – Nr. 38. Seite 305. (Über den Reichskanzler B.v.Bülow.)
526. P.S.: An Hollands Königin. [Gedicht.] – Nr. 39. Seite 310. (Auf Wilhelmina, Königin der Niederlande.)
527. Weihnachtszauber. [Erzählung.] – Nr. 40. Seite 318.

528. P.S.: Lustige Stimmung. [Gedicht.] – Nr. 40. Seite 318. (Im Reichstag.)
529. P.S.: Am Sylvesterabend. [Gedicht.] – Nr. 41. Seite 326. (Alfred Graf von Waldersee und der Boxeraufstand.)
530. Hase: Bülow in München. [Gedicht.] – Nr. 42. Seite 334.
531. P.S.: Wuotansenkel. [Gedicht mit Illustration von Eduard Thöny.] – Nr. 42. Seite 335.
532. P.S.: Oberhofmeister Graf Mirbach. [Gedicht.] – Nr. 43. Seite 344.
533. Konferenz. [Sketch.] – Nr. 45. Seite 358. (Alfred Graf von Waldersee und der Chinese Li-Hung-Tschang.)
534. P.S.: Festesfreude. [Gedicht.] – Nr. 45. Seite 359. (Zum Ordenssegen.)
535. P.S.: Hymnus an August Scherl. Anläßlich der Ordensverleihung. [Gedicht.] – Nr. 46. Seite 369.
536. P.S.: Eduard VII. [6 Anekdoten.] – Nr. 47. Seite 374.
537. P.S.: Die Wahrheit. [Gedicht.] – Nr. 47. Seite 376. (Zum Tod der Königin Viktoria von England.)
538. P.S.: Hoplala. [Gedicht.] – Nr. 48. Seite 382. (Zur Politik in China.)
539. P.S.: O deutscher Spieß! [Gedicht.] – Nr. 49. Seite 391. (Zur Ordensverleihung an Frederick S. Roberts, dem Eroberer des Oranje-Freistaats.)
540. P.S.: Radau. [Gedicht mit Illustration von Eduard Thöny.] – Nr. 49. Seite 392. (Alfred Graf von Waldersee und der Boxeraufstand.)
541. P.S.: Des Dichters Klage. [Gedicht.] – Nr. 50. Seite 399.
542. P.S.: Großthaten. [Gedicht.] – Nr. 51. Seite 406. (Alfred Graf von Waldersee und seine Methoden im Boxeraufstand.)
543. Der Vertrag. [Ezählung.] – Nr. 52. Seite 414.
544. P.S.: Rückblick. [Gedicht.] – Nr. 52. Seite 415. (Über Ludwig Thomas Wirken im Simplicissimus.)

Jahrgang VI (1901/02)

545. P.S.: Frohe Hoffnung. [Gedicht.] – Nr. 1. Seite 3. (Auf das neue Jahr.)
546. P.S.: Sturm! [Gedicht.] – Nr. 2. Seite 11. (Zur Kriegsgefahr.)
547. P.S.: Hilfe! [Gedicht.] – Nr. 3. Seite 20. (Rückkehr zum Untertanengeist.)
548. P.S.: Na ja! [Gedicht.] – Nr. 4. Seite 27.
549. P.S.: Frühling. [Gedicht.] – Nr. 5. Seite 35. (Über Frauen.)
550. P.S.: Vom Antialkoholisten-Kongreß. [Satire.] – Nr. 6. Seite 44.
551. P.S.: Stoßt an! [Gedicht.] – Nr. 6. Seite 45. (Corpsstudenten.)
552. P.S.: der deutsche Reichstag. [Gedicht.] – Nr. 7. Seite 52.
553. Hase: Ein Zukunftsbild. [Gedicht.] – Nr. 8. Seite 59.
554. P.S.: Im Neckarthal. [Gedicht.] – Nr. 8. Seite 59.
555. Hase: Miquel a.D. [Gedicht.] – Nr. 9. Seite 69. (Auf den Sturz eines Ministers.)
556. Hase: Pfingsten. [Gedicht.] – Nr. 10. Seite 75.
557. P.S.: In der Berliner Siegesallee. [Gedicht.] – Nr. 10. Seite 77. (Die Denkmäler in der Siegesallee.)
558. P.S.: Serbisches. [Gedicht.] – Nr. 11. Seite 83. (Alexander I., König von Serbien und Draga, verw. Maschin.)
559. P.S.: Müdigkeit. [Gedicht.] – Nr. 12. Seite 92. (Politische Müdigkeit.)
560. Der Klient. [Erzählung.] – Nr. 13. Seite 98.
561. Adolf Stengel: Alte Märe. [Gedicht.] – Nr. 13. Seite 99.
562. P.S.: Heute. [Gedicht mit Illustration von Bruno Paul.] – Nr. 13. Seite 100. (Corpsstudenten.)
563. P.S.: Neue Schule. [Gedicht.] – Nr. 14. Seite 107. (Alfred Graf von Waldersee.)
564. P.S.: Die bösen Schweizer. [Gedicht.] – Nr. 15. Seite 116. (Scherls Erbitterung gegen die Schweizer.)
565. Die Ludwigstraße. [Erzählung.] – Nr. 16. Seite 122.
566. P.S.: Aus Südafrika. [Gedicht.] – Nr. 16. Seite 123. (Frederick S. Roberts, preußischer Ordensritter.)
567. P.S.: Der Ausflug. [Gedicht.] – Nr. 17. Seite 133.
568. P.S.: Leipziger Klagelied. [Gedicht.] – Nr. 18. Seite 141.
569. P.S.: Ein lehrhaftes Gedicht. – Nr. 19. Seite 148. (Werdegang eines ehelichen und unehelichen Kindes.)
570. P.S.: Sommer-Idylle. [Gedicht.] – Nr. 20. Seite 157.
571. P.S.: Selbsterkenntnis. [Gedicht.] – Nr. 21. Seite 163.

572. P.S.: Patriotismus. [Gedicht.] – Nr. 22. Seite 172.
573. Auf Reisen. [Erzählung.] – Nr. 23. Seiten 178, 179.
574. Lorenz Angermayer: Am Busen der Natur. [Gedicht mit Illustration von Ferdinand von Reznicek.] – Nr. 23. Seite 181.
575. P.S.: Ruhm und Ehre. [Gedicht.] – Nr. 24. Seite 187.
576. P.S.: Die Unbeugsamen. [Gedicht.] – Nr. 25. Seite 197. (Kriegsgerichte.)
577. P.S.: Der Sühneprinz. [Gedicht.] – Nr. 26. Seite 203.
578. P.S.: Südafrika. [Gedicht.] – Nr. 27. Seite 211. (Burenkrieg.)
579. P.S.: Dankgefühle. [Gedicht.] – Nr. 28. Seite 219. (Der Kaiser von Rußland in Danzig.)
580. P.S.: Herbst. [Gedicht.] – Nr. 29. Seite 228.
581. P.S.: Auszeichnung. [Gedicht.] – Nr. 30. Seite 235. (Ordensverleihung.)
582. P.S.: Des Weisen Lehre. [Gedicht.] – Nr. 31. Seite 243. (Empfehlung an die Kunstmaler.)
583. P.S.: Bekehrung. [Gedicht.] – Nr. 32. Seite 253. (Seitensprung eines Familienvaters.)
584. P.S.: Fortschritt. [Gedicht.] – Nr. 33. Seite 259.
585. P.S.: Der englische Pfaffe. [Gedicht.] – Nr. 34. Seite 268. (Englische Kirche und Burenkrieg.)
586. P.S.: Der Censor. [Gedicht.] – Nr. 35. Seite 276. (Literatur-Zensur.)
587. P.S.: Protestversammlung. [Gedicht.] – Nr. 36. Seite 283. (Für die Buren.)
588. Simplicissimus: Provinzler. [Gedicht.] – Nr. 37. Seite 291.
589. P.S.: Deutscher Zorn. [Gedicht.] – Nr. 38. Seite 298. (Gegen England.)
590. Der Kanonier. [Gedicht mit Illustration von Eduard Thöny.] – Nr. 38. Seite 301.
591. Die deutsche Reichskuh. [Gedicht mit Illustration von Bruno Paul.] – Nr. 39. Seite 305.
592. P.S.: Wiegenlied. [Gedicht.] – Nr. 39. Seite 307. (Bevormundung des deutschen Volkes.)
593. Der Christabend. Eine Familiengeschichte. – Nr. 40. Seite 314.
594. P.S.: Weihnachtswünsche. [Gedicht.] – Nr. 40. Seite 315. (Wünsche eines Junggesellen.)
595. P.S.: Sylvester. Ein Stimmungsbild. [Gedicht.] – Nr. 41. Seite 325.
596. P.S.: Leitfaden. [Gedicht.] – Nr. 43. Seite 341. (Künstler und Fürstenhöfe.)
597. P.S.: Besserung. [Gedicht.] – Nr. 44. Seite 348. (Volksstimmung.)
598. P.S.: Gleichgültigkeit. [Gedicht.] – Nr. 45. Seite 357. (Über die Liebe.)
599. P.S.: Fürstensorgen. [Gedicht.] – Nr. 46. Seite 363. (Fürstenhäuser und die Buren.)
600. Fastnacht. [Gedicht mit Illustration von Bruno Paul.] – Nr. 46. Seite 368.
601. P.S.: Aschermittwoch. [Gedicht.] – Nr. 48. Seite 379.
602. P.S.: Lumpenlied. [Gedicht.] – Nr. 49. Seite 387.
603. P.S.: Der Zweikampf. [Gedicht.] – Nr. 50. Seite 396.
604. Die unerbittliche Logik. [Erzählung.] – Nr. 51. Seite 402. (Staatsanwälte.)
605. P.S.: Herüben und drüben. [Gedicht.] – Nr. 51. Seite 403. (Deutsche Bevölkerungsschichten und Amerika.)
606. P.S.: Frühlingsahnung. [Gedicht.] – Nr. 52. Seite 412.
607. P.S.: Zum Schlusse. [Gedicht.] – Nr. 53. Seite 419. (Rückblick.)

Jahrgang VII (1902/03)

608. P.S.: Tweebosch. [Gedicht.] – Nr. 1. Seite 5. (England und die Buren.)
609. Das Duell. [Sketch mit Illustration von Bruno Paul.] – Nr. 2. Seiten 10, 11.
610. P.S.: Warnung vor Paris. [Gedicht.] – Nr. 2. Seite 13. (Pariserinnen.)
611. P.S.: Im Louvre. [Gedicht.] – Nr. 3. Seite 18.
612. P.S.: Zur Krönung. [Gedicht.] – Nr. 4. Seite 26. (Krönung in England.)
613. Soldatenliebe. [Gedicht mit Illustration von Bruno Paul.] – Nr. 4. Seite 32.
614. P.S.: Selbstmörder. [Gedicht.] – Nr. 5. Seite 37. (Untertanengeist.)
615. P.S.: Kunstfrühling. [Gedicht.] – Nr. 7. Seite 50. (Kunstausstellungen und Kitsch.)
616. Im Maien. [Gedicht mit Illustration von Rudolf Wilke.] – Nr. 7. Seite 52.
617. P.S.: Alt-Heidelberg. (Nach der Weise: O alte Burschenherrlichkeit.) [Gedicht.] – Nr. 8. Seite 59. (Renovierungen in Alt-Heidelberg.)
618. P.S.: Südtirol. [Gedicht.] – Nr. 9. Seite 68. (Kirchliche Orden in Südtirol.)
619. P.S.: Gräßliches Unglück, welches eine deutsche Familie betroffen hat. [Gedicht.] – Nr. 10. Seite 74. (Der »Simplicissimus« als Sittenverderber.)
620. P.S.: Wiegenlied. [Gedicht.] – Nr. 11. Seite 83. (Ende des Burenkrieges.)
621. P.S.: Friede. [Gedicht.] – Nr. 12. Seite 90. (Die Gefallenen.)
622. Gretchen Vollbeck. [Erzählung.] – Nr. 13. Seiten 98, 99.
623. P.S.: Sekt. [Gedicht.] – Nr. 13. Seite 101.
624. P.S.: Katzenjammer. [Gedicht.] – Nr. 14. Seite 108. (Reue des P.S.)

625. P.S.: Heldenbegegnung. [Gedicht.] – Nr. 15. Seite 114. (Kaiser Wilhelm II. und Frederick S. Roberts.)
626. P.S.: Trost. [Gedicht.] – Nr. 16. Seite 123. (König Eduard VII. von England.)
627. P.S.: Sommernacht. [Gedicht.] – Nr. 17. Seite 131.
628. P.S.: Lüge. [Gedicht.] – Nr. 18. Seite 139. (König Eduard VII. von England.)
629. P.S.: In Kiel. [Gedicht.] – Nr. 19. Seite 148. (Verbot des »Simplicissimus« in Kiel für die studierende Jugend.)
630. P.S.: Pastor Klops. [Gedicht.] – Nr. 20. Seite 156. (Kinderfreudigkeit der evangelischen Geistlichkeit.)
631. Die Tochter des Feldwebels. Historisches Festspiel. – Nr. 21. Seiten 162, 163.
632. P.S.: Boarisch. [Gedicht mit Illustration von Bruno Paul.] – Nr. 21. Seite 168.
633. P.S.: Sommer 1902. [Gedicht.] – Nr. 22. Seite 172. (Über einen bayerischen Minister.)
634. P.S.: Das Auge Gottes. [Gedicht.] – Nr. 23. Seite 179. (Impulsivität Kaiser Wilhelm II.)
635. P.S.: Sekt-Husaren. [Gedicht.] – Nr. 24. Seite 188. (Reise eines Ministers.)
636. Als Referendar. [Erzählung.] – Nr. 25. Seiten 194, 195.
637. P.S.: Berliner Fürstenbesuch. [Gedicht.] – Nr. 25. Seite 195. (Ein Aschanti-Häuptling in Berlin.)
638. P.S.: Haiti. [Gedicht.] – Nr. 26. Seite 203. (Erfolg des deutschen Kanonenboots »Panther« bei den Antillen.)
639. Herbst. [Gedicht mit Illustration von Wilhelm Schulz.] – Nr. 26. Seite 208.
640. P.S.: Sorgen. [Gedicht.] – Nr. 27. Seite 211. (Steigende Fleischpreise.)
641. P.S.: Wechsel. [Gedicht.] – Nr. 28. Seite 221.
642. P.S.: Münchener Oktoberfest. [Gedicht.] – Nr. 29. Seite 227.
643. P.S.: Männer und Schranzen. [Gedicht.] – Nr. 30. Seite 235. (Empfang der Burengeneräle L. Botha, Chr. R. Dewet, J.H. Delarey.)
644. P.S.: Die Eiche. [Gedicht.] – Nr. 31. Seite 243. (Deutscher Wankelmut.)
645. P.S.: Aus Fürstenharfen. Gedichte der Prinzessin Jasomira von Gerolstein. 1. Sehnsucht. – 2. Trauer. – 3. Traum. – 4. Abschied. – 5. Erfüllung. (Wiederabdruck aus dem Simplicissimus-Kalender 1903.) – Nr. 32. Seite 252.
646. P.S.: Daheim. [Gedicht.] – Nr. 33. Seite 258. (Erfolg in der Heimat.)
647. Aus meiner Jugendzeit. [Erzählung mit Illustration von Th.Th.Heine.] – Nr. 34. Seiten 266, 267.
648. P.S.: An die Berliner Kunstakademiker. [Gedicht.] – Nr. 35. Seite 277.
649. P.S.: Die Polizei. [Gedicht.] – Nr. 36. Spezial-Nummer »Polizei«. Seite 282. (Polizei und Sittlichkeit.)
650. P.S.: Wien und Berlin. [Gedicht.] – Nr. 38. Seite 299. (Das deutsche Parlament.)
651. P.S.: Weihnachten. [Gedicht.] – Nr. 39. Seite 309.
652. P.S.: Neujahr. [Gedicht.] – Nr. 40. Seite 314.
653. P.S.: Vor Venezuela. [Gedicht.] – Nr. 41. Seite 322. (Italienische Blockade vor Venezuela.)
654. Pistole oder Säbel? Kongreß des satisfaktionsfähigen Deutschlands. [Szene mit Illustration von Th.Th.Heine.] – Nr. 43. Spezial-Nummer »Duell«. Seiten 338, 339.
655. P.S.: Rühmlicher Tod. [Gedichte.] – Nr. 43. Spezial-Nummer »Duell«. Seite 339. (Duell.)
656. P.S.: Karneval. [Gedicht.] – Nr. 44. Seite 346.
657. P.S.: Stoßseufzer. [Gedicht.] – Nr. 45. Seite 357.
658. Karnevalssitzung im Reichstag. [Szene.] – Nr. 46. Spezial-Nummer »Karneval«. Seiten 362, 363.
659. P.S.: Stephanie. [Gedicht.] – Nr. 46. Spezial-Nummer »Karneval«. Seite 363.
660. P.S.: Das uralte Männchen. [Gedicht.] – Nr. 47. Seite 371. (Die national-liberale Partei.)
661. Onkel Franz. Aus meiner Kindheit. [Erzählung.] – Nr. 48. Seite 378.
662. P.S.: Verratene Liebe. Ein Couplet. [Mit Illustration von Eduard Thöny.] – Nr. 48. Seite 381.
663. P.S.: Indische Weisheit. [Gedicht.] – Nr. 49. Seite 389. (Der Dalai Lama.)
664. P.S.: Rückblicke. [Gedicht.] – Nr. 50. Seite 394.
665. Die schweren Reiter. [Gedicht mit Illustration von Eduard Thöny.] – Nr. 50. Seite 397.
666. P.S.: Prinzenexamen. [Gedicht.] – Nr. 51. Seite 403.
667. P.S.: An der Riviera. [Gedicht.] – Nr. 52. Seite 410. (Jung verheiratete Ehepaare.)
668. Der Sieger von Orleans. Vaterländisches Volksstück in zwei Akten. – Nr. 52. Seite 410.

Jahrgang VIII (1903/04)

669. Meine erste Liebe. [Erzählung.] – Nr. 1. Seite 2.
670. P.S.: Achter Jahrgang. [Gedicht.] – Nr. 1. Seite 3. (Der Simpl.)
671. P.S.: Monte Carlo. [Gedicht.] – Nr. 2. Seite 12. (Der Fürst von Monaco.)
672. P.S.: Erziehung zur Kunst. [Gedicht.] – Nr. 4. Seite 27. (Besuch der Galerien in Florenz.)
673. P.S.: Fortschritt. [Gedicht.] – Nr. 4. Seite 29.
674. P.S.: Betrachtung [Gedicht.] – Nr. 5. Seite 36. (Vergleich Tier und Mensch.)
675. P.S.: Frühling. [Gedicht.] – Nr. 7. Seite 51.
676. P.S.: Zittau in Sachsen. [Gedicht.] – Nr. 8. Seite 59.
677. P.S.: Traurige Geschichte von zwei Fähnrichen. [Gedicht.] – Nr. 9. Seite 66.
678. P.S.: Berlin-München. [Gedicht.] – Nr. 10. Spezial-Nummer »Berlin-München«. Seite 74. (Zur Kunst.)
679. P.S.: Die deutsche Kunst. [Gedicht.] – Nr. 10. Spezial-Nummer »Berlin-München«. Seite 78.
680. P.S.: Aufruf. [Gedicht.] – Nr. 11. Seite 83. (Zur Wahl des Zentrums.)
681. P.S.: Ehrenjungfrauen. [Gedicht.] – Nr. 12. Seite 90.
682. Die Verlobung. Aus meiner Kindheit. [Erzählung.] – Nr. 13. Seite 98.
683. P.S.: Sängergruß. [Gedicht.] – Nr. 13. Seite 99.
684. P.S.: Bedenken. [Gedicht.] – Nr. 14. Spezial-Nummer »Sport«. Seite 106. (Junge Frauen und Sport.)
685. P.S.: Serbisches Heldenlied. [Gedicht.] – Nr. 15. Seite 115. (Ermordung König Alexander I. und seiner Frau.)
686. P.S.: Auf Höhen. [Gedicht.] – Nr. 16. Seite 123.
687. P.S.: Im Vatikan. [Gedicht.] – Nr. 17. Seite 131. (Zum Tod Papst Leo XIII.)
688. P.S.: Gerechte Strafe. [Gedicht.] – Nr. 19. Seite 146. (Frühreife eines Gymnasiasten.)
689. P.S.: Bayrische Kunstpflege. [Szene.] – Nr. 20. Seite 154. (Beteiligung an der Weltausstellung in St. Louis.)
690. Die Vermählung. Aus meiner Kindheit. [Erzählung.] – Nr. 21. Seiten 162, 163.
691. P.S.: Konklave. [Gedicht.] – Nr. 21. Seite 163.
692. P.S.: Rundschau. [Gedicht.] – Nr. 22. Seite 171. (Weltlage.)
693. P.S.: Wagnerfestspiele. [Gedicht.] – Nr. 23. Seite 179.
694. P.S.: Seelenruhe. [Gedicht.] – Nr. 24. Seite 187.
695. P.S.: Vom Katholikentage. [Gedicht.] – Nr. 25. Seite 194.
696. Das Baby. Aus meiner Jugendzeit. [Erzählung.] – Nr. 26. Seite 202.
697. P.S.: Tuntenhauser Parteitag. [Gedicht.] – Nr. 26. Seite 203.
698. Die Wilderer. [Erzählung.] – Nr. 27. Seite 36.
699. P.S.: Bebel. [Gedicht.] – Nr. 27. Beiblatt. (August Bebel.)
700. P.S.: Münchener Oktoberfest. [Gedicht.] – Nr. 27. Beiblatt.
701. Auf der Birsch. [Gedicht mit Illustration von Ignatius Taschner.] – Nr. 28. Seite 223.
702. P.S.: Das Wichtigste. [Gedicht.] – Nr. 29. Beiblatt. (Die Fahne für die Haager Konferenz.)
703. P.S.: Dämmerung. [Gedicht.] – Nr. 30. Beiblatt. (Politik der Kath. Kirche.)
704. P.S.: Fürstenreisen. [Gedicht.] – Nr. 31. Beiblatt.
705. P.S.: Erstklassige Menschen. [Gedicht.] – Nr. 31. Beiblatt.
706. P.S.: Die Fürsten. [Gedicht.] – Nr. 32. Spezial-Nummer »Aus hohen Kreisen«. Seite 250. (Langeweile und Kunst an Fürstenhöfen.)
707. P.S.: Assessor Simon in Militsch. [Gedicht.] – Nr. 33. Beiblatt. (Gleiches Recht für alle.)
708. P.S.: Herbststimmung. [Gedicht.] – Nr. 34. Beiblatt.
709. P.S.: Prozeß Kwilecka. [Gedicht.] – Nr. 35. Beiblatt. (Staatsanwalt.)
710. P.S.: Forbach. [Gedicht.] – Nr. 37. Spezial-Nummer »Aus einer kleinen Garnison«. Seite 290. (Offiziersprozeß in Forbach und die Presse.)
711. P.S.: Umschwung. [Gedicht.] – Nr. 37. Spezial-Nummer »Aus einer kleinen Garnison«. Beiblatt. (Nach dem Offiziersprozeß in Forbach.)
712. P.S.: Das Jesukind. [Gedicht.] – Nr. 39. Spezial-Nummer »Weihnachten«. Seite 306.
713.a P.S.: Die hilfreiche Regierung. [Gedicht mit Illustration von Olaf Gulbransson.] – Nr. 41. Beiblatt. (Die Not der Weber in Sachsen.)
713.b Über die sittliche Erziehung. Eine Fastenpredigt von Abraham a Sancta Clara. – Nr. 42. Spezialnummer »Das Zentrum«. Seiten 330, 331. (Kirche und Sittlichkeit.)
714. P.S.: Assessorchen. [Gedicht.] – Nr. 44. Seite 347. (Pressezensur.)
715. P.S.: An die Nationalen. [Gedicht.] – Nr. 45. Beiblatt.

716. P.S.: Krieg. [Gedicht.] – Nr. 47. Beiblatt.
717. P.S.: Bayrische Geschichte. [Gedicht.] – Nr. 50. Seite 395. (Innenminister Max Graf Feilitzsch.)
718. Staatshoheit. [Satire.] – Nr. 51. Seite 402. (Auslieferung russischer Studenten.)
719. Der Einser. [Erzählung.] – Nr. 52. Seite 410.
720. P.S.: Die Märtyrer. [Gedicht.] – Nr. 52. Beiblatt. (Der Leutnant.)

Jahrgang IX (1904/05)

721. P.S.: Heuchler. [Gedicht.] – Nr. 3. Beiblatt, Seite 30. (Eine Meldung der Zentrumsblätter über Luthers Geschlechtskrankheit.)
722. Eine psychologische Studie. Erzählt von Adolf Bindinger, kgl. Gymnasiallehrer. [Erzählung.] – Nr. 7. Seiten 62, 63. (Keuschheit und Ehe.)
723. P.S.: Der Handwerksbursche. [Gedicht.] – Nr. 7. Seite 63.
724. P.S.: Nach dem Kampfe. [Gedicht.] – Nr. 7. Beiblatt.
725. P.S.: In der Fremde. [Gedicht.] – Nr. 8. Seite 72. (Zur politischen Lage.)
726. P.S.: Fürstenbesuche. [Gedicht.] – Nr. 8. Beiblatt. Seite 80. (Die Fürsten und das Volk.)
727. P.S.: Tunis. [Gedicht.] – Nr. 9. Seite 83.
728. P.S.: Mahnung. [Gedicht.] – Nr. 10. Beiblatt. Seite 100. (Warnung vor Rußland.)
729. P.S.: Heimkehr. [Gedicht.] – Nr. 11. Beiblatt. Seite 110.
730. P.S.: Trübe Christen. [Gedicht.] – Nr. 13. Beiblatt. Seite 130. (Kirchenbau mit gestohlenem Geld.)
731. P.S.: Pommerbank-Alphabet. [Gedicht.] – Nr. 15. Spezial-Nummer »Pommernbank und Kirchenbau«. Seite 142.
732. Gute Vorsätze. Aus meiner Jugendzeit. [Erzählung.] – Nr. 16. Seiten 153, 156.
733. P.S.: Gewohnheit. [Gedicht.] – Nr. 17. Seite 165. (Krieg und Klerus.)
734. P.S.: Entwicklung. [Gedicht.] – Nr. 18. Beiblatt. Seite 180. (Deutsche Kunst.)
735. Der Kindlein. Aus meiner Jugendzeit. [Erzählung.] – Nr. 19. Seiten 182, 186.
736. P.S.: Plehwes Tod. [Gedicht.] – Nr. 21. Beiblatt Seite 210. (Attentat auf den russischen Staatsmann W. K. Plehwe.)
737. P.S.: Erfurchtsvollst unterbreitet. [Gedicht.] – Nr. 25. Beiblatt. Seite 250. (Prinzessin de la Paz.)
738. Besserung. Aus meiner Jugendzeit. [Erzählung.] – Nr. 30. Seite 292.
739. P.S.: Bei Dressel. [Gedicht mit Illustration von Eduard Thöny.] – Nr. 30. Seite 293. (Zu den Verlusten im Herero-Aufstand.)
740. P.S.: An die Sittlichkeitsprediger in Köln am Rheine. [Gedicht mit Illustration von Olaf Gulbransson.] – Nr. 31. Beiblatt (Pastoren-Moral.)
741. P.S.: An die Ergrimmten. [Gedicht.] – Nr. 35. Beiblatt Seite 350. (Gegen Pastoren.)
742. P.S.: Minister Ruhstrat oder Ein Oldenburger Preßprozeß. [Szene.] – Nr. 39. Spezial-Nummer »Weihnachten«. Seite 382.
743. Heilige Nacht. [Gedicht.] – Nr. 39. Spezial-Nummer »Weihnachten«. Seite 383.
744. Soldatenlied. [Gedicht mit Illustration von Bruno Paul.] – Nr. 44. Seite 438.
745. P.S.: »Vaterlandslose gesellen«. [Gedicht.] – Nr. 47. Spezial-Nummer »Der Streik«. Seite 462. (Die Reichen.)
746. Soldatenlied. [Gedicht mit Illustration von Eduard Thöny.] – Nr. 52. Seite 514.

Jahrgang X (1905/06)

747. P.S.: Liebes Publikum. [Gedicht mit Illustration von Olaf Gulbransson.] – Nr. 1. »Dies Blatt gehört dem Staatsanwalt«. Seite 8. (10-jähriges Jubiläum des »Simplicissimus«.)
748. Leichte Wahl. [Gedicht mit Illustration von Eduard Thöny.] Nr. 4. Seite 41. (Soldatenlied.)
749. Seinem Andenken. [Gedicht mit Illustration von Wilhelm Schulz.] – Nr. 6 »Schiller-Nummer«. Seite 64.
750. P.S.: Die akademische Freiheit. [Gedicht mit Illustration von Wilhelm Schulz.] – Nr. 7. Beiblatt. Seite 82. (Preußen.)
751. P.S.: Zwanglos. [Gedicht.] – Nr. 8. Beiblatt. Seite 94. (Wilhelm II. und die Schiller-Feier.)
752. Warnung. [Gedicht mit Illustration von Wilhelm Schulz.] – Nr. 13. Seite 148. (Die Jugend.)
753. An das Volk. [Gedicht mit Illustration von Wilhelm Schulz.] – Nr. 15. Beiblatt. Seite 177. (Kriegsgefahr.)
754. Kanonenfutter. [Gedicht mit Illustration von Eduard Thöny.] – Nr. 18. »Friede mit Frankreich!«. Seite 206.
755. Goethe bei Valmy. [Glosse.] – Nr. 18. »Friede mit Frankreich!«. Seite 206.

756. Wenn Deutschland wieder siegen würde. [Satire mit Illustration von Th. Th. Heine.] – Nr. 18. »Friede mit Frankreich!«. Seite 207.
757. Entwicklung. [Gedicht mit Illustration von Bruno Paul.] – Nr. 18. »Friede mit Frankreich!«. Seite 208. (Klerus in Deutschland und Frankreich.)
758. Deutschland und Frankreich. [Gedicht.] – Nr. 18. »Friede mit Frankreich!«. Beiblatt. Seite 214.
759. P.S.: Exzellenz Ruhstrat! [Gedicht.] – Nr. 19. Seite 220.
760. P.S.: Afrika. [Gedicht.] – Nr. 20. Seite 230. (Deutsch-Südwestafrika.)
761. P.S.: Sommermorgenstimmung. [Gedicht.] – Nr. 21. Seite 243.
762. P.S.: An die Kämpfer in Südwestafrika. [Gedicht.] – Nr. 22. Beiblatt.
763. P.S.: Klänge aus Gnesen. [Gedicht.] – Nr. 24. Seite 280. (Das Deutschtum.)
764. P.S.: Verwandlung. [Gedicht.] – Nr. 25. Seite 290. (Nikolaus II., Kaiser von Rußland.)
765. P.S.: Podbielski. [Gedicht.] – Nr. 26. Seite 304. (Viktor von Podbielski, preußischer Landwirtschaftsminister.)
766. P.S.: An die Sittlichkeitskonferenz zu Magdeburg. [Gedicht.] – Nr. 27. Seite 314. (Pastor Bohn.)
767. P.S.: Eröffnungshymne. [Gedicht.] – Nr. 28. Seite 326. (Der neugewählte Landtag.)
768. P.S.: der sächsische Landtag. [Gedicht.] – Nr. 29. Seite 338.
769. P.S.: Delcassé. [Gedicht.] – Nr. 30. Seite 360. (Théophile D., französischer Staatsmann.)
770. P.S.: Luise von Koburg. [Gedicht.] – Nr. 31. Seite 362.
771. P.S.: Lippe. [Gedicht.] – Nr. 32. Seite 383.
772. P.S.: Rußland und Preußen. Im Moritatenstil. [Gedicht.] – Nr. 33. Seite 386.
773. P.S.: Das Freisinger Rhinozeros. [Gedicht.] – Nr. 35. Seite 410. (Freising und das Zentrum.)
774. P.S.: Die Jungen. [Gedicht.] – Nr. 37. Spezial-Nummer »Unsere Richter«. Seite 434. (Staatsanwälte.)
775. P.S.: Einst und jetzt. [Gedicht.] – Nr. 37. Spezial-Nummer »Unsere Richter«. Seite 434. (Schwurgericht.)
776. Zur Aufhebung der Laiengerichte. (Schreiben an ein Kgl. Justizministerium.) – Nr. 37. Spezial-Nummer »Unsere Richter«. Seite 434.
777. P.S.: Ein altes Lied in neu-sächsischer Form. [Gedicht.] – Nr. 38. Seite 446. (Untertanentreue.)
778. Eine Weihnachtsgeschichte. [Satire mit Illustration von Olaf Gulbransson.] – Nr. 39. Seiten 458, 467.
779. Ave Maria. [Gedicht mit Illustration von Wilhelm Schulz.] – Nr. 39. Seite 459.
780. Anbetung der Hirten. [Gedicht mit Illustration von Ignatius Taschner.] – Nr. 39. Seite 468.
781. P.S.: Trauervoller Rückblick und fröhlicher Anfang. [Gedicht.] – Nr. 41. Seite 482.
782. P.S.: Neujahrs-Auszeichnungen. [Gedicht.] – Nr. 42. Seite 494. (Ordenssegen in Bayern.)
783. P.S.: Zeichen. [Gedicht.] – Nr. 43. Seite 506. (Reichskanzler B. v. Bülow und der Chef des Generalstabs Helmuth von Moltke.)
784. P.S.: Feststimmung. [Gedicht.] – Nr. 45. Seite 532.
785. P.S.: Graf Ballestrem. [Gedicht.] – Nr. 46. Seite 553.
786. P.S.: Reichsrat Freiherr von Soden. [Gedicht.] – Nr. 47. »Karnevalsnummer«. Seite 556.
787. P.S.: »Heimarbeit«. [Gedicht mit Illustration von Wilhelm Schulz.] – Nr. 48. Seite 579. (Armut und Reichtum.)

Jahrgang XI (1906/07)

788. P.S.: Bülow. [Gedicht.] – Nr. 1. Seite 19. (Reichskanzler B. v. Bülow.)
789. P.S.: Das süße Geheimnis. [Gedicht.] – Nr. 2. Seite 23.
790. P.S.: Krefelder Mädchen. [Gedicht.] – Nr. 3. Seite 38.
791. P.S.: Splendid isolation. [Gedicht.] – Nr. 4. Seite 54. (Zur deutschen Politik.)
792. P.S.: Der Vesuv. [Gedicht.] – Nr. 6. Seite 103.
793. P.S.: Gottesgericht. [Gedicht.] – Nr. 7. Seite 119.
794. P.S.: Virchow-Denkmal. [Gedicht.] – Nr. 9. Seite 138.
795. P.S.: Naturlaute. [Gedicht.] – Nr. 11. Seite 170. (Bertold von Deimling, General in Deutsch-Südwestafrika.)
796. Peter Spanningers Liebesabenteuer. [Erzählung.] – Nr. 11. Seiten 172, 173 und Nr. 12. Seiten 188, 189.
797. P.S.: Sommerfreuden. [Gedicht.] – Nr. 13. Seite 202.
798. P.S.: Unsere Beamten. [Gedicht.] – Nr. 14. Seite 218.

799. P.S.: Nutzen des Reisens. [Gedicht.] – Nr. 15. Spezial-Nummer »Auf Reisen«. Seite 234.
800. P.S.: Das freudige Ereignis. [Gedicht.] – Nr. 16. Seite 250. (Zur Geburt eines Hohenzollernprinzen.)
801. P.S.: Die Fürstin Wrede oder Ein rührender Zug der preußischen Rechtspflege. [Gedicht.] – Nr. 17. Seite 266. (Zum Diebstahl der Fürstin Wrede.)
802. P.S.: Münchner Sittlichkeitsverein. [Gedicht.] – Nr. 18. Seite 295.
803. P.S.: Dementi. [Gedicht.] – Nr. 19. Seite 311.
804. P.S.: Endlich! [Gedicht.] – Nr. 21. Seite 330.
805. P.S.: Katholikentag 1906. [Gedicht.] – Nr. 23. Seite 358.
806. P.S.: Großfürstin Anastasia. [Gedicht.] – Nr. 25. Seite 386.
807. P.S.: Tischreden. [Gedicht.] – Nr. 26. Seite 402.
808. Im deutschen Raritätenkabinett. [Satire mit Illustration von Wilhelm Schulz.] – Nr. 28. Spezial-Nummer »Schwarzseher«. Seiten 435, 436.
809. Nach einer Kaiserrede. [Witz mit Illustration von Rudolf Wilke.] – Nr. 28. Spezial-Nummer »Schwarzseher«. Seite 437.
810. Fürst und Festmeier. [Witz mit Illustration von Eduard Thöny.] – Nr. 28. Spezial-Nummer »Schwarzseher«. Seite 438.
811. 1907. [Gedicht mit Illustration von Olaf Gulbransson.] – Nr. 28. Spezial-Nummer »Schwarzseher«. Seite 439. (Zum neuen Jahr.)
812. Ausnahmen. [Witz mit Illustration von Ferdinand von Reznicek.] – Nr. 28. Spezial-Nummer »Schwarzseher«. Seite 443.
813. P.S.: Wir Schwarzseher. [Gedicht.] – Nr. 28. Spezial-Nummer »Schwarzseher«. Seite 447.
814. Der Münzdiebstahl oder Sherlock Holmes in München. [Kriminalgeschichte mit Illustration von Eduard Thöny.] – Nr. 29. Seiten 450, 463.
815. P.S.: Interpellation. [Gedicht.] – Nr. 37. Seite 590. (Im deutschen Reichstag.)
816. P.S.: An die Franzosen. [Gedicht.] – Nr. 37. Seite 592. (Gegen den Klerus.)
817. P.S.: Caruso im Affenhaus. [Gedicht.] – Nr. 37. Seite 603. (Enrico Caruso.)
818. P.S.: Die tapferen Hamburger Schutzleute und ihr glorreicher Sieg am 17. Januar 1906. [Gedicht mit Illustration von Olaf Gulbransson.] – Nr. 38. Seite 624.
819. P.S.: Regierung und Zentrum. [Gedicht.] – Nr. 39. Seite 639. (Reichskanzler B. v. Bülow und das Zentrum.)
820. P.S.: Die zerbroch'ne Liab. [Gedicht mit Illustration von Eduard Thöny.] – Nr. 40. Seite 642. (Reichskanzler B. v. Bülow und das Zentrum.)
821. P.S.: Resignation. [Gedicht.] – Nr. 41. Seite 654. (Zur Wahl in Württemberg.)
822. P.S.: Nachträgliches. [Gedicht.] – Nr. 42. Seite 683.
823. P.S.: Germanen. [Satir. Betrachtung.] – Nr. 43. Spezial-Nummer »Das Zentrum«. Seite 686. (Das deutsche Christentum.)
824. P.S.: Der Alte. [Gedicht mit Illustration von Wilhelm Schulz.] – Nr. 44. Seite 720.
825. P.S.: Die Schlacht. [Gedicht.] – Nr. 45. Seite 722. (Das Zentrum im Parlament.)
826. P.S.: Germania und die Berliner Polizei. [Gedicht mit Illustration von Wilhelm Schulz.] – Nr. 46. Spezial-Nummer »Karneval«. Seite 738.
827. P.S.: Freiheit. [Gedicht.] – Nr. 47. Seite 760.
828. P.S.: Nach den Wahlen. [Gedicht.] – Nr. 47. Seite 760.
829. P.S.: Frühlingsahnen. [Gedicht.] – Nr. 48. Seite 787.
830. P.S.: Zu früh. [Gedicht.] – Nr. 50. Seite 819. (Zentrumsabgeordneter Peter Spahn und Reichskanzler B. v. Bülow.)
831. P.S.: Trübe Ahnung. [Gedicht.] – Nr. 51. Seite 822. (Reichskanzler B. v. Bülow.)
832. Auf der Elektrischen. [Erzählung.] – Nr. 51. Seiten 824, 825.
833. P.S.: Lebensweisheit. [Gedicht mit Illustration von Olaf Gulbransson.] – Nr. 51. Seite 831.
834. P.S.: von Brandenstein. [Gedicht.] – Nr. 52. Seite 851.

Jahrgang XII (1907/08)

835. P.S.: Treuschwur. [Gedicht mit Illustration von Eduard Thöny.] – Nr. 1. Spezial-Nummer »1. April«. Seite 11. (Keuschheit.)
836. An Wilhelm Busch den aufgehörten Dichter. [Gedicht mit Illustration von Olaf Gulbransson.] – Nr. 3. »Wilhelm Busch-Nummer«. Seite 32.
837. Fipps, der Affe. [Gedicht mit Illustration von Olaf Gulbransson.] – Nr. 3. »Wilhelm Busch-Nummer«. Seiten 33–36. (Reichskanzler B. v. Bülow. – Pastor Bohn.)

838. P.S.: Naturgeschichtliches Alphabet. [Gedicht mit Illustration von Wilhelm Schulz.] – Nr. 3. »Wilhelm Busch-Nummer«. Seiten 47, 51, 52.
839. P.S.: Galavorstellung. [Gedicht.] – Nr. 4. Seite 65.
840. P.S.: König Eduard VII. [Gedicht.] – Nr. 5. Seite 68.
841. P.S.: Erster Mai. [Gedicht.] – Nr. 7. Spezial-Nummer »Mai«. Seite 111.
842. P.S.: An den Reichstag. [Gedicht.] – Nr. 8. Seite 114.
843. P.S.: Kamarilla. [Gedicht.] – Nr. 13. Seite 198.
844. P.S.: Dr. Karl Peters. [Gedicht.] – Nr. 15. Seite 245.
845. P.S.: Todesanzeige. [Gedicht.] – Nr. 15. Seite 245. (Artur Graf von Posadowsky-Wehner und Konrad von Studt.)
846. P.S.: An Bülow. [Gedicht.] – Nr. 16. Seite 248.
847. Auf Posten. [Gedicht mit Illustration von Eduard Thöny.] – Nr. 17. Seite 267.
848. P.S.: Römisch-Katholisches. [Gedicht.] – Nr. 17. Seite 275.
849. P.S.: Ein Blick ins Damenbad. [Gedicht.] – Nr. 19. Spezial-Nummer »Im Bad«. Seite 294.
850. P.S.: Swinemünde. [Gedicht.] – Nr. 21. Seite 326. (Nikolaus II., Kaiser von Rußland.)
851. P.S.: »Ein Gentleman hetzt nicht«. (Professor Meyenberg auf dem Katholikentag.) [Gedicht.] – Nr. 24. Seite 383.
852. P.S.: Urlaub. [Gedicht.] – Nr. 25. Seite 386. (Reichskanzler B. v. Bülow in Norderney.)
853. P.S.: Sexuelle Aufklärung. [Gedicht.] – Nr. 26. Seite 413.
854. P.S.: Westfälische Kaisertage. [Gedicht.] – Nr. 27. Spezial-Nummer »Byzanz«. Seite 416.
855. P.S.: Der Herr Beamte. [Gedicht.] – Nr. 28. Seite 445.
856. P.S.: Die Eröffnung des bayrischen Landtags. Von einem biederen Gebirgler. [Gedicht.] – Nr. 29. Seite 448.
857. P.S.: Herbst. [Gedicht.] – Nr. 31. Seite 480.
858. P.S.: Nach dem Haager Kongreß. [Gedicht.] – Nr. 32. Seite 498.
859. P.S.: Moltke – Harden. [Gedicht.] – Nr. 32. Seite 498.
860. P.S.: An die Herren Hofprediger. [Gedicht.] – Nr. 33. Spezial-Nummer »Prozeß Moltke-Harden«. Seite 518.
861. P.S.: Ergebenstes Ersuchen an die Berliner. [Gedicht.] – Nr. 34. Seite 534. (Homosexualität.)
862. P.S.: Blinder Lärm. [Gedicht.] – Nr. 35. Seite 554.
863. Briefe eines bayrischen Landtagsabgeordneten. I. [Illustration von Eduard Thöny.] – Nr. 35. Seite 556.
864. Jägerfreude. [Gedicht mit Illustration von Eduard Thöny.] – Nr. 36. Seite 596.
865. Briefe eines bayrischen Landtagsabgeordneten. II. [Illustration von Eduard Thöny.] – Nr. 37. Seite 600.
866. Briefe eines bayrischen Landtagsabgeordneten. III. [Illustration von Eduard Thöny.] – Nr. 38. Seite 618.
867. P.S.: Der Block. [Szene mit Illustration von Th. Th. Heine.] – Nr. 40. Seite 654. (Parteienbund.)
868. P.S.: Missionspredigt des P. Josephus gegen den Sport. [Satire.] – Nr. 41. Spezial-Nummer »Wintersport«. Seiten 672, 673.
869. Erzherzog Stephan. [Erzählung mit Illustration von Eduard Thöny.] – Nr. 42. Seite 686.
870. Briefwechsel eines bayrischen Landtagsabgeordneten. IV. [Illustration von Eduard Thöny.] – Nr. 42. Seite 688.
871. P.S.: Die mutige Tat des deutschen Kronprinzen. [Gedicht.] – Nr. 43. Seite 702.
872. Briefwechsel eines bayrischen Landtagsabgeordneten. V. [Illustration von Eduard Thöny.] – Nr. 44. Seite 720.
873. Wilhelm Busch +. [Gedicht mit Illustration von Wilhelm Schulz.] – Nr. 44. Seite 732.
874. P.S.: Kassel. [Gedicht.] – Nr. 45. Seite 734. (Bayern und Preußen.)
875. Briefwechsel eines bayrischen Landtagsabgeordneten. VI. [Illustration von Eduard Thöny.] – Nr. 46. Seite 750.
876. P.S.: Block-Aschermittwoch. [Gedicht.] – Nr. 50. Seite 818. (Parteienbund.)
877. Briefwechsel eines bayrischen Landtagsabgeordneten. VI. [Illustration von Eduard Thöny.] – Nr. 50. Seite 818.
878. Briefwechsel eines bayrischen Landtagsabgeordneten. VIII. [Illustration von Eduard Thöny.] – Nr. 51. Seite 834.

879. Briefwechsel eines bayrischen Landtagsabgeordneten. IX. [Illustration von Eduard Thöny.] – Nr. 52. Seite 867.

880. P.S.: Der Kaiserbrief. [Gedicht.] – Nr. 52. Seite 867. (Reichskanzler B. v. Bülow.)

881. P.S.: Ludwig I. Eine März Erinnerung. [Gedicht mit Illustration von Wilhelm Schulz.] – Nr. 53. Seite 884.

Jahrgang XIII (1908/09)

882. P.S.: Einsamkeit. [Gedicht.] – Nr. 2. Seite 22. (Kaiser Wilhelm II. in Korfu.)

883. P.S.: Wien. [Gedicht.] – Nr. 3. Seite 42.

884. P.S.: Der neue Stil [Gedicht.] – Nr. 6. Seite 98. (Staatsanwälte.)

885. P.S.: Mai. [Gedicht.] – Nr. 6. Seite 101.

886. P.S.: Kaisertage. [Gedicht.] – Nr. 7. Seite 114. (Kaiser Wilhelm II. auf Reisen.)

887. P.S.: Hymnus nach der freudigen Kunde, daß S.M. der König von Sachsen Sich sehr mißfällig über die Dresdener Ausstellung geäußert haben (Als sächsischer Rundgesang für Liedertafeln gedacht.) [Gedicht.] – Nr. 8. Seite 147. (Georg II. v. Sachsen.)

888. Briefwechsel eines bayrischen Landtagsabgeordneten. X. [Illustration von Eduard Thöny.] – Nr. 9. Seite 150.

889. P.S.: Trost. [Gedicht.] – Nr. 9. Seite 163. (Der Sultan von Marokko und die deutsche Politik.)

890. P.S.: Vergänglichkeit. [Gedicht.] – Nr. 12. Seite 215.

891. Briefwechsel eines bayrischen Landtagsabgeordneten. XI. – Nr. 15. Seite 254.

892. P.S.: Bismarck. [Gedicht.] – Nr. 15. Seite 254. (Zum 10. Todestag von Bismarck.)

893. P.S.: Umwälzung? [Gedicht.] – Nr. 16. Seite 270. (Staatsanwälte.)

894. P.S.: Mut. [Gedicht.] – Nr. 16. Seite 283. (Schutz Deutscher in Teheran.)

895. Briefwechsel eines bayrischen Landtagsabgeordneten. XII. [Illustration von Eduard Thöny.] – Nr. 18. Seite 304.

896. Briefwechsel eines bayrischen Landtagsabgeordneten. XIII. [Illustration von Eduard Thöny.] – Nr. 19. Seite 320.

897. Briefwechsel eines bayrischen Landtagsabgeordneten. XIV. [Illustration von Eduard Thöny.] – Nr. 20. Seite 334.

898. P.S.: Bülow der Wechselvolle. [Gedicht.] – Nr. 22. Seite 362.

899. Briefwechsel eines bayrischen Landtagsabgeordneten. XV. [Illustration von Eduard Thöny.] – Nr. 22. Seite 371.

900. Briefwechsel eines bayrischen Landtagsabgeordneten. XVI. [Illustration von Eduard Thöny.] – Nr. 24. Seite 403.

901. P.S.: Seinen deutschen Bewunderern. [Gedicht.] – Nr. 26. Seite 422. (Peter Adler Alberti, dänischer Justizminister.)

902. Briefwechsel eines bayrischen Landtagsabgeordneten. XVII. [Illustration von Eduard Thöny.] – Nr. 26. Seite 435.

903. Briefwechsel eines bayrischen Landtagsabgeordneten. XVIII. [Illustration von Eduard Thöny.] – Nr. 29. Seite 474.

904. P.S.: Der Satanist. [Zwei Szenen mit Illustration von Olaf Gulbransson.] – Nr. 30. Seite 490. (Frank Wedekind vor Gericht.)

905. Briefwechsel eines bayrischen Landtagsabgeordneten. XIX. [Illustration von Eduard Thöny.] – Nr. 30. Seite 492.

906. Briefwechsel eines bayrischen Landtagsabgeordneten. XX. [Illustration von Eduard Thöny.] – Nr. 31. Seite 506.

907. Briefwechsel eines bayrischen Landtagsabgeordneten. XXI. [Illustration von Eduard Thöny.] – Nr. 33. Seite 544.

908. P.S.: Bei Bülows oder: Das kaiserliche Manuskript oder: Wer liest es? [Gedicht mit Illustration von Olaf Gulbransson.] – Nr. 33. Seite 556. (Reichskanzler B. v. Bülow.)

909. Hamm. [Gedicht mit Illustration von Käthe Kollwitz.] – Nr. 35. Seite 578. (Unglück in Hamm.)

910. P.S.: Garantie. [Gedicht.] – Nr. 36. Seite 598.

911. P.S.: Prinz Oskar in Bonn. [Gedicht mit Illustration von Olaf Gulbransson.] – Nr. 37. Seite 622. (Oskar, Prinz von Preußen als Student.)

912. Frieden? [Gedicht.] – Nr. 38. Seite 650.

913. P.S.: Zentrum und Konservative. [Gedicht.] – Nr. 45. Seite 762.

914. P.S.: Hunde. [Gedicht.] – Nr. 46. Seite 778. (Kaiser Wilhelm II. und die Heuchler.)

915. P.S.: Michel und seine Regierung. [Gedicht.] – Nr. 47. Spezial-Nummer »Karneval«. Seite 794.
916. P.S.: Die Agrarier. [Gedicht.] – Nr. 48. Seite 823.
917. P.S.: Schweine. [Gedicht.] – Nr. 49. Seite 839. (Adolph Wagner, Nationalökonom und Sozialreformer.)
918. P.S.: Der Fall Tremel. [Gedicht.] – Nr. 51. Seite 858. (Pfarrer Joh. T., Mitgl. d. Jungliberalen.)
919. P.S.: Kompromißler. [Gedicht.] – Nr. 52. Seite 887.

Jahrgang XIV (1909/10)

920. Kaiserjäger. [Gedicht mit Illustration von Eduard Thöny.] – Nr. 1. Seite 2.
921. P.S.: Ergebenes Gedicht an einen Minister. – Nr. 1. Seite 2.
922. Dornsteiner Bote. Amtsblatt für den Bezirk Dornstein. Hrsg.: Peter Schlamminger. [Satire mit Illustration von Olaf Gulbransson?] Jg 14, Nr 1. 5.4.1909. – Nr. 1. Seiten 4, 5.
923. P.S.: Bülow am Grabe des Blocks. [Gedicht mit Illustration von Wilhelm Schulz.] – Nr. 2. Seite 22. (Reichskanzler B. v. Bülow und der Parteienbund.)
924. P.S.: An die Blockisten. [Gedicht.] – Nr. 3. Seite 38. (Parteienbund im Reichstag.)
925. Dornsteiner Bote. Amtsblatt für den Bezirk Dornstein. Hrsg.: Peter Schlamminger. [Satire mit Illustration von Olaf Gulbransson?] Jg 14, Nr 2. 19.4.1909. – Nr. 3. Seiten 40, 41.
926. P.S.: Jeanne d'Arc. [Gedicht.] – Nr. 5. Seite 83. (Zur Seligsprechung der Jeanne d'Arc.)
927. P.S.: Altbrandenburgisch. [Gedicht.] – Nr. 7. Seite 119.
928. P.S.: Bayerntreue. [Gedicht.] – Nr. 10. Seite 171. (Zur Erbschaftssteuer.)
929. P.S.: Preußisch-bayrische Güterwagengemeinschaft. [Gedicht.] – Nr. 12. Seite 190.
930. Sunnawend. [Gedicht.] – Nr. 12. Seite 190.
931. Tja – – ! [Erzählung, Vignette von A. Wölfle.] – Nr. 14. Seite 228.
932. P.S.: Hansabund. [Gedicht.] – Nr. 14. Seite 229.
933. P.S.: Die Edelsten der Nation. [Gedicht.] – Nr. 14. Seite 239. (Preußische Junker.)
934. P.S.: Bülows Ende. Ein neues Volkslied. [Gedicht.] – Nr. 15. Spezial-Nummer »Junker«. Seite 242. (Abdankung des Reichskanzlers B. v. Bülow.)
935. P.S.: Trostworte an Bülow. [Gedicht.] – Nr. 17. Seite 274.
936. P.S.: Juli 1909. [Gedicht.] – Nr. 18. Spezial-Nummer »Sommerfrische«. Seite 292.
937. Briefe eines bayrischen Landtagsabgeordneten. XXII. [Illustration von Eduard Thöny.] – Nr. 20. Seite 322.
938. P.S.: Barcelona. [Gedicht.] – Nr. 21. Seite 338. (Leiden des Klerus in Spanien.)
939. P.S.: Weltereignisse. [Gedicht.] – Nr. 22. Seite 354. (Reichskanzler Theobald v. Bethmann-Hollweg Reserveoffizier.)
940. P.S.: Breslauer Katholikentag. [Gedicht.] – Nr. 24. Seite 386.
941. Briefe eines bayrischen Landtagsabgeordneten. XXIII. [Illustration von Eduard Thöny.] – Nr. 26. Seite 426.
942. P.S.: Herbst. [Gedicht.] – Nr. 27. Seite 442.
943. Briefe eines bayrischen Landtagsabgeordneten. XXIV. [Illustration von Eduard Thöny.] – Nr. 29. Seite 478.
944. Parole Heimat. [Gedicht mit Illustration von Eduard Thöny.] – Nr. 29. Seite 487.
945. Hallelujajodler des bayrischen Zentrumsmannes. (Forte mit Kopfstimme zu singen.) [Gedicht mit Illustration von Eduard Thöny.] – Nr. 30. Seite 494.
946. P.S.: Zeitenwandel. [Gedicht.] – Nr. 30. Seite 509.
947. P.S.: Der Zar. [Gedicht.] – Nr. 33. Seite 565.
948. Briefe eines bayrischen Landtagsabgeordneten. XXV. [Illustration von Eduard Thöny.] – Nr. 34. Seite 568.
949. Christmette in Tirol. [Gedicht mit Illustration von Eduard Thöny.] – Nr. 38. Seite 657.
950. P.S: Der Astlochgucker. [Gedicht mit Illustration von Olaf Gulbransson.] – Nr. 38. Seite 669.
951. P.S.: Nach der Conférence der Mme Jeanne Granier. [Gedicht mit Illustration von Olaf Gulbransson.] – Nr. 39. Seite 690.
952. P.S.: Neujahr bei Pastors. [Gedicht.] – Nr. 40. Seite 692.
953. Briefe eines bayrischen Landtagsabgeordneten. XXVI. [Illustration von Eduard Thöny.] – Nr. 43. Seite 744.
954. P.S.: Ernst Moritz Arndt. [Gedicht.] – Nr. 44. Seite 760.
955. P.S.: Revolverschnauze. [Gedicht.] – Nr. 46. Seite 796. (Elard von Oldenburg, Vorkämpfer des konservativen Agrariertums.)

956. Briefe eines bayrischen Landtagsabgeordneten. XXVII. [Illustration von Eduard Thöny.] – Nr. 47. Seite 812.
957. P.S.: Bethmann-Hollweg. [Gedicht.] – Nr. 48. Seite 828.
958. P.S.: Der Nationalliberale. [Gedicht.] – Nr. 49. Spezial-Nummer »Preußen«. Seite 847.
959. P.S.: Ostelbischer Adel im Zirkus Busch. [Gedicht.] – Nr. 49. Spezial-Nummer »Preußen«. Seite 861.
960. P.S.: Vor dem Schlosse. [Gedicht.] – Nr. 50. Seite 864.
961. P.S.: Ariadne-Bavaria huldigt Herrn von Bethmann-Hollweg. [Gedicht mit Illustration von Olaf Gulbransson.] – Nr. 51. Seite 880.
962. P.S.: Unverbesserlich. [Gedicht.] – Nr. 52. Seite 900.

Jahrgang XV (1910/11)

963. Briefe eines bayrischen Landtagsabgeordneten. XXVII. [Illustration von Eduard Thöny.] – Nr. 3. Seite 51.
964. P.S.: Festmahl. [Gedicht.] – Nr. 4. Seite 54.
965. P.S.: Mai. [Gedicht.] – Nr. 5. Seite 83.
966. P.S.: Kulturträger. [Gedicht.] – Nr. 6. Seite 104.
967. P.S.: Herrenhaus. [Gedicht mit Illustration von Eduard Thöny.] – Nr. 7. Seite 106.
968. Briefe eines bayrischen Landtagsabgeordneten. XXIX. – Nr. 8. Seite 124.
969. P.S.: Borromäus-Enzyklika. [Gedicht.] – Nr. 13. Seite 214. (Von Papst Pius X.)
970. Briefe eines bayrischen Landtagsabgeordneten. XXX. [Illustration von Eduard Thöny.] – Nr. 14. Seiten 232, 233.
971. P.S.: An Bethmann-Hollweg. [Gedicht.] – Nr. 16. Seite 262.
972. P.S.: Bülow wieder daheim. [Gedicht.] – Nr. 17. Seite 278.
973. P.S.: Nationalliberal. [Gedicht.] – Nr. 18. Seite 294.
974. P.S.: Sommer. [Gedicht.] – Nr. 21. Seite 342.
975. Briefe eines bayrischen Landtagsabgeordneten. XXXI. [Illustration von Eduard Thöny.] – Nr. 22. Seite 358.
976. P.S.: Hut ab? [Gedicht.] – Nr. 22. Seite 358.
977. P.S.: Nur kalt! [Gedicht.] – Nr. 26. Seite 435.
978. P.S.: Hymne zum 100. Oktoberfest. [Gedicht.] – Nr. 27. Seite 451.
979. Liebe um Liebe. Eine patriotische Stimmung. [Erzählung.] – Nr. 30. Seiten 487, 488.
980. P.S.: Querelles allemandes. [Gedicht.] – Nr. 30. Seite 499.
981. P.S.: Freiheit, die ich meine … [Gedicht.] – Nr. 31. Seite 515.
982. P.S.: Großmütterchen »Nationalliberal«. [Gedicht.] – Nr. 32. Seite 535.
983. P.S.: Unerhört! [Gedicht.] – Nr. 33. Seite 555.
984. P.S.: Moabit. [Gedicht.] – Nr. 36. Seite 602.
985. Bei Sophokles. Interview, mitgeteilt von Sigfried Leibschaden. – Nr. 39. Seiten 672–674. (Zu Max Reinhardts Aufführung des »Oedipus«.)
986. P.S.: Unser Kanzler. [Gedicht.] – Nr. 39. Seite 683. (Reichskanzler Th. von Bethmann-Hollweg.)
987. P.S.: Sächsische Hymne. Melodie: »Sind wir vereint zur guten Stunde«. – Nr. 41. Seite 702. (Max Prinz von Sachsen und Papst Pius X.)
988. P.S.: Der Aermste. [Gedicht.] – Nr. 45. Seite 779. (Reichskanzler Th. von Bethmann-Hollweg.)
989. P.S.: Dank. [Gedicht.] – Nr. 46. Seite 782. (Ehrensold für Veteranen.)
990. P.S.: Lied des niederbayrischen Kooperators. [Gedicht mit Illustration von Eduard Thöny.] – Nr. 49. Seite 831.
991. P.S.: O Natur! [Szene.] – Nr. 49. Seite 832.
992. Der Interviewer. [Satire.] – Nr. 50. Seite 848.

Jahrgang XVI (1911/12)

993. P.S.: An den verlängerten Reichstag. [Gedicht.] – Nr. 6. Seite 90.
994. P.S.: Krakehler. [Gedicht.] – Nr. 7. Seite 123. (Gegen Frankreich.)
995. P.S.: Die Auchliberalen. [Gedicht.] – Nr. 9. Seite 142.
996. P.S.: Der Schwerverbrecher. [Gedicht.] – Nr. 10. Seite 162. (Reichskanzler Th. von Bethmann-Hollweg.)
997. P.S.: Neue Zeit. [Gedicht.] – Nr. 12. Seite 199. (Kraftwagen und Flugzeug.)
998. P.S.: Regenstimmung. [Gedicht.] – Nr. 13. »In der Sommerfrische«. Seite 218.
999. P.S.: Beatus ille … [Gedicht.] – Nr. 15. Seite 250. (Georg von Orterer.)
1000. P.S.: Am Stammtisch. [Gedicht.] – Nr. 16. Seite 283.

1001. P.S.: Die »Post u.a.« [Gedicht.] – Nr. 18. Seite 315. (Zeitungslektüre.)
1002. P.S.: Begegnung. [Gedicht.] – Nr. 19. Seite 318. (Minister Anton von Wehner.)
1003. P.S.: 1911. [Gedicht.] – Nr. 21. Seite 350. (Sommerhitze.)
1004. P.S.: Lied des Großindustriellen. [Gedicht.] – Nr. 22. Seite 379.
1005. P.S.: Beim Wein. [Gedicht.] – Nr. 24. Seite 411.
1006. P.S.: Frau Toselli. [Gedicht.] – Nr. 25. Seite 414.
1007. P.S.: Europa. [Gedicht.] – Nr. 28. Seite 466.
1008. Briefe eines bayrischen Landtagsabgeordneten. XXXII. [Illustration von Eduard Thöny.] – Nr. 29. Seite 488.
1009. P.S.: Bravo, Pauli! [Gedicht.] – Nr. 30. Seite 506.
1010. P.S.: An trüben Tagen. [Gedicht.] – Nr. 33. Seite 558.
1011. Briefe eines bayrischen Landtagsabgeordneten. XXXIII. – Nr. 33. Seite 575.
1012. P.S.: Ballade. [Gedicht.] – Nr. 35. Seite 598. (Bethmann-Hollweg und Heydebrand von der Lasa.)
1013. P.S.: Motu proprio. [Gedicht.] – Nr. 36. Seite 618. (Papst Pius X.)
1014. P.S.: Undank. [Gedicht.] – Nr. 37. Seite 642. (Nach der Kriegsgefahr.)
1015. P.S.: Bayrisches Dilemma. [Gedicht.] – Nr. 38. Seite 666. (Zwischen Altar und Thron.)
1016. Briefe eines bayrischen Landtagsabgeordneten. XXXIV. [Illustration von Eduard Thöny.] – Nr. 40. Seite 704.
1017. P.S.: Festtage 1911. [Gedicht.] – Nr. 41. Seite 722.
1018. P.S.: Der Katarrh. [Gedicht.] – Nr. 42. Seite 738.
1019. P.S.: Vor den Stichwahlen. [Gedicht.] – Nr. 44. Seite 770.
1020. Briefe eines bayrischen Landtagsabgeordneten. XXXV. [Illustration von Eduard Thöny.] – Nr. 45. Seite 786.
1021. P.S.: D'Annunzio. [Gedicht.] – Nr. 46. Seite 802. (Gabriele D'Annunzio.)
1022. P.S.: Die tapferen Minister. [Gedicht.] – Nr. 47. »Fasching«. Seite 818.
1023. P.S.: Die Nationalliberalen [Gedicht.] – Nr. 48. Seite 834.
1024. P.S.: Querelles allemandes. [Gedicht.] – Nr. 49. Seite 850. (Majestätsverehrung.)
1025. Briefe eines bayrischen Landtagsabgeordneten. XXXVI. [Illustration von Eduard Thöny.] – Nr. 50. Seite 868.
1026. P.S.: Ohne Titel. Betrifft: Ende des Jahrgangs XVI. [Gedicht.] – Nr. 52. Seite 898.
1027. Der Biedermann. [Erzählung.] – Nr. 52. Seiten 899, 900.
1028. Briefe eines bayrischen Landtagsabgeordneten. XXXVII. [Illustration von Eduard Thöny.] – Nr. 52. Seite 901.

Jahrgang XVII (1912/13)

1029. P.S.: März. [Gedicht.] – Nr. 2. Seite 22.
1030. P.S.: Hertling. [Gedicht.] – Nr. 4. Seite 54.
1031. P.S.: An S. Exz. den Kriegsminister. [Gedicht.] – Nr. 6. Seite 86. (von Heeringen und die Jesuiten.)
1032. P.S.: Bitte! [Gedicht.] – Nr. 9. Seite 134.
1033. P.S.: Parlamentsferien. [Gedicht.] – Nr. 11. Seite 166.
1034. P.S.: Der schwarze Landtag. [Gedicht.] – Nr. 12. Seite 182.
1035. Sonnwendfeuer. [Gedicht mit Illustration von Wilhelm Schulz.] – Nr. 13. Seite 212.
1036. P.S.: Das Wichtigste. [Gedicht.] – Nr. 14. Seite 214.
1037. P.S.: Verwandlung. [Gedicht.] – Nr. 15. Seite 230.
1038. P.S.: An hohe Herren in Bayern. [Gedicht.] – Nr. 21. Seite 340.
1039. P.S.: Bethmann-Hertling. [Gedicht.] – Nr. 22. Seite 342.
1040. P.S.: August. [Gedicht.] – Nr. 23. Seite 372.
1041. P.S.: Höchste Zeit. [Gedicht.] – Nr. 24. Seite 387.
1042. P.S.: Zur Teuerung. [Gedicht.] – Nr. 25. Seite 390.
1043. Reiterlied. [Gedicht mit Illustration von Eduard Thöny.] – Nr. 25. Seite 404.
1044. P.S.: Reserve. [Gedicht.] – Nr. 26. Seite 406. (Reserveoffiziere.)
1045. P.S.: Der Retter. [Gedicht.] – Nr. 27. Seite 435. (Steigende Fleischpreise.)
1046. P.S.: Bayrische Reichspartei. [Gedicht.] – Nr. 28. Seite 438.
1047. P.S.: Balkankrieg. [Gedicht.] – Nr. 29. Seite 454.
1048. P.S.: Stillos. [Gedicht.] – Nr. 32. Seite 500.
1049. P.S.: Höchste Zeit. [Gedicht.] – Nr. 33. Seite 522.
1050. P.S.: Andere Zeiten. [Gedicht.] – Nr. 34. Seite 542.

1051. P.S.: An die deutschen Arbeiter. [Gedicht.] – Nr. 35. Seite 562. (Der Klerus.)
1052. Auf dem Bahnsteig. [Erzählung.] – Nr. 35. Seite 564.
1053. Christmette. [Gedicht mit Illustration von Eduard Thöny.] – Nr. 38. »Weihnachten«. Seite 644.
1054. P.S.: Silvesternacht. [Gedicht.] – Nr. 40. Seite 662.
1055. P.S.: Hertling. [Gedicht.] – Nr. 42. Seite 694.
1056. P.S.: An die Kritiker. [Gedicht.] – Nr. 43. Seite 710.
1057. Briefe eines bayrischen Landtagsabgeordneten. XXXVIII. [Illustration von Eduard Thöny.] – Nr. 43. Seite 712.
1058. P.S.: An die Ultramontanen. [Gedicht.] – Nr. 44. Seite 726.
1059. P.S.: Wendung. [Gedicht.] – Nr. 46. Seite 762.
1060. Die Lügner. [Polemischer Aufsatz.] – Nr. 48. Seite 794. (Gegen den Klerus.)
1061. P.S.: 1813. [Gedicht.] – Nr. 48. Seite 794.
1062. P.S.: Jesuitendebatte. [Gedicht.] – Nr. 49. Seite 810.
1063. P.S.: Die kranke Mama. [Gedicht.] – Nr. 50. Seite 830. (Europa.)
1064. P.S.: Michels Ostern. [Gedicht.] – Nr. 52. Seite 866.

Jahrgang XVIII (1913/14)

1065. P.S.: Wehrvorlage. [Gedicht.] – Nr. 4. Seite 50.
1066. P.S.: Ehrlicher Protest. [Gedicht.] – Nr. 5. Seite 79. (Gegen Protektion im diplomatischen Dienst.)
1067. P.S.: Bern. [Gedicht.] – Nr. 9. Seite 143. (Deutsche Politiker auf einer Tagung in Bern.)
1068. P.S.: O du mein Oesterreich! [Gedicht.] – Nr. 10. Seite 159.
1069. P.S.: Bange Zweifel. [Gedicht.] – Nr. 12. Seite 182. (Um Deutschlands Größe.)
1070. P.S.: Breslauer Festspiel. [Gedicht.] – Nr. 13. Seite 216.
1071. P.S.: D'outre tombe. [Gedicht.] – Nr. 14. Seite 218.
1072. Das Volkslied. [Erzählung.] – Nr. 14. Seiten 220–222.
1073. P.S.: Nach genehmigter Wehrvorlage. [Gedicht.] – Nr. 16. Seite 254.
1074. P.S.: Deutscher Sommer. [Gedicht.] – Nr. 17. Seite 270.
1075. P.S.: Felix Austria. [Gedicht.] – Nr. 19. Seite 302.
1076. P.S.: An Bayerns Kniehösler. [Gedicht.] – Nr. 20. Seite 322. (Die Lederhose.)
1077. P.S.: Krupppprozeß. [Gedicht.] – Nr. 21. Seite 338.
1078. P.S.: Der neue Kurs. [Gedicht.] – Nr. 22. Seite 354. (In Bayern.)
1079. Briefe eines bayrischen Landtagsabgeordneten. XXXIX. – Nr. 23. Seite 370.
1080. P.S.: Katholikentage. [Gedicht.] – Nr. 23. Seite 383.
1081. Im Manöver. [Gedicht mit Illustration von Eduard Thöny.] – Nr. 24. Seite 385.
1082. P.S.: Festreden. [Gedicht.] – Nr. 24. Seite 386.
1083. P.S.: Zeitenwandel. [Gedicht.] – Nr. 25. Seite 402. (Ferdinand I., König von Bulgarien.)
1084. P.S.: Aufhebung des Personaladels. [Gedicht.] – Nr. 26. Seite 418.
1085. P.S.: Hochwürden. [Gedicht.] – Nr. 27. Seite 447.
1086. P.S.: Die Königsfrage. [Gedicht.] – Nr. 32. Seite 518. (In Bayern.)
1087. P.S.: Bayrische Staatszeitung. [Gedicht.] – Nr. 33. Seite 551.
1088. P.S.: Zabern. [Gedicht.] – Nr. 38. Seite 634.
1089. P.S.: Heilige Nacht. [Gedicht mit Illustration von Wilhelm Schulz.] – Nr. 39. Seite 672.
1090. P.S.: Jahreswende. [Gedicht.] – Nr. 40. Seite 674.
1091. P.S.: Graf Hertling. [Gedicht.] – Nr. 43. Seite 722.
1092. P.S.: Nach Zabern. [Gedicht.] – Nr. 44. Seite 738.
1093. P.S.: Was ist denn los – –? [Gedicht.] – Nr. 46. Seite 783.
1094. P.S.: Der neue Münchner Karneval. [Gedicht.] – Nr. 48. »Fasching«. Seite 802.
1095. P.S.: Der Mbret. [Gedicht.] – Nr. 50. Seite 834. (Wilhelm I., Fürst von Albanien.)
1096. Der Postsekretär im Himmel. [Erzählung.] – Nr. 51. Seiten 852, 853, 859.
1097. P.S.: An die klerikalen Sittlichkeitsapostel. [Gedicht.] – Nr. 52. Seite 866.

Jahrgang XIX (1914/15)

1098. Geburtenrückgang. [Gedicht mit Illustration von Olaf Gulbransson.] – Nr. 1. Seiten 4, 5.
1099. P.S.: Maibock. [Gedicht.] – Nr. 7. Seite 102.
1100. P.S.: Das Ärgernis. [Gedicht.] – Nr. 8. Seite 118.
1101. P.S.: Im neuen Preußen. [Gedicht.] – Nr. 10. Seite 150.
1102. P.S.: Fronleichnam. [Gedicht.] – Nr. 11. Seite 166.
1103. P.S.: Im Vollglanz. [Gedicht.] – Nr. 12. Seite 182. (Der Hartschier.)
1104. P.S.: Trost. [Gedicht.] – Nr. 13. Seite 198. (Der bayerische Landtag.)

1105. P.S.: Freudige Ereignisse. [Gedicht.] – Nr. 15. Seite 234.
1106. P.S.: An das liebe Zentrum. [Gedicht.] – Nr. 16. Seite 250.
1107. P.S.: Die Helden. [Gedicht.] – Nr. 18. Seite 295. (Albanien.)
1108. Sommerabend. [Erzählung.] – Nr. 21. Seite 330.
1109. Mein Dorf. [Gedicht mit Illustration von Wilhelm Schulz.] – Nr. 24. Seite 364.
1110. Altbayrisch. [Gedicht mit Illustration von Ferdinand Spiegel.] – Nr. 25. Seite 369.
1111. Eljen! [Gedicht mit Illustration von Eduard Thöny.] – Nr. 27. Seite 388. (Ungarische Waffenbrüderschaft.)
1112. Das ästhetische Ausland. [Illustration von Th. Th. Heine.] – Nr. 29. Seite 399. (Gegen Ferdinand Hodlers Kritik an der deutschen Beschießung der Kathedrale v. Reims.)
1113. Landsturmmanns Abschied. [Gedicht mit Illustration von Wilhelm Schulz.] – Nr. 29. Seite 400.
1114. Zur Mundharmonika im Schützengraben. [Gedicht mit Illustration von Eduard Thöny.] – Nr. 31. Seite 425.
1115. Der erste Schnee. [Gedicht mit Illustration von Eduard Thöny.] – Nr. 35. Seite 463.
1116. Christmette in Frankreich. [Gedicht mit Illustration von Eduard Thöny.] – Nr. 38. Seite 510.
1117. Die Hauptsache. [Gedicht.] – Nr. 48. Seite 620.
1118. Ostpreußen. [Gedicht mit Illustration von Wilhelm Schulz.] – Nr. 48. Seite 627.
1119. Am 100. Geburtstag. [Gedicht mit Illustration von Wilhelm Schulz.] – Nr. 52. »Bismarck«. Seite 667.
1120. Bismarck. [Erzählung.] – Nr. 52. »Bismarck«. Seite 668.

Jahrgang XX (1915/16)

1121. Thoma, Ludwig, z.Zt. im Felde: Am San. [Gedicht.] – Nr. 11. Seite 122.
1122. Das Aquarium. [Erzählung.] – Nr. 24. Seiten 278, 279.
1123. Im Urlaub. [Gedicht mit Illustration von Eduard Thöny.] – Nr. 27. Seite 321.

Jahrgang XXI (1916/17)

1124. Kino. [Szene.] – Nr. 9. Seiten 106, 107, 111.
1125. Der Weise spricht. [Gedicht.] – Nr. 23. Seite 290.
1126. Nach Rumänien. Bayrisches Marschlied. [Gedicht mit Illustration von Eduard Thöny.] – Nr. 25. Seite 313.
1127. An einen Schwabinger Bürger. [Gedicht.] – Nr. 25. Seite 314. (Über expressionistische Kunst.)
1128. Der alte Jäger. [Gedicht mit Illustration von Eduard Thöny.] – Nr. 28. Seite 342.
1129. Der Stern des Hauses. [Gedicht mit Illustration von Wilhelm Schulz.] – Nr. 37. Seite 480.
1130. Dahoam. [Gedicht mit Illustration von Eduard Thöny.] – Nr. 38. Seite 490.
1131. Am Grab. [Gedicht mit Illustration von Wilhelm Schulz.] – Nr. 49. Seite 632.

Jahrgang XXII (1917/18)

1132. Erzberger. [Gedicht.] – Nr. 18. Seite 235. (Matthias Erzberger und Reichskanzler Th. von Bethmann-Hollweg.)
1133. Durchhalten! [Szene.] – Nr. 20. »Durchhalten!«. Seiten 250, 258, 259. (Gegen einen Verständigungsfrieden.)
1134. Riga. [Gedicht.] – Nr. 25. Seite 311.
1135. Zu Hindenburgs siebzigstem Geburtstag. [Gedicht mit Illustration von Wilhelm Schulz.] – Nr. 27. Seite 337.
1136. Bilanz. [Aufruf.] – Nr. 40. »Jahresbilanz«. Seiten 502, 504. (Siegeszuversicht mit Hindenburg und Ludendorff.)
1137. Die deutsche Geduld. [Aufsatz.] – Nr. 44. Seite 550. (Professor Wilhelm Foerster.)
1138. Das verkannte Genie. [Gedicht.] – Nr. 51. Seite 641. (Zu einem Aufsatz gegen Hindenburg.)

Jahrgang XXIII (1918/19)

1139. Diplomaten. [Aufsatz.] – Nr. 3. Seite 30. (Otto von Bismarck, Gesandter in Frankreich; Karl Max Fürst Lichnowsky, Botschafter in London 1914.)
1140. Gebt! [Gedicht mit Illustration von Wilhelm Schulz.] – Nr. 9. Seite 110. (Aufruf zur Ludendorffspende für Kriegsbeschädigte.)
1141. Kühlmann. [Gedicht.] – Nr. 15. Seite 184. (Richard von Kühlmann, Staatssekretär des Auswärtigen Amts.)
1142. Bauer und Arbeiter. [Gedicht mit Illustration von Eduard Thöny.] – Nr. 20. Seite 248.
1143. Woaßt d'as no? [Gedicht mit Illustration von Eduard Thöny.] – Nr. 27. Seite 330.
1144. Im Westen. [Gedicht mit Illustration von Eduard Thöny.] – Nr. 29. Seite 360.

Jahrgang XXIV (1919/20)

1145. Wiegenlied. [Gedicht mit Illustration von Eduard Thöny.] – Nr. 23. Seite 309.
1146. Beinahe. Eine Unglücksgeschichte. – Nr. 25. Seite 326.

1147. Herr Nachbar. [Betrachtung.] – Nr. 29. Seite 378. (Deutsche Politik und Otto von Bismarcks Entlassung.)
1148. Bildung und Fortschritt. Erlebnisse und Gedanken der Babette Fröschl, ehemals Dienstmädchen, später Pulverfabriksbeamtin, zurzeit arbeitslos. Mitgeteilt aus ihrem Briefwechsel. – Nr. 34. »Kino«. Seite 458.
1149. Jagduntergang. [Gedicht mit Illustration von Wilhelm Schulz.] – Nr. 42. Seite 609.
1150. Aus den Briefen der Babette Fröschl, jetzt wieder Dienstmädchen, ehemals Pulverfabrikantengehilfin. – Nr. 43. Seite 622.
1151. Abschied von Deutschland. [Gedicht mit Illustration von Wilhelm Schulz.] – Nr. 45. Seite 652.

Jahrgang XXV (1920/21)

1152. P.S.: Zum Jubiläum. [Gedicht mit Illustration von Karl Arnold.] – Nr. 1. Seite 2. (Zum 25-jähr. Jubiläum des »Simplicissimus«.)
1153. Damals – –. [Betrachtung.] – Nr. 1. Seiten 2, 3. (Zum Wirken des »Simplicissimus«.)
1154. P.S.: Finstere Zeiten oder Der Leberkas. Volksschauspiel in einem Aufzug. [Illustration von Eduard Thöny.] – Nr. 6. Seiten 82, 83.
1155. Bauernhochzeit. [Gedicht mit Illustration von Eduard Thöny.] – Nr. 18. Seite 256.
1156. Die Dachserin. [Erzählung.] – Nr. 46. Seiten 610–612, 616.
1157. Die unterbrochene Bertha. Eine Bürger- und Bauerngeschichte. – Nr. 52. Seiten 686, 687, 691, 692.

Jahrgang XXVI (1921)

1158. Das Sterben. [Erzählung.] – Nr. 25. Seite 315.

Jahrgang XXXI (1926)

1159. Ludwig Thoma über Bismarck. Aus einem unveröffentlichten Briefwechsel mit Conrad Haußmann. – Nr. 1. Seite 5.
1160. Nach dem Prozeß 1906. [Erinnerung mit Illustration von Rudolf Wilke.] – Nr. 1. Seite 12.
1161. Gräßliches Unglück, welches eine deutsche Familie betroffen hat. Aus einem alten »Simplicissimus«. [Gedicht mit Illustration von Rudolf Wilke.] – Nr. 1. Seite 19.

Jahrgang XLI (1936)

1162. Schnadahüpfl. Aus dem Besitz vom Kiem Pauli. – Nr. 28. »Ludwig Thoma zum Gedenken«. Seite 334.
1163. Im Stall. [Gedicht mit Illustration von Eduard Thöny.] Aus dem Besitz vom Kiem Pauli. – Nr. 28. »Ludwig Thoma zum Gedenken.« Seite 339.

## EXTRA-NUMMERN DES »SIMPLICISSIMUS«

»China«, August 1901.

1164. P.S.: Interview. [Satire auf Graf Waldersee.] Seite 2.
1165. P.S.: Festlied. [Gedicht.] Seite 4.

»Max und Moritz«, April 1902.

1166. Zu Wilhelm Buschs siebzigstem Geburtstag. [Verse nach Wilhelm Busch, Illustrationen von Th. Th. Heine.] 4 Blätter.

»Friede«, 1902/03.

1167. Deutsche Stimmungen. Bericht an die Times. Seite 3.
1168. Wirkungen der Friedensbotschaft. [Satire.] Seite 5.
1169. Maxl: Der Krieg. Ein Schulaufsatz. Seite 6.
1170. Heimkehr. [Gedicht mit Illustration von Wilhelm Schulz.] Seite 7.
1171. Der Heldenkönig. [Gedicht mit Illustration von Bruno Paul.] Seite 8.
1172. P.S.: Friede. [Gedicht mit Illustration von Wilhelm Schulz.] Seite 9.

»Reichstagswahl«, Juni 1903.

1173. P.S.: Der schlichte Mann. [Gedicht.] Seite 5.
1174. Wählt Zentrum! [Satirische Predigt.] Seiten 6/7.
1175. Maxl: Die Wahl. Ein Schulaufsatz. Seite 9.
1176. P.S.: Die Reichstreuen. [Gedicht über die Wahlbeteiligung.] Seite 10.

»Manöver«, 1904/05.

1177. Im Quartier. [Gedicht mit Illustration von Eduard Thöny.] Seite 8.

»Bade-Nummer«, Aug. 1912.

1178. P.S.: Im Bade. [Gedicht mit Illustration von Brynolf Wennerberg.] Seiten 4/5.

## BILDERBOGEN DES »SIMPLICISSIMUS«

1179. Nr. 1. Der Münchner im Himmel. [Illustrationen von Olaf Gulbransson.] 1911. 2 Seiten.

## KARNEVALS-NUMMERN DES »SIMPLICISSIMUS«

1180. P.S.: Münchner Karneval. [Gedicht mit Illustration von Ferdinand von Reznicek.] Februar 1907. Seiten 2/3.
1181. P.S.: D'Marie. [Gedicht mit Illustration von Ferdinand von Reznicek.] März 1908. Seiten 2/3.
1182. Das Abenteuer des Gymnasiallehrers. [Gedicht mit Illustration von Ferdinand von Reznicek.] Februar 1909. Seiten 4/5.
1183. Der Tanz. [Gedicht mit Illustration von Brynolf Wennerberg.] Februar 1910. Seiten 4/5.
1184. Lilly. [Gedicht mit Illustration von Brynolf Wennerberg.] Februar 1911. Seiten 4/5.
1185. Familie Ramler. [Gedicht mit Illustration von Brynolf Wennerberg.] Februar 1912. Seiten 4/5.
1186. Konstantin Seitz auf dem Bal paré. [Gedicht mit Illustration von Brynolf Wennerberg.] Februar 1913. Seiten 4/5.
1187. Tango. [Gedicht mit Illustration von Brynolf Wennerberg.] Februar 1914. Seiten 4/5.

## FLUGBLÄTTER DES »SIMPLICISSIMUS«

1188. Das große Malöhr im Juni 1903, wahrheitsgetreu berichtet von Ludwig Thoma mit Illustrationen von Th.Th.Heine. 1903.
1189. Prinzessin Luise von Koburg oder ihre schrecklichen Erlebnisse und Flucht aus dem Irrenhause. Wahrheitsgetreu berichtet von Ludwig Thoma und Th.Th.Heine. September 1904.
1190. Die Gräfin von Montignos oder Liebeslust und -leid in Florenz. Wahrheitsgetreu berichtet von Ludwig Thoma und Th.Th. Heine. März 1905.
1191. Fort mit der Liebe!! Ein Notschrei!! Den Sittlichkeitsaposteln ergebenst unterbreitet von Ludwig Thoma und Olaf Gulbransson. Oktober 1905.
1192. Der Breslauer Krawall oder Die abgehackte Hand!! Wahrheitsgetreu dargestellt von Ludwig Thoma und Th.Th.Heine. Juni 1906.
1193. Ein neuer Hohenzollernprinz!! Ein Prinz!! Ein Prinz!! Freudigstes Ereignis allerehrfurchtsvollst dargestellt und submissest unterbreitet von Ludwig Thoma und Olaf Gulbransson. Juli 1906.
1194. Sturm!!! Wider die Pfaffen!!! Verse von Ludwig Thoma, Zeichnung von Th.Th.Heine. Januar 1907.
1195. Die Catilinarische Verschwörung in München. Verse von Ludwig Thoma, Zeichnung von Eduard Thöny. Juli 1910.
1196. Das aufgläste Barlahmend fon Jozef Filser, emals kenigl. Abgeorneter, beriechdet fon Ludwig Thoma, Zeichnung von Olaf Gulbransson. November 1911.
1197. Das neie Barlahmend fon Jozef Filser, kenigl. Abgeorneter, beriechtet durch Ludwig Thoma, Zeichnung von Eduard Thöny. Februar 1912.

## KRIEGSFLUGBLÄTTER DES »SIMPLICISSIMUS«. Nr. 1–28. (1914/15.)

1198. Nr. 1 »Geht's zu Feld, ihr jungen Reiter...« [Gedicht mit Illustration von Eduard Thöny.] Seite 1.
1199. Nr. 2 Lüttich. [Gedicht mit Illustration von Eduard Thöny.] Seite 1.
1200. Nr. 3 Der Veteran. [Gedicht mit Illustration von Ferdinand Spiegel.] Seite 4.
1201. Nr. 4 Metz. [Gedicht mit Illustration von Eduard Thöny.] Seite 1.
1202. Nr. 5 Endlich! [Gedicht mit Illustration von Eduard Thöny.] Seite 4.
1203. Nr. 6 Ludwig Frank. [Gedicht.] Seite 4.
1204. Nr. 7 Der Sieger von Tannenberg und Lyck. [Gedicht.] Seite 4.
1205. Nr. 8 English song of the war. Das Gedicht ist mit einem Knödel im Mund zu lesen. [Illustration von Olaf Gulbransson.] Seite 2.

1206. Nr. 9 Orchies. [Gedicht über die Verstümmelung deutscher Verwundeter.] Seite 4.
1207. Nr. 10 Antwerpen. [Gedicht mit Illustration von Eduard Thöny.] Seite 1.
1208. Nr. 12 Die Treuen. [Gedicht mit Illustration von Eduard Thöny.] Seite 4.
1209. Nr. 14 Der alte Bur. [Gedicht mit Illustration von Wilhelm Schulz.] Seite 4.
1210. Nr. 15 Emden. [Gedicht.] Seite 3.
1211. Nr. 19 Zu lichten Höhen. [Gedicht.] Seite 2.
1212. Nr. 21 Neujahrsnacht 1915. [Gedicht mit Illustration von Wilhelm Schulz.] Seite 4.
1213. Nr. 24 Andere Zeiten. [Gedicht mit Illustration von Eduard Thöny.] Seite 4.
1214. Nr. 25 Die neun Milliarden. [Gedicht zur Kriegsanleihe; Illustration von Eduard Thöny.] Seite 4.

STREIT- UND KAMPFSCHRIFTEN DES »SIMPLICISSIMUS«-VERLAGS IN WORT UND BILD.

1215. *Gegen das Zentrum!* – München 1911. 104 Seiten mit zahlreichen Abbildungen.
P.S.: Die zerbrochne Liab. [Gedicht.] Seite 11.
Dorfpolitiker. [Glosse über Pfarrer u. Politik.] Seiten 15/16.
Tuntenhausen 1909. [Glosse über die Bauernversammlung des Klerus in Tuntenhausen.] Seiten 21–23.
Lied des bayrischen Zentrummannes. [Gedicht mit Illustration von Eduard Thöny.] Seite 24.
P.S.: »Ein Gentleman hetzt nicht.« Professor Meyenberg auf dem Katholikentag. [Gedicht.] Seite 44.
Christmette in Tirol. [Gedicht mit Illustration von Eduard Thöny.] Seite 46.
P.S.: Sächsische Hymne. Melodie: »Sind wir vereint zur guten Stunde.« [Gedicht.] Seite 55.
P.S.: Lied des niederbayrischen Kooperators. [Gedicht mit Illustration von Eduard Thöny.] Seite 57.
P.S.: Die Edelsten der Nation. [Gedicht.] Seiten 66/67.
P.S.: Querelles allemandes. [Gedicht.] Seiten 78.
P.S.: Katholikentag 1906. [Gedicht.] Seite 84.
Zur bayerischen Landtagsauflösung 1911. [Glosse über die Zusammensetzung des Bayerischen Landtags.] Seiten 99/100.

1216. *Für den Frieden.* – München (1913). 104 Seiten mit zahlreichen Abbildungen.
Frieden? [Gedicht.] Seite 13.
P.S.: Fortschritt. [Gedicht.] Seite 15.
P.S.: Dankgefühle anno 1901. [Gedicht.] Seite 17.
P.S.: Betrachtung. [Gedicht.] Seite 20/21.
P.S.: Nach dem Haager Kongreß. [Gedicht.] Seite 31.
P.S.: Heilige Verträge. [Gedicht.] Seite 32.
P.S.: Frieden. [Gedicht.] Seite 39.
P.S.: Handel und Wandel. [Gedicht.] Seiten 40/41.
P.S.: Bei Dressel. [Gedicht mit Illustration von Eduard Thöny.] Seiten 44/45.
P.S.: Afrika. [Gedicht.] Seite 46.
Deutschland und Frankreich. [Gedicht mit Illustration von Wilhelm Schulz.] Seite 63.
An das Volk. [Gedicht mit Illustration von Wilhelm Schulz.] Seite 66.
P.S.: Delcassé. [Gedicht.] Seiten 72/73.
P.S.: Michel und seine Regierung. [Gedicht.] Seite 81.
P.S.: Beim Wein. [Gedicht.] Seite 83.
P.S.: Andere Zeiten. [Gedicht.] Seite 99.

1217. *Gott strafe England!* – München 1915. 119 Seiten mit zahlreichen Abbildungen.
Wir und England. [Gedicht.] Seite 1.
Koodoosrand. [Gedicht.] Seite 6.
Englands Frauen. [Gedicht.] Seiten 8/9.
Endlich! [Gedicht mit Illustration von Eduard Thöny.] Seiten 34/35.
Der alte Bur. [Gedicht mit Illustration von Wilhelm Schulz.] Seite 44.

English song of the war. (Das Gedicht ist mit einem Knödel im Mund zu lesen.) [Illustration von Olaf Gulbransson.] Seiten 94/95.
Andere Zeiten. [Gedicht mit Illustration von Eduard Thöny.] Seite 119.

1218. *Franzos und Ruß in Spiritus.* – München 1915. 120 Seiten mit zahlreichen Abbildungen.
Metz. [Gedicht mit Illustration von Eduard Thöny.] Seite 53.
Orchies. [Gedicht.] Seite 56.

»SIMPLICISSIMUS«-KALENDER
für das Jahr

1219. 1903 P.S.: Sylvester. [Gedicht.] Seite 1.
P.S.: Wuotansenkel. [Gedicht mit Illustration von Eduard Thöny.] Seite 22.
Aus Fürstenharfen. Gedichte der Prinzessin Jasomira von Gerolstein.
1. Sehnsucht. – 2. Trauer. – 3. Traum. – 4. Abschied. – 5. Erfüllung. Seite 24.
Der Leiber. [Gedicht mit Illustration von Eduard Thöny.] Seite 31.
Das Begräbnis. [Erzählung.] Seite 32 und 34.
1904 Nicht erschienen!
1220. 1905 P.S.: Zum neuen Jahre. [Gedicht.] Seite 1.
P.S.: Rück- und Vorblicke. [Aufsatz.] Seite 40.
1221. 1906 »Als dunkel muß die Zukunft gelten...« [Gedicht mit Illustration von Olaf Gulbransson.] Seiten 28–40.
1222. 1907 1907. [Gedicht mit Illustration von Olaf Gulbransson.] Seiten 28–40.
1223. 1908 Rückblick. [Gedicht mit Illustration von Olaf Gulbransson.] Seiten 16–29.
1224. 1909 Der große Skandal. [Gedicht mit Illustration von Olaf Gulbransson.] Seiten 17–28.
1225. 1910 1910. [Gedicht mit Illustration von Olaf Gulbransson.] Seiten 17–32.
1226. 1911 Rückblick. [Gedicht mit Illustration von Olaf Gulbransson.] Seiten 17–30.
1227. 1912 P.S.: 1912. [Gedicht mit Illustration von Olaf Gulbransson.] Seiten 17–31.
1228. 1913 Rückblick auf Annum Domini 1912. [Gedicht mit Illustration von Olaf Gulbransson.] Seiten 17–29.
1229. 1914 Der Stammtisch. [Gedicht mit Illustration von Olaf Gulbransson.] Seiten 17–30.

d) in: *»Süddeutsche Monatshefte«.*
Unter Mitwirkung von Paul Nikolaus Cossmann herausgegeben von Wilhelm Weigand (ab Jahrg. 2: Unter Mitwirkung von Josef Hofmiller herausgegeben von Paul Nikolaus Cossmann). Jahrg. 1–18. – München. Leipzig: Verlag der Süddeutschen Monatshefte (Jahrg. 3: Stuttgart: Bonz) 1904–1920.

1230. Der heilige Hies. [Erzählung.] – Jahrg. 1 (1904), Seiten 173–184.
1231. Schneehendlpfeifen. [Erzählung.] – Jahrg. 2 (1905), Seiten 10–14.
1232. Die Halsenbuben. [Erzählung.] – Jahrg. 3 (1906), Seiten 1–6.
1233. Offener Brief. – Jahrg. 3 (1906), Seiten 102–104. (Über den Roman »Andreas Vöst«.)
1234. Was der Bauer verträgt? – Jahrg. 14 (= Kriegshefte der S.M., Juli 1917), Seiten 589–592. (Über das Verhältnis zwischen Bauern und Beamten.)
1235. Ernährungsverhältnisse bei einem schlechten Frieden. – Jahrg. 15 (= Kriegshefte der S.M., Januar 1918), Seiten 360–362.
1236. Polenrausch. – Jahrg. 15 (= Kriegshefte der S.M., April 1918), Seiten 19–21. (Deutsches Mitgefühl für Polen.)
1237. Professorales. – Jahrg. 15 (= Kriegshefte der S.M., Juni 1918), Seite 201. (Gegensatz zwischen Stadt und Land.)
1238. Ums Haus herum. – Jahrg. 15 (= Kriegshefte der S.M., Juli 1918), Seiten 285/286. (Über das Wachstum und Wetter im Jahre 1918.)
1239. Ein Pienzenauer. – Jahrg. 16 (= Kriegshefte der S.M., November 1918), Seite 138. (Hanns von Pienzenau, Schloßhauptmann von Kufstein.)
1240. Salzburg. – Jahrg. 18 (1920), Seiten 50–52.

e) in: »*März*«.

Halbmonatsschrift für deutsche Kultur (ab Jahrg. V: Eine Wochenschrift). Hrsg. von Ludwig Thoma, Hermann Hesse, Albert Langen, Kurt Aram (ab Jahrg. IV/II: Begründet von Albert Langen. Hrsg. von Ludwig Thoma und Hermann Hesse). Jahrg. I–XI. – München: Langen (= Jahrg. I–V), März Verlag (= Jahrg. VI–XI) 1907–1917.

Jahrgang I (1907)

1241. Regierung und Zentrum. – Band 1. Seiten 1–4.
1242. Die Reden Kaiser Wilhelm II. Ein Beitrag zur Geschichte unserer Zeit. – Band 1. Seiten 48–60.
1243. Mörder. – Band 1. Seiten 113–118. (Erlebnisse als Jurist und in Stadelheim.)
1244. Aus der Kunststadt. – Band 1. Seiten 193/194, 385/386. (Adolf von Hildebrands Wirken als Juror.)
1245. Gegen die Staatsanwälte. – Band 1. Seiten 236–245.
1246. Unsere korpsstudentische Jugend. – Band 1. Seiten 280–282.
1247. Bäuerliche Wähler. – Band 1. Seite 290. (Zum Erfolg des Zentrums bei der Reichstagswahl.)
1248. Berliner Stimmungsbild. – Band 1. Seite 292. (Zur Reichstagswahl am 25.1.1907.)
1249. Der westfälische Glaubensbote. Eine Jugenderinnerung. – Band 1. Seiten 307–311, 407–412.
1250. Kultusministerium und Simultanschule. – Band 1. Seiten 387/388.
1251. Bayrische Eisenbahnen. – Band 1. Seiten 481/482.
1252. Der liebe Gott und anderes. – Band 1. Seiten 483/484. (Zu einer Predigt über den Wahlausgang von dem Hofprediger Faber in Berlin.)
1253. August Scherl. – Band 1. Seiten 490–494.
1254. Aus der schlesischen Türkei. – Band 1. Seite 582. (Zu einer Lesung Roda Rodas in Breslau.)
1255. Wilhelm von Diez. Mit 33 unveröffentlichten Zeichnungen.– Band 2. Seiten 7–24.
1256. Ein Denkmal Friedrich Schillers. – Band 2. Seite 253. (Zum Schiller-Denkmal in St. Paul USA von Ignatius Taschner.)
1257. Hexenhammer. – Band 2. Seiten 277–281.
1258. Der Kaiser in Wiesbaden. – Band 2. Seiten 416/417.
1259. Der Fall Grandinger. – Band 2. Seite 420. (Der katholische Pfarrer Grandinger, Kandidat der liberalen Partei.)
1260. Der Hoftheaterprozeß. – Band 2. Seiten 422/423.
1261. Pürschgang. [Erzählung.] – Band 2. Seiten 436–441.
1262. Aus Bayern. – Band 2. Seiten 518/519. (Zum Sieg des Zentrums bei den Landtagswahlen.)
1263. Bayern. – Band 3. Seiten 5–9. (Bayern und das Reich.)
1264. Hans Thoma. – Band 3. Seiten 85/86.
1265. Byzantinisches – Band 3. Seiten 86/87. (Wilhelm II. und die Richter.)
1266. Der Fall Peters. – Band 3. Seiten 89–95. (Der Prozeß gegen Dr. Karl Peters.)
1267. Rubens unter Anklage. – Band 3. Seiten 171/172.
1268. Der Papst. – Band 3. Seiten 250/251. (Pius X. und Deutschland.)
1269. Die königlich bayrische Wildsau von Forstenried. – Band 3. Seiten 253–255. (Die Wittelsbacher und die Jagd.)
1270. Die Mutterbrust. – Band 3. Seite 332. Mit 2 Abbildungen.
1271. Orthodoxie und Friedensbewegung. – Band 3. Seiten 334/335.
1272. Der deutsche Individualismus. – Band 3. Seiten 419–421.
1273. Vaterlandsliebe. – Band 3. Seiten 432–435.
1274. Ein kranker König. – Band 4. Seiten 12–15. (König Otto I. von Bayern.)
1275. Kannegießer. – Band 4. Seiten 92–94. (Zur Versammlung des »Verbands echt deutscher Leute« in Wiesbaden.)
1276. Quousque tandem? – Band 4. Seite 98. (Zur Reform der Strafprozeßordnung.)
1277. Auf bayerischen Bahnen. – Band 4. Seiten 186/187.
1278. Aus dem bayerischen Landtag. – Band 4. Seiten 253–255.
1279. Mordprozesse. – Band 4. Seiten 262/263.
1280. Deutsche Marokkopolitik. – Band 4. Seite 268.
1281. Der große Skandal. – Band 4. Seiten 269–273. (Der Prozeß Helmuth Graf Moltke/Maximilian Harden.)
1282. Kaspar Asam. [Erzählung.] – Band 4. Seiten 367–374.
1283. Majestätsbeleidigung. – Band 4. Seiten 436/437.

1284. Friedrich Haußmann +. – Band 4. Seiten 439/440.

Jahrgang II (1908)

1285. Unser guater, alter Herzog Karl is a Rindviech. [Erzählung.] – Band 1. Seiten 86/87.
1286. Die Peters-Affäre. – Band 1. Seite 96. (Der Prozeß gegen Dr. Karl Peters.)
1287. Deutsche Uniformen. – Band 1. Seiten 106–110.
1288. Hardenprozeß. – Band 1. Seiten 185/186. (Prozeß Helmuth Graf Moltke/Maximilian Harden.)
1289. Herr Lerno. – Band 1. Seite 192. (Der bayerische Landgerichtspräsident Lerno.)
1290. Das memeler Denkmal. – Band 1. Seiten 198–203. (Majestätsbeleidigung durch einen Artikel über das Denkmal der Königin Luise in Memel.)
1291. Im Kirchenstaate Bayern. – Band 1. Seiten 390–395. ((Forschungsfreiheit. – Das Konkordat.)
1292. Hinterm Pflug. – Band 1. Seiten 473–475. (Besprung der Gedichtsammlung von Alfred Huggenberger: Hinterm Pflug. Verse eines Bauern.)
1293. Bauernmoral. – Band 2. Seiten 21–26.
1294. Humor. – Band 2. Seiten 179–181. (Zu einer Verurteilung des Redakteurs des »Simplicissimus« wegen Beleidigung des Deutzer Offizierkorps.)
1295. Das Virchow-Denkmal. – Band 2. Seite 269. (Zum Verbot der Aufstellung des Denkmals in Berlin durch Kaiser Wilhelm II.)
1296. Italienische Reisen. – Band 2. Seiten 282–286.
1297. Preußische Justiz. – Band 2. Seite 347. (Zur Verurteilung des Redakteurs eines elsässischen Witzblattes wegen Beleidigung der Deutschen Armee.)
1298. Meminisse juvat. – Band 2. Seiten 350–351. (Prozeß Philipp Fürst zu Eulenburg/Maximilian Harden.)
1299. Die schwäbischen Klosterschulen. – Band 2. Seiten 428/429.
1300. Hochsommer. – Band 3. Seiten 69–72. (Zur Kriegsgefahr.)
1301. Exzellenz Wehner. – Band 3. Seiten 94–98. (Kultusminister Anton von Wehner und der Redakteur der »Freien Schulzeitung«.)
1302. Dolmetscher. – Band 3. Seiten 238/239. (Prozeß Philipp Fürst zu Eulenburg/Maximilian Harden.)
1303. Wandlungen. – Band 3. Seite 242. (Der Flug des Grafen Zeppelin mit dem Luftschiff.)
1304. Ritter. – Band 3. Seiten 246/247. (Über Philipp Fürst zu Eulenburg.)
1305. Marokko. – Band 3. Seiten 439/440. (Deutschland und Marokko.)
1306. Der Prozeß gegen den »März«. – Band 4. Seiten 185–187.
1307. Der Kaiser. – Band 4. Seiten 249–253. (Zu einem Interview Wilhelm II. in »Daily Telegraph«.)
1308. Die Verfassungsdebatte. Gedanken eines Unpolitischen. – Band 4. Seiten 401–403.
1309. Unsere Bundesbrüder. – Band 4. Seiten 484–486.

Jahrgang III (1909)

1310. Deutschland und Österreich. – Band 1. Seiten 8–11. (Zur Vertretung österreichischer Balkaninteressen.)
1311. Eine schlechte Verteidigung. – Band 1. Seiten 69–71. (Verteidigung des Diplomaten von Holstein durch den Reichskanzler von Bülow.)
1312. Das Zerwürfnis. – Band 1. Seiten 167/168.
1313. Die Krügerdepesche. – Band 1. Seiten 248–250. (Zu dem Buch über Wilhelm II. von Adolf Stein.)
1314. Der neue York. – Band 1. Seite 316. (Zu dem Buch über Wilhelm II. von Adolf Stein.)
1315. Die Herzogin Wera. – Band 1. Seite 319. (Herzogin Wera von Württemberg und Gabriele Reuter.)
1316. Henri V. Eine Pfaffenkomödie. – Band 1. Seiten 329–335. (Henry Charles Graf von Chambord.)
1317. Der Fall Tremel. – Band 1. Seiten 413–417. (Kampf der Kirche gegen den Pfarrer Johann Tremel aus Volsbach, Mitglied des jungliberalen Vereins in Bayreuth.)
1318. Doktor Ilgenstein. Band 1. Seiten 487/488.
1319. Ein bayrisches Skandälchen. – Band 2. Seiten 10–12. (Geldzuwendungen des Kultusministers von Wehner für »Hochschulnachrichten«.)
1320. Das heidelberger Freudenhäuschen. Komödie in ziemlich vielen Akten vom Großherzoglich badischen Eisenbahnministerium. – Band 2. Seiten 165/166. (Genehmigung eines zeitlich begrenzten Bordellbetriebs durch das Ministerium.)
1321. Rudolf Wilke. – Band 2. Seiten 201–208. Mit 7 Abbildungen.

1322. Ehrenrettung. – Band 2. Seiten 320/321. (Einfluß des Domkapitulars Pichler auf den Fahrplan der Bayerischen Eisenbahnen.)
1323. Bischof Keppler. – Band 2. Seiten 402/403. (Bischof Wilhelm Keppler von Rottenburg und der wegen Unzucht verurteilte Pfarrer Bauer von Schramberg.)
1324. Der Bischof von Rottenburg. – Band 3. Seiten 145–147. (wie Nr. 1323.)
1325. Kuddelmuddel. – Band 3. Seiten 151–153. (Abdankung des Reichskanzlers Fürst Bülow.)
1326. Gardasee. – Band 3. Seiten 155/156. (Die italienische Agitation gegen die deutsche Invasion.)
1327. Das Nahrungsmittel. – Band 3. Seiten 156–158. (Bierkonsum in Bayern.)
1328. Ethische Schnapsbrenner. – Band 3. Seiten 159/160. (Gegen den ostelbischen Adel.)
1329. Die Schlußrede. – Band 3. Seiten 232/233. (Zur Rede von Ernst von Heydebrand und der Lasa, Reichstagsabgeordneter der Konservativen Partei.)
1330. Oberpfälzisches. – Band 3. Seiten 241/242. (Zur Abstimmung gegen die Erbschaftssteuer.)
1331. Krisen im Zentrum. – Band 3. Seiten 316/317. (Machtverhältnisse in der Zentrumspartei.)
1332. Postalisch-Katholisches. – Band 3. Seiten 320/321. (Rede des Min. Direktors von Geith in Immenstadt.)
1333. Ein neues Witzblatt. – Band 3. Seiten 327/328. (Ein geplantes Witzblatt des Zentrums.)
1334. Neue Märtyrer. – Band 3. Seite 402. (Über die Leiden der katholischen Ordensleute in Spanien während der Revolution.)
1335. Tuntenhausen. – Band 4. Seiten 12–14.
1336. Erster deutscher Richtertag. – Band 4. Seiten 75/76.
1337. Der Fall Schack. – Band 4. Seiten 78/79. (Reichstagsabgeordneter Schack und die Sittlichkeitsbewegung.)
1338. Walhalla. – Band 4. Seiten 92–94. (Die Büsten in der Ruhmeshalle.)
1339. Der bayrische Klerus. – Band 4. Seiten 147/148. (Der Tiefstand klerikaler Kultur in Bayern.)
1340. Die Henker Ferrers. – Band 4. Seiten 226–228. (Zur Hinrichtung des spanischen Revolutionärs Francisco Ferrer Guardia.)
1341. Die Jünger des milden Heilands. – Band 4. Seite 236. (wie Nr 1340.)
1342. Der gläubige Wähler. – Band 4. Seite 239.
1343. Pornographie. – Band 4. Seiten 410–414.

Jahrgang IV (1910)

1344. Der Dreier. – Band 1. Seiten 7–11. (Die Befähigung zum Richteramt.)
1345. Urteil. – Band 1. Seiten 158/159. (Zur Klage des Münchner Polizeipräsidenten gegen Max Reinhardt.)
1346. Spreekosaken. – Band 1. Seiten 238/239. (Die Berliner Polizei.)
1347. Baron de Schoen. – Band 1. Seite 247.
1348. Die Affäre Oldenburg. – Band 1. Seiten 252/253.
1349. An einen Freund. (Brief.) – Band 1. Seiten 338–341. (Über den Reichskanzler Theobald von Bethmann-Hollweg.)
1350. In memoriam! – Band 1. Seiten 479/480. (Bismarck und die Konservativen.)
1351. Unser Kanzler. – Band 2. Seiten 70/71. (wie Nr 1349.)
1352. Zwei Pfarrer. – Band 2. Seiten 71/72. (Die Praxis der Landpfarrer.)
1353. Der Kepplerprozeß. – Band 2. Seiten 164–168. (wie Nr 1323.)
1354. Bayrisches. Der Schalk. Beratung über den Eisenbahnetat. – »Simplicissimus«. – Der »Meineidspfarrer«. – Band 2. Seiten 241–243. (Verkehrsminister von Frauendorfer. – Verbot des »Simplicissimus« auf Bahnhöfen. – Verhinderung eines Strafprozesses gegen einen Pfarrer.)
1355. Der Gottsöberste. – Band 2. Seite 318. (Besuch Georg von Orterers in Rosenheim.)
1356. Verbote. – Band 2. Seite 319. (Zu den Maßregeln gegen den »Simplicissimus«.)
1357. Reputation und so weiter. – Band 2. Seiten 397–399. (Professor von Brentano und der Justizmord an F. Ferrer Guardia.)
1358. Pennäler. – Band 2. Seite 408. (Verbot der Lektüre des »Simplicissimus« für preußische Offiziere.)
1359. Die Wittelsbacher. – Band 2. Seite 503. (Protestantische Angehörige des Hauses Wittelsbach.)
1360. Wehner. – Band 3. Seiten 158/159. (Der bayerische Kultusminister Anton von Wehner und das Aufsatzthema über »verlorene Unschuld«.)
1361. Ultramontane Denunzianten. – Band 3. Seite 240. (wie Nr. 1323.)
1362. Altötting. – Band 4. Seiten 1–3. (Prinz Ludwig von Bayerns Rede in Altötting.)

1363. Zensur. – Band 4. Seiten 70/71. (Einführung der Pressezensur durch das bayerische Eisenbahnministerium.)
1364. Die Todesstrafe. – Band 4. Seiten 76/77.
1365. Verkehr in Bayern. – Band 4. Seiten 265–271. (Die Eisenbahn in Oberbayern.)
1366. Oberlehrer. – Band 4. Seiten 435/436. (Zum Tode Wilhelm Raabes.)
1367. ὦ ἄνδρες Βερλιναῖοι (O Männer von Berlin!) – Band 4. Seiten 523/524. (Zur Aufführung des Ödipus von Sophokles durch Max Reinhardt.)
1368. Wilhelm Raabe und seine Kritiker. – Band 4. Seiten 542–544.

Jahrgang V (1911)

1369. Der bayerische Volksschullehrer. – Band 1. Seiten 5–7.
1370. Die Fremdenstadt. – Band 1. Seiten 40/41. (Zur Stadtplanung in München.)
1371. Referendar Matthies. – Band 1. Seite 133.
1372. Zum 18. Januar. – Band 1. Seiten 145–148. (Zur Kaiserproklamation 1871.)
1373. Einiges über Stil, Bildung und anderes. – Band 1. Seiten 180/181.
1374. Vom preußischen Abgeordnetenhause. – Band 1. Seiten 229–231.
1375. Beefeater. – Band 1. Seiten 231/232. (Strafurteil in Hamburg wegen Ausstellung von Bildern von Ferdinand von Reznicek.)
1376. Der Rottenburger. – Band 1. Seite 328. (Wie Nr 1323.)
1377. Die Sezession in der dramatischen Kunst. – Band 1. Seiten 363/364. (Kritik an dem gleichnamigen Buch von Georg Fuchs.)
1378. Klassenjustiz? – Band 1. Seiten 369–371.
1379. Preßvergehen und Schwurgerichte. – Band 1. Seiten 371/372.
1380. Wider den Gerichtsschwur für die Schwurgerichte. – Band 1. Seiten 405–408.
1381. In eigener Sache. – Band 1. Seite 424. (Verfolgung eines Lehrers wegen Zitierens eines Aufsatzes von Thoma.)
1382. Aus Reinlichkeit gegen die Jesuiten. – Band 1. Seiten 424/425. (Bemerkungen zu Hoensbroech »14 Jahre Jesuit«.)
1383. Auweh Jagow! – Band 1. Seiten 484–486. (Der Berliner Polizeipräsident Traugott von Jagow und Tilla Durieux.)
1384. Von jüdischen Reserveoffizieren. – Band 1. Seiten 507/508.
1385. Klassenjustiz. – Band 2. Seiten 43/44. (Zu den Meineiden im Essener Justizmord.)
1386. Dorfpolitiker. – Band 2. Seiten 81–83. (Landpfarrer und Politik.)
1387. Verwilderung. – Band 2. Seite 134. (Ein Sittlichkeitsverein und der »Simplicissimus«.)
1388. Wandlungen. – Band 2. Seiten 297/298.
1389. Noch einmal Wehner. – Band 2. Seite 382.
1390. Ultramontane Wissenschaft. – Band 2. Seite 383.
1391. Zentrum und Schule. – Band 2. Seiten 471/472.
1392. Justiz. – Band 2. Seiten 514–516.
1393. Feuerbestattung. – Band 3. Seiten 37/38.
1394. Mehr Ruhe! – Band 3. Seiten 161/162. (Beeinflussung von Richtern.)
1395. Bauernerotik und Bauernfehme. – Band 3. Seite 528. (Zu Georg Queris gleichnamigem Werk.)
1396. Lottchens Geburtstag. Lustspiel in einem Akt. – Band 4. Seiten 134–139, 177–183, 217–222.
1397. Kongo. – Band 4. Seiten 161/162.
1398. »... Esel bis hoch hinauf ...« – Band 4. Seiten 234/235. (Bayerische Minister und der Landtag.)
1399. Deutschlands Demütigung. Gedanken eines Unpolitischen. – Band 4. Seiten 292–296. (Zur Marokko-Krise.)
1400. Vom verflossenen Zentrum. – Band 4. Seiten 361–363. (Über die Zersetzung des Zentrums anläßlich der Landtagsauflösung.)
1401. Herrle und Hannile. – Band 4. Seiten 366/367. (Besprechung des gleichnamigen Buches von Hans Raithel.)
1402. Italienisches. – Band 4. Seiten 443–445. (Italien und Deutschland.)

Jahrgang VI (1912)

1403. Die große Schau. – Band 1. Seiten 35/36. (Über die Inszenierungen von Max Reinhardt.)
1404. Friedrich der Große und Bayern. – Band 1. Seiten 83/84.
1405. Unter der schwarzen Flagge. – Band 1. Seiten 281–284. (Die Bedeutung der bayerischen Landtagswahlen.)
1406. Hands off! – Band 1. Seiten 474/475. (Über die humanistische Bildung.)

1407. Die Staatsretter. – Band 2. Seiten 233/234. (Zur Selbstbiographie von Fr. A. von der Marwitz.)
1408. Die bayrische Blamage. – Band 3. Seiten 201–203. (Graf von Törring und die Politik des Ministeriums des Grafen von Hertling.)
1409. Karl Haider (gest. 29. Oktober 1912). – Band 4. Seiten 211–215.

Jahrgang VII (1913)

1410. Gebetbücher. – Band 1. Seiten 14–17. (Sprache und Texte in Gebetbüchern.)
1411. Ein Versuch zur Korruption. – Band 1. Seite 48. (Gründung der Staatszeitung.)
1412. Professor und Satan. – Band 1. Seiten 83/84. (Prof. Dr. Adam Göpfert und seine »Moraltheologie«.)
1413. Bayern im Jahre 1813. – Band 1. Seiten 89–93.
1414. Die große Frage. – Band 1. Seiten 171–173. (Ernennung des Prinzregenten Luitpold zum König.)
1415. Kleriker und Angeber. – Band 1. Seiten 248/249. (Zur Konfiskation von Queri's »Kraftbayrisch«.)
1416. Volkstrachten. – Band 1. Seiten 441/442.
1417. Von Giftmischern. – Band 1. Seiten 451–454. (Über die Kriegspsychose.)
1418. Herr von Heeringen. – Band 2. Seiten 109–111. (Zur Militärvorlage des Kriegsministers von Heeringen.)
1419. Ein paar Randglossen. – Band 2. Seiten 208/209. (Zum Vorwort des Kronprinzen im Wehrvorlagealbum. – Josef Ruederer gegen Kurt Weiße.)
1420. Ultramontane Sittlichkeit. – Band 2. Seiten 314/315.
1421. Der Fall Moy. – Band 2. Seite 315. (Oberstzeremonienmeister Max Graf von Moy und der Bankdirektor Wilhelm Frhr. von Pechmann.)
1422. Die Breslauer Affäre. – Band 2. Seiten 436/437. (Zur Absage der Breslauer Festspiele durch den deutschen Kronprinzen.)
1423. Abwärts! – Band 3. Seiten 78–81. (Zur Pensionierung des bayerischen Senatspräsidenten von Hörmann.)
1424. Verkehr in Bayern. – Band 3. Seiten 148–150.
1425. Die Schande. – Band 3. Seiten 188–190. (Zur Erhöhung des Wehretats.)
1426. Klerikales. Ein hübsches Genrebild. – Band 3. Seiten 354/355. (Erzbischof von Bettinger und die Sozialdemokratie.)
1427. Bayern und das Reich. – Band 3. Seite 392.
1428. Der Fall Münsterer. – Band 3. Seiten 404/405. (Unterschlagung von einem Geistlichen.)
1429. Die bayrische Königsfrage. – Band 4. Seiten 621–623.
1430. Hertling-Mosbacher. – Band 4. Seiten 761–764. (Einladung der deutschen Fürsten nach Kelheim.)
1431. Dr. Casselmanns Rücktritt. – Band 4. Seiten 844/845.
1432. Bismarcks Staatsstreichpläne. – Band 4. Seiten 913–916.

Jahrgang VIII (1914)

1433. Münchener Hoftheater. – Band 1. Seite 141.
1434. Vom Preußenbund. – Band 1. Seiten 211/212.
1435. Jugendkultur. – Band 1. Seiten 253–255. (Freideutsche Jugendbewegung und Schulwesen in Bayern.)
1436. Held und Helden. – Band 1. Seiten 298–301. (Heinrich Held und die liberale Partei.)
1437. Pfaffen. – Band 2. Seiten 474/475.
1438. Karl Kraus. – Band 2. Seiten 886–888. (Gegen einen Artikel von Roda-Roda über Karl Kraus im »März«.)
1439. Le bon juge. – Band 2. Seiten 904–907. (Zu einem »Simplicissimus«-Prozeß.)
1440. Schwäbische Eindrücke. – Band 3. Seiten 11–14. (Friedrich und Conrad Haußmann.)
1441. Zeitgeschichte. Das Sitzenbleiben. – Früher. – Band 3. Seiten 47–50. (Sozialdemokraten im Reichstag. – Zum Bemalen des Denkmals von Kaiser Friedrich in Berlin.)
1442. Stimmungen. – Band 3. Seiten 296–299. (Mobilmachung in München 1.8.1914.)
1443. Schützenvereine. – Band 4. Seiten 291–294.

Jahrgang IX (1915)

1444. Spitteler. – Band 1. Seite 23.
1445. Über Victor Hehn. – Band 1. Seiten 33/34.
1446. Ein Unrecht. – Band 1. Seite 117. (Karl Spitteler und Gottfried Keller.)
1447. Ein amerikanischer Freund. – Band 1. Seiten 125–127. (Über den amerikanischen Schriftsteller Poultney Bigelow.)
1448. Nach Österreich-Ungarn! – Band 1. Seiten 230–233. (Urlaubsempfehlung.)

1449. Das Kino. – Band 1. Seiten 267–270. (Gefährdung durch das Kino.)

Jahrgang X (1916)

1450. Ein wackerer Gelehrter. – Band 2. Seite 220. (Friedrich Wilhelm Förster.)

1451. Kritik. – Band 4. Seite 119. (Erwiderung auf eine Kritik über »Dichters Ehrentag« und »Brautschau«.)

Jahrgang XI (1917)

1452. Lied aus »Heilige Nacht«. – Band 1. Seite 167.

1453. Der Münchner Kritikerprozeß. – Band 1. Seiten 221/222.

1454. »Künstler und Kritiker«. – Band 1. Seiten 240–242. (Erwiderung auf den gleichnamigen Artikel von A. Behne, Seite 163 ff.)

1455. »Erinnerungen«. – Band 2. Seiten 534–539, 561–566, 580–587, 608–614.

f) in: »*Miesbacher Anzeiger*«.
Tagblatt für den Bezirk Miesbach-Tegernsee und dessen Umgebung.
Amtsblatt. – Miesbach: Mayr, 1874 ff. (Jahrg. 45 (1919) – 47 (1921), hrsg. von Klaus Eck.)

Jahrgang 27 (1901)

1456. Dr. Th.: Der Rauchklub. |Erzählung.| – Nr. 126 vom 24.10.1901. Seiten 1–3.

Jahrgang 28 (1902)

1457. L. Th.: Der Klient. |Erzählung.| – Nr. 98 vom 26.8.1902. Seiten 1/2.

Jahrgang 43 (1917)

1458. L. Th.: »An Jeden, den's angeht«. – Nr. 80 vom 6.4.1917. Seite 2. (Aufruf zur Zeichnung von Kriegsanleihen.)

1459. L. Th.: Eine Stimme aus dem Volke. – Nr. 165 vom 20.7.1917. Seite 1. (Aufruf zur Einigkeit im Kriege.)

Jahrgang 46 (1920)

1460. Bayern unter »franz. Protektorat«. – Nr. 162 v. 15.7.1920. Seite 1. (Um die Erhaltung der Einwohnerwehren.)

1461. Antisemitisches. – Nr. 164 vom 17.7.1920. Seite 1. (Siegfried Jacobsohn, Hrsg. der Zeitschrift »Die Schaubühne«.)

1462. Die Münchner Post. – Nr. 176 vom 30.7.1920. Seite 2. (Gegen eine Schmähung Ludwig Ganghofers durch die »Münchner Post«.)

1463. Prolog zu Ludwig Ganghofer's Gedächtnisfeier in Tegernsee. |Gedicht.| Gesprochen am 17. August von Fritz Greiner. – Nr. 192 vom 19.8.1920. Seite 2.

1464. Nach Bayern – Brandenburg. – Nr. 200 vom 28.8.1920. Seite 1. (Zum Märkischen Selbstschutz.)

1465. Leggo – – ! – Nr. 202 vom 31.8.1920. Seite 1. (Zum Befehl der Waffenablieferung.)

1466. Der Brandstifter von Tegernsee. – Nr. 217 vom 17.9.1920. Seite 2. (Brandstiftung beim Obmann des Bauernbunds Krinner in Tegernsee.)

1467. Unter falscher Flagge. – Nr. 228 vom 30.9.1920. Seite 1. (Gegen einen Artikel der »Augsburger Postzeitung« über die bayerischen Einwohnerwehren und das Landesschießen.)

1468. Erzbergerei! – Nr. 231 vom 3.10.1920. Seite 1. (Matthias Erzberger und die »Augsburger Postzeitung«.)

1469. Blamiert! – Nr. 258 vom 5.11.1920. Seite 1. (Gegen Johannes Timm.)

1470. Festgedicht zur Weihe der Landesschützenfahne in Tegernsee. – Nr. 267 vom 16.11.1920. Seite 1.

1471. Erzberger und andere Gelbfüßler. – Nr. 269 vom 18.11.1920. Seite 1. (Die deutsche Entwaffnung und die Ruhrbesetzung.)

1472. Theaterstreik. – Nr. 273 vom 23.11.1920. Seite 1. (Streik des Balletts im Münchner Nationaltheater.)

1473. Allerhand. – Nr. 278 vom 28.11.1920. Seite 1. (Streik in Tirol. – Erhard Auer und die Einwohnerwehr. – Gustav von Kahr und der Föderalismus.)

1474. Dichter und Dieb. – Nr. 278 vom 28.11.1920. Seite 1. (Georg Kaiser.)

1475. Der Unternehmer. Ein Großstadtbild. – Nr. 283 vom 4.12.1920. Seite 3.

1476. Der Bund gegen die Einwohnerwehr. – Nr. 284 vom 5.12.1920. Seite 1. (Republikanischer Führerbund und Johannes Timm.)

1477. Allerhand. – Nr. 286 vom 8.12.1920. Seite 1. (Johannes Timm und Erhard Auer. – Philipp Scheidemann. – Theater und Film. – Georg Caspari.)

1478. Erzbergerei. – Nr. 287/288 vom 10.12.1920. Seite 1. (Matthias Erzberger.)

1479. Die Münchner Abstimmung. – Nr. 294 vom 17.12.1920. Seite 1. (Volksabstimmung über eine Neuwahl des Münchner Stadtrats am 12.12.1920.)

1480. Karlchen Endres. Auch eine lachende Kritik. – Nr. 295 vom 18.12.1920. Seite 1. (Karl Endres, Wilhelm Hausenstein und die »Münchner Neueste Nachrichten«.)
1481. Timm, Timmer, am Timmsten! – Nr. 295 vom 18.12.1920. Seite 2. (»Münchner Post« und Johannes Timm.)
1482. Das Testament Bismarck's. – Nr. 296 vom 19.12.1920. Seite 1. (Zum 3. Band von Otto von Bismarck: Gedanken und Erinnerungen.)
1483. Demokratisch. – Nr. 297 vom 21.12.1920. Seite 1. (Walter Rathenau und die Landwirtschaft.)
1484. Der passive Widerstand. Eine Geschichte von Heute. – Nr. 298 vom 22.12.1920. Seite 2. (Am Postschalter.)
1485. Parlamentarismus. – Nr. 300 vom 24.12.1920. Seite 2. (Betrieb im deutschen Reichstag.)
1486. Isak Tulpenstock und Mathias Salvermoser. Eine Geschichte. – Nr. 301 vom 25.12.1920. Seite 3. (Rechtsanwalt und Bauer.)
1487. Der Vertrag. Eine Geschichte aus früherer Zeit. – Nr. 304 vom 30.12.1920. Seite 2.
1488. Berlin. – Nr. 305 vom 31.12.1920. Seite 1. (»Berliner Tageblatt« und »Simplicissimus«: Sittenbild.)

Jahrgang 47 (1921)

1489. Kusch! – Nr. 2 vom 4.1.1921. Seite 1. (Matthias Erzberger.)
1490. Alte und neue Jäger. – Nr. 3 vom 5.1.1921. Seite 3. (Gegen eine gewerkschaftliche Organisation der Berufsjäger.)
1491. Bethmann-Hollweg +. – Nr. 5 vom 8.1.1921. Seite 1.
1492. Der Saustall. – Nr. 9 vom 13.1.1921. Seite 1. (Die Berliner Stadtverordnetenversammlung.)
1493. Die Dokumente. – Nr. 11 vom 15.1.1921. Seite 1. (Kaiser Wilhelm II. in den »Deutschen Dokumenten zum Kriegsausbruch«.)
1494. Die Enthüllungen. – Nr. 12 vom 16.1.1921. Seite 1. (»Die Deutschen Dokumente zum Kriegsausbruch«.)
1495. Habt's a Schneid? – Nr. 12 vom 16.1.1921. Seite 2. (Zur Entwaffnung der Einwohnerwehren.)
1496. Nachwort zum 18. Januar. – Nr. 16 vom 21.1.1921. Seite 1. (Bayern und das deutsche Reich.)
1497. Unter den Rockschössen des Staatsanwalts. – Nr. 21 vom 27.1.1921. Seite 1. (Sozialdemokratie und Klassenjustiz.)
1498. Eine internationale Lüge. – Nr. 22 vom 28.1.1921. Seite 1. (Zur angeblichen Ermordung von Magnus Hirschfeld in München.)
1499. Heilig gesprochen! – Nr. 22 vom 28.1.1921. Seite 1. (Zu einer Falschmeldung der »Münchner Post«.)
1500. Panama – –. – Nr. 26 vom 2.2.1921. Seite 1. (Schiebungen von Sklarz und Ulrich Rauscher.)
1501. Reisende, meidet Bayern. – Nr. 26 vom 2.2.1921. Seite 2. (Gegen den gleichnamigen Artikel von Kurt Tucholsky in der »Weltbühne«.)
1502. Volk in Not. – Nr. 28 vom 4.2.1921. Seite 1. (Zu den Pariser Beschlüssen.)
1503. Gareis. – Nr. 30 vom 6.2.1921. Seite 2. (Karl Gareis.)
1504. Ein Tegernseer Kommunist. – Nr. 33 vom 10.2.1921. Seite 2. (Gegen einen kommunistischen Lehrer.)
1505. Der Hochverrat in Stockholm. – Nr. 37 vom 15.2.1921. Seite 1. (Sozialistische Politik im Weltkrieg.)
1506. Die Staatsmänner von der Schwanthalerhöh'. – Nr. 38 vom 16.2.1921. Seite 1. (Erhard Auer im bayerischen Landtag.)
1507. Auch eine Abwehr. – Nr. 38 vom 16.2.1921. Seite 2. (Gegen kommunistische Schulverderbnis in Zusammenhang mit dem Artikel in Nr. 33.)
1508. Der Gerlach. – Nr. 39 vom 17.2.1921. Seite 1. (Gegen einen Artikel von Hellmut von Gerlach über die Pariser Beschlüsse.)
1509. Muttersprache. – Nr. 39 vom 17.2.1921. Seite 1. (Glosse zur deutschen Grammatik.)
1510. Die »Münchner Post«. – Nr. 40 vom 18.2.1921. Seite 2.
1511. Unsere Gewaltherren. – Nr. 41 vom 19.2.1921. Seite 1. (Gegen den Führungsanspruch Berlins.)
1512. Der Fall Kaiser. – Nr. 43 vom 22.2.1921. Seite 1. (Zum Prozeß gegen Georg Kaiser.)
1513. Unser Timm. – Nr. 44 vom 23.2.1921. Seite 2. (Johannes Timm und Gustav von Kahr.)
1514. Zentrums-Politik. – Nr. 49 vom 1.3.1921. Seite 1. (Matthias Erzberger.)
1515. Preußisch-bolschewistische Regiererei. – Nr. 49 vom 1.3.1921. Seite 1. (Kommunistische Landräte in Preußen.)
1516. Die feinere Haut. – Nr. 50 vom 2.3.1921. Seite 1. (Johannes Timm und Philipp Scheidemann.)

1517. Aktenstücke über die Schuld am Kriege. Zu der Anklagerede Lloyd George's auf der Londoner Konferenz. – Nr. 54 vom 6.3.1921. Seite 1.
1518. Demokratische Staatsmänner. – Nr. 59 vom 12.3.1921. Seite 1. (Lloyd George.)
1519. Prinz-Regent Luitpold. Zum 100. Geburtstage. – Nr. 59 vom 12.3.1921. Seite 2.
1520. Ehrenmänner. – Nr. 60 vom 13.3.1921. Seite 2. (Deutsche Politiker und Schieber.)
1521. Todes-Anzeigen. – Nr. 61 vom 15.3.1921. Seite 2. (Ende der Sozialistischen Internationale und Sowjet-Rußlands.)
1522. Funkspruch an alle ... – Nr. 62 vom 16.3.1921. Seite 1. (Absage an die Reichsregierung bezüglich der Entwaffnung Bayerns.)
1523. Die Wortführer. – Nr. 65 vom 19.3.1921. Seite 1. (Für die Regierung Kahr, gegen Erhard Auer und Johannes Timm.)
1524. Der starke Mann. – Nr. 66 vom 20.3.1921. Seite 1. (Die Schwäche deutscher Politiker.)
1525. Unter der Schabbes-Flagge. – Nr. 68 vom 23.3.1921. Seite 1. (Der Patriotismus der Regierung Scheidemann.)
1526. Wühler. – Nr. 69 vom 24.3.1921. Seite 1. (Gegen die bayerische Sozialdemokratie um Erhard Auer.)
1527. Der Gipfelpunkt. – Nr. 70 vom 25.3.1921. Seite 2. (Gegen einen Artikel der »Münchner Post«: »Miesbacher Anzeiger – Amtsblatt der bayer. Regierung«.)
1528. Spitzbuben-Politik. – Nr. 73 vom 30.3.1921. Seite 1. (Gegen die Sozialdemokratie.)
1529. Karlche. – Nr. 74 vom 31.3.1921. Seite 2. (Franz Karl Endres.)
1530. Berliner Gefahren. – Nr. 75 vom 1.4.1921. Seite 1. (Gegen Siegfried Jacobsohn.)
1531. Schwarmgeister. – Nr. 76 vom 2.4.1921. Seite 2. (Gegen Karl Gareis.)
1532. Obacht! da Breiß kimmt! [Vers.] – Nr. 76 vom 2.4.1921. Seite 3. (Gegen Peters.)
1533. Die Aschantis an der Saale. – Nr. 77 vom 3.4.1921. Seite 2. (Friedrich Otto Hörsing in Sachsen.)
1534. Die Entspannung. – Nr. 78 vom 5.4.1921. Seite 1. (Zu einem Untersuchungsbericht über den Putsch in Sachsen.)
1535. Pflichtvergessen ... – Nr. 79 vom 6.4.1921. Seite 1. (Die Reichsregierung und der Putsch in Sachsen.)
1536. Berliner Weh-Juden. [Gedicht.] – Nr. 79 vom 6.4.1921. Seite 2. (Berliner Literaten gegen die Haltung Bayerns.)
1537. Berlin Weh. – Nr. 80 vom 7.4.1921. Seite 1. (Juden in Galizien und Polen und in Berlin-West.)
1538. ??? Jetzt, was geschieht? – Nr. 80 vom 7.4.1921. Seite 2. (Entwaffnung Bayerns.)
1539. Notizen. – Nr. 81 vom 8.4.1921. Seite 2. (Zur Verweigerung eines Kranzes für den Bismarckturm am Starnbergersee.)
1540. Anti-arisch. – Nr. 81 vom 8.4.1921. Seite 2. (Siegfried Jacobsohn »Die Weltbühne« und Karl Kraus »Die Fackel«.)
1541. Deutsch reden. – Nr. 82 vom 9.4.1921. Seite 1. (Gegen die Entwaffnung der Einwohnerwehren und Ablieferung der Lederhosen.)
1542. Die Mischpoche unter sich. – Nr. 82 vom 9.4.1921. Seite 1. (Otto Gessler und die Kritik der Sozialisten.)
1543. Moisches Mosse in Berlin. – Nr. 83 vom 10.4.1921. Seite 1. (Gegen den Artikel der »Berliner Volkszeitung«: »Der Cato von Miesbach«.)
1544. Warum's nicht geht. – Nr. 87 vom 15.4.1921. Seite 1. (Gegen die deutsche Regierung und die Demokratie.)
1545. Er liebt Frankreich. – Nr. 87 vom 15.4.1921. Seite 2. (Karl I., Kaiser von Österreich.)
1546. Simons. – Nr. 88 vom 16.4.1921. Seite 1. (Walter Simons.)
1547. Die verschleimte Alte. – Nr. 89 vom 17.4.1921. Seite 1. (Gegen den Artikel der »Münchner Post«: Vorbereitung von Judenpogromen durch den »Miesbacher Anzeiger«.)
1548. Die Debatte. – Nr. 90 vom 19.4.1921. Seite 1. (Um die Einwohnerwehr.)
1549. Unsauber. – Nr. 90 vom 19.4.1921. Seite 1. (Beamtenbestechung in Berlin.)
1550. Bergab. – Nr. 92 vom 21.4.1921. Seite 1. (Die Inflation.)
1551. Der englische Streik. – Nr. 93 vom 22.4.1921. Seite 1. (Über die englischen Arbeiter.)
1552. Die Quitte. – Nr. 94 vom 23.4.1921. Seite 1. (Ludwig Quidde.)
1553. Warum's nicht geht? – Nr. 95 vom 24.4.1921. Seite 1. (Das Beamtentum der deutschen Republik.)

1554. Durchstechereien. – Nr. 95 vom 24.4.1921. Seite 1. (Gründung einer christlich-sozialen Partei.)
1555. Die Schulfrage. – Nr. 96 vom 25.4.1921. Seite 1.
1556. L.Th.: Der Einser. Eine Geschichte. – Nr. 98 vom 28.4.1921. Seite 3.
1557. Die neue Regierung in Preußen. – Nr. 99 vom 29.4.1921. Seite 1. (Adam Stegerwald und die Sozialisten.)
1558. Die Maß. – Nr. 100 vom 30.4.1921. Seite 2. (Zur Erhöhung der Biersteuer.)
1559. Berliner Preßkanaille. – Nr. 101 vom 1.5.1921. Seite 1. (Aufruf zum Boykott Bayerns durch die »Welt am Montag«, Berlin.)
1560. Unsere Hetze gegen das Reich. – Nr. 101 vom 1.5.1921. Seite 1. (Gegen die Behauptung einer sozialistischen Zeitung.)
1561. Die weiße Schmach. – Nr. 102 vom 3.5.1921. Seite 1. (Für die bayerische Polizei.)
1562. Das Freiheitsfest. [Satire.] – Nr. 105 vom 7.5.1921. Seite 4.
1563. Deppen. – Nr. 109 vom 12.5.1921. Seite 1. (Gegen den sozialdemokratischen Unitarismus.)
1564. Sprachverhunzung. – Nr. 114 vom 19.5.1921. Seite 1. (Glosse zur deutschen Grammatik.)
1565. Berliner Bilderbogen. – Nr. 118 vom 24.5.1921. Seite 1. (Das deutsche Reichskabinett unter Joseph Wirth.)
1566. Niedergang. – Nr. 119 vom 25.5.1921. Seite 1. (Rudolf Steiner.)
1567. Achtung! – Nr. 121 vom 28.5.1921. Seite 1. (Aufruf zum Vertrauen in die Regierung Kahr und zum Schutz Bayerns mit der Waffe.)
1568. Spree-Weisheit. – Nr. 122 vom 29.5.1921. Seite 1. (Zur Rede von M. Gruber über die bayerische Regierung.)
1569. Der neue Auswärtige. – Nr. 123 vom 31.5.1921. Seite 1. (Friedrich Rosen zum U-Boot-Krieg 1918.)
1570. Die Einwohnerwehrfrage. – Nr. 125 vom 2.6.1921. Seite 1.
1571. Die neue Revolution. – Nr. 126 vom 3.6.1921. Seite 1. (Karl Gareis und die Erhaltung der Einwohnerwehr.)
1572. Geßler. – Nr. 127 vom 4.6.1921. Seite 1. (Otto Geßler.)
1573. Alwin in Not. – Nr. 129 vom 7.6.1921. Seite 1. (Überfall auf Alwin Saenger.)
1574. Sächsisch. – Nr. 129 vom 7.6.1921. Seite 1. (Über die Sachsen.)
1575. Für den neuen Umsturz. – Nr. 131 vom 9.6.1921. Seite 1. (Haltung der Sozialdemokratie in Bayern.)
1576. Etwas vom Oberland. – Nr. 131 vom 9.6.1921. Seite 2. (Jagdschieberei.)
1577. Ibykus und Pfiffikus. – Nr. 133 vom 11.6.1921. Seite 1. (Die »Münchner Post« und der Überfall auf Alwin Saenger.)
1578. Alpine Katastrophe. – Nr. 133 vom 11.6.1921. Seite 1. (Satire auf Erhard Auer und Johannes Timm.)
1579. Gareis. – Nr. 134 vom 12.6.1921. Seite 1. (Die Ermordung von Karl Gareis.)
1580. Pöstchen. – Nr. 134 vom 12.6.1921. Seite 2. (»Reparationsgewinnler«. Erwähnung von Conrad Haußmann.)
1581. Allerhand über das Bier. – Nr. 134 vom 12.6.1921. Seite 3.
1582. Mord und Rebbach. – Nr. 135/136 vom 15.6.1921. Seite 1. (Gegen die Verdächtigung des »Miesbacher Anzeigers« einer Beteiligung an der Ermordung von Karl Gareis.)
1583. Schleicher. – Nr. 137 vom 16.6.1921. Seite 1. (Gegen die »Augsburger Postzeitung«.)
1584. Der Volkstribun. – Nr. 137 von 16.6.1921. Seite 1. (Antike Volkstribunen und Erhard Auer.)
1585. Spione. – Nr. 138 vom 17.6.1921. Seite 1. (Berliner Presse und die bayerische Regierung.)
1586. Epp. – Nr. 138 vom 17.6.1921. Seite 1. (Otto Geßler und eine Versetzung von Franz von Epp nach Berlin.)
1587. Ein Unfall in Tegernsee. – Nr. 138 vom 17.6.1921. Seite 2. (Satire auf Erhard Auer.)
1588. Nach dem Rummel. – Nr. 139 vom 18.6.1921. Seite 1. (Für Ernst Pöhner und Gustav von Kahr.)
1589. Das auswärtige Amt. – Nr. 139 vom 18.6.1921. Seite 1. (Haltung des Auswärtigen Amtes und Bayerns gegenüber Frankreich.)
1590. Karl Haider. – Nr. 139 vom 18.6.1921. Seite 3. (Zur Denkmalsenthüllung in Schliersee am 19.6.1921.)
1591. Erhard der Gute. – Nr. 140 vom 19.6.1921. Seite 1. (Erhard Auers Vorschlag zur Aufhebung der Volksgerichte und seine Haltung während der Revolution 1918.)

1592. »Positive Arbeit!« – Nr. 140 vom 19.6.1921. Seite 1. (Zitat von Erhard Auer.)
1593. Sensationelle Enthüllungen. – Nr. 140 vom 19.6.1921. Seite 2. (»Münchner Post« und die Ermordung von Karl Gareis.)
1594. Spiegelberg, ich kenne Dich – . Nr. 141 vom 21.6.1921. Seite 1. (Erhard Auers Haltung.)
1595. Unser Leitartikler (u.) Ein Brief Dr. Ludwig Thomas an die »Münchner Neueste Nachrichten« vom 20.6.1921 – Nr. 142 vom 22.6.1921. Seite 1. (Thoma nicht Leitartikler des »Miesbacher Anzeigers«.)
1596. Die drohende Entrechtung Bayerns? – Nr. 144 vom 24.6.1921. Seite 1. (Ersatz der bayerischen Volksgerichte durch deutsche Sondergerichte.)
1597. In's Stammbuch. – Nr. 145 vom 25.6.1921. Seite 1. (Zur Rede von Joseph Wirth über die Ereignisse in Bayern.)
1598. Nachdenken! – Nr. 146 vom 26.6.1921. Seite 1. (Gegen die Verdächtigung eines drohenden Rechtsputsches in Bayern.)
1599. Erhaltet unsere Volksgerichte! – Nr. 147 vom 28.6.1921. Seite 1.
1600. Gegenrechnung. – Nr. 152 vom 3.7.1921. Seite 1. (Zu einer Veröffentlichung der »Süddeutschen Monatshefte« über französische Kriegsgreuel.)
1601. Erzberger. – Nr. 154 vom 6.7.1921. Seite 1. (Matthias Erzberger.)
1602. Die Zigaretten-Religion. – Nr. 154 vom 6.7.1921. Seite 1. (Rudolf Steiner und Waldorf-Astoria-Zigaretten.)
1603. Bayer, wach auf! – Nr. 156 vom 8.7.1921. Seite 1. (Zu einem Flugblatt der »Münchner Post« über die Ermordung von Karl Gareis.)
1604. Tagore in Deutschland. – Nr. 156 vom 8.7.1921. Seite 1. (Zu einem Brief von Rabindranath Tagore.)
1605. Bayer, wach auf! – Nr. 158 vom 10.7.1921. Seite 1. (Für die Erhaltung der Unabhängigkeit Bayerns von Berlin.)
1606. Zentrumspolitik. – Nr. 159 vom 12.7.1921. Seite 1.
1607. Die Türken. – Nr. 159 vom 12.7.1921. Seite 1.
1608. Allerhand. – Nr. 159 vom 12.7.1921. Seite 2. (Englischer Bergarbeiterstreik. – Ausweisung von zwei Russen.)
1609. Das Zentrum des Antisemitismus. – Nr. 161 vom 14.7.1921. Seite 1. (Gründe für den Antisemitismus in München.)
1610. Steuer-Apostel. – Nr. 163 vom 16.7.1921. Seite 1. (Zur Steuerpolitik der deutschen Reichsregierung.)
1611. Der Brillanten-Adolf. – Nr. 163 vom 16.7.1921. Seite 1. (Zum Einbruch bei Adolf Hoffmann.)
1612. Verlobungsanzeige. – Nr. 164 vom 17.7.1921. Seite 1. (Joseph Wirth.)
1613. Echo. – Nr. 164 vom 17.7.1921. Seite 3. (Gründung einer sozialdemokratischen Zeitung in München.)
1614. Scheidemann. – Nr. 165 vom 19.7.1921. Seite 1. (Philipp Scheidemann.)
1615. Tegernseer Sommerfrische. – Nr. 167 vom 21.7.1921. Seite 2. (Politik und Kultur aus Berlin am Tegernsee.)
1616. Unsere Muttersprache. – Nr. 168 vom 22.7.1921. Seite 1. (Kritik an Else Lasker-Schüler.)
1617. Lumpen-Memoiren. – Nr. 169 vom 23.7.1921. Seite 1. (Zu den Erinnerungen von Julius Deutsch und Otto Bauer.)
1618. Sächsische Hunde. – Nr. 170 vom 24.7.1921. Seite 1. (Mißhandlung eines Angehörigen vom Freikorps Oberland.)
1619. Bayrischzell. – Nr. 170 vom 24.7.1921. Seite 3. (Historische Betrachtung.)
1620. Pensionen. – Nr. 176 vom 31.7.1921. Seite 1. (Die Pensionen der sozialistischen Machthaber.)
1621. Sodoma. – Nr. 177 vom 2.8.1921. Seite 1. (Magnus Hirschfeld und die Homosexualität.)
1622. General Hoffmann. – Nr. 178 vom 3.8.1921. Seite 1. (Äußerungen über Hindenburg in der sozialistischen Presse.)
1623. Bier. – Nr. 178 vom 3.8.1921. Seite 2. (Bierpreissteigerung.)
1624. Der große Betrug. – Nr. 179 vom 4.8.1921. Seite 1. (Zur gleichnamigen Veröffentlichung in den »Süddt. Monatsheften« über die Kriegsschuldlüge.)
1625. Pazifisten. – Nr. 180 vom 5.8.1921. Seite 1. (Constanze Hallgarten.)
1626. Rußlands Not. – Nr. 181 vom 6.8.1921. Seite 1. (Hungersnot in Sowjetrußland.)

1627. Gesindelpresse, nicht Arbeiterpresse. – Nr. 184 vom 10.8.1921. Seite 1. (Die sozialistische Presse zu den Abschiebungen nach dem Osten.)
1628. Wirth und Lump. – Nr. 189 vom 17.8.1921. Seite 1. (Joseph Wirth und Matthias Erzberger.)
1629. Wie lange noch? – Nr. 190 vom 18.8.1921. Seite 1. (Gegen Wirtschaftshilfe für Preußen.)
1630. L.Th.: Die Wilderer. Eine Geschichte. – in: »Der Erzähler«. Roman- und Unterhaltungsbeilage des »Miesbacher Anzeigers«. Jahrg. 47 (1921), Nr. 13 vom 29.3., Nr. 14 vom 5.4., Nr. 15 vom 12.4., Nr. 16 vom 19.4., Nr. 17 vom 26.4.1921.

g) *In verschiedenen Druckschriften*

1631. Schreckliches Pech. München, 1893 – in: »Fliegende Blätter«. Band 98, Nr. 2477. Seite 27. (Schauspielerwitz.)
1632. Dr. Th.: Studenten-Abschied. [Gedicht.] München, 1893 – in: »Fliegende Blätter«. Band 98, Nr. 2485. Seite 100.
1633. Die Geschichte der sozialdemokratischen Bauernpolitik und ihre Endziele. Augsburg, 1895 – in: »Augsburger Abendzeitung«. Nr. 293 vom 23.10.1895. Seite 1.
1634. Volksrecht und Volksvertretung. Augsburg, 1895 – in: »Augsburger Abendzeitung«. Nr. 300 vom 30.10.1985. Seiten 1/2. (Die »Fuchsmühler Ereignisse« vom 30.10.1894 vor dem bayerischen Landtag.)
1635. Friedensfeier. Dachau, 1896 – in: »Der Amper-Bote«. Jahrg. 24, Nr. 39 vom 13.5.1896. (Ansprache Thomas in Dachau anläßlich des 25. Jahrtags des Friedensschlusses von 1871.)
1636. Altbayerische Bauernregel. [Vers.] München, 1895 – in: »Das Bayerische Vaterland«. Jahrg. 27, Nr. 292 vom 20.12.1895. Seite 5. (Gegen den bayerischen Landtagsabgeordneten Sigmund Günther.)
1637. Zum 22. März 1897. [Gedicht mit Illustration.] Augsburg, 1897 – in: »Augsburger Abendzeitung«. Nr. 80 vom 21.3.1897. Seite 1. (Zum 100. Geburtstag Kaiser Wilhelm I.)
1638. Das Damenkomitee. [Satire.] – Abschied. [Gedicht.] – P.S.: Die Patrioten. [Gedicht.] – Koodosrand. [Gedicht.] – v. Schmiernatzi: Vom Kriegsschauplatz. [Satire.] – Brief des Lanzenreiters Bob Nikelby an seine Braut. [Satire.] – Die Großmächte. [Aufsatz.] – Der Morgenbesuch. [Satire.] – An die deutschen Mitkämpfer. [Gedicht.] – Sir Redvers Buller. [Satire.] – Englische Nationalgalerie. [Satire.] München, 1900 – in: Der Burenkrieg. – München: Langen, 1900.
1639. [Verteidigung gegen eine Kritik des »Burenkriegs« durch die Augsburger Abendzeitung wegen der Zeichnung von Th. Th. Heine »Heldenverehrung«.] Augsburg, 1900 – in: »Augsburger Abendzeitung«. Nr. 113 vom 26.4.1900. Seite 5.
1640. Censur. München, 1900 – in: »Das Bayerische Vaterland«. Jahrg. 32, Nr. 102 vom 5.5.1900. Seiten 1/2. (Gegen das Verbot des »Simplicissimus«, Jahrg. 5, Nr. 6 und »Burenkrieg«.)
1641. Eine Radfahrt durch das Neckarthal. Berlin, 1901 – in: »Der Tag«. Nr. 241 vom 12.6.1901. T.1. Seiten 9–11.
1642. Die Protestversammlung. Berlin, 1902 – in: Buntes Theater. Hrsg. von Karl von Levetzow. Seiten 20–32. (Satirische Szene aus der Zeit des Burenkriegs.)
1643. Der Menten-Seppei. Eine altbayerische Wilderergeschichte. München, 1902 – in: »Münchner Neueste Nachrichten«. Jahrg. 55, Nr. 470 vom 10.10.1902. Seite 1.
1644. Reisebriefe. 1–5. München 1903 – in: »Münchner Neueste Nachrichten«. Jahrg. 56, Nr. 128 vom 18.3., Nr. 156 vom 3.4., Nr. 166 vom 9.4., Nr. 200 vom 30.4., Nr. 210 vom 6.5.1903. (Aus Italien.)
1645. [Selbstbiographie.] München: 1904 – in: Albert Langens Verlagskatalog 1894–1904. Seiten 139/140; Karikaturen: Seite 138 und 187.
1646. Josef Fellner: »In Pipping's Mauern wollen wir begehen...« [Vers.] München, 1904 – in: Einladung des Pippinger Militär- und Kriegervereins. Faschingsfest am 4.2.1904.
1647. Der »Simplicissimus« und unser Heer. Frankf. a. M., 1904 – in: »Frankfurter Zeitung«. Jahrg. 48, Nr. 167, 2. Morgenblatt vom 17.6.1904.
1648. Von Algier nach Constantine. Reisebrief. Wien 1904 – in: »Neue Freie Presse.« Jahrg. 57, Nr. 14333 vom 20.7.1904. Seite 1.
1649. [Erwiderung auf die Beurteilung des Gedichts »An die Sittlichkeitsprediger...«] München, 1905 – in: »Der Kunstwart«. Jahrg. 18, Seiten 515/516.

1650. Andreas Vöst. Ein bayerischer Dorfroman. München, 1905 – in: »Münchner Neueste Nachrichten«. Jahrg. 58, Nr. 257 vom 2.6.1905 ff.

1651. Zwei Simplizissimus-Prozesse. Stuttgart, 1905 – in: »Neues Tagblatt und General-Anzeiger für Stuttgart und Württemberg«. Jahrg. 62, Nr. 141, 3. Blatt vom 20.6.1905. (Darin Auszug der Verteidigungsrede von Ludwig Thoma im Prozeß wegen des Gedichts »An die Sittlichkeitsprediger ...«)
Dass. Stuttgart, 1905 – in: »Schwäbische Tagwacht«. Nr. 140 vom 20.6.1905.

1652. Tante Frieda. Aus meiner Jugendzeit. Wien, 1905 – in: »Neue Freie Presse«. Jahrg. 58, Nr. 14740 vom 5.9.1905. Seite 1.

1653. Nach dem Prozesse. Frankf.a.M., 1906 – in: »Frankfurter Zeitung«. Jahrg. 50. 19.1.1906. (Satire auf die Verhandlung am 13.1.1906 vor dem kgl. Landgericht München I.)

1654. Die Indianerin. Aus meiner Jugendzeit. Wien, 1906 – in: »Neue Freie Presse«. Jahrg. 59, Nr. 14888 – 14991 vom 3.2.–18.5.1906.

1655. Ludwig Thoma. Autobiographische Skizze. Berlin, 1906 – in: »Das literarische Echo«. Jahrg. 8, Heft 11. Spalten 781–783.

1656. Bauernjäger. [Gedicht.] München, 1906 – in: »Festzeitung für das 15. Dt. Bundesschießen.« Nr. 9 vom 14.7.1906. Seite 98.

1657. Zur Sittlichkeitsbewegung. München, 1906 – in: »Münchner Neueste Nachrichten«. Jahrg. 59, Nr. 349 vom 28.7.1906. Seite 2. (Gegen eine Veröffentlichung der Münchner Sittlichkeitsvereine, vermutlich verfaßt von Ludwig Kemmer.)

1658. Eine Rundfrage: Dichterische Arbeit und Alkohol. Berlin, 1907 – in: »Das literarische Echo«. Jahrg. 9, Heft 2. Spalte 138. (Darin enthalten die Antwort von Ludwig Thoma.)

1659. [Offener Brief gegen Dr. Karl Peters und Josef Ruederer.] Frankf.a.M., 1907 – in: »Frankfurter Zeitung«. Jahrg. 51, Nr. 350 vom 18.12.1907.

1660. Wilhelm von Diez. München, 1908 – in: Bericht über den Stand und das Wirken ... des Kunstvereins München. Seiten 15–18.

1661. München, im Mai 1908. An Herrn Balduin Wagner, Fabrikbesitzer in Kottbus.
Leipzig, 1908 – in: »Illustrierte Zeitung«. Band 130, Nr. 3389 vom 11.6.1908. Seite 1163 = Sonder-Nr.: München und die Ausstellung »München 1908«.
(Über Münchner Kultur.)

1662. Die französische Ausgabe des »Simplicissimus«. Berlin, 1908 – in: »Berliner Tageblatt und Handelszeitung„. Jahrg. 37, Nr. 579, Abendausgabe vom 12.11.1908. Seite 2. (Gegen Maximilian Harden betr. einer französischen Ausgabe des »Simplicissimus«.)

1663. Das Erdbeben. [Gedicht.] München, 1909 – in: Bierbaum, Otto Julius (Hrsg.): Eine deutsche Kunstspende. Seite 168. (Auf eine Erklärung von Papst Pius X.)
Dass. München, 1920 – in: Bierbaum, O.J. (Hrsg.): Pro Italia. Seite 168.

1664. Schützen-Regeln. [Gedicht.] Bamberg, 1910 – in: »Münchner Schützenleben ... Zur Erinnerung an die 100-jähr. Wiederkehr des Oktoberfestes.« Seite 16.
Dass. Der Traunsteiner Feuer-Schützengesellschaft gewidmet. Traunstein, 1910 – in: »Festzeitung. Hrsg. zum 600-jährigen Jubiläums-Schießen der kgl. priv. Feuerschützen-Gesellschaft Traunstein.« Nr. 2, Seite 8.

1665. Gulbransson und Thoma. Berlin, 1911 – in: »Deutsche Reichspost«. Nr. 21 vom 26.1.1911. (Zum Prozeß gegen den Sitzredakteur des »Simplicissimus«, Hans Kaspar Gulbransson; teilw. Abdruck von Nr. 1353.)

1666. Deutschland. Über die schlechten Manieren der Abgeordnetenhausmajorität. Berlin, 1911 – in: »Berliner Tageblatt«. Jahrg. 40, Nr. 61 vom 2.2.1911. Seite 3. (Teilweise Abdruck mit Kommentar von Nr. 1374.)

1667. Oben. [Gedicht.] Aus dem Georg Hirth-Schrein. München, 1911 – in: »Jugend«. Jahrg. 1911, Nr. 47. Seite 1267.
Dass. München, 1917 – in: »Georg Hirth zur Erinnerung gewidmet.« Seite 123.

1668. Aus Ludwig Thomas »Wittiber«. Einführung von Edzard Nidden. München, 1912 – in: »Der Kunstwart«. Jahrg. 25.

1669. Konrad Dreher. München, 1912 – in: Konrad Dreher. Programm-Heft. Seiten 2/3.

1670. Bayerische Bauern! München, 1912 – in: »Münchner Neueste Nachrichten«. Jahrg. 65, Nr. 14, Morgenblatt vom 10.1.1912. Seite 1. (Über die Filser-Briefe.)

1671. Kutte und Säbel. Berlin, 1912 – in: »Berliner Morgenpost«. Jahrg. 15, Nr. 125 vom 7.5.1912. Seite 1. (Gegen den Münchner Erzbischof von Bettinger.)

Dass., [teilw. Abdruck mit Kommentar:] Öffentliche Aufforderung an Herrn Dr. Ludwig Thoma. Berlin, 1912 – in: »Germania«. Jahrg. 42, Nr. 110 vom 15.5.1912. Seite 2.

1672. [Zur Denkmalspflege.] München, 1912 – in: »Münchner Neueste Nachrichten«. Jahrg. 65, Nr. 295, Morgenblatt vom 12.6.1912.

1673. Der Wittiber. [Kap. 2.] München, 1913 – in: Das Bayernbuch. Hrsg. von Ludwig Thoma und Georg Queri. Seiten 450–454.

1674. Der Volksverbesserer. Wien, 1913 – in: Der Strom. Hrsg. von der Wiener Freien Volksbühne. Jahrg. 3, Seiten 336–339. (Über Juristen.)

1675. Junker Hans. Eine Kleinstadtgeschichte. Illustriert von Olaf Gulbransson. München, 1913 – in: Zickzack. Ein lustiges Album. Heft 1, Seiten 1–20.

1676. Der Ausflug. – Lumpenliedchen. [Gedicht.] München, 1913 – in: Schabernack und Lumpenpack. Hrsg. von Felix Schloempp. Seiten 37–39.

1677. [Selbstbiographie.] München, 1913 – in: Zils, Wilhelm (Hrsg.): Geistiges und künstlerisches München in Selbstbiographien. Seiten 369/370.

1678. Die Schande. Berlin, 1913 – in: »Deutsche Tageszeitung«. Jahrg. 20, Nr. 444 vom 2.9.1913. Seite 2. (Teilw. Abdruck mit Kommentar von Nr. 1425.)

1679. Käsebiers Italienreise. München, 1914 – in: Zickzack. Ein lustiges Album. Heft 2, Seiten 1–8.

1680. Am ersten August. [Gedicht .] München, 1914 – in: »Münchner Neueste Nachrichten«. Jahrg. 67, Nr. 393 vom 3.8.1914.

1681. Rache. Berlin, 1914 – in: »Berliner Morgenpost«. Jahrg. 17, Nr. 251 vom 13.9.1914 Seiten 1/2. (Über belgische Franktireurs.)

1682. Hodlerei. München, 1914 – in: »Münchner Neueste Nachrichten«. Jahrg. 67, Nr. 519 vom 10.10.1914. Seite 2. (Gegen Ferdinand Hodler, der den Genfer Protest gegen die Zerstörung der Kathedrale von Reims unterzeichnete.)
Dass., teilw. Abdruck in: »Vossische Zeitung«. (Berlin.) Nr. 516 vom 10.10.1914.

1683. Eine Boarische [bei Metz. Gedicht.] Zeichnung von Eduard Thöny. Offizielle Postkarte des Wohlfahrtsausschusses der Kgl. Haupt- und Residenzstadt München o.J. [um 1915].

1684. Ernte 1916. [Gedicht.] Der 4. Kompanie [Kgl. Bayer. Infanterie Rgt. Nr. 3] gewidmet. München, o.J. [um 1916] – in: 4. Übungskurs für Fahnenjunker ... zum Gedenken.

1685. Dr. Hirth †. München, 1916 – in: »Münchner Zeitung«. Jahrg. 25, Nr. 87 vom 28.3.1916. Seite 5. (Nachruf.)
Dass. München, 1917 – in: Georg Hirth zur Erinnerung gewidmet. Seiten 15–17.

1686. Beim Unterbuchberger. München, 1917 – in: Georg Hirth zur Erinnerung gewidmet. Seiten 65/66. (Erinnerungen Thomas an Georg Hirth.)

1687. [Ansprache von Ludwig Thoma.] Berlin, 1917 – in: Deutsche Vaterlandspartei. Deutsche Ziele. Reden bei der 1. öffentlichen Partei-Kundgebung. Seiten 35–38.

1688. Professor Förster. München, 1917 – in: »München-Augsburger Abendzeitung«. Nr. 439 vom 17.8.1917.

1689. Deutschland, wach auf! München, 1917 – in: »München-Augsburger Abendzeitung«. Nr. 511 vom 28.9.1917.

1690. Und willst Du nicht mein Bruder sein ... München, 1917 – in: »Münchner Neueste Nachrichten«. Jahrg. 70, Nr. 604 vom 29.11.1917. Seiten 1/2. (Protest gegen die politische Haltung der »Münchner Neueste Nachrichten«.)

1691. Die Vaterlandspartei. Wien, 1917 – in: »Neues Wiener Tageblatt«. Jahrg. 51, Nr. 353 vom 25.12.1917. Seiten 3–5.

1692. Dengg's Anzengruber-Bühne. München, 1918 – in: Anna Dengg. Zu ihrem 25-jährigen Bühnenjubiläum. Seiten 2/3.

1693. Kabale. Eine Kleinstadtgeschichte. Berlin, 1918 – in: Kleinstadtgeschichten. Hrsg. v. Hermann Hesse und Richard Woltereck. = Bücherei für deutsche Kriegsgefangene. Bdchen. 8.

1694. Ludwig Thoma über die Vaterlandspartei. Berlin, 1918 – in: »Reichsbote«. Jahrg. 46, Nr. 47 vom 26.1.1918. Beilage.
Dass. Wien, 1917 – in: »Neues Wiener Tageblatt«. Nr. 353 vom 25.12.1917.

1695. Die internationale Flotte. München, 1918 – in: »München-Augsburger Abendzeitung«. Nr. 88 vom 17.2.1918. Seite 2. (Zu Walther Schückings Rede »Die Freiheit der Meere«.)

1696. Ludwig Thoma. Ein offener Brief. Rottach, 18.2.1918. München, 1918 – in: »München-Augsburger Abendzeitung«. Nr. 98 vom 22.2.1918. Seite 3. (Werbung für die Deutsche Vaterlandspartei.)

1697. Marinefest. [Gedicht.] München, 1918 – in: »München-Augsburger Abendzeitung«. Nr. 153 vom 24.3.1918. Seite 2. (Gegen Struve's Angriffe auf Großadmiral von Tirpitz.)

1698. Landsleute! München, 1918 – in: »München-Augsburger Abendzeitung«. Nr. 313 vom 23.6.1918. Seite 1. (Aufruf zur Ludendorff-Spende.)

1699. Unsere Bauern und die Ernährungsfrage. München, 1918 – in: »München-Augsburger Abendzeitung«. Nr. 324 vom 29.6.1918. Seite 1.
Dass. – in: Bund der Landwirte. Königreich Bayern. München, Jahrg. 20, Nr. 28 vom 14.7.1918. Seite 1.

1700. Ruhig Blut. Berlin, 1918 – in: »Vossische Zeitung«. Nr. 400. Abendausgabe vom 7.8.1918. Seite 4. (Gründe zur allgemeinen Einschränkung des Fremdenverkehrs in Bayern.)

1701. Bauern, es geht um euere Scholle. München, 1918 – in: »München-Augsburger Abendzeitung«. Nr. 516 vom 11.10.1918. Seite 3. (Für die Erhaltung des Staates und die Zeichnung der Kriegsanleihen.)

1702. Kino. [Szene.] München, 1919 – in: Rieß, Richard [Hrsg.]: Das Münchner Bilderbuch. Seiten 65–75.

1703. Dr. Ludwig Thoma und die Bayerische Volkspartei. München, 1919 – in: »München-Augsburger Abendzeitung«. Nr. 18 vom 13.1.1919. Seite 3. (Ludwig Thoma nicht Mitglied der B.V.P.)

1704. [Zu Ludwig Thomas angeblichem Anschluß an die Bayerische Volkspartei.] Frankf. a. M., 1919 – in: »Frankfurter Zeitung«. Jahrg. 63, Nr. 34 vom 14.1.1919. Seite 2.

1705. Meine Wandlungen. München, 1919 – in: »München-Augsburger Abendzeitung«. Nr. 23 vom 15.1.1919. Seite 3. (Politischer Gesinnungswandel und Freiheit.)

1706. Betreffend: Ludwig Thoma. Frankf.a.M., 1919 – in: »Frankfurter Zeitung«. Jahrg. 63, Nr. 39 vom 15.1.1919. Seite 1. (Offener Brief über Thomas Stellung zur Bayerischen Volkspartei.)

1707. [Einladung zum Besuch der Tuften.] München, 1920. – in: Die Trausnitz. Münchner Schwabenzeitung. Jahrg. 1920, Heft 1. Seite 10.

1708. Altmünchen. München, 1920 – in: Die Trausnitz. Münchner Schwabenzeitung. Jahrg. 1920, Heft 4. Seite 2. (Gottfried Kellers Aufenthalt in München.)

1709. Rettet den Chiemsee! München, 1920 – in: »München-Augsburger Abendzeitung«. Nr. 134 vom 6.4.1920. Seite 3. (Gegen eine Tieferlegung des Chiemsees durch die Bayerischen Stickstoffwerke.)

1710. Der Jagerloisl. [Roman.] München, 1920 – in: »Münchner Neueste Nachrichten«. Jahrg. 73, Nr. 407 vom 1.10.1920 ff.

1711. Festgedicht. Tegernsee 1920 – in: »Tegernseer Zeitung. See-Geist.« 13./14.11.1920. Seite 1 = Fest-Nr. zur Weihe der 1. Bayer. Landesschützenfahne der Einwohnerwehren Bayerns.

1712. Der Selbstschutz. München, 1921 – in: Zeitung der Einwohnerwehren. Heft 60 vom 17.1.1921.

1713. Marget. [Erzählung.] München 1921 – in: »Münchner Neueste Nachrichten«. Jahrg. 74, Nr. 144 vom 6.4.1921 ff.

1714. [Die Einweihung der Kriegergedächtnis-Kapelle in Bachern.] Dachau, 1921 – in: »Der Amper-Bote«. Jahrg. 49, Nr. 69 vom 9.6.1921. Seite 4. (Gedicht von Ludwig Thoma in dem Bericht von der Feier am 5.6.1921.)

1715. Ein Brief Dr. Ludwig Thomas. München, 1921 – in: »Münchner Neueste Nachrichten«. Jahrg. 74, Nr. 253 vom 20.6.1921. (Ludwig Thomas Beziehungen zum »Miesbacher Anzeiger«.)

1716. Ludwig Thoma über sich selbst. Stuttgart, 1921 – in: »Schwäbischer Merkur«. Nr. 279. Abendblatt vom 21.6.1921. (Thomas Beziehungen zum »Miesbacher Anzeiger«.)

1717. Einiges von Karl Haider. Dachau, 1921 – in: Der Bücherwurm. Jahrg. 7, Heft 3. Seiten 70/71.

1718. Bücher. München, 1921 – in: Die Trausnitz, Münchner Schwabenzeitung. Jahrg. 1921, Heft 2/3. Seiten 21–23. (Buchempfehlung, u.a. Gottfried Keller und Theodor Fontane.)

1719. Der Ruepp. [Roman.] München, 1921 – in: »Münchner Neueste Nachrichten«. Jahrg. 74, Nr. 460 vom 29./30.10.1921 ff.

1720. Pernerstorfer. [Aus dem Nachlaß.] Stuttgart, 1922 – in: Oberdeutschland. Band 6. Seiten 231/232.

1721. Albert Langen. [Aus dem Nachlaß.] Stuttgart, 1922 – in: Oberdeutschland. Band 6. Seiten 306–310.

## III. POLITISCHE FLUGBLÄTTER

1722. Wie das Zentrum von den Bauern redet, wenn es unter sich ist!! o.O. [um 1909.] (Abwehr der Angriffe des Zentrums gegen die »Filserbriefe«.)
1723. Deutsche Landsleute! Zeichnet die Kriegsanleihe! [München, 1917.]
1724. Zeichnet die Kriegsanleihe! Deutschland die Insel des Friedens. Illustration von Karl Arnold. [München, um 1917.]
1725. Bayerische Bürger und Bauern! [Geschrieben am 25.11.1918.] (Aufruf zum Eintritt in die Bayerische Volkspartei.)
1726. Warum muß gerade der Bauer die Kriegsanleihe zeichnen? Gezeichnet: Ludwig Thoma von Ehedem. o.O. [um 1917.] (Fälschung des Auslands!)

## Ludwig Thoma als Herausgeber

1727. Der Burenkrieg. Mit kurzen Biographien der hervorragendsten Heerführer nach Mitteilung von W. Leyds. Hrsg. von Dr. Ludwig Thoma unter Mitwirkung der Künstler Franz von Defregger, Th.Th.Heine, Wilhelm Leibl u.a. – München: Langen 1900. 32 Seiten mit zum Teil farbigen Illustrationen.

1728. »März«. Halbmonatsschrift für deutsche Kultur (ab Jahrg. V: Eine Wochenschrift). Hrsg. von Ludwig Thoma, Hermann Hesse, Albert Langen, Kurt Aram (ab Jahrg. IV/II: Begründet von Albert Langen. Hrsg. Ludwig Thoma und Hermann Hesse). Jahrg. I–VI. – München: Langen (= Jahrg. I–V), März Verlag (= Jahrg. VI). 1907–1912.

1729. Die 411 besten Witze aus dem Simplicissimus. Hrsg. von Ludwig Thoma und Reinhold Geheeb. (Umschlag-Zeichnung von Th.Th.Heine.) – München: Langen 1908. 116 Seiten.

1730. Wilke, Rudolf: Skizzen. Vorwort von Ludwig Thoma. – München: von Weber 1909. 2 Seiten, 31 Tafeln.

1731. Bayernbuch. 100 bayrische Autoren eines Jahrtausends. Hrsg. von Ludwig Thoma und Georg Queri. – München: Langen 1913. VI, 516 Seiten.

1732. Petzmaiers Zitherspiel. Oberbayerisches von Franz von Kobell und Karl Stieler. Ausgewählt von Ludwig Thoma; Eingeleitet von Otto Maußer. – München: Lang 1916. 46 Seiten.

1733. Ganghofer, Ludwig: Das wilde Jahr. Fragmente aus dem Nachlaß. Mit einem Vorwort von Ludwig Thoma. – Berlin: Grote 1921. XIII, 384 Seiten.

1734. Ignatius Taschner. Hrsg. von Ludwig Thoma und Alexander Heilmeyer. – München: Langen 1921. 53 Seiten, 1 Porträt, 118 gezählte Tafeln, V Seiten.

## Auflagenstand der Buchausgaben im Jahre 1922

1735.

| | |
|---|---|
| Agricola | 24 000 |
| Altaich | 57 000 |
| Das Aquarium | 24 000 |
| Der 1. August | 10 000 |
| Brautschau | 7 000 |
| Briefwechsel eines bayerischen Landtagsabgeordneten | |
| Bd 1 | 70 000 |
| Bd 2 | 40 000 |
| Die Dachserin | 10 000 |
| Erinnerungen | 20 000 |
| Tante Frieda. Neue Lausbuben-geschichten | 70 000 |
| Lottchens Geburtstag | 15 000 |
| Grobheiten | 12 000 |
| Neue Grobheiten | 12 000 |
| Der heilige Hies | 13 000 |
| Hochzeit | 22 000 |
| Der Jagerloisl | 20 000 |
| Das Kälbchen | 33 000 |
| Assessor Karlchen | 50 000 |
| Münchner Karneval | 20 000 |
| Kirchweih | 5 000 |
| Erster Klasse | 19 000 |
| Kleinstadtgeschichten | 36 000 |
| Krawall | 305 000 |
| Lausbubengeschichten | 100 000 |
| Leute, die ich kannte | 5 000 |
| Die Lokalbahn | 14 000 |
| Magdalena | 9 000 |

| | | | |
|---|---|---|---|
| Die Medaille | 16 000 | Peter Schlemihl | 5 000 |
| Moral | 20 000 | Gelähmte Schwingen | 3 000 |
| Moritaten | 7 000 | Die Sippe | 3 000 |
| Münchnerinnen | 10 000 | Das Stadelheimer Tagebuch | 10 000 |
| Nachbarsleute | 20 000 | Andreas Vöst | 38 000 |
| Heilige Nacht | 8 000 | Waldfrieden | 5 000 |
| Der Postsekretär im Himmel | 317 000 | Die Wilderer | 8 000 |
| Der Ruepp | 20 000 | Der Wittiber | 27 000 |
| Das Säuglingsheim | 5 000 | | |

## Briefausgaben

1736. Schabel-Dengg, Hans: Ludwig Anzengruber – Dr. Ludwig Thoma. Eine kritische Betrachtung mit Original-Briefen von Ludwig Thoma an Michl Dengg. – München, o.J. (um 1922). 9 gez. Blätter Typo.

1737. Schabel-Dengg, Hans: Dr. Ludwig Thoma. Geburt der »Magdalena« nach Original-Briefen (von Ludwig Thoma an Michl Dengg). – München, o.J. (um 1922). 7 gez. Blätter Typo.

1738. Ludwig Thoma über Bismarck. Aus einem unveröffentlichten Briefwechsel mit Conrad Haußmann. (2 Briefe.) Illustriert von Olaf Gulbransson. – in: »Simplicissimus«. Jahrg. 31 (1926/27), Nr. 1. Seite 5.

1739. Ludwig Thoma über Bismarck. Aus den Mappen des »Simplicissimus«. (Brief v. Conrad Haußmann an Ludwig Thoma vom 27.2. und Ludwig Thoma an Conrad Haußmann vom 28.2.1905.) Frankfurt a.M. 1926 – in: »Frankfurter Zeitung« vom 25.3.1926.

1740. Ausgewählte Briefe. Hrsg. von Josef Hofmiller und Michael Hochgesang. – München: Langen 1927. XII, 268 Seiten.

1741. Ludwig Thoma. Die Geschichte seiner Liebe und Ehe. Aus Briefen und Erinnerungen. Hrsg. von Walther Ziersch. – München: G. Müller 1928. 266 Seiten, 7 Tafeln, 1 Faksimile.

1742. Unbekannte Briefe von Ludwig Thoma. München, 1936 – in: »Münchner Neueste Nachrichten«. Jahrg. 89, Nr. 149 vom 31.5.1936. Seite 23 und Nr. 161 vom 14.6.1936. Seiten 21/22. (Briefe von Ludwig Thoma an seine Base Ricca Lang.)

1743. Autobiographisches von Ludwig Thoma. Briefe an Maidi von Liebermann. München, 1958 – in: »Bayerland«. Jahrg. 14. Seiten 138–144.

1744. Unbekannte Briefe von Ludwig Thoma. München, 1961 – in: Unser Bayern. Jahrg. 11, Nr. 9. Seiten 71/72. (Briefe von Ludwig Thoma an Maidi von Liebermann.)

1745. Ludwig Thoma. Ein Leben in Briefen. 1875–1921. Nachwort und Hrsg.: Anton Keller. Geleitwort: Josef Müller-Marein. – München: Piper 1963. 503 Seiten mit 2 Faksimiles, 11 Abbildungen, 1 Titelbild.

1746. Ludwig Thoma – Ignatius Taschner. Eine bayerische Freundschaft in Briefen. Herausgegeben und kommentiert von Richard Lemp. – München: Piper 1971. 220 Seiten mit Faksimiles, 4 Blätter Abbildungen.
Dass.: Reinbek bei Hamburg: Rowohlt-Taschenbuch-Verlag 1973. 220 Seiten mit Faksimiles. (= RoRoRo-TB.-Ausg. 1637).

1747. Das große Ludwig Thoma-Buch. Hrsg. von Richard Lemp. – München: Piper 1974. Passim.

1748. Ludwig Thoma. Vom Advokaten zum Literaten. Unbekannte Briefe. Herausgegeben und kommentiert von Richard Lemp. – München: Piper 1979. 234 Seiten mit Abbildungen und Faksimiles.

## Werke in fremdsprachigen Ausgaben

a) *Übersetzungen*

ENGLISCH

1749. Matt the Holy (Der heilige Hies). – in: The German Classics. – New York: The German Publ. Soc. 1914. Band 19. Seiten 251–267.
1750. Moral. A comedy in 3 acts, transl. by Charles Recht. – New York: Knopf 1916. 94 Seiten.
1751. Uncle Franz (Onkel Franz). Transl. by Basil Creighton. – in: Maugham, William Somerset (Hrsg.): Tellers of Tales. – New York: Doubledag, Doran & Co. 1939. Seiten 509–511.
1752. An Angel from Munich (Ein Münchner im Himmel). A story by L.Th. as told by Adolf Gondrell. A book version of the moving picture, created by Gertraud and Walter Reiner. Edited and introd. by W.J. Karlos. – München: Schloendorn 1965. 33 Seiten.

JAPANISCH

1753. Die Lokalbahn. Übersetzt von T. Itō. – Tokyo: Sekai Gikyoku Zenshu Kankokai 1929. = Meisterstücke der Weltdramen. Band 15.
1754. Lausbubengeschichten. Übersetzt von H. Saneyoshi. – Tokyo: Iwanashoten Verlag 1935. 128 Seiten. = Iwanami-Bibliothek. Nr 1190.
1755. Lausbubengeschichten (Auszüge, japanisch und deutsch.) Übersetzt und erläutert von M. Tagawa. – Tokyo: Daisan-Shobo 1965. 105 Seiten. = Meisterstücke Deutscher Literatur. 20. Enthält: Der vornehme Knabe. – In den Ferien. – Gretchen Vollbeck. – Meine erste Liebe.
1756. Lausbubengeschichten und Tante Frieda. Übersetzt und kommentiert von Mitsuyuki Urayama. – Tokyo: Ōbunsha Verlag 1976. 284 Seiten mit 1 Abbildung und Illustrationen von Olaf Gulbransson. Enthält: Ludwig Thoma. Leben und Werk. Seiten 265–275. – Kurze Inhaltsangabe von »Die Lokalbahn« und »Moral«. Seiten 276–284.

SCHWEIZER MUNDART

1757. Wätterfahne (Die Lokalbahn). Es heiters Stück i 3 Akte von Ludwig Thoma, für üsi Mundartbühni übersetzt un ygrichtet vom Ernst Balzli. – Bern: Francke 1956. 90 Seiten. = Heimatschutz-Theater. Nr 154.

SPANISCH

1758. Historias de un Zascandil (Lausbubengeschichten). De mi juventud. Novelas. Traducción del alemán por Antonio Garcia-Molins. – Madrid: Mercadal 1923. 224 Seiten.

TSCHECHISCH

1759. Všivák Ludva a teta Frida (Lausbubengeschichten und Tante Frieda). – Prag: Sfinx, Bohumil Janda 1941. 199 Seiten mit Abbildungen.

b) *Deutsche Ausgaben für Ausländer*

ENGLISCH

1760. Die Lokalbahn. Edited with introduction, notes and vocabulary by A.E. Zucker. – New York: Crofts 1931. 1 Porträt, XIV, 135 Seiten.
1761. Lausbubengeschichten. Aus meiner Jugendzeit. Edited with notes, exercises and vocabulary by A.H. Dahlstrom. Illustration by Kurt Wiese. – Boston: Heath 1932. XII, 199 Seiten. = Heath's Series Modern Language.

JAPANISCH

1762. Neue Lausbubengeschichten. Tante Frieda. Hauptmann Semmelmaier. Erläutert von N. Tamabayashi. – Tokyo: Ikubundō Verlag 1953. 64 Seiten mit Illustrationen von Olaf Gulbransson.
1763. Cora. Mit Anmerkungen von H. Murai u. N. Tamabayashi. – Tokyo: Daisan Shobo 1958. 55 Seiten mit Illustrationen von Olaf Gulbransson.
Enthält: Die Indianerin. – Das Waldfest.
1764. Aus meiner Jugendzeit. Mit Anmerkungen von H. Murai u. N. Tamabayashi. – Tokyo: Daisan Shobo 1961. 28 Seiten. Enthält: Die Verlobung. – Die Vermählung. – Das Baby.
1765. Papas Fehltritt. Erläutert von T. Kumagai und S. Hamakawa. – Tokyo: Dōgakusha Verlag 1962. 46 Seiten, 1 Titelbild.
1766. Humoristische Erzählungen. Erläutert von S. Hamakawa und T. Kumagai. – Tokyo: Verlag Hakusuisha 1963. 48 Seiten, 1 Titelbild.
Enthält: Der westfälische Glaubensbote. – Tja––!
1767. Tante Frieda. Erläutert von T. Hasegawa. – Tokyo: Asahi Verlag 1963. 49 Seiten, 1 Porträt.
1768. Der berühmte Schriftsteller Peter Paul. Erläutert von H. Murai und N. Tamabayashi. – Tokyo: Daisan Shobo 1963. 25 Seiten.
Enthält: Der Star. – Der Krieg in China. – Die Volksverbesserer.

1769. Lausbubengeschichten. Erläutert von M. Tagawa. – Tokyo: Asahi Verlag 1965. 43 Seiten. Enthält: Der vornehme Knabe. – Gretchen Vollbeck. – Meine erste Liebe.

1770. Erzählungen. Erläutert von S. Hamakawa und N. Hasegawa. – Tokyo: Tōyō Verlag 1969. 51 Seiten. Enthält: Amalie Mettenleitner. – Eine psychologische Studie. – Die Familie in Italien.

1771. Die alte Viktor – aus »Erinnerungen«. Erläutert von S. Hamakawa und N. Hasegawa. – Tokyo: Dōgakusha Verlag 1969. 38 Seiten, 1 Titelbild. Enthält: Aus Italien. – Die alte Viktor.

1772. Lustige Erzählungen. Erläutert von S. Hamakawa und N. Hasegawa. – Tokyo: Verlag Geirin-Shobō 1970. 38 Seiten, 1 Titelbild. Enthält: Der Christenabend. – Der Star. – Auf Reisen. – Auf der Elektrischen.

1773. Der Lausbub. Mit Anmerkungen versehen von H. Murai und N. Tamabayashi. – Tokyo: Daisan Shobo 1974. 28 Seiten, 1 Titelbild. Enthält: Meine erste Liebe. – Der vornehme Knabe.

1774. Lausbubengeschichten. Mit Anmerkungen versehen von H. Murai und N. Tamabayashi. – Tokyo: Daisan Shobo 1974. 24 Seiten. Enthält: Gretchen Vollbeck. – In den Ferien.

1775. Moral. Eine Komödie. Zur Lektüre eingerichtet von P. Kapitza, erläutert von S. Hamakawa. – Tokyo: Verlag Hakusuisha 1974. 47 Seiten, 2 Titelbilder.

1776. Lausbubengeschichten. Aus meiner Jugendzeit. Ausgewählt und erläutert von M. Tuneki. – Tokyo: Sansyüsya Verlag 1976. 51 Seiten. Enthält: Meine erste Liebe. – In den Ferien. – Die Verlobung. – Das Baby.

## Vertonungen von Dichtungen Ludwig Thomas

1777. Soldatenlieder. Gesungen von Hans Dorbe. Text von P.S., Musik von Scharfrichter Hannes Ruch (d.i. Hans Richard Weinhöppel). München, 1902 – in: Die elf Scharfrichter. Programm Februar 1902. Seiten 18/19. Inhalt: Untreue. – Der Leiber. – Der bayerische Chevauxleger. – Reservemann.

1778. P.S. Der Staar. Gedicht. Musik von Oskar Straus. op. 63. Berlin, o.J. (um 1903) – in: Überbrettl-Gesänge aus dem Bunten Theater. Berlin: Theater-Verlag E. Bloch.

1779. Soldatenlieder-Album. Dichtungen von P.S. Mit Gitarre- oder Klavierbegleitung von Hannes Ruch (d.i. Hans Richard Weinhöppel). – Leipzig: Scharfrichter-Verlag, o.J. (um 1910) 21 Seiten (Später übernommen vom Verlag) Breitkopf & Härtl = Edition Breitkopf Nr.5614.
Inhalt: Im Quartier. – Leichte Wahl. – Der bayerische Chevauxleger. – Der Kanonier. – Soldatenlied. – Reservemann. – Reiterlied. – Der Schwalanscher. – Der Leiber. – Die schweren Reiter.
Dass. Gekürzte Ausgabe. – Leipzig: Breitkopf & Härtl. 11 Seiten = Edition Breitkopf Nr. 5615.
Inhalt: Reiterlied. – Der Schwalanscher. – Soldatenlied. – Der Leiber. – Im Quartier.

1780. Lumpenlieder zur Gitarre. Grobheiten von Ludwig Thoma vertont von Paul Neumann. – Leipzig: Hofmeister o.J. (um 1915). 13 Seiten. Inhalt: Lumpenlied. – Gottesgericht. – Des Dichters Klage. – Frühling. – Der Handwerksbursche.

1781. Heilige Nacht. Die Gesänge aus Ludwig Thomas Weihnachtslegende vertont von Hans Baumann. – Potsdam: Voggenreiter o.J. (um 1920). 7 Blätter.

1782. Heilige Nacht. Eine Weihnachtslegende von Ludwig Thoma. Einleitung., 5 Gesänge, 2 Melodramen und Schlußchor für 3-stimmigen Frauenchor, 4 Solostimmen, Guitarrenchor und Orgel. Von Matthaeus Roemer. op. 13. Partitur. München, o.J. (um 1921). 29 Seiten hektographiert. (Uraufführung am 20.1.1924 im Odeon zu München.)

1783. Die Gesänge zur Weihnachtslegende Heilige Nacht. Für 1 Singstimme mit Gitarrebegleitung. Von Franz Xaver Rambold. – München: Pössenbacher 1925. 15 Seiten = Bayerische Heimatbücher.

1784. Landsturmmanns Abschied. Gedicht von Ludwig Thoma, komponiert von Georg Ahl. o.J. (um 1915). 2 Blätter Handschrift.

1785. Heilige Nacht. 5 Gesänge für 1 Singstimme und Klavierbegleitung. Komponiert von Wilhelm Müller. München, Weihnachten 1916/17. – München: Hieber 1928. 11 Seiten Faksimile der Handschrift.

# Anhang

# Personenregister

Zahlen ohne Klammern verweisen auf Seitenzahlen. Die in Klammern aufgeführten Zahlen entsprechen den Nummern des Ludwig-Thoma-Archivs und der Bibliographie der Schriften Thomas (ab Seite 171 bzw. 209).

## Werkregister

Die Titel sind nach der Wortfolge unter Weglassung des Artikels alphabetisch geordnet.

# Sachregister

## Orts- und Länderregister

## Quellennachweis der veröffentlichten Bilder und Dokumente

Die Zahlen hinter den Bildquellen entsprechen den Bild-Nummern des Abschnittes »Bilder und Dokumente zu Leben und Werk« (Seiten 38 bis 167).

Albert Langens Verlagskatalog 1894–1904, München: 79–82, 85–88.
Amerika-Gedenkbibliothek Berlin: 113.
Atelier Blaumeiser, München: Farbe: 176.

Bachollett, Raymond, Paris: 92.
Bayerisches Staatsministerium der Justiz: 55, 55a.
Bilderdienst Süddeutscher Verlag München: 103, 168, 244.
Björnson Gulbransson, Dagny, Tegernsee: 111, 112, 179, 185–187, 200, 276, 278.

Fischer-Taschner, Antonie, Eichenau bei München: 115, 161, 265.

Hauptstaatsarchiv Stuttgart: 246.
Haußmann, Dr. Wolfgang, Stuttgart: 145.

König, Hannes, München: 236.
Königlich Privilegierte Feuerschützen-Gesellschaft Traunstein: 44. – Farbe: 203

Lemp, Richard: 17, 19, 72, 116, 117, 126, 126a, 152, 173, 174, 177, 177a, 183. – Farbe: Schutzumschlag/Frontispiz, 76, 175.
Ludwig-Thoma-Haus Tegernsee (Landeshauptstadt München): 11, 20, 35, 51, 63, 122, 123, 131, 151, 157, 196.

Museumsverein Dachau: 136–138.

Rauffer, Heinrich, Dachau: 56.
Roth, Dr. Anton, Vierkirchen: 52

Schiller-Nationalmuseum Deutsches Literatur-Archiv Marbach a. N.: 109, 202, 202a, 230. – Farbe: 156.
Schmid, Fritz, Ampermoching, Hebertshausen: 208.
»Simplicissimus«, München: Jg. 3, 1898, Nr. 31: 61 – Jg. 11, 1906, Nr. 37: 101 – Farbe: Jg. 14, 1909, Nr. 25: 98 – Jg. 16, 1911, Nr. 5: 99 – Jg. 5, 1900, Nr. 42: 100.
Staatliche Kunstsammlungen Dresden/Foto Gerhard Reinhold, Leipzig-Mölkau: Farbe: 139.
Staatsarchiv München: 270, 270a.
Stadtarchiv München: 16.
Stadtarchiv Traunstein: 36, 37.
Stadtbibliothek München, Monacensia- und Handschriftenabteilung: 1–10a, 12–15, 18–18b, 21–34, 38–43, 45–50, 53, 54, 57–60, 62, 64–71b, 74, 75, 77, 78, 83, 84, 89–91, 93–95, 97, 102, 104–108, 110, 114, 119, 120, 124, 125, 127–130, 132–135, 140–144, 146–150, 153–155, 158–160, 162–164, 166–167a, 169–172, 178, 180–182, 184, 189–195, 197–199a, 201, 201a, 204–207, 209, 211–214a, 216–229, 231–235, 237–243, 245, 247–264, 266–269, 271–275. – Farbe: 210.
Stadtmuseum München: 118
Städtische Galerie, Lenbachhaus, München: 73 – Farbe: 96, 121, 277.

Theater-Museum München: 215

Wengler, Maria, Tegernsee: 165, 188.